O PRINCÍPIO DO DEVIDO PROCESSO LEGAL
Direito fundamental do cidadão

ÂNGELO AURÉLIO GONÇALVES PARIZ
Mestre e Doutorando em Direito

O PRINCÍPIO DO DEVIDO PROCESSO LEGAL
Direito fundamental do cidadão

O PRINCÍPIO DO DEVIDO PROCESSO LEGAL
Direito fundamental do cidadão

AUTOR
ÂNGELO AURÉLIO GONÇALVES PARIZ

EDITOR
EDIÇÕES ALMEDINA, SA
Av. Fernão Magalhães, n.º 584, 5.º Andar
3000-174 Coimbra
Tel.: 239 851 904
Fax: 239 851 901
www.almedina.net
editora@almedina.net

PRÉ-IMPRESSÃO I IMPRESSÃO I ACABAMENTO

Abril, 2009

DEPÓSITO LEGAL
287867/09

Os dados e as opiniões inseridos na presente publicação
são da exclusiva responsabilidade do(s) seu(s) autor(es).

Toda a reprodução desta obra, por fotocópia ou outro qualquer
processo, sem prévia autorização escrita do Editor, é ilícita
e passível de procedimento judicial contra o infractor.

> *Biblioteca Nacional de Portugal – Catalogação na Publicação*
> PORTUGAL. Leis decretos, etc.
> O príncipio do devidoprocesso legal : direito fundamental do cidadão / [anot.] Ângelo Aurélio Gonçalves Pariz
> ISBN 978-972-40-3575-8
>
> I - PARIZ, Ângelo Aurélio Gonçalves
>
> CDU   347
>   342

"Ninguém será privado da liberdade ou de seus bens sem o devido processo legal."

Art. 5.º, inciso LIV, da Constituição da República Federativa do Brasil

"1. Todas las personas tienen derecho a obtener la tutela efectiva de los jueces y tribunales em el ejercicio de sus derechos e interesses legítimos, sin que, em ningún caso, pueda producirse indefensión.
2. Asimismo, todos tienen derecho al Juez ordinario predeterminado por la ley, a la defensa y a la asistencia de letrado, a ser informados de la acusación formulada contra ellos, a um proceso público sin dilaciones indebidas y com todas las garantías, a utilizar los medios de prueba pertinentes para su defensa, a no declarar contra sí mismos, a no confesarse culpables y la presunción de inocencia.
La ley regulará los casos em que, por razón de parentesco o de secreto profesional, no se estará obligado a declarar sobre hechos presuntamente delictivos".
Artículo 24 da Constitución española

"1. A todos é assegurado o acesso ao direito e aos tribunais para defesa dos seus direitos e interesses legalmente protegidos, não podendo a justiça ser denegada por insuficiência de meios económicos.
2. Todos têm direito, nos termos da lei, à informação e consulta jurídicas, ao patrocínio judiciário e a fazer-se acompanhar por advogado perante qualquer autoridade.
3. A lei define e assegura a adequada protecção do segredo de justiça.
4. Todos têm direito a que uma causa em que intervenham seja objecto de decisão em prazo razoável e mediante processo equitativo.
5. Para defesa dos direitos, liberdades e garantias pessoais, a lei assegura aos cidadãos procedimentos judiciais caracterizados pela celeridade e prioridade de modo a obter tutela efectiva e em tempo útil contra ameaças ou violações desses direitos".

Artigo 20.º – (Acesso ao direito e tutela jurisdicional efectiva) – Constituição da República Portuguesa

RESUMO

A cláusula do devido processo legal, inobstante sua amplitude e complexidade, foi abordada com o fim de contribuir para a sua compreensão, levando-se em conta duas premissas básicas: a) o devido processo legal como direito constitucional do cidadão e seu vínculo com o ideal de justiça; b) visão panorâmica da derivação do devido processo legal, com ênfase ao processo civil. O objetivo foi demonstrar que a cláusula do devido processo legal é uma garantia fundamental do cidadão ligada ao ideal de justiça. A tese está fundada na análise da origem histórica da cláusula do *dues process*, da leitura das constituições de alguns países e da abordagem legal, doutrinária e jurisprudencial a respeito do tema, especialmente dos princípios e direitos fundamentais, da cidadania e da justiça. É do *due process of law* que deriva quase todos os princípios processuais, incorporando um conjunto de garantias fundamentais destinadas a assegurar os mais amplos e fundamentais direitos do cidadão. De forma simples, resume-se o devido processo na aplicação da justiça nos procedimentos e nas decisões. Além da tradicional visão processual, a cláusula ampliou-se para abranger uma acepção substancial, com o fim de inibir o abuso, o exagero e, consequentemente, a injustiça. Na verdade, o devido processo legal exerce função essencial para a concretização da justiça, às vezes até se confundindo com esta (princípio justo). É o princípio dos princípios. Não basta que se assegure o acesso aos tribunais e o direito ao processo. Exige-se a regularidade do direito, com a verificação efetiva de todas as garantias resguardadas ao consumidor da justiça, a um custo acessível e dentro de um tempo justo, para a consecução do objetivo que lhe é reservado. Destaca-se, ainda, o processo eqüitativo (justo), proporcionado pela igualdade na demanda e justiça na decisão, denominado princípio da proibição do excesso (proporcionalidade), verdadeira garantia de justiça e inibidora de abusos. Portanto, lutar pela justiça é respeitar e dar cumprimento efetivo ao devido processo legal, tanto no seu aspecto procedimental, com as garantias inerentes ao processo, como no substancial, inibindo qualquer exagero ou abuso. Em decorrência da própria origem e natureza do devido processo, assegura-se ao cidadão o acesso a uma ordem jurídica útil e justa, de forma plena, livre e eficaz.

ABSTRACT

The clause of due process of law, depite its amplitude and complexity, was studied with the aim of contributing to its understanding, taking into account two basic premises: a) due process of law as a constitutional right of the citizen and its bond with the justice ideal; b) panoramic vision of the derivation of due process of law, with emphasis on the civil process. The objective of the paper was to demonstrate that the clause of due process of law is a basic guarantee of the citizen to the justice ideal. The thesis is based on the analysis of the historical origin of the clause of due process as well as the reading of the constitutions of some countries and the legal, doctrinal and precedent approaches regarding the subject, especially concerning the basic principles and rights as well as the citizenship and justice derived from the due process of law. Almost all the procedural principles, incorporating a set of basic guarantees destined to assure the amplest and most basic rights of the citizen. In a simple way, this paper summerises the aplications of due process in the procedures and decisions of Justice. Beyond the traditional procedural vision, the clause was extended to cover a substantial meaning, inhibiting the abuse and, as a consequence, the injustice. In fact, the due process of law exerts an essential function for the concretion of justice, sometimes even confusing itself with it (fair principles). It is the principle of principles. It is not enough to assure the access to Courts and the right to process. It demands regularity of the right by the verification of all guarantees to the consumer of justice, to an accessible cost and within a fair time, for the achievement of the objective reserved to it. It still distinguishes itself the equitable process (fair), proportionated by the equality in demand and justice in decision, which is called principle of the prohibition of the excess (proportionality), true guarantee of justice and inhibitor of abuses. Therefore, to fight for justice is to respect and give effective fulfilment to the due process of law, as much as in its procedural aspect, regarding the inherent guarantees to the process, and in the substantial one, inhibiting any abuse. As a result of the origin and nature of the due process of law, there is certainty that the citizen will have a plain and efficient access to a useful and fair legal order.

RESUMEN

La cláusula del proceso debido según ley, aunque su amplitud y complejidad, fue estudiado con la finalidad de contribuir para su comprensión, tomándose en cuenta dos premisas básicas: proceso debido como derecho constitucional del ciudadano y de su enlace con la justicia ideal; b) visión panorámica de la derivación del proceso debido, con énfasis al proceso civil. El objetivo de la tesis es demostrar que la cláusula del proceso debido según ley es una garantía básica del ciudadano encendido a la justicia ideal. La tesis se establece en el análisis del origen histórico de la cláusula del proceso debido, de la lectura de las constituciones de algunos países y del estudio legal, doctrinal y jurisprudencial con respecto al tema, especialmente de los principios de base y de los derechos, de la ciudadanía y de la justicia. Del debido proceso que mandila casi todos los principios procesales, incorporando un conjunto de garantías básicas destinadas a asegurar los derechos más suficientes y fundamentales del ciudadano. De forma simple, el proceso debido en la aplicación de la justicia en los procedimientos y las decisiones se resume. Más allá de la visión procesal tradicional, la cláusula fue ampliada para incluir un significado substancial, inhibiendo el abuso, lo exagero e, consequentemente, la injusticia. En la verdad, el proceso debido según ley ejerce la función esencial para el concretion de la justicia, a los tiempos hasta si confunde con esto (principio justo). Es el principio de los principios. No es bastante que si asegura el acceso a las cortes y a lo derecho al proceso. Es regularidad exigida de lo derecho, con la verificación logra de todas las garantías protegidas al consumidor de la justicia, de un coste accesible y del interior contra una época apenas, para el logro del objetivo que se reserva a él. Es distinguido el proceso equitativo (justo), proporcionado para la igualdad en la demanda y la justicia en la decisión, llamado principio de la prohibición del exceso (proporcionalidad), garantía verdadera de la justicia e inhibidor de abusos. Por lo tanto, luchar para la justicia es respetar y dé a cumplimiento eficaz el proceso debido según ley, tanto en su aspecto procesal, con las garantías inherentes al proceso, como en el substancial, inhibiendo cualesquiera exagero o abuso. En el resultado del origen y de la naturaleza apropiados del proceso debido, se cerciora de el ciudadano el acceso a una orden legal útil y el joust, de la forma completa, exime y eficiente.

ÍNDICE

Introdução 19

Capítulo 1 – Da Jurisdição 23
    1.1 – Noções 23
    1.2 – Função da jurisdição 30

Capítulo 2 – Das Categorias Constitucionais 33
    2.1 – Noções 33
    2.2 – Princípios constitucionais 35
    2.3 – Direitos fundamentais 45
        2.3.1 – Noções 45
        2.3.2 – As gerações de direitos fundamentais 62
        2.3.3 – Colisão de direitos fundamentais 66
    2.4 – Garantias individuais 69
    2.5 – Remédios constitucionais 70
    2.6 – Princípios processuais na ordem constitucional 71

Capítulo 3 – Do Devido Processo Legal 75
    3.1 – Histórico 75
    3.2 – O devido processo legal nos diversos países 84
        3.2.1 – Estados Unidos da América (EUA) 85
        3.2.2 – Portugal 89
        3.2.3 – Espanha 93
        3.2.4 – Itália 99
        3.2.5 – Noruega 99
        3.2.6 – Finlândia 99
        3.2.7 – Suíça 100
        3.2.8 – Áustria 100
        3.2.9 – México 101

3.2.10 – Venezuela 101
3.2.11 – Colômbia 101
3.2.12 – Uruguai 103
3.2.13 – Japão 103
3.2.14 – Alemanha 103
3.2.15 – Argentina 105
3.2.16 – Panamá 107
3.2.17 – China 107
3.2.18 – Peru 109
3.2.19 – Cuba 110
3.2.20 – Chile 111
3.2.21 – França 112
3.2.22 – Grã-Bretanha 113
3.3 – O devido processo legal no Brasil 113
3.4 – Conceito 118
3.5 – Amplitude 127
3.6 – Rol de garantias do devido processo legal 129
3.7 – Devido processo legal e cidadania 135
3.8 – Devido processo legal e justiça 146
    3.8.1 – Justiça platônica 151
    3.8.2 – Justiça aristotélica 155
    3.8.3 – Justiça cristã 162
    3.8.4 – Justiça agostiniana 163
    3.8.5 – Justiça tomista 163
    3.8.6 – Justiça rousseauniana 165
    3.8.7 – Justiça kelseniana 166
    3.8.8 – Justiça rawlsiana 169
3.9 – O devido processo legal em sua acepção justa 172

Capítulo 4 – Devido Processo Legal Formal 179
4.1 – Noções 179
4.2 – O princípio da garantia do acesso à justiça 184
    4.2.1 – Denominações 184
    4.2.2 – Acesso à justiça e cidadania 184
    4.2.3 – Direitos de ação, defesa e petição 192
    4.2.4 – Acesso a uma ordem jurídica justa 195
4.3 – Princípio da isonomia 201
4.4 – Princípio do juiz natural e do promotor natural 209
4.5 – Princípio do contraditório e o princípio da amplitude de produção probatória (ou de ampla defesa) 217

4.6 – Princípio da proibição de prova ilícita ou da legitimidade das provas 224
  4.6.1 – Noções 224
  4.6.2 – O sigilo das comunicações em geral e de dados 229
  4.6.3 – A interceptação telefônica 230
4.7 – Princípio da publicidade 237
4.8 – Princípio da motivação ou fundamentação das decisões 241
4.9 – Princípio do duplo grau de jurisdição 244
  4.9.1 – Duplo grau de jurisdição e devido processo legal 244
  4.9.2 – Vantagens e desvantagens do duplo grau de jurisdição . 253
4.10 – Princípio da assistência judiciária 255
4.11 – Princípio da garantia do processo sem dilações indevidas ou do processo tempestivo (tutela jurisdicional em prazo razoável) 259
4.12 – Princípio da inviolabilidade do domicílio 267

Capítulo 5 – Devido Processo Legal Substantivo (Material) 271
  5.1 – Noções 271
  5.2 – O princípio da proporcionalidade 275
  5.3 – O princípio da razoabilidade 289

Conclusão 297

Referências 303

PRINCIPAIS ABREVIATURAS

Art.: Artigo
BGB: *Burgerliches Gesetzbuch* (Código Civil da República Federal da Alemanha)
BGH: *Bundesgerichtshof* (Superior Tribunal Federal da RFA)
CF: Constituição Federal do Brasil
CPC: Código de Processo Civil
CPP: Código de Processo Penal
Des.: Desembargador
CLT: Consolidação das Leis do Trabalho
coord.: Coordenador
GG: *Grundgesetz* (Lei Fundamental – Constituição da República Federal da Alemanha)
LEC: Ley de Enjuiciamiento Civil
LECRIM: Ley de Enjuiciamiento Criminal
LICC: Lei de Introdução ao Código Civil
LOMP: Lei Orgânica Nacional do Ministério Público
OAB: Ordem dos Advogados do Brasil
RE: Recurso Extraordinário
REsp: Recurso Especial
STF: Supremo Tribunal Federal
STJ: Superior Tribunal de Justiça
STS: Sentencia del Tribunal Supremo
TC: Tribunal Constitucional
TEDH: Tribunal Europeo de Derechos Humanos
TST: Tribunal Superior do Trabalho
v.g.: *verbi gratia*
vol.: Volume
ZPO: *ZivilprozeBordnung* (Código de Processo Civil da República Federal da Alemanha

INTRODUÇÃO

A cláusula do devido processo legal, pela sua abrangência e significância histórica, é tema sempre atual, pois, ao contrário do que possa parecer, possui um conteúdo extremamente complexo e de difícil compreensão. Na verdade, refletir sobre devido processo legal é enfrentar um desafio, em decorrência do seu grau amplo de abstração e generalidade, sem falar na íntima ligação com os direitos fundamentais dos cidadãos.

Buscou-se uma contribuição pessoal ao estudo de intrincado assunto, sem deixar de atender os requisitos necessários para o seu reconhecimento científico. Para a elaboração do trabalho, desenvolveu-se uma pesquisa na doutrina nacional e estrangeira, bem como na jurisprudência, utilizando-se de livros, artigos e julgados que tratam da matéria.

Os princípios constitucionais exercem grande influência sobre o ordenamento jurídico como um todo, especialmente sobre o processo (civil, penal e administrativo). A Constituição, como regra maior, contempla as garantias relacionadas ao devido processo legal, assunto vasto e de ampla aplicação pelos operadores do direito.

O direito processual, como ramo do direito público, tem os seus delineamentos básicos traçados pelo direito constitucional, pois é a Constituição que fixa a estrutura dos órgãos jurisdicionais, garante a distribuição da justiça e a aplicação do direito ao caso concreto. Por conseqüência, estabelece alguns princípios processuais, inclusive de processo penal.

Dentro desse contexto, procurou-se uma abordagem da garantia do devido processo sob dois delineamentos básicos: a) o devido processo legal como direito e garantia constitucional do cidadão, e seu vínculo com o ideal de justiça, inclusive servindo para a sua concretização; e b) a derivação do devido processo legal em uma visão panorâmica e objetiva, com ênfase maior ao direito processual civil.

Nesse diapasão, o objetivo buscado no presente estudo foi a demonstração de que a cláusula do devido processo legal é uma garantia fundamental do cidadão ligada ao ideal de justiça, consagrada nos países democráticos. Esta tese foi demonstrada pela análise da origem da cláusula do *dues process*, da leitura das constituições de alguns países e da abordagem legal, doutrinária e jurisprudencial a respeito do tema, especialmente dos princípios e direitos fundamentais, da cidadania e da justiça.

Portanto, a finalidade precípua do presente trabalho é destacar a extrema importância da cláusula *due process of law*, reafirmando-a como origem e raiz dos demais princípios processuais (princípio fundamental de processo sobre a qual todos os outros se sustentam), buscando vinculá-la com a noção de justiça e como instrumento de sua realização, tanto em seu aspecto formal, como material ou substancial (princípio da proibição do excesso e da insuficiência ou da proporcionalidade ou razoabilidade). Aborda-se seu aspecto histórico, com a análise do direito brasileiro, português e de outros países, sem prejuízo da exposição sucinta e analítica dos demais princípios processuais derivados do devido processo na Constituição, ou seja, os princípios da isonomia, do juiz natural, da inafastabilidade do controle jurisdicional (acesso à justiça), do contraditório, da proibição da prova ilícita (legitimidade das provas), da publicidade dos atos processuais, do duplo grau de jurisdição, da necessidade de motivação das decisões judiciais, da assistência judiciária, da garantia do processo sem dilações indevidas (prestação da tutela jurisdicional em prazo razoável ou tempestivo) e da garantia da amplitude de produção probatória. Destaca-se a desmistificação do duplo grau de jurisdição, inovando-se na principialização da garantia do processo em tempo razoável, sem falar na vinculação do princípio da proporcionalidade ou razoabilidade com a noção de justiça (princípio justo).

Enfim, embora seja um dos institutos jurídicos mais amplos e complexos, busca-se caracterizar o devido processo legal como princípio inserido nas garantias constitucionais do processo, como elemento inerente ao Estado de Direito e, conseqüentemente, como direito fundamental do cidadão.

A importância do devido processo legal é ímpar, pois o direito processual é, fundamentalmente, determinado pela Constituição em muitos de seus aspectos e institutos característicos, já que vários dos princípios gerais que o informam têm origem constitucional.

Ademais, a leitura das Constituições dos países apontam para diversos dispositivos a caracterizar a tutela constitucional da ação e do processo, que se canalizam para configurar o direito processual não como um simples conjunto de regras procedimentais de direito material, mas sim como instrumento público de realização efetiva da justiça, tanto no seu aspecto procedimental (formal), como no substancial (material).

Estudou-se os princípios e garantias constitucionais aplicáveis ao processo de forma a serem interpretados, harmoniosamente, e não para apenas possibilitar o ingresso e defesa em juízo, mas sim para conduzir as partes a uma ordem jurídica justa, assegurando o acesso pleno, célere e integral à justiça, observadas as regras que norteiam o devido processo legal, de forma justa e efetiva.

É oportuno lembrar que não se pretendeu esgotar a vasta matéria relativa ao tema do devido processo legal, mas apenas contribuir para a releitura, compreensão e discussão de assunto de extrema relevância jurídica.

CAPÍTULO 1
Da Jurisdição

1.1 – Noções

O conceito de jurisdição não possui unanimidade doutrinária e é uma prova de fogo para os operadores do direito, dificuldade já demonstrada por Piero Calamandrei,[1] quando afirmou que "não se pode dar uma definição do conceito de jurisdição absoluta, válida para todos os tempos e para todos os povos", já que seu conceito dependerá da constituição política do Estado, que varia segundo os lugares e segundo os tempos. Tal posicionamento é denominado de relatividade história do conceito de jurisdição.[2]

Na modernidade, o Estado exerce o monopólio da produção e aplicação do direito, garantindo direitos e tratando de efetivá-los, concretamente. O Estado moderno exerce o seu poder solucionador de litígios, abrangendo a capacidade de dirimir os conflitos que envolvem as pessoas, inclusive o próprio ente estatal, decidindo as pretensões e impondo as decisões, pela jurisdição. Na verdade, a idéia de direito, suscita a idéia de jurisdição.

Mas nem sempre foi assim, pois, na antigüidade, o direito, antes de ser monopólio do Estado, era uma manifestação das leis de Deus, apenas conhecidas e reveladas pelos sacerdotes. Não havia normas estatais regu-

---

[1] CALAMANDREI, Piero. *Direito processual civil*. v. I. Campinas: Bookseller, 1999, p. 96.
[2] Idem, p. 96: "Não só as formas externas, através das quais se desenvolvem a administração da justiça, senão também os métodos lógicos do julgar, têm um valor contingente, que não pode ser determinado senão em relação a um certo momento histó-

ladoras da conduta humana. Contudo, a verdadeira jurisdição surgiu a partir do momento que o Estado tornou-se independente, desvinculando-se dos valores religiosos e passou a exercer um poder mais acentuado de controle social. Ainda, assim, a atividade jurisdicente do pretor, na fase inicial do direito romano, era uma função legitimadora da defesa privada. Ora, o direito era, de um modo geral, realizado por seu titular contra o obrigado, apenas intervindo o pretor para julgar lícita ou ilícita a conduta do titular, de forma excepcional e, por iniciativa do obrigado, naqueles casos em que este se julgasse ofendido pelo exercício arbitrário e ilegítimo do titular do direito.

Assim, abolida a autotutela ou justiça privada (justiça pelas próprias mãos) do nosso ordenamento jurídico, restou ao poder estatal o monopólio da realização da justiça, dado que a regra geral é que as demandas serão decididas pelo Judiciário. Diz-se que a jurisdição é uma função inerte e só se põe em movimento, quando ativada por aquele que invoca a proteção jurisdicional do Estado.

Enfim, o monopólio estatal da Justiça cria para o indivíduo o direito subjetivo público de exigir a prestação jurisdicional sempre que se sentir envolvido em uma situação conflituosa. Por outro lado, a prestação jurisdicional, geralmente, é realizada por meio do processo.

Quando o homem é vítima de uma injustiça, ou seja, de alguma situação que viola seus direitos subjetivos de cidadão, não lhe resta outra saída senão recorrer à autoridade judiciária, tendo em vista que se acha privado do poder de fazer justiça por suas próprias mãos. A ordem jurídica lhe outorga o poder de, em substituição, pedir a colaboração dos poderes constituídos do Estado.

A jurisdição, ao lado do processo e da ação, constitui-se num dos pilares do chamado tripé estrutural do processo. Contudo, jurisdição e processo são dois institutos indissociáveis, como ressalta Humberto Theodoro Júnior.[3] Acrescenta, ainda: "o direito à jurisdição é, também, o direito ao

---

rico. – Relatividade histórica do conceito de jurisdição. – Hoje, nas principais legislações da Europa continental, o conteúdo da função jurisdicional não pode ser compreendido senão em relação ao sistema da legalidade; e o novo Código quer ser precisamente uma reafirmação da jurisdição como complemento e como instrumento da legalidade".

[3] THEODORO JÚNIOR, Humberto. Princípios gerais do direito processual civil. *Revista de Processo*. n. 23. São Paulo: Revista dos Tribunais, 1981, p. 179.

processo, como único e indispensável meio de realização da Justiça oficial. (.....) É que não basta garantir o pronunciamento do Judiciário. Se a finalidade é evitar ou reparar a lesão jurídica através do recurso ao Poder Judiciário, tal há de acontecer em condições suficientes para que o objetivo visado pela garantia constitucional seja, de fato, atingido".

Portanto, não há como compreender o princípio do devido processo legal sem uma análise do instituto da jurisdição, uma vez que a tutela jurisdicional do Estado é garantida por um procedimento demarcado em lei, além de elemento estrutural do processo. Mas o devido processo legal não está restrito apenas ao aspecto formal, envolvendo também o substancial.

Contudo, a tutela jurisdicional consiste em um direito público subjetivo, universalmente consagrado, decorrente da assunção, pelo Estado, do monopólio da administração da Justiça. Também denominada de direito ao processo ou, ainda, direito à tutela jurisdicional do Estado, essa garantia tem sido definida nas mais importantes declarações de direitos humanos (art. 10, da Declaração Universal dos Direitos do Homem, proclamada pela ONU, em 10.12.1948; art. 6.º, n.º 1, da Convenção Européia para Salvaguarda dos Direitos do Homem e das Liberdades Fundamentais, subscrita em 04.11.1950; art. 14, n.º 1, do Pacto Internacional de Direitos Civis e Políticos, de 16.12.1966; art. 8.º, n.º 1, da Convenção Americana sobre Direitos Humanos, assinada em 22.11.1969), bem como no art. 5.º, XXXV, da atual Constituição Federal do Brasil[4], que consagra um dos mais expressivos direitos subjetivos conferidos pelo Estado aos jurisdicionados, estes entendidos como todos quantos vivam no território nacional, igualados no tocante aos direitos fundamentais e suas garantias.

Em sentido genérico, jurisdição é o poder do Estado de fazer justiça – de dizer o direito (do latim *jus dicere*, *jus dictio* – dizer o direito). Em linguagem técnica, porém, costuma-se conceituar a jurisdição como sendo uma função do Estado, exercida pelo juiz, dentro de um processo, para solucionar um litígio entre partes.

As pessoas não podem, por elas mesmas, decidir quem tem razão ou fazer justiça com as próprias mãos, porque o Estado, nas questões controvertidas, substitui a vontade dos litigantes e, no lugar deles, passa a dizer o direito. Daí a afirmação de que a substitutividade é uma das características da jurisdição.

---

[4] "A lei não excluirá da apreciação do Poder Judiciário lesão ou ameaça a direito."

Assim, a jurisdição, para Cândido Rangel Dinamarco,[5] "é uma das funções do Estado, mediante a qual este se substitui aos titulares dos interesses em conflito para, imparcialmente, buscar a pacificação do conflito que os envolve, com justiça. Essa pacificação é feita mediante a atuação da vontade do direito objetivo que rege o caso apresentado em concreto para ser solucionado; e o Estado desempenha essa função sempre mediante o processo, seja expressando imperativamente o preceito (através de uma sentença de mérito), seja realizando no mundo das coisas o que o preceito estabelece (através da execução forçada)".

Esse conceito também é reforçado por Dinamarco[6], ao dizer que a jurisdição, além de função do Estado e monopólio estatal é, ao mesmo tempo, poder, função e atividade. Como poder, é manifestação do poder estatal, com capacidade de decidir imperativamente e impor decisões. Como função, expressa o encargo que têm os órgãos estatais de promover a pacificação de conflitos interindividuais, mediante a realização do direito justo, através do processo. E, como atividade, a jurisdição é o complexo de atos do juiz no processo, exercendo o poder e cumprindo a função que a lei lhe comete. Conclui que o poder, a função e a atividade somente transparecem legitimamente, pela devida estruturação do processo (devido processo legal).

Aliás, o processo não é algo constitucionalmente neutro, insignificativo ou indiferente. Não o é, nem poderia ser, nas palavras de Jorge Miranda,[7] "porque se trata ainda aí do exercício de uma função do Estado e porque o próprio posicionamento recíproco dos indivíduos e dos grupos dentro da sociedade civil não se oferece indiferente às normas constitucionais".

Mas a noção de jurisdição, na lição de Marcelo Abelha Rodrigues[8], com fulcro na doutrina clássica e tradicional, bem como na tripartição de poderes, "é o de que a jurisdição é o poder-dever-função do Estado de,

---

[5] DINAMARCO, Cândido Rangel, GRINOVER, Ada Pellegrini, CINTRA, Antonio Carlos de Araújo. *Teoria geral do processo*. São Paulo: Malheiros Editores, 1998, p. 129.

[6] DINAMARCO, Cândido Rangel, GRINOVER, Ada Pellegrini, CINTRA, Antonio Carlos de Araújo. *Teoria geral do processo*. São Paulo: Malheiros Editores, 1998, p. 129.

[7] MIRANDA, Jorge. Constituição e processo civil. *Revista de Processo* n. 98. São Paulo: Revista dos Tribunais, 2000, p. 29.

[8] RODRIGUES, Marcelo Abelha. *Elementos de direito processual civil*. v. 1. São Paulo: Revista dos Tribunais, 2000, p. 102.

quando provocado, substituindo a vontade das partes, fazer atuar a vontade concreta da lei para realizar a paz social". Esse conceito é inspirado na doutrina de Chiovenda,[9] para quem a jurisdição é "a função do Estado que tem por escopo a atuação da vontade concreta da lei por meio da substituição, pela atividade de órgãos públicos, da atividade de particulares ou de outros órgãos públicos, já no afirmar a existência da vontade da lei, já no torná-la, praticamente, efetiva".

Mas, como dizem João Monteiro, Nelson Nery Júnior, Lopes da Costa, Calamandrei, Zanzuchi, entre outros, na esteira do pensamento de Calamandrei, o conceito de jurisdição não é o mesmo para todos os tempos e todos os sistemas. A grande questão é verificar se o conceito chiovendiano de jurisdição (avançadíssimo à sua época) continua sendo aplicável nos dias atuais. Então, existiria jurisdição nas execuções extrajudiciais, na atividade do árbitro (juízo arbitral) e na tutela de direitos que não são de particulares? A jurisdição constitucional é atividade jurisdicional, assim como a jurisdição voluntária, graciosa, honorária ou administrativa?

Inúmeras são as teorias que procuram explicar a natureza da atividade jurisdicional do Estado, sendo profundas as divergências entre elas. Para Piero Calamandrei,[10] "não se pode dar uma definição do conceito de jurisdição absoluta, válida para todos os tempos e para todos os povos. Não só as formas externas, através das quais se desenvolvem a administração da justiça, senão também os métodos lógicos do julgar, têm um valor contingente, que não pode ser determinado senão em relação a um certo momento histórico". Diante disso, o jurista italiano extrai a "relatividade histórica do conceito de jurisdição".

É de Calamandrei, ainda, a noção de jurisdição de equidade e jurisdição de direito: o princípio da legalidade.[11] Entende o jurista italiano que,

---

[9] CHIOVENDA, Giuseppe. *Instituições de direito processual civil*. v. II. Campinas: Bookseller, 2000, p. 8.

[10] CALAMANDREI, Piero. *Direito processual civil*. v. I. Campinas: Bookseller, 1999, p. 96.

[11] CALAMANDREI, Piero. *Direito processual civil*. v. I. Campinas: Bookseller, 1999, p. 100: "De tudo quanto se tem dito, aparece o alcance exato da contraposição, que ainda hoje se faz entre jurisdição de equidade e jurisdição de direito. A atividade do juiz de equidade, que cria o direito para o caso singular, é mais complexa e mais compreensiva que a do juiz de direito, que aplica ao caso singular o direito criado pelo legislador: no juízo de

"segundo predomine um ou outro método de formulação do direito, será diferente no Estado a posição do juiz, e diferente, por conseguinte, o conteúdo da função jurisdicional".[12]

Por sua vez, Chiovenda[13] parte do pressuposto de que, modernamente, a produção do direito é monopólio estatal. Entende que o Estado moderno considera como sua função essencial a administração da justiça, ressaltando que a jurisdição é o poder estatal exclusivo de aplicar a lei ao caso concreto. Da distinção entre administração (atividade primária ou originária) e atividade atribuída aos juízes surge a terceira função estatal, que é a atividade jurisdicional. Existiriam duas funções distintas da atividade estatal: fazer leis e aplicá-las. A distinção entre administração e jurisdição é que o administrador deve manter-se dentro da lei, que é seu limite, não o seu fim (seu objetivo é a realização do bem comum, dentro da lei), embora formulando um juízo sobre sua própria atividade; o juiz, ao contrário, não tem por finalidade a realização do bem comum, pois a finalidade de seu agir é a própria lei (ele age para a atuação da lei, ou seja, para a realização do direito objetivo), julgando uma atividade alheia. Para Chiovenda, ainda, quanto mais se reforça a organização política, tanto mais se restringe o campo da autodefesa, pela natural expansão da finalidade do Estado. Daí concluir que "converte-se, assim, o processo num instrumento de justiça nas mãos do Estado".

A doutrina de Chiovenda é seguida por inúmeros processualistas, dentre os quais destacam-se Calamandrei, Ugo Rocco, Antônio Segni, Zanzucchi e, dentre os brasileiros, Calmon de Passos, Moacyr Amaral Santos e Celso Barbi.

Já a doutrina de Allorio, sustenta a tese de que a essência do ato jurisdicional está em sua aptidão para produzir a coisa julgada. Allorio parte de

---

equidade, a criação – A legalidade, princípio fundamental do nosso ordenamento – do direito e sua aplicação ao caso concreto tem lugar no mesmo momento, com um ato único; no juízo de direito, o mesmo caminho realiza-se em duas etapas, a primeira por obra do legislador, a segunda por obra do juiz; de maneira que pode-se dizer que a jurisdição de equidade concreta em si mesma, atuando caso a caso, a função criadora do direito que no sistema da legalidade está subtraída ao juiz e reservada do legislador".

[12] CALAMANDREI, Piero. *Direito processual civil.* Campinas: vol. I, Bookseller, 1999, p. 98.

[13] CHIOVENDA, Giuseppe. *Instituições de direito processual civil.* v. I. Campinas: Bookseller, 2000, p. 57.

uma premissa devida a Kelsen e demais filósofos normativistas, segundo a qual as funções do Estado não podem ser catalogadas e definidas por seus fins, e sim por suas formas. Para ele, o ordenamento jurídico pode ser atuado ou realizado pelas mais diversas formas, seja por particulares, quando se comportam em conformidade com a norma, seja pelos órgãos do Poder Executivo (administradores que realizam a ordem jurídica estatal). A coisa julgada seria o sinal inequívoco da verdadeira e própria jurisdição; não havendo coisa julgada, como na jurisdição voluntária, não há verdadeira jurisdição. Calamandrei também já tinha afirmado que a coisa julgada é o que constituía a pedra de toque do ato jurisdicional. Igualmente Liebman e Couture são simpatizantes da doutrina de Allorio.

Finalmente, para a doutrina de Carnelutti,[14] a jurisdição consiste na justa composição da lide, mediante sentença de natureza declarativa. Segundo ele, não haveria jurisdição no processo executivo. Essa doutrina é largamente difundida, no Brasil, entendendo que jurisdição pressupõe um conflito de interesses, qualificado pela pretensão de alguém e a resistência de outrem. Esse é o conceito de lide dado por Carnelutti; sem lide, não há atividade jurisdicional. Assim, a jurisdição é criada e organizada pelo Estado com o fim de pacificar, nos termos da lei, os mais diferentes conflitos de interesses, tantos os de natureza privada, como os de direito público.

As atividades jurisdicionais exercidas em cada processo têm sempre por objeto uma pretensão, que varia de natureza, de acordo com o direito objetivo material em que se funda (causas penais, civis, comerciais, administrativas, trabalhistas, tributárias e outras). Por decorrência de critérios lógicos, divide-se a competência dos juízes pela natureza da pretensão. Fala Cândido Rangel Dinamarco[15] na existência de uma "jurisdição penal (causas penais, pretensões punitivas) e jurisdição civil (por exclusão, causas e pretensões não-penais). A expressão "jurisdição civil", aí, é empregada em sentido bastante amplo, abrangendo toda a jurisdição não-penal".

Embora a jurisdição seja una e indivisível, por razões de política legislativa, foram criadas as justiças especiais, que coexistem ao lado da

---

[14] CARNELUTTI, Francesco. *Sistema de direito processual civil*. v. I. São Paulo: Classic Book, 2000, p. 223.
[15] DINAMARCO, Cândido Rangel, GRINOVER, Ada Pellegrini, CINTRA, Antonio Carlos de Araújo. *Teoria geral do processo*. São Paulo: Malheiros Editores, 1998, p. 141.

justiça comum. A Constituição Federal do Brasil atribuiu competência para que as lides versando sobre determinadas matérias não penais fossem apreciadas pelas justiças especializadas. A justiça comum divide-se em civil e penal, enquanto a especial pode ser jurisdição especial trabalhista (arts. 111 e seguintes da CF), militar (arts. 122 e seguintes da CF) ou eleitoral (art. 118 da CF).

Assim, de acordo com a lição de Marcelo Abelha Rodrigues,[16] a jurisdição civil seria aquela lide a ser julgada com base, diretamente, no Código de Processo Civil, observado, ainda, o seguinte raciocínio de exclusão: a) ver se é caso de jurisdição especial; b) verificar se não é caso de lide penal (que não apresentem conseqüências penais (crime e contravenção). Feito tal raciocínio, estaríamos "diante de uma lide civil que pode ter como base o CPC".

A cláusula do devido processo legal está ligado à jurisdição civil e à penal, não sendo possível, didaticamente, isolar completamente uma relação jurídica de outra, especialmente diante da origem penal do *dues process of law*.

1.2 – Função da jurisdição

O que difere a jurisdição (poder estatal de exercer a justiça) das demais funções do Estado é a finalidade pacificadora exercida. Então, para que haja uma função jurisdicional integral, devem ser observados os princípios e garantias constitucionais.

Não há mais a autodefesa como forma de justiça, desde quando o Estado resolveu intervir para evitar os conflitos, proibindo as partes de solucionar a questão, justamente porque ninguém é bom juiz em causa própria (*neomo judex in rem sua*). Assim, somente a imparcialidade pode conduzir à justiça e esta é feita pela autoridade estatal, consubstanciada no Judiciário, que tem a função de decidir a demanda. Essa função é a jurisdição.

---

[16] RODRIGUES, Marcelo Abelha. *Elementos de direito processual civil.* v. 1. São Paulo: Revista dos Tribunais, 2000, p. 110.

Mas a jurisdição deve ser provocada, conforme ensina Calamandrei, pois não há jurisdição sem ação, não há atuação sem provocação, com exceção daqueles casos em que o próprio ordenamento jurídico permite (arbitramento, direito de retenção e venda coativa por inadimplemento do comprador).

Leciona Chiovenda que é característico da função jurisdicional a substituição de uma atividade privada de outrem por uma atividade pública, referente a dois estágios processuais: a cognição e a execução. E o mesmo jurista italiano[17] ressalta que o Estado moderno considera como função essencial própria a administração da Justiça; seria exclusivamente estatal o poder de atuar a vontade da lei no caso concreto, poder que se diz "jurisdição".

A função jurisdicional enquadra-se na categoria das garantias constitucionais de direito objetivo, pois, o Estado-juiz, por meio do processo, atua jurisdicionalmente com o objetivo de impor a obediência à ordem jurídica. É função da soberania do Estado e como tal é preservada, na própria Constituição, quando distribui o seu exercício entre os órgãos judiciários.

Deve o Estado, portanto, assegurar a integridade dos direitos lesados, pela tutela jurisdicional desses direitos, observadas as regras processuais inerentes, o que é garantido constitucionalmente aos jurisdicionados.

No entanto, interessante ressaltar que o crescente desrespeito à indeclinabilidade da jurisdição estatal fez com que o Estado tenha dado índole jurisdicional à arbitragem, à medida que reconheceu a excessiva quantidade de lides que não consegue prestar, devidamente, a tutela jurisdicional justa e efetiva.

Atualmente, há uma busca incessante de meios e formas alternativas, bem como de tutelas específicas para atingir-se a função eficaz da jurisdição. Temos, no Brasil, um sistema judiciário tão desenvolvido como a maioria dos países, mas o acesso real, célere e eficiente da população a esse sistema deixa muito a desejar.

---

[17] CHIOVENDA, Giuseppe. *Instituições de direito processual civil.* v. I. Campinas: Bookseller, 2000, p. 58.

CAPÍTULO 2

Das Categorias Constitucionais

2.1 – Noções

O art. 5.º, da Constituição Federal do Brasil traz, em seus vários incisos, alguns princípios, direitos, normas, garantias e remédios constitucionais. A confusão terminológica tem gerado certa contradição doutrinária, motivo pelo qual divergentes são os efeitos que podem ser dados, de acordo com a natureza que se empreste a cada cláusula. Como exemplo, à luz do § 1.º, do art. 5.º, da Carta Política, verifica-se que apenas as normas definidoras dos direitos e garantias fundamentais têm aplicação imediata, podendo-se inferir, portanto, que as normas, de natureza diversa, traduzam conteúdo meramente programático.

As categorias constitucionais identificadas – direitos, garantias, normas, princípios e remédios –, em que os últimos são de índole processual (ações constitucionais típicas), não são mutuamente excludentes, pois nada impede que possam cumular naturezas diversas, embora uma delas possa ter primazia sobre a outra. Os remédios constitucionais também são considerados como direitos, pelo menos como direito de ação ou garantia constitucional.

Como aponta Canotilho,[18] ainda hoje não é pacífica a distinção entre normas e princípios constitucionais, muito embora essas categorias apre-

---

[18] CANOTILHO, José Joaquim Gomes. *Direito constitucional e teoria da Constituição*. Coimbra: Almedina, 2001, p. 1.124.

sentem-se próximas. Alguns critérios são utilizados pela doutrina para distinguir as referidas categorias, tais como:

a) eleição do grau de abstração das categorias, em que se evita acentuar as diferenças qualitativas entre as categorias, insistindo-se no reconhecimento de um grau mais abstrato dos princípios em relação às normas;

b) grau de determinabilidade de aplicação que conduz à idéia de necessidade de concretização dos princípios em comparação com a possibilidade de aplicação direta das normas (outro critério anotado por Canotilho); esse critério também não é absolutamente seguro, pois, como as normas constitucionais, os princípios têm graus diferentes de aplicabilidade. Como faz presumir José Afonso da Silva[19], há princípios de eficácia plena e aplicabilidade direta, imediata e integral, bem como normas de eficácia contida e aplicabilidade direta, imediata, mas não integral;

c) conteúdo de informação que conduz a separar os princípios abertos ou informativos, sem densidade de aplicação concreta e as normas, com disciplina jurídica imediata para determinados tipos ou pressupostos de fato;

d) separação radical que aponta para rigorosa distinção qualitativa quer quanto à estrutura lógica, ou quanto à intencionalidade normativa.

Enfim, as combinações dos critérios distintivos, em conjunto com as técnicas mencionadas por Canotilho[20] são, teoricamente, eficazes para distinguir normas de princípios. As técnicas apontadas por Canotilho são: conhecimento de que os princípios beneficiam-se de uma objetividade e presencialidade normativa que os dispensa de estarem consagrados, expressamente, em qualquer preceito particular; o fato de os princípios carecerem de uma mediação semântica mais intensa, dado a sua idoneidade normativa irradiante ser, em geral, acompanhada por menor densi-

---

[19] SILVA, José Afonso. *Aplicabilidade das normas constitucionais*. São Paulo: Malheiros Editores, 1999, p. 83.

[20] CANOTILHO, José Joaquim Gomes. *Direito constitucional e teoria da Constituição*. Coimbra: Almedina, 2001, p. 1.137.

dade concretizadora. Como leciona Canotilho, a Constituição é formada por normas e princípios de diferentes graus de concretização. A articulação de princípios e normas é que faz com que a Constituição seja compreendida como um sistema assentado em princípios estruturantes fundamentais que, por sua vez, assentam em subprincípios e normas constitucionais concretizadores desses mesmos princípios.

Há certos princípios denominados princípios estruturantes, constitutivos e indicativos das idéias diretivas básicas da ordem constitucional. São as constantes jurídico-constitucionais do estatuto político como, por exemplo, o princípio democrático e o republicano, bem como o princípio do Estado de Direito. Esses princípios se concretizam por outros princípios que densificam os princípios estruturantes, iluminando o seu sentido jurídico-constitucional e político-constitucional, formando com eles, ao mesmo tempo, um sistema interno.

Por sua vez, esses princípios gerais fundamentais podem densificar-se ou concretizar-se por outros princípios constitucionais especiais. Todavia, os princípios estruturantes não são apenas densificados por princípios constitucionais gerais ou especiais, já que a sua concretização assenta também nas várias normas constitucionais, qualquer que seja a sua natureza.

2.2 – Princípios constitucionais

O termo princípio é utilizado, indistintamente, em vários campos do saber humano, aparecendo com sentidos diversos, concluindo Ruy Samuel Espíndola[21] que "a idéia de princípio ou sua conceituação, seja lá qual for o campo do saber que se tenha em mente, designa a estruturação de um sistema de idéias, pensamentos ou normas por uma idéia mestra, por um pensamento chave, por uma baliza normativa, donde todas as demais idéias, pensamentos ou normas derivam, se reconduzem e/ou subordinam".

Por definição, princípio é mandamento nuclear de sistema, ou seja, verdadeiro alicerce dele, disposição fundamental que se irradia sobre diferentes normas, compondo-lhes o espírito e servindo de critério para a sua

---

[21] ESPÍNDOLA, Ruy Samuel. *Conceito de princípios constitucionais*. São Paulo: Revista dos Tribunais, 1999, p. 47.

exata compreensão e inteligência, exatamente, por definir a lógica e a racionalidade do sistema normativo no que lhe dá sentido harmônico. São os pensamentos diretores de uma regulação jurídica, devendo ser utilizados como critério superior de interpretação das demais normas, orientando sua aplicação no caso concreto.

Os princípios constitucionais são a síntese dos valores principais da ordem jurídica. A Constituição é um sistema de normas jurídicas; ela não é um simples agrupamento de regras que se justapõem ou que se superpõem. A idéia de sistema está fundada na de harmonia, de partes que convivem sem atritos, já que em toda ordem jurídica existem valores superiores e diretrizes fundamentais interagindo-se. Então, os princípios constitucionais são as premissas básicas de uma ordem jurídica que se irradia por todo o sistema.

Como bem observados por Canotilho e Vital Moreira, os princípios são ordenações que se irradiam e imitam os sistemas de normas como núcleos de condensações nos quais confluem valores e bens constitucionais. E esses princípios, que são a base de normas jurídicas, podem estar positivamente incorporados, transformando-se em normas-princípios e constituindo preceitos básicos da organização constitucional. Na verdade, a utilidade dos princípios reside em manter-se a coerência e unidade das interações normativas fundamentais, quer no âmbito interno, quer no externo à própria Constituição.

As diferenças qualitativas fundamentais entre princípios (na qualidade de verdadeiras normas) e as outras categorias de normas (regras jurídicas), na lição de Canotilho, são:[22] a) os princípios são normas jurídicas impositivas de uma otimização, compatíveis com vários graus de concretização; b) as regras são normas que prescrevem imperativamente uma exigência (impõem, permitem ou proíbem, podendo ser ou não cumprida; a convivência dos princípios é conflitual, enquanto a convivência de regras é antinómica; os princípios coexistem, as regras antinómicas excluem-se; c) os princípios permitem o balanceamento de valores e interesses (não obedecem, como as regras, à "lógica do tudo ou nada"), consoante o seu peso e a ponderação de outros princípios eventualmente conflitantes; d) as regras não deixam espaço para qualquer outra solução,

---

[22] CANOTILHO, José Joaquim Gomes. *Direito constitucional e teoria da Constituição*. Coimbra: Almedina, 2001, p. 1.125.

pois se uma regra tem validade, deve ser cumprida na exata medida das suas prescrições, nem mais nem menos; e) em caso de conflito entre princípios, estes poderão ser objeto de ponderação, de harmonização, pois contêm apenas exigências que devem ser realizadas; f) as regras contêm fixações normativas definitivas, sendo insustentável a validade simultânea de regras contraditórias; g) os princípios suscitam problemas de validade e peso (importância, ponderação, valia), enquanto as regras colocam apenas questões de validade (se elas não são corretas, devem ser alteradas).

Fala Robert Alexy em normas de direito fundamental abstratas e concretas.[23] Mas nem todos os princípios constitucionais são normas com a natureza de direito fundamental, muito menos todas as normas constitucionais são direitos fundamentais. Para Alexy,[24] os princípios são *mandatos de optimización* (devem ser realizados na medida do possível e dentro das possibilidades jurídicas reais; contêm mandatos definitivos), enquanto as regras são normas que só podem ser cumpridas conforme sejam válidas ou não (exigem que se faça exatamente o que elas ordenam). A principal diferença entre regra e princípio é de qualidade e não apenas de hierarquia.

A normatividade dos princípios jurídicos também foi abordada por Norberto Bobbio, que assim entendeu:[25] "Os princípios gerais são apenas, a meu ver, normas fundamentais ou generalíssimas do sistema, as normas mais gerais. A palavra princípios leva a engano, tanto que é velha questão entre os juristas se os princípios gerais são normas. Para mim não há dúvida: os princípios gerais são normas como todas as outras. E esta é também a tese sustentada por Crisafulli. Para sustentar que os princípios gerais são normas, os argumentos são dois, e ambos válidos: antes de mais nada, se são normas aquelas das quais os princípios gerais são extraídos, através de um procedimento de generalização sucessiva, não se vê por que não

---

[23] ALEXY, Robert. *Teoria de los derechos fundamentales*. Madrid: Centro de Estudios Constitucionales, 1997, p. 62: "abstractamente cuando se pregunta sobre la base de cuáles criterios uma norma, indepedientemente de su pertenencia a um determinado orden jurídico o Constitución, puede ser identificada como norma de de derecho fundamental". Já as concretas são "normas de um determinado orden jurídico o de uma determinada Constitución son normas de derecho fundamental y cuáles no".
[24] ALEXY, Robert. *Teoria de los derechos fundamentales*. Madrid: Centro de Estudios Constitucionales, 1997, p. 86.
[25] BOBBIO, Norberto. *Teoria do ordenamento jurídico*. Brasília: Ed. UnB, 1999, p. 158.

devam ser normas também eles: se abstraio da espécie animal obtenho sempre animais, e não flores ou estrelas. Em segundo lugar, a função para qual são extraídos e empregados é a mesma cumprida por todas as normas, isto é, a função de regular um caso. E com que finalidade são extraídos em caso de lacuna? Para regular um comportamento não-regulamentado: mas então servem ao mesmo escopo a que servem as normas expressas. E por que não deveriam ser normas?"

A respeito do tema, prossegue o pensador italiano:[26] "Ao lado dos princípios gerais expressos há os não-expressos, ou seja, aqueles que se podem tirar por abstração de normas específicas ou pelo menos não muito gerais: são princípios, ou normas generalíssimas, formuladas pelo intérprete, que busca colher, comparando normas aparentemente diversas entre si, aquilo a que comumente se chama o espírito do sistema". Sustenta Norberto Bobbio que direitos fundamentais não são apenas aqueles positivados, mas sim aqueles que devem ser protegidos.

Contudo, para Ivo Dantas,[27] "princípios são categoria lógica e, tanto quanto possível, universal, muito embora não possamos esquecer que, antes de tudo, quando incorporados a um sistema jurídico-constitucional-positivo, refletem a própria estrutura ideológica do Estado, como tal, representativa dos valores consagrados por uma determinada sociedade". Diz, ainda, que a distinção entre princípios e normas é que aqueles podem ser até inferidos por uma operação lógica, enquanto a norma é sempre expressa, não podendo ser deduzida a partir do conteúdo do sistema.

Costuma-se emprestar um conjunto variado de funções aos princípios: a) função ordenadora dos princípios nos momentos revolucionários (as revoluções, em geral, são feitas em nome de poucos princípios); b) exercer uma ação imediata, à medida que tenham condições para serem auto-executáveis. Jorge Miranda[28] ressalta a função ordenadora dos princípios fundamentais, bem como sua ação imediata, enquanto diretamente aplicáveis ou capazes de conformarem as relações político-constitucio-

---

[26] Idem, p. 159.
[27] DANTAS, Ivo. *Princípios constitucionais e interpretação constitucional.* Rio de Janeiro: Lumen Juris, 1995, p. 59.
[28] MIRANDA, Jorge. *Manual de direito constitucional.* v. II. Coimbra: Coimbra, 1985, p. 197.

nais, aditando, ainda, que a ação imediata dos princípios consiste, inicialmente, em funcionarem como critério de interpretação e integração, pois são eles que dão coerência geral ao sistema.

Lembra Jorge Miranda,[29] ainda, que "o Direito não é mero somatório de regras avulsas, produto de atos de vontade, ou mera concatenação de fórmulas verbais articuladas entre si. O Direito é ordenamento ou conjunto significativo e não conjunção resultante de vigência simultânea; é coerência ou, talvez, mais rigorosamente, consistência; é unidade de sentido, é valor incorporado em regra. E esse ordenamento, esse conjunto, essa unidade, esse valor projeta-se ou traduz-se em princípios, logicamente anteriores aos preceitos". E conclui o pensamento: "Os princípios não se colocam pois, além ou acima do Direito (ou do próprio Direito positivo); também eles – numa visão ampla, superadora de concepções positivistas, literalistas e absolutizantes das fontes legais – fazem parte do complexo ordenamental. Não se contrapõem às normas, contrampõe-se tão-somente aos preceitos; as normas jurídicas é que se dividem em normas-princípios e normas-disposições".

Os princípios exercem funções de duas naturezas no ordenamento jurídico: a) os que exercem função ordenadora se vinculam, mais essencialmente, por servirem de diretrizes para a fixação de critérios de interpretação e de integração do Direito, dando coerência geral ao sistema; b) os que atuam com função prospectiva: os princípios têm capacidade de impor sugestões para a adoção de formulações novas ou de regras jurídicas mais atualizadas, inspirados na idéia do aprimoramento do direito aplicado.

A questão básica da grande transformação por que passam os princípios reside no caráter e lugar de sua normatividade. Esta, após reconhecida pela moderna doutrina, salta dos Códigos, onde os princípios eram fontes de mero teor supletivo para as Constituições que se convertem, atualmente, em fundamento de toda a ordem jurídica, na qualidade de princípios constitucionais. Ora, os princípios baixaram primeiro das alturas das formulações filosóficas para a planície normativa do Direito, transitando daí para as Constituições, subindo, então, ao degrau mais alto da hierarquia normativa.

---

[29] Idem, p. 197.

Em essência, a teoria dos princípios busca que eles se compadeçam com a normatividade e o exercício do poder, em conformidade com as exigências da natureza humana, tudo com fundamento na Constituição. Os princípios gerais, que foram elevados à categoria de princípios constitucionais, solucionam o problema da eficácia dos chamados princípios supralegais que tendem ao esquecimento.

Esses princípios, encontrando-se em uma posição de supremacia (ápice da pirâmide normativa), que se concretizou com a jurisprudência de princípios (de valores), elevam-se ao grau de norma das normas, de fonte das fontes, sendo, portanto, a congruência, o equilíbrio e a essencialidade de um sistema jurídico legítimo; são a viga mestra do sistema e o esteio da legitimidade constitucional.

A investigação do pensamento positivo revela que os princípios são considerados como sendo normas obtidas por um processo de visão generalizada das leis. Por essa razão, entendeu-se que eles eram parte integrante do ordenamento jurídico positivo, pelo que a sua atuação ocorria com o mesmo grau hierárquico do possuído pela norma concreta. Para os jusnaturalistas, os princípios gerais de direito são normas de direito natural que, embora não se encontrem de modo positivo implantadas no texto constitucional, possuem vigência e são obrigatórias, por integrarem a denominada ordem suprapositiva, com força de informar todo o sistema legal.

A respeito de tais aspectos, lúcido entendimento é o de Canotilho,[30] ao considerar que "os princípios jurídicos fundamentais não se reduzem a simples princípios gerais de direito ou regras jurídicas gerais, nem se inscrevem numa ordem jurídica suprapositiva". Eles são "normas princípios e, portanto, fonte de direito, a partir do momento e na medida em que hajam sido encarnados numa instituição por um ato constitutivo de poder legislativo, da jurisprudência ou da vida jurídica".

Portanto, alguns princípios se traduzem em normas constitucionais, enquanto outros pairam abstratamente sobre o ideal constitucional, mas sem redução normativa. Para Canotilho,[31] a Constituição deve ser compreendida como um sistema interno em que existe uma conexão de princí-

---

[30] CANOTILHO, José Joaquim Gomes. *Direito constitucional e teoria da Constituição*. Coimbra: Almedina, 2001, p. 237.

[31] CANOTILHO, José Joaquim Gomes. *Direito constitucional e teoria da Constituição*. Coimbra: Almedina, 2001, p. 161.

pios imanentes (expressos ou implícitos, revelados ou não em normas constitucionais), constitutivos de uma certa ordem e unidade.

São citados por Canotilho[32] os princípios da unidade da constituição, da máxima efetividade e da harmonização ou, ainda, o princípio da interpretação conforme a constituição, que implicam comandos basilares do sistema constitucional. Mas há também os princípios normatizados que servem de norma-orientação ao legislador, a quem cabe observá-los e garantir-lhes eficácia na formulação e integração do Direito (princípios da legalidade, da anterioridade da lei, da inafastabilidade do controle jurisdicional e outros).

São quatro as espécies de princípios constitucionais, segundo a classificação de Canotilho: a) princípios jurídicos fundamentais: aqueles que se consideram princípios historicamente objetivados e progressivamente introduzidos na consciência jurídica e que encontram uma recepção expressa ou implícita no texto constitucional; b) princípios políticos constitucionalmente conformadores: explicitam as valores políticas fundamentais do legislador constituinte (princípios definidores da forma do Estado, caracterizadores da forma de governo e estruturantes do regime político); c) princípios constitucionais impositivos: subsumem-se todos os princípios que no âmbito da Constituinte dirigente impõem aos órgãos do Estado, sobretudo ao legislador, a realização de fins e a execução de tarefas; e d) princípios-garantia: também chamados de princípios em forma de norma jurídica, visam instituir, direta ou indiretamente, a uma garantia aos cidadãos, atribuindo-se a densidade de autêntica norma jurídica e uma força determinante, positiva e negativa (*nullum crimen sine lege*, princípio do juiz natural, os princípios *non bis in idem* e *in dubio pro reo*).

Mas a classificação dos princípios constitucionais não é uniforme, como lembra Manoel Messias Peixinho,[33] o que não impede de fazer a seguinte opção: a) princípios constitucionais como princípios jurídicos fundamentais; b) princípios jurídico-constitucionais. Seguindo Canotilho, Manoel M. Peixinho divide os princípios jurídicos fundamentais nos seguintes subprincípios: princípios com função negativa; princípios jurídi-

---

[32] CANOTILHO, José Joaquim Gomes. *Direito constitucional e teoria da Constituição.* Coimbra: Almedina, 2001, p. 1.128.

[33] PEIXINHO, Manoel Messias. *A Interpretação da constituição e os princípios fundamentais.* Rio de Janeiro: Lumen Juris, 1999, p. 100.

cos gerais; princípio do acesso ao direito e aos tribunais; princípio da imparcialidade da administração; princípios definidores da forma de Estado; princípios definidores da estrutura do Estado; princípios estruturantes do regime político; e princípios caracterizadores da forma de governo. Após, o referido jurista classifica à parte os princípios fundamentais.

Por fim, há de se lembrar de que não é pacífica a distinção entre normas e princípios constitucionais, havendo confusão, ainda, quando se procura distinguir entre estas e as chamadas garantias, especialmente quando se identifica aqueles chamados princípios-garantia cuja manifestação ocorre na forma de norma constitucional. O aparente conflito estabelecido entre normas e princípios resolve-se pela articulação que existe na relação entre eles, ambos de diferentes tipos e características, que ilumina a compreensão da Constituição como sistema interno assente em princípios estruturantes fundamentais que, por sua vez, se assentam em subprincípios e normas constitucionais concretizadores desses mesmos princípios.

Os diversos princípios interpretativos das normas constitucionais, enumerados por Canotilho, são citados por Alexandre de Moraes:[34] a) unidade da Constituição: a interpretação constitucional deve evitar contradições entre suas normas; b) efeito integrador: deve ser dado maior primazia aos critérios que favoreçam a integração política-social e o reforço da unidade política; c) máxima efetividade ou eficiência: deve ser atribuído a uma norma constitucional o sentido que lhe conceda maior eficácia; d) justeza ou conformidade funcional: os intérpretes da norma constitucional não podem subverter, alterar ou perturbar a organização funcional estabelecida pelo constituinte originário; e) concordância prática ou harmonização: deve haver coordenação e combinação dos bens jurídicos em conflito, a fim de evitar o sacrifício total de uns em relação aos outros; f) força normativa da Constituição: entre as interpretações possíveis, deve ser adotada aquela que garanta maior eficácia, aplicabilidade e permanência das normas constitucionais. Aponta-se, ainda,[35] com base em Canotilho e Moreira, a necessidade de delimitação do âmbito normativo de cada norma constitucional, vislumbrando-se sua razão de existência, finalidade e extensão.

---

[34] MORAES, Alexandre de. *Direitos humanos fundamentais*. São Paulo: Atlas, 1998, p. 23.
[35] Idem, p. 24.

Os princípios citados acima são completados pelas regras propostas por Jorge Miranda, citado por Alexandre de Moraes:[36] "a) a contradição dos princípios deve ser superada ou mediante a redução proporcional do âmbito de alcance de cada um deles, ou em alguns casos, mediante a preferência ou a prioridade de certos princípios; b) deve ser fixada a premissa de que todas as normas constitucionais desempenham uma função útil no ordenamento, sendo vedada a interpretação que lhe suprima ou diminua a finalidade; c) os preceitos constitucionais deverão ser interpretados tanto explicitamente quanto implicitamente, a fim de colher-se seu verdadeiro significado".

Dizendo que, ontologicamente, a diferença entre regras e princípios não resiste ao teste da experiência nos diferentes quadrantes do mundo jurídico, Inocêncio Mártires Coelho[37] afirma, com base em Marcel Stati, que "aquilo que caracteriza particularmente o princípio – e isto constitui sua diferença com a regra de direito (....) – é, de um lado, a falta de precisão e, de outro, a generalização e abstração lógica ....". E prossegue,[38] citando Josef Esser, dizendo que a distinção entre as duas espécies normativas é "que os princípios jurídicos, diferentes das normas (regras) de direito, são conteúdo em oposição à forma, embora o uso dessas categorias aristotélicas – adverte – não nos deva induzir a pensar que a forma seja o acessório de algo essencial, embora histórica e efetivamente, a forma, entendida processualmente como meio de proteção do direito ou materialmente como norma, é sempre o essencial, o único que pode conferir realidade e significação jurídica àquele conteúdo fundamental ainda não reconhecido como *ratio*". Por outro lado, caso adotado o critério de Ronald Dworkin, Inocêncio Mártires Coelho[39] diz que "a diferença entre regras e princípios é de natureza lógica e que decorre dos respectivos modos de aplicação".

A distinção entre regras e princípios instituída por Robert Alexy (teoria material dos direitos fundamentais em bases normativas – a teoria normativa-material), na sua essência, é a mesma de Dworkin, pois conjugou as duas modalidades sob o conceito de normas. Para Alexy, as regras

---

[36] Idem, p. 24.
[37] COELHO, Inocêncio Mártires. *Constitucionalidade/inconstitucionalidade: Uma questão política?*". in Revista de Direito Administrativo n. 221. Rio de Janeiro: Renovar, 2000, 54.
[38] Idem, p. 54.
[39] Idem, p. 54.

e os princípios também são normas, porque são formuladas com a ajuda de expressões fundamentais: mandamento, permissão e proibição. A diferença entre princípios e regras é diferença entre duas espécies de normas; três teses são apontadas por Alexy para fazer a distinção: a) nenhum critério, unilateral, em razão de sua própria diversidade, serve para fundamental uma distinção; b) a distinção se faz de forma gradual; c) entre princípios e regras não impera tão-somente uma distinção de grau, mas de qualidade também (tese que Alexy julga correta). Ponto determinante do critério gradualista-qualitativo de Alexy, entendidos os princípios como mandamentos de otimização, é o reconhecimento de que eles são normas, mas normas de otimização, cuja principal característica consiste em poderem ser cumpridas em distinto grau e onde a medida de execução depende de possibilidades fáticas e jurídicas. Por sua vez, as regras seriam normas que podem sempre ser cumpridas ou não, e quando uma regra vale, há de se fazer exatamente o que ela exige ou determina; nem mais, nem menos.

Existem também as normas de direitos fundamentais, que são todos os preceitos constitucionais que se dirigem ao reconhecimento, garantia ou conformação constitutiva de direitos fundamentais, seja consagrando direitos e liberdades, seja sob a forma de direitos, liberdades e garantias do cidadão sob a ótica de sua condição de trabalhador.

Por outro lado, a denominada justiça constitucional se consubstancia na forma e instrumentos de garantia para atuação da Constituição. Embora o Supremo Tribunal Federal seja um tribunal destinado a cumprir sua missão constitucional, somente com a previsão constitucional da argüição de descumprimento de preceito fundamental (§ 1.°, do art. 102.°, da CF – redação dada pela Emenda Constitucional n.° 3/1993), regulada pela Lei n.° 9.882/99 é que a Carta Política brasileira criou um instrumento para a a defesa direta dos direitos fundamentais garantidos pela Constituição, à semelhança do *Verfassungsbeschwerde* do direito alemão. Daí a importância dos princípios constitucionais processuais. Entende-se, ainda, que a condensação metodológica e sistemática dos princípios constitucionais do processo toma o nome de direito processual constitucional, na qual se poderia examinar o processo em suas relações com a Constituição.

Para essa corrente doutrinária, o direito processual constitucional abrange: de um lado, a tutela constitucional dos princípios fundamentais da organização judiciária e do processo; de outro, a jurisdição constitucional.

O direito processual é uniforme, mas, para fins didáticos, define-se o direito constitucional processual como conjunto das normas de direito processual encontrados na Constituição Federal (ex: arts. 5.°, XXXV, e 8.°, III, da CF) ao lado de um direito processual constitucional que seria a reunião dos princípios para o fim de regular a denominada jurisdição constitucional (ex: mandado de segurança, *habeas data*, ação direta de inconstitucionalidade, etc).

A tutela constitucional dos princípios fundamentais corresponderia às normas constitucionais sobre os órgãos da jurisdição, sua competência e suas garantias. É examinada em dúplice configuração: a) direito de acesso à justiça (ou direito de ação e de defesa); b) direito ao processo (ou garantias do devido processo legal).

Por sua vez, a jurisdição constitucional compreenderia o controle judiciário da constitucionalidade das leis e dos atos da Administração, bem como a denominada jurisdição constitucional das liberdades, com o uso dos remédios constitucionais-processuais (*habeas corpus*, mandado de segurança, mandado de injunção, *habeas data* e ação popular). Comparando os conceitos, o direito constitucional processual aproximaria-se da tutela constitucional dos princípios constitucionais, enquanto o direito processual constitucional estaria mais ligado à jurisdição constitucional.

Enfim, no caso de confusão ao denominar-se princípio de direito, haverá uma ampliação abstrata do que poderia ser invocado como regra de interpretação, instrumento de conhecimento do sentido do próprio direito que se quer definir com a expressão utilizada. Por outro lado, quando chamamos de princípio o que é apenas uma norma, há uma desvalorização do sentimento de efetividade da Constituição. A assistência jurídica integral, por exemplo, se não tem força própria para se constituir em princípio constitucional, em termos clássicos, não pode deixar de ser classificada, na doutrina de Canotilho, como princípio-garantia, ou como norma constitucional eletiva de princípio-garantia que bem sintetiza a conclusão axiológica do objeto.

2.3 – Direitos fundamentais

2.3.1 – *Noções*

Basicamente, os direitos fundamentais, como previsão necessária das Constituições visam garantir a limitação do poder estatal, consagrar o respeito à dignidade humana e possibilitar o desenvolvimento pleno da personalidade humana.

A Constituição Federal do Brasil, como já consagrado na Lei Fundamental de Bonn (1949), na Constituição portuguesa (1976) e na Constituição espanhola (1978), bem como nas de outros países, deu significado especial aos direitos fundamentais, inclusive trazendo-os em seu capítulo inicial. Tal como os textos constitucionais mencionados, a Constituição brasileira confere eficácia vinculante imediata aos direitos fundamentais (art. 5.º, § 1.º, da CF), gravando, ainda, esses direitos com a cláusula de imutabilidade ou garantia de eternidade, permitindo que a emenda constitucional tendente a abolir determinado direito tenha a sua inconstitucionalidade declarada pelo Poder Judiciário.

Os direitos fundamentais, segundo Jorge Miranda,[40] são os direitos ou posições jurídicas subjetivas das pessoas enquanto tais, individualmente ou institucionalmente consideradas, consagradas na Constituição. Todavia, não é fácil definir um conceito sintético e preciso dos direitos fundamentais, haja vista a sua ampliação e transformação. Várias são as expressões dadas a esses direitos fundamentais: direitos naturais, direitos humanos, direitos do homem, direitos individuais, direitos públicos subjetivos, liberdades fundamentais, liberdades públicas e direitos fundamentais do homem, dentre outras denominações.

Na lição de Luís Afonso Heck,[41] as expressões direitos humanos//direitos fundamentais indicam duas formas de abordagem: abstrata e concreta. A forma abstrata corresponderia à expressão direitos humanos que gira em torno da filosofia destes direitos, sobre a sua origem histórica e seus fundamentos. Historicamente, vincula-se à Declaração Francesa dos Direitos Humanos e Civis de 1789, caracterizada por uma igualdade social diante de um regime feudo-estamental, com a finalidade de situar o cidadão que substitui o súdito, diante do Estado; visava, também, à igualdade social entre os cidadãos, com a eliminação de privilégios estamentais e clericais que sustentavam prerrogativas no direito privado.

---

[40] MIRANDA, Jorge. *Manual de direito constitucional.* v. IV. Coimbra: Coimbra, 1993, p. 7.

[41] HECK, Luís Afonso. O modelo das regras e o modelo dos princípios na colisão de direitos fundamentais. *Revista dos Tribunais.* n. 781. São Paulo: Revista dos Tribunais, 2000, p. 72.

O grande mérito da Declaração Francesa, como menciona Luís Afonso Heck, foi a universalização dos direitos nela inscritos, já que seu programa não foi convertido para o plano normativo, de natureza jurídico--constitutiva.

Já a forma concreta, por sua vez, corresponderia à expressão direitos fundamentais na sua configuração no caso concreto, ou seja, quando são considerados juridicamente. Tem também como origem uma declaração, o *Bill of Rights* de Vírgínia (1776), que serviu de modo a várias outras declarações americanas e, assim, também aos dez artigos complementares à Constituição Federal americana que nela, dois anos após o nascimento do Estado Federal americano, em 1787, introduziram direitos fundamentais. Esses direitos permitem que o indivíduo seja sujeito de direitos não por meio do Estado, mas por sua própria natureza, devendo ter respeito estatal. As pessoas possuem direitos inalienáveis e invioláveis que lhes conferem uma posição de direito e de liberdade dirigida para uma atuação determinada, porque é especial e concreta juridicamente. Por essa visão, o Estado deixa de ser absoluto, porque possui limitação inserta na Constituição, criada pelo povo com a qualidade de supremacia. Portanto, todos podem opor os direitos fundamentais diante do Estado, como normas jurídicas que valem positivamente, ou seja, têm força jurídica. Torna-se realidade o Estado constitucional, já que no plano constitucional americano os direitos fundamentais têm sua base na natureza do homem e, como tal, são naturais, inatos e inalienáveis e, por isso, põem limites ao poder do Estado, que tem o seu fundamento e razão de ser na própria Constituição.[42]

---

[42] Essa concepção de direitos fundamentais, mais precisamente, as suas conseqüências jurídico-constitucionais, corresponde à da Lei Fundamental. Seu art. 1.°, alínea 1, prescreve: "A dignidade da pessoa é inviolável. Considerá-la e protegê-la é obrigação de todo o poder estatal". O fundo dessa afirmação constitucional remonta a Kant, ou seja, a dignidade humana não tem preço e nem equivalente (*Grundlegung zur Metaphysik der Sitten*, Hamburg, 1965, NdRr. 434) e, nesse sentido, isso significa para o Estado que nenhuma de suas atuações pode justificar-se pondo um preço ou equivalente à dignidade humana para alcançar os seus objetivos. Dito de outra forma: a dignidade humana coloca limites intransponíveis à atuação estatal. Este pensamento também pode valer para o Estado brasileiro que, como República, constituída em Estado democrático de direito (Estado de direito democrático), tem como um dos fundamentos a dignidade humana (art. 1.°, III, CF).

Porém, um dos aspectos mais importantes para um elenco de direitos fundamentais, está no fato de ele se apresentar como juridicamente vinculativo (força vinculativa dos direitos fundamentais), como ressaltado por Heck.[43] Numa ordem jurídico-constitucional que reconhece o Poder Judiciário como terceiro poder, a vinculatividade dos direitos fundamentais está na possibilidade de serem reivindicados perante o Judiciário, em sua plenitude, quando violados. Se assim não fosse, sua vinculatividade estaria apenas no plano moral ou político. Para isso, há de existir não somente um tribunal para a decisão, mas também uma via processual adequada. Daí a importância do devido processo legal, também em matéria de direitos fundamentais. Então, a vinculatividade dos direitos fundamentais se manifesta quando a violação, decorrente da atividade estatal, é verificada judicialmente (quando se pode fazê-los valer na prática pela via judicial). Nesse contexto, é que a idéia do Estado constitucional ganha e manifesta sua força, pois os direitos fundamentais estão situados no âmbito da Constituição.

Há uma tradicional discussão doutrinária a respeito dos termos "direitos humanos" e "direitos humanos fundamentais". Embora a terminologia não pareça ser muito relevante, na realidade ela o é. Canotilho[44] faz uma especificação muito elucidativa: *"direitos do homem são direitos válidos para todos os povos e em todos os tempos (dimensão jusnaturalista-universalista); direitos fundamentais são direitos do homem, jurídico-institucionalmente garantidos e limitados espacio-temporalmente. Os direitos do homem arrancariam da própria natureza humana e daí o seu caráter inviolável, intemporal e universal; os direitos fundamentais seriam os direitos objetivamente vigentes numa ordem jurídica concreta"*. Já a diferenciação entre os direitos do homem e do cidadão, dentro dessa concepção, traduz-se no fato de que os primeiros seriam relativos ao homem como indivíduo e os segundos, ao homem como ser social (ou político).

Importante, ainda, ressaltar que a doutrina diferencia direitos e garantias individuais. No direito brasileiro, essa distinção remonta a Rui

---

[43] HECK, Luís Afonso. O modelo das regras e o modelo dos princípios na colisão de direitos fundamentais. *Revista dos Tribunais*. n. 781. São Paulo: Revista dos Tribunais, 2000, p. 73.

[44] CANOTILHO, José Joaquim Gomes. *Direito constitucional e teoria da Constituição*. Coimbra: Almedina, 2001, p. 517.

Barbosa, que separa as disposições meramente declaratórias, pois imprimem existência legal aos direitos reconhecidos e as disposições assecuratórias que, em defesa dos direitos, limitam o poder. Aquelas instituem os direitos; estas, as garantias. Ocorre, não raramente, juntar-se, na mesma disposição constitucional ou legal, a fixação da garantia, com a declaração do direito.

Para Canotilho,[45] as clássicas garantias são também direitos, embora possa conter o caráter instrumental protetivo desses direitos. As garantias traduzem-se, quer no direito dos cidadãos a exigirem dos poderes públicos a proteção dos seus direitos, quer no reconhecimento de meios processuais adequados a essa finalidade (direito de acesso à justiça, *habeas corpus*, alguns princípios).

A respeito da dupla dimensão dos direitos fundamentais, ensina Raquel Denize Stumm:[46] "os direitos fundamentais possuem a mesma natureza dos direitos humanos. Diferem, no entanto, pela força positiva que possuem os primeiros, carecendo de força impositiva os segundos. Enquanto os direitos humanos são padrões morais que, teoricamente, deveriam submeter as ordens jurídicas, os direitos fundamentais constituem preceitos constitucionais de um dado sistema jurídico e, portanto, possuem impositividade e condições de efetividade. Aqueles constituem postulados ético-políticos com validade universal. Estes possuem uma limitada validade que decorre do respectivo espaço físico e comunidade".[47]

Por outro lado, Norberto Bobbio[48] contradiz a tese de que existiriam direitos naturais ao argumento de que, na realidade, não existem direitos válidos para todos os povos em todos os tempos, mas sim direitos válidos para uma determinada civilização, por um tempo específico (*"o que*

---

[45] Idem, p. 520.
[46] STUMM, Raquel Denize. *Princípio da proporcionalidade no direito constitucional brasileiro*. Porto Alegre: Livraria do Advogado, 1995, p. 124.
[47] E prossegue Raquel Denize Stumm: "Apesar da limitação espacial a uma dada ordem jurídica, pois dependem da conformação político-jurídica que lhes dê o legislador constituinte, detêm, hoje, os direitos fundamentais um amplo espectro de incidência. A dogmática constitucional acresceu à dimensão subjetiva, própria dos direitos individuais, a dimensão objetiva, possibilitando conceber os direitos fundamentais numa dupla dimensão: a subjetiva e a objetiva".
[48] BOBBIO, Norberto. *A era dos direitos*. Rio de Janeiro: Campus, 1992, p. 19.

parece fundamental numa época história e numa determinada civilização não é fundamental em outras épocas e em outras culturas. Não se concebe como seja possível atribuir um fundamento absoluto a direitos historicamente relativos. De resto, não há por que ter medo relativismo".). Para Bobbio, não há diferença entre afirmar-se direitos humanos ou direitos fundamentais, desde que se tenha consciência do seu caráter histórico. Aliás, para o referido jurista este já é, até mesmo, um problema superado, à medida que o importante mesmo, modernamente, é a busca por meios de proteção e garantia dos direitos, despreocupando-se com sua fundamentação, pois esta já estaria afirmada, satisfatoriamente, pelas declarações provenientes dos organismos supranacionais, tais como a ONU. Tal entendimento estaria perfeito se a fundamentalidade estivesse localizada somente na esfera filosófica, o que não é verdade. Ora, considerando que, juridicamente, fundamental é o supremo, poderia se concluir que os direitos não-positivados não seriam direitos juridicamente fundamentais, embora sejam reconhecidos como tal numa concepção filosófica.

Dentro desses pressupostos, os direitos humanos fundamentais seriam direitos do homem jurídico-institucionalmente garantidos e limitados espacio-temporalmente, como afirmou Canotilho ou mais, anteriormente, Hesse. Todavia, para a compreensão desse entendimento, é preciso que se interprete esses direitos do homem na concepção histórica de Bobbio e a garantia jurídico-institucional como aquela prescrita na Lei Fundamental do Estado, conforme conceituação de Carl Schimitt, a qual imputa como fundamentais todos os direitos prescritos no texto constitucional.[49]

Nas palavras de Alexandre de Moraes,[50] que utiliza a denominação direitos humanos fundamentais, estes surgiram como produto da fusão de várias fontes, desde tradições arraigadas nas diversas civilizações, até a conjugação dos pensamentos filosófico-jurídicos das idéias surgidas com o cristianismo e com o direito natural.

Inúmeras são as teorias desenvolvidas para fundamentar os direitos fundamentais, das quais se destacam a teoria jusnaturalista, a teoria posi-

---

[49] Os direitos fundamentais seriam *"sólo aquellos derechos que pertenecem al fundamento mismo del Estado y que, por lo tanto, son reconocidos como tales em la Constitución"*.

[50] MORAES, Alexandre de. *Os 10 anos da constituição federal.* São Paulo: Atlas, 2000, p. 65.

tivista e a teoria moralista ou de Perelman. A teoria jusnaturalista fundamenta os direitos fundamentais em uma ordem superior universal, imutável e inderrogável. Por essa teoria, referidos direitos não seriam criações dos legisladores, tribunais ou juristas e, consequentemente, não poderiam desaparecer da consciência dos homens.

Já a teoria positivista, diferentemente, fundamenta a existência dos direitos fundamentais na ordem normativa, como legítima manifestação da soberania popular. Dessa forma, somente seriam direitos fundamentais aqueles expressamente previstos no ordenamento jurídico positivado.

Por sua vez, a teoria moralista ou de Perelman encontra a fundamentação dos direitos fundamentais na própria experiência e consciência moral de um determinado povo, que acaba por configurar o denominado *espiritus razonables*.

Todavia, não se consegue explicar a importância dos direitos fundamentais pelas teorias existentes, já que, na verdade, elas se completam, devendo conviver de forma harmoniosa.

As idéias expostas nas teorias acima mencionadas encontram pontos fundamentais em comum, ou seja, na necessidade de limitação e controle dos abusos do poder estatal e na consagração dos princípios básicos da igualdade e da legalidade como regentes do Estado moderno.

Então, a noção de direitos fundamentais é mais antiga que o surgimento da idéia de constitucionalismo, pois este somente consagrou a necessidade de insculpir um rol mínimo de direitos em um documento escrito, derivado diretamente da soberana vontade popular. O respeito aos direitos fundamentais é pilastra mestra de um verdadeiro Estado de Direito Democrático.

Os direitos humanos fundamentais são definidos por Alexandre de Moraes[51] como "*o conjunto institucionalizado de direitos e garantias do ser humano, que tem por finalidade básica o respeito à sua dignidade, por meio de sua proteção contra o arbítrio do poder estatal e o estabelecimento de condições mínimas de vida e desenvolvimento da personalidade humana*".

Definindo, genericamente, os direitos fundamentais, a UNESCO[52] considera-os, por um lado, uma proteção institucionalizada dos direitos da

---
[51] Idem, p. 66.
[52] *Les dimensions internationales des droits de l'homme*. UNESCO, 1978, p. 11.

pessoa humana contra os excessos do poder cometidos pelos órgãos do Estado e, por outro, regras para se estabelecerem condições humanas de vida e desenvolvimento da personalidade humana.

Em definição mais completa, Pérez Luño considera os direitos fundamentais do homem como *"um conjunto de faculdades e instituições que, em cada momento histórico, concretizam as exigências da dignidade, da liberdade e da igualdade humanas, as quais devem ser reconhecidas positivamente pelos ordenamentos jurídicos a nível nacional e internacional"*.[53]

Por sua vez, José Castan Tobeñas[54] define "direitos humanos como aqueles direitos fundamentais da pessoa humana, considerada tanto em seu aspecto individual como comunitário, que correspondem a esta em razão de sua própria natureza (de essência, ao mesmo tempo, corpórea, espiritual e social), e que devem ser reconhecidos e respeitados por todo poder e autoridade, inclusive as normas jurídicas positivas, cedendo, não obstante, em seu exercício, ante as exigências do bem comum".

Contudo, independentemente da definição adotada, é importante ressaltar que os direitos fundamentais relacionam-se, diretamente, com a garantia de não ingerência estatal na esfera individual e consagram a dignidade humana, sendo reconhecidos universalmente (maioria dos países), tanto no âmbito constitucional, infraconstitucional, no direito consuetudinário, ou mesmo, por tratados e convenções internacionais.

A constitucionalização dos direitos fundamentais não significa mera enunciação formal de princípios, mas a plena positivação de direitos, a partir dos quais qualquer indivíduo poderá exigir sua tutela perante o Poder Judiciário para a concretização da democracia. A proteção judicial é indispensável para tornar efetiva a aplicabilidade e o respeito aos direitos humanos fundamentais, previstos na Constituição Federal e no ordenamento jurídico em geral.

A previsão dos direitos fundamentais direciona-se para a proteção à dignidade humana em seu sentido mais amplo, de valor espiritual e moral

---

[53] CASTRO, J. L. Cascajo, LUÑO, Antonio-Enrique Pérez, CID, B. Castro, TORRES, C. Gómes. *Los derechos humanos: significacion, estatuto jurídico y sistema.* Sevilla: Universidad de Sevilla, 1979, p. 43.

[54] TOBEÑAS, José Castan. *Los derechos del hombre.* Madri: Editorial Reus, 1976, p. 13.

inerente à pessoa que se manifesta na autodeterminação consciente e responsável da própria vida e que traz consigo a pretensão ao respeito por parte das demais pessoas, constituindo um mínimo invulnerável que todo estatuto jurídico deve assegurar, de modo que, somente por exceção possam ser feitas limitações ao exercício dos direitos fundamentais, mas sempre sem menosprezar a necessária estima que merecem todas as pessoas, na condição de seres humanos. Embora denominados de direitos da personalidade, quando analisados sob a ótica do direito civil, o direito à vida privada, à intimidade, à honra, à imagem, entre outros, aparecem como um dos fundamentos da República Federativa do Brasil. Esse fundamento afasta a idéia de predomínio das concepções transpessoalistas de Estado e Nação, em detrimento da liberdade individual.

O princípio da dignidade da pessoa humana encontra integral aplicabilidade no texto constitucional brasileiro. Frank Moderne[55] afirma que não há qualquer dúvida sobre a estreita ligação do princípio da dignidade humana com os direitos fundamentais em sua tríplice dimensão, biológica, espiritual e social, concluindo que esse mandamento constitucional, também presente na Constituição francesa, impede qualquer forma de tratamento degradante ou que vise degradar, fisicamente ou moralmente o indivíduo.

Dessa forma, o princípio fundamental da dignidade da pessoa humana, consagrado pela Constituição brasileira de 1988, apresenta-se em sua dupla concepção. Primeiramente, prevê um direito individual protetivo, seja em relação ao próprio Estado, seja em relação aos demais indivíduos. Em segundo lugar, estabelece verdadeiro dever fundamental de tratamento igualitário dos próprios semelhantes. Esse dever configura-se pela exigência de o indivíduo respeitar a dignidade de seu semelhante tal qual a Constituição do Brasil exige que lhe respeitem a própria. A concepção dessa noção de dever fundamental resume-se a três princípios do Direito Romano: *honestere vivere* (viver honestamente), *alterum non laedere* (não prejudique ninguém) e *suum cuique truere* (dê a cada um o que lhe é devido).

---

[55] MODERNE, Frank. La dignité de la personne comme principe constitutionnel dans les constitutions portugaise et française. *Perspectivas constitucionais nos 20 anos da Constituição de 1976* – Jorge Miranda (Coord.). Coimbra: Coimbra, 1996, pp. 197-212.

Os direitos fundamentais estão intimamente ligados com a garantia de não ingerência estatal na esfera individual e com o princípio da dignidade humana, direitos consagrados universalmente. Esses direitos fundamentais, que estão em elevada posição hermenêutica em relação aos demais direitos, possuem características próprias que são citadas por Alexandre de Moraes:[56] a) imprescritibilidade (não se perdem pelo decurso do prazo, pois são imprescritíveis); b) inalienabilidade (não há possibilidade de transferência dos direitos fundamentais, seja a título gratuito ou oneroso); c) irrenunciabilidade (são irrenunciáveis, embora sejam polêmicas as questões versando sobre a renúncia ao direito à vida, eutanásia, suicídio e aborto); d) inviolabilidade (as normas não podem desrespeitar os direitos fundamentais, sob as penas da lei); e) universalidade (os direitos fundamentais são abrangentes, englobando todas as pessoas, sem qualquer distinção); f) efetividade (a atuação estatal deve garantir a efetivação dos direitos e garantias fundamentais, não sendo suficiente mero reconhecimento abstrato); g) interdependência (as garantias constitucionais, embora autônomas, são interligadas para atingir suas finalidades – a liberdade de locomoção, por exemplo, está ligada à garantia do *habeas corpus*, à previsão de prisão só em caso de flagrante delito ou por ordem de autoridade judicial competente, bem como ao devido processo legal); h) complementariedade (os direitos fundamentais devem ser interpretados sistematicamente).

A doutrina aponta como origem dos direitos individuais do homem o antigo Egito e a Mesopotâmia, no terceiro milênio a.C., onde já havia alguns mecanismos de proteção individual do cidadão perante o Estado. O Código de Hammurabi (1690 a.C.) deve ser a primeira codificação que consagrou um rol de direitos comuns a todos os homens, tais como a vida, a propriedade, a honra, a dignidade, a família, prevendo, igualmente, a supremacia das leis em relação aos governantes. Também Buda, com a propagação das suas idéias de caráter filosófico-religiosa, influenciou os direitos do homem, especialmente em relação à igualdade de todos os homens (500 a.C.).

Posteriormente, vários estudos sobre a necessidade da igualdade e liberdade do homem surgem na Grécia, destacando-se as previsões de

---

[56] MORAES, Alexandre de. *Direitos humanos fundamentais*. São Paulo: Atlas, 1998, p. 41.

participação política dos cidadãos (democracia direta de Péricles). Havia, ainda, a crença na existência de um direito natural anterior e superior às leis escritas, defendida no pensamento dos sofistas e estoicos. Contudo, foi o direito romano quem estabeleceu um complexo mecanismo de interditos, visando tutelar os direitos individuais do arbítrio estatal. A Lei das Doze Tábuas, embora cruel, é considerada por Alexandre de Moraes,[57] como a origem dos textos escritos consagradores da liberdade, da propriedade e da proteção aos direitos do cidadão.

Depois, o cristianismo, com forte concepção religiosa, trouxe a mensagem de igualdade de todos os homens, independentemente de origem, raça, sexo ou credo, influenciando, diretamente, a consagração dos direitos fundamentais como necessários à dignidade das pessoas.

Na Idade Média, apesar da organização feudal e da rígida separação de classes, diversos documentos jurídicos reconheciam a existência de direitos humanos, sempre com o objetivo de limitar o poder estatal. Porém, o forte desenvolvimento das declarações de direitos humanos deu-se, a partir do terceiro quarto do século XVIII até meados do século XX.

Assim, os antecedentes históricos mais importantes das declarações de direitos humanos encontram-se, primeiramente, na Inglaterra, com a *Magna Charta Libertatum*, outorgada por João Sem-Terra em 15.6.1215, a *Petition Of Right*, de 1628, o *Habeas Corpus Act*, de 1679, o *Bill of Rights*, de 1689, e o *Act of Settlement*, de 12.6.1701.

A *Magna Charta Libertatum*, entre outras garantias, previa a liberdade da Igreja da Inglaterra, restrições tributárias, proporcionalidade entre delito e sanção (*"A multa a pagar por um homem livre, pela prática de um pequeno delito, será proporcional à gravidade do delito; e pela prática de um crime será proporcional ao horror deste, sem prejuízo do necessário à subsistência e posição do infrator"* – item 20); a previsão de devido processo legal (*"Nenhum homem livre será detido ou sujeito à prisão, ou privado dos seus bens, ou colocado fora da lei, ou exilado, ou de qualquer modo molestado, e nós não procederemos nem mandaremos proceder contra ele senão mediante um julgamento regular pelos seus pares ou de harmonia com a lei do país"* – item 39); livre acesso à Justiça (*"Não venderemos, nem recusaremos, nem protelaremos o direito de qualquer*

---

[57] MORAES, Alexandre de. *Os 10 anos da constituição federal*. São Paulo: Atlas, 2000, p. 68.

pessoa a obter justiça" – item 40); liberdade de locomoção e livre entrada e saída do país.

A *Petition of Right* trazia, expressamente, limitações ao poder estatal de tributar, além da proibição da prisão ou detenção ilegal. O *Habeas Corpus Act* regulamentou esse instituto, que já existia na *common law*. Além de outras disposições, o *Habeas Corpus Act* previa multa de 500 libras àquele que voltasse a prender, pelo mesmo fato, o indivíduo que tivesse obtido a ordem de soltura.

Por sua vez, a *Bill of Rights*, decorrente da abdicação do Rei Jaime II, foi outorgada pelo Príncipe do Orange, trazendo grande restrição ao poder estatal, prevendo, entre outras regulamentações: fortalecimento ao princípio da legalidade, ao impedir que o Rei pudesse suspender leis ou a execução das leis sem o consentimento do Parlamento; criação do direito de petição; liberdade de eleição dos membros do Parlamento; imunidades parlamentares; vedação à aplicação de penas cruéis; convocação freqüente do Parlamento. Todavia, embora inovadora quanto à declaração de direitos, o *Bill of Rights* negava, expressamente, a liberdade e igualdade religiosa (item IX).

Finalmente, o *Act of Settlement*, em resumo, configurou-se em um ato normativo reafirmador do princípio da legalidade e da responsabilização política dos agentes públicos, prevendo-se a possibilidade, inclusive de *impeachment* de magistrados.

Posteriormente e com igual importância, houve a participação da Revolução dos Estados Unidos da América, da qual podem-se citar os seguintes documentos históricos: Declaração de Direitos de Virgínia, de 16.06.1776; Declaração de Independência dos Estados Unidos da América, de 04.07.1776; e a Constituição dos Estados Unidos da América, de 17.09.1787. Na Declaração de Direitos de Virgínia, a Seção I já proclama o direito à vida, à liberdade e à propriedade. Outros direitos humanos fundamentais foram expressamente previstos, tais como o princípio da legalidade, o devido processo legal, o tribunal do júri, o princípio do juiz natural e imparcial, a liberdade de imprensa e a liberdade religiosa.

A Declaração de Independência dos Estados Unidos da América, documento de inigualável valor histórico, produzido por Thomas Jefferson, teve como preponderância a limitação do poder estatal.

Igualmente, a Constituição dos Estados da América e suas dez primeiras emendas, aprovadas em 25.09.1789 e ratificadas em 15.12.1791, pretenderam limitar o poder estatal, estabelecendo a separação dos poderes estatais e diversos direitos humanos fundamentais: liberdade religiosa; inviolabilidade de domicílio; devido processo legal; julgamento pelo tribunal do júri; ampla defesa; impossibilidade de aplicação de penas cruéis ou aberrantes.

Contudo, a consagração normativa dos direitos humanos fundamentais coube à França, quando a Assembléia Nacional, em 26.08.1789, promulgou a Declaração dos Direitos do Homem e do Cidadão, com 17 artigos. Entre as inúmeras e importantíssimas previsões, podemos destacar os seguintes direitos humanos fundamentais: princípios da igualdade, liberdade, propriedade, segurança, resistência à opressão, associação política, legalidade, reserva legal e anterioridade em matéria penal; princípio da presunção de inocência; liberdade religiosa, livre manifestação de pensamento.

A Constituição francesa, de 03.09.1791, trouxe novas formas de controle do poder estatal. Porém, coube à Constituição francesa de 24.06.1793, melhor regulamentar os direitos humanos fundamentais. Dentre outras previsões, foram consagrados os seguintes direitos fundamentais: igualdade, liberdade, segurança, propriedade, legalidade, livre acesso aos cargos públicos, livre manifestação de pensamento, liberdade de imprensa, presunção de inocência, devido processo legal, ampla defesa, proporcionalidade entre delitos e penas, liberdade de profissão, direito de petição e direitos políticos.

Mas a maior efetivação dos direitos humanos continuou durante o constitucionalismo liberal do século XIX, tendo como exemplos a Constituição espanhola de 19.03.1812 (Constituição de Cádis), a Constituição portuguesa de 23.09.1822, e a Constituição belga de 07.02.1831.

A Constituição de Cádis previa em seu Capítulo III, o princípio da legalidade e em seu art. 172, as restrições ao poderes do rei, consagrando, entre outros direitos fundamentais: o princípio do juiz natural, impossibilidade de tributos arbitrários, direito de propriedade, desapropriação mediante justa indenização e liberdade. Todavia, não existia a liberdade religiosa, já que o seu art. 12 expressava que a religião *"é e será perpetuamente a católica apostólica romana, única verdadeira. A Nação protege-a com leis sábias e justas e proíbe o exercício de qualquer outra"*.

Já a Constituição portuguesa de 1822, grande marco da proclamação dos direitos individuais, estabelecia os direitos individuais dos portugueses em seu Título I – Capítulo único, consagrando, entre outros, os seguintes direitos: igualdade, liberdade, segurança, propriedade, desapropriação somente mediante prévia e justa indenização, inviolabilidade de domicílio, livre comunicação de pensamentos, liberdade de imprensa, proporcionalidade entre delito e pena, reserva legal, proibição de penas cruéis ou infamantes, livre acesso aos cargos públicos, inviolabilidade da comunicação de correspondência. Mas a liberdade de imprensa não era absoluta, pois o art. 8.º da Constituição previa a possibilidade de censura dos escritos publicados sobre dogma e moral, a ser realizada pelos bispos.

A Constituição belga, de 07.02.1831, também reservou um título autônomo para a consagração dos direitos dos belgas (Título II – art. 4.º/24) que, além da consagração dos já tradicionais direitos individuais previstos na Constituição portuguesa, estabelecia a liberdade de culto religioso (arts. 14 e 15), além do direito de reunião e associação.

Então, a Declaração de Direitos da Constituição francesa, de 04.11.1848, esboçou uma ampliação dos direitos humanos fundamentais que seria, posteriormente, definitiva nos diplomas constitucionais do século XX. Assim, em seu art. 13, previa como direitos dos cidadãos garantidos pela Constituição, a liberdade do trabalho e da indústria, a assistência aos desempregados, às crianças abandonadas, aos enfermos e aos velhos sem recursos cujas famílias não pudessem socorrer.

Nesse diapasão, o início do século XX trouxe diplomas constitucionais, fortemente, marcados pelas preocupações sociais, como se percebe pelos seus principais textos: Constituição mexicana de 31.01.1917, Constituição de Weimar de 11.08.1919, Declaração Soviética dos Direitos do Povo Trabalhador e Explorado de 17.01.1918, seguida pela primeira Constituição Soviética (Lei Fundamental) de 10.07.1918 e Carta do Trabalho, editada pelo Estado fascista italiano em 21.04.1927.

A Constituição mexicana de 1917 passou a garantir direitos individuais com fortes tendências sociais, como os direitos trabalhistas (art. 5.º)[58] e a efetivação da educação (art. 3.º, VI e VII).[59]

---

[58] "art. 5.º – *o contrato de trabalho obrigará somente a prestar o serviço convencionado pelo tempo fixado por lei, sem poder exceder um ano em prejuízo do trabalhador, e não poderá compreender, em caso algum, a renúncia, perda ou diminuição dos direitos políticos ou civis. A falta de cumprimento do contrato pelo trabalhador, só o obrigará à correspondente responsabilidade civil, sem que em nenhum caso se possa exceder coação sobre a sua pessoa*".

[59] "art. 3.º – (......) *VI – a educação primária será obrigatória; VII – toda a educação ministrada pelo Estado será gratuita*".

Daí a Constituição de Weimar prever, em sua Parte II, os direitos e deveres fundamentais dos alemães, ou seja, os tradicionais direitos e garantias individuais, os direitos relacionados à vida social, à religião e às Igrejas, à educação e ensino e os relativos à vida econômica. Consagrou, ainda, a inviolabilidade da correspondência, a liberdade de expressão; o casamento como fundamento da família e da conservação e desenvolvimento da nação; a igualdade dos direitos dos dois sexos; a proteção da maternidade e a responsabilidade estatal em relação à cura, saúde e desenvolvimento social da família; a liberdade de crença e culto; plena liberdade às artes, às ciências e a seu ensino, incumbindo de protegê-las; a escolaridade obrigatória e gratuita deveria ser assegurado pelo Estado; igualdade entre os filhos legítimos e ilegítimos; proteção contra a exploração, o abandono moral, intelectual e físico; direito de propriedade, sucessão e liberdade contratual; direitos sociais econômicos, como a proteção especial do Império em relação ao trabalho, a liberdade de associação para defesa e melhoria das condições de trabalho e de vida, a obrigatoriedade de existência de tempo livre para os empregados e operários poderem exercer seus direitos cívicos e funções públicas gratuitas, sistema de seguridade social, para conservação da saúde e da capacidade de trabalho, prevenção dos riscos da idade, da invalidez e das vicissitudes da vida. Enfim, além dos direitos fundamentais expressamente previstos, a Constituição de Weimar demonstrou forte espírito de defesa dos direitos sociais.

Por sua vez, a Declaração Soviética dos Direitos do Povo Trabalho e Explorado de 1918, pelas próprias circunstâncias que idealizaram a Revolução de 1917, visava "*suprimir toda a exploração do homem pelo homem, abolir completamente a divisão da sociedade em classes, esmagar implacavelmente todos os exploradores, instaurar a organização socialista da sociedade e fazer triunfar o socialismo em todos os países*" (Capítulo II). Com base nesses preceitos, foi abolido o direito de propriedade privada, sendo que todas as terras passaram a ser propriedade nacional e entregues aos trabalhadores sem qualquer espécie de resgate, na base de uma repartição igualitária em usufruto (art. 1.º).

Posteriormente, a Lei Fundamental Soviética, de 10.07.1918, proclamou o "*princípio da igualdade, independentemente de raça ou nacionalidade*" (art. 22), determinando "*a prestação de assistência material e qualquer outra forma de apoio aos operários e aos camponeses mais pobres, a fim de concretizar a igualdade*" (art. 16). Apesar desses direitos, a

Lei Fundamental Soviética, em determinadas normas, avança em sentido oposto à evolução dos direitos e garantias fundamentais da pessoa humana, ao privar, em seu art. 23 os "*indivíduos e os grupos particulares dos direitos de que poderiam usar em detrimento dos interesses da revolução socialista*", ou ainda, *ao centralizar a informação* (art. 14) e a *obrigatoriedade do trabalho* (art. 14), com o princípio *quem não trabalha não come* (art. 18).

Por fim, a Carta do Trabalho, de 21.04.1927, impregnada pela doutrina do Estado fascista italiano, trouxe um grande avanço em relação aos direitos sociais dos trabalhadores, prevendo, em especial: liberdade sindical, a magistratura do trabalho, possibilidade de contratos coletivos de trabalho, maior proporcionalidade de retribuição financeira em relação ao trabalho, remuneração especial ao trabalho noturno, garantia do repouso semanal remunerado, previsão de férias após um ano de serviço ininterrupto, indenização em virtude de dispensa arbitrária ou sem justa causa, previsão de previdência, assistência, educação e instrução social.

Modernamente, a Constituição Federal brasileira de 1988 traz em seu Título II, os direitos e garantias fundamentais, subdividindo-os em cinco capítulos: direitos individuais e coletivos; direitos sociais; nacionalidade; direitos políticos e partidos políticos. Mas a própria Constituição Federal brasileira utiliza diversas expressões para dizer, ao que tudo indica, a mesma coisa. Ora, no preâmbulo constitucional há referência a direitos sociais e individuais; no art. 4.°, inciso II, utiliza-se a expressão direitos humanos; a denominação do Título III é dos direitos e garantias fundamentais; o capítulo I desse Título, que engloba o art. 5.°, recebeu a denominação de direitos e deveres individuais e coletivos; no próprio art. 5.°, inciso XLI, há referência a direitos e liberdades fundamentais; direitos e garantias fundamentais (§ 1.°); direitos e garantias (§ 2.°); direitos sociais que, na verdade, são direitos trabalhistas e previdenciários; direitos e garantias individuais, na expressão do art. 60, § 4.°, inciso IV, e do art. 193 e seguintes da Constituição Federal.

Contudo, embora inexista uniformidade na nomenclatura constitucional brasileira, extraem-se cinco categorias básicas: direitos individuais (art. 5.°), direitos coletivos (art. 5.°), direitos sociais (arts. 6.° e 193 e seguintes), direitos da nacionalidade (art. 12) e direitos políticos (arts. 14 a 17). Fala-se, ainda, em direitos econômicos.

Todavia, o Direito Constitucional português classifica os direitos humanos fundamentais em: direitos, liberdades e garantias pessoais; direitos, liberdades e garantias de participação política; direitos, liberdades e garantias dos trabalhadores e direitos econômicos, sociais e culturais.

Para Manoel Gonçalves Ferreira Filho,[60] a classificação dos direitos fundamentais, em relação ao seu objeto, seria assim dividida: a) liberdades (poderes de fazer ou não fazer algo, como a liberdade de locomoção, direito de greve e outras); b) direitos de crédito (poderes de reclamar alguma coisa, em que seu objeto são contraprestações positivas, como o direito ao trabalho); c) direitos de situação (poderes de exigir um *status*, tendo como objeto uma preservada ou restabelecida, como o direito ao meio ambiente equilibrado, o direito à paz e outros); d) direitos-garantia (poderes de exigir que não se façam determinadas coisas, como o direito a não sofrer censura).

Portanto, os direitos fundamentais são, a um só tempo, direitos subjetivos e elementos fundamentais da ordem constitucional objetiva. Como direitos subjetivos, os direitos fundamentais outorgam aos titulares a possibilidade de impor os seus interesses em face dos órgãos obrigados. Na sua dimensão como elemento fundamental da ordem constitucional objetiva, os direitos fundamentais, tanto aqueles que não asseguram, primariamente, um direito subjetivo, quanto os outros, concebidos como garantias individuais, formam a base do ordenamento jurídico de um Estado de Direito democrático.

Então, para a compreensão das categorias constitucionais, há necessidade de diferenciar princípios constitucionais de direitos fundamentais. O que, geralmente, chamamos de princípios constitucionais nada mais é do que um conjunto de normas contidas, em regra, no capítulo da declaração de direitos da Constituição. Por sua vez, esta traz um extenso rol de direitos fundamentais, que são confundidos com princípios constitucionais.

Sem dúvida, a fonte primária do reconhecimento dos direitos fundamentais, as declarações de direitos primitivas, buscaram no pensamento cristão e na concepção dos direitos naturais sua inspiração. Atualmente, são reconhecidos como situações jurídicas positivadas, em benefício da dignidade, igualdade e liberdade da pessoa humana. Mas são direitos constitucionais, à medida que se inserem no texto da Constituição ou constem

---

[60] FERREIRA FILHO, Manoel Gonçalves. *Direitos humanos fundamentais*. São Paulo: Ed. Saraiva, 1995, p. 100.

de declaração solene do poder constituinte. Mas a tendência, na maioria dos países, é a da positivação constitucional dos direitos fundamentais, erigindo-os à categoria de normas constitucionais.

Ao tratar dos direitos fundamentais como garantias positivas do exercício das liberdades, Gilmar Ferreira Mendes[61] ressalta que "a garantia dos direitos fundamentais enquanto direitos de defesa contra intervenção indevida do Estado e contra medidas legais restritivas dos direitos de liberdade não se afigura suficiente para assegurar o pleno exercício da liberdade. Observe-se que não apenas a existência de lei, mas também a sua falta pode revelar-se afrontosa aos direitos fundamentais". É o que se verificaria, de acordo com o citado jurista, com as chamadas garantias de natureza institucional, com os direitos à prestação positiva de índole normativa, inclusive o chamado direito à organização e ao processo e, não raras vezes, com o direito de igualdade. O direito de proteção judiciária (art. 5.º, XXXV), o direito de defesa (art. 5.º, LV) e o direito ao juiz natural (art. 5.º, XXXVIII) são garantias típicas de caráter institucional, dotadas de âmbito de proteção marcadamente normativo.

Mas o âmbito dos direitos fundamentais não se restringe pura e simplesmente ao texto positivo das declarações de direitos inseridas nos textos constitucionais. As Constituições modernas não excluem o reconhecimento de outros direitos compatíveis com o sistema adotado ou decorrentes dos princípios que a informam.

2.3.2 – As gerações de direitos fundamentais

Modernamente, a doutrina apresenta a classificação de direitos fundamentais de primeira, segunda, terceira, quarta e até de quinta gerações, baseando-se na ordem histórica cronológica em que passaram a ser constitucionalmente reconhecidos.

Baseado na doutrina moderna, Alexandre de Moraes[62] classifica os direitos fundamentais em primeira, segunda e terceira gerações. Os de pri-

---

[61] MENDES, Gilmar Ferreira. *Direitos fundamentais e controle de constitucionalidade*. São Paulo: Celso Bastos Editor, 1998, p. 40.

[62] MORAES, Alexandre de. *Direitos humanos fundamentais*. São Paulo: Atlas, 1998, p. 44.

meira geração são os direitos e garantias individuais e políticos clássicos (liberdades públicas), surgidos institucionalmente a partir da Magna Carta inglesa. Já os direitos fundamentais, de segunda geração, são os direitos econômicos, sociais e culturais, surgidos no início do século. E os direitos de terceira geração são os chamados direitos de solidariedade ou fraternidade, que englobam o direito a um meio ambiente equilibrado, a uma saudável qualidade de vida, ao progresso, à paz, à autodeterminação dos povos e a outros direitos difusos.

A matéria é estudada por Eliana Calmon[63] que, ao tratar das gerações dos direitos, induz que os direitos de primeira geração seriam aqueles ligados ao direito natural ou afirmação filosófica, em que não haveria "defesa possível contra a violação pelo Estado, a não ser pelo direito natural, também chamado de DIREITO DE RESISTÊNCIA, quando o súdito rebela-se contra a supremacia do soberano que não respeita os direitos indispensáveis à sobrevivência, resistindo e pressionando a ordem constituída pelo Príncipe". Após ultrapassar a esfera do direito natural, os direitos de segunda geração seriam os direitos políticos, caracterizados pela limitação do poder estatal, preocupando-se em garantir a liberdade pessoal. Essa preocupação, entretanto, não foi capaz de frear a evolução do Direito, inaugurando uma terceira geração, a geração dos direitos sociais, coroado pela aprovação, em Assembléia Geral das Nações Unidas, da Segunda Declaração dos Direitos do Homem, em 10 de dezembro de 1948, surgindo um sistema de valores de âmbito universal, decorrente da materialização do ideal já pregado pelos jusnaturalistas. A era dos direitos sociais inicia-se com uma visão ainda individual (a igualdade real de cada um, merecedora de proteção estatal, o direito à educação, ao pleno emprego, à segurança, saúde e outros), mas evolui para um segundo momento, onde passou-se a proteger indivíduos identificados por laços comuns, família, minorias étnicas, religiosas e outras, aparecendo, então, os entes quase públicos, representados por segmentos não-governamentais da sociedade civil organizada (ONG´s), incumbidas de lutarem por interesses coletivos e difusos. Todavia, ensina Eliana Calmon[64] que as descobertas científicas e os avanços tecnológicos colo-

---

[63] CALMON, Eliana. As gerações dos direitos. *Direito Federal. Revista da AJUFE*. n. 64. Brasília: AJUFE, 2000, p. 58.
[64] Idem, p. 60.

cam o mundo em perplexidade com os valores sociais e éticos das três gerações de direito, surgindo os direitos de quarta geração, decorrentes da rapidez das descobertas biológicas, pela biotecnologia, a ser obtida por intermédio de uma grande revolução nas áreas da moral e da ética. As três gerações de direitos fundamentais também são abordadas por Celso de Melo (STF-Pleno – MS n.° 22.164-SP – Rel. Min. Celso de Mello, DJ, Seção I, 17.11.95, p. 39.206).[65]

Ao tratar da teoria dos direitos fundamentais, Paulo Bonavides também aborda a questão das gerações dos direitos.[66] Para este jurista, os direitos fundamentais da primeira geração são "os direitos da liberdade, os primeiros a constarem do instrumento normativo constitucional, a saber, os direitos civis e políticos, que em grande parte correspondem, por um prisma histórico, àquela fase inaugural do constitucionalismo do Ocidente". Tem por finalidade "titular o indivíduo, são oponíveis ao Estado, traduzem-se como faculdades ou atributos da pessoa e ostentam uma subjetividade que é seu traço mais característico; enfim, são direitos de resistência ou de oposição perante o Estado". Os direitos de segunda geração, que dominaram o século XX, da mesma forma como os direitos da primeira geração, para Bonavides,[67] "são os direitos sociais, culturais e econômicos bem como os direitos coletivos ou de coletividades, introduzidos no constitucionalismo das distintas formas de Estado social, depois que germinaram por obra da ideologia e da reflexão antiliberal deste século. Nasceram abraçados ao princípio da igualdade, do qual não se podem separar, pois fazê-lo eqüivaleria a desmembrá-los da razão de ser que os ampara e estimula". Os direitos de terceira geração estariam ligados aos direitos que não se destinam

---

[65] O referido julgado do STF assim expressa: *"enquanto os **direitos de primeira geração** (direitos civis e políticos) – que compreendem as liberdades clássicas, negativas ou formais – realçam o princípio da liberdade e os **direitos de segunda geração** (direitos econômicos, sociais e culturais) – que se identificam com as liberdades positivas, reais ou concretas – acentuam o princípio da igualdade, os **direitos de terceira geração**, que materializam poderes de titularidade consagram o princípio da solidariedade e constituem um momento importante no processo de desenvolvimento, expansão e reconhecimento dos direitos humanos, caracterizados, enquanto valores fundamentais indisponíveis, pela nota de uma essencial inexauribilidade"*.

[66] BONAVIDES, Paulo. *Curso de direito constitucional*. São Paulo: Malheiros Editores, 2001, p. 516.

[67] Idem, p. 518.

especificamente à proteção dos interesses de um indivíduo, de um grupo ou de um determinado Estado, mas os que tem "por destinatário o gênero humano mesmo, num momento expressivo de sua afirmação como valor supremo em termos de existencialidade concreta";[68] emergeriam da reflexão sobre temas referentes ao desenvolvimento, à paz, ao meio ambiente, à comunicação e ao patrimônio comum da humanidade, alguns já identificados pela doutrina: direito ao desenvolvimento, o direito à paz, o direito ao meio ambiente, o direito de propriedade sobre o patrimônio comum da humanidade e o direito de comunicação. Por fim, Paulo Bonavides[69] ensina que os direitos de quarta geração estariam ligados à globalização do neoliberalismo, extraída da globalização econômica; são direitos da quarta geração, o direito à democracia, o direito à informação e o direito ao pluralismo, deles dependendo a concretização da sociedade aberta do futuro, em sua dimensão de máxima universalidade. Enfim, ressalta Paulo Bonavides,[70] que "os direitos da quarta geração compendiam o futuro da cidadania e o porvir da liberdade de todos os povos. Tão-somente com eles será legítima e possível a globalização política".

Todavia, postura crítica a respeito do tema é a Guy Haarscher[71] que, depois de mencionar que a primeira geração dos direitos do homem "arruma estes últimos num sistema de valores fundamentalmente individualista",[72] que se caracterizam por um traço comum: são liberdades reivindicadas contra ou face ao Estado; seriam as liberdades "consideradas como fundamentais por toda a concepção dos direitos do homem, e estão, pois, entre as que foram proclamadas nas primeiras Declarações de direitos, no próprio cerne da doutrina"[73]. Essas liberdades pedem uma não-intervenção do Estado – exigência de abstenção ou *Minimal State* – (o único pedido de intervenção dirige-se ao poder judicial, visando fazer respeitar a não-intervenção). Já a segunda geração de direitos, ao contrário dos primeiros direitos, pedem intervenção estatal – pedido de prestação

---

[68] Idem, p. 523.
[69] Idem, p. 524.
[70] Idem, p. 526.
[71] Haarscher, Guy. *A filosofia dos direitos do homem*. Lisboa: Instituto Piaget, 1993, p. 50.
[72] Idem, p. 44.
[73] Idem, p. 45.

ou *Welfare State* –, seriam os direitos econômicos, sociais e culturais: direito à saúde, à educação, ao trabalho, à segurança social, a um nível de vida decente e outros; essa geração é produto de um conjunto de lutas e de evoluções da sociedade. No que pertine à terceira geração de direitos, Guy Haarscher[74] diz tratar-se de direitos extremamente vagos, tais como o direito à paz, a um meio ambiente protegido, a um desenvolvimento harmonioso das culturas e outros. Esses últimos direitos são tidos como uma banalização "suave" dos direitos do homem ou banalização por inversão, por caracterizarem uma inflação de reivindicações: em vez de os novos direitos alargarem o campo dos antigos, reforçando-os, corre-se o risco de dar primazia a vagos direitos dos povos, da humanidade ou das gerações futuras, enfraquecendo os direitos de primeira geração.

Constata-se, então, que o devido processo legal, na qualidade de direito fundamental do cidadão, está ligado aos direitos fundamentais de primeira geração.

2.3.3 – *Colisão de direitos fundamentais*

Os direitos fundamentais são entendidos por Edilsom Pereira de Farias[75] como direitos heterogêneos, sendo que o seu conteúdo "é, muitas vezes, aberto e variável, apenas revelado no caso concreto e nas relações dos direitos entre si ou nas relações destes com outros valores constitucionais (ou seja, posições jurídicas subjetivas fundamentais *prima facie*). Resulta, então, que é freqüente, na prática, o choque de direitos fundamentais ou choque destes com outros bens jurídicos protegidos constitucionalmente". Este fenômeno é chamado, pela doutrina, de colisão ou conflito de direitos fundamentais.

De acordo com Luís Afonso Heck,[76] há dois modelos na colisão de direitos fundamentais: o das regras e o dos princípios. No mesmo diapasão,

---

[74] Idem, p. 50.

[75] FARIAS, Edilsom Pereira de. *Colisão de direitos. A honra, a intimidade, a vida privada e a imagem versus a liberdade de expressão e informação*. Porto Alegre: Sergio Antonio Fabris Editor, 2000, p. 116.

[76] HECK, Luís Afonso. O modelo das regras e o modelo dos princípios na colisão de direitos fundamentais. *Revista dos Tribunais*. n. 781. São Paulo: Revista dos Tribunais, 2000, p. 75.

Edilsom Pereira de Farias[77] informa que existem dois tipos de contradição de normas jurídicas em sentido amplo: o conflito de regras e a colisão de princípios. Segundo o modelo das regra, expressa Luís Afonso Heck que as "normas jurídicas tem somente a característica de regras, ou seja, elas valem ou não valem. Toda vez que o seu tipo ocorrer, a sua conseqüência jurídica deve ser aceita. Regras são normas que exigem que algo seja feito dentro das condições fáticas e jurídicas dadas. Elas são mandamentos definitivos. O conflito entre regras pode ser resolvido de duas formas: ou se introduz uma cláusula de exceção dentro da regra, que elimina o conflito, ou se declara, pelo menos, uma regra como inválida. (......) O modelo das regras é sustentado por aquele que vê as normas de direitos fundamentais, embora, possivelmente, carentes de complemento, mas já aplicáveis sem ponderação".

Já para o modelo dos princípios, "normas jurídica têm somente a característica de princípios, ou seja, a pergunta sobre sua validade depende de ponderação. Princípios são normas que pedem que algo seja feito dentro das possibilidades fáticas e jurídicas em uma medida tão ampla quanto possível. Eles são mandamentos de otimização". Ensina Luís Afonso Heck: "Dois princípios podem colidir. Esse é o caso, por exemplo, quando segundo um princípio, algo é proibido e, segundo um outro, é permitido. Nessa situação, um princípio deve retroceder. Isso, todavia, ao contrário do modelo das regras, não significa que no princípio que retrocede deva ser inserida uma cláusula de exceção ou que ele deva ser declarado como inválido. Antes, sob determinadas circunstâncias, um princípio precede ao outro, e, em outras circunstâncias, pode dar-se o contrário. Com isso, quer-se dizer que princípios têm pesos diferentes no caso concreto e que o de maior peso tem precedência. Conflito de regras que resolvem no plano da validade, colisão de princípios no plano do peso. Com isso se coloca a questão sobre como se chega à determinação do peso. Este se determina, no caso concreto, por meio da ponderação, que corresponde ao terceiro princípio parcial do princípio da proporcionalidade do Direito Constitucional alemão, ou seja, o da proporcionalidade em sentido estrito.[78]

---

[77] FARIAS, Edilsom Pereira de. *Colisão de direitos. A honra, a intimidade, a vida privada e a imagem versus a liberdade de expressão e informação*. Porto Alegre: Sergio Antonio Fabris Editor, 2000, p. 119.

[78] Em relação aos direitos fundamentais, o princípio da proporcionalidade em sentido estrito deixa-se formular como uma lei de ponderação, de forma simples, assim

O primeiro princípio parcial é o da idoneidade do meio utilizado para alcançar o resultado com ele pretendido; o segundo princípio parcial é o da necessidade desse meio, que não é necessário quando existe um outro mais ameno, menos incisivo".

Prossegue Luís Afonso Heck[79] dizendo que "os critérios de solução empregados na colisão de direitos fundamentais estão vinculados à concepção das normas de direitos. Se se parte da concepção de que elas são regras, então os critérios de solução que se oferecem são aqueles contidos no modelo das regras, empregados para resolver o conflito de regras. Se, ao contrário, se parte da concepção de que as normas de direitos fundamentais são princípios, então o critério de solução disponível é aquele compreendido no modelo dos princípios, utilizado para a solução da colisão de princípios". Ressalta, então, que os meios contidos no modelo das regras para solução de seus conflitos mostram-se insatisfatórios para resolverem colisões de direitos fundamentais.

As razões para isso são: o emprego do meio da inserção da cláusula de exceção ocorre sem a ponderação desta exceção, podendo resultar outra colisão que carece de ponderação para ser resolvida; a regra de que a lei posterior derroga a lei anterior também não é apropriada para a solução, porque a colisão de direitos fundamentais é de âmbito constitucional; a outra regra de que a lei especial derroga a lei geral também não serve, porque ela vale para leis de mesmo grau hierárquico, o que não abrangeria os direitos fundamentais, que é matéria constitucional. Já o meio oferecido pelo modelo dos princípios é, ao contrário, adequado para resolução de colisões de direitos fundamentais, de acordo com Heck,[80] por consistir na ponderação: a validade é conferida como qualidade a todos os direitos fundamentais; no caso concreto, não é esta qualidade o critério de solução, mas sim, o peso do direito fundamental, verificado segundo as circunstân-

---

enunciada: quanto mais intensiva é uma intervenção em um direito fundamental tanto mais graves devem ser as razões que a justificam. De acordo com a lei da ponderação, a ponderação deve suceder em três fases: Na primeira, deve ser determinada a intensidade da intervenção. Na segunda, cuida-se da importância das razões que justificam a intervenção. E, na terceira fase, ocorre, então, a ponderação no sentido estrito e próprio.

[79] HECK, Luís Afonso. O modelo das regras e o modelo dos princípios na colisão de direitos fundamentais. *Revista dos Tribunais*. n. 781. São Paulo: Revista dos Tribunais, 2000, p. +76.

[80] Idem, p. 76.

cias presentes no princípio da proporcionalidade em sentido estrito; o modelo dos princípios permite a produção da concordância prática.

Não existem princípios absolutos, pois uma pluralidade de valores deve e merece uma compatibilização e ponderação. A existência de conflitos de princípios apenas sugere o privilégio do acatamento de um, sem que isso signifique o desrespeito do outro. Na verdade, não há um verdadeiro conflito.

Nas palavras de Robert Alexy, onde a distinção entre regras e princípios desponta com maior destaque é na colisão de princípios e do conflito de regras. Um conflito entre regras somente pode ser resolvido se uma cláusula de exceção, que remova o conflito, for introduzida numa regra ou se uma das regras for declarada nula. Na colisão de princípios é diferente, pois os princípios tem um peso diferente nos casos concretos, preponderando o princípio de maior peso. As regras têm a ver com a validade, enquanto os princípios têm muito a ver com os valores.

Em conclusão, entende Heck[81] que, pelo modelo das regras, uma das normas de direitos fundamentais, no caso de conflito, vale ou não vale. Pelo modelo dos princípios, as normas de direitos fundamentais, no caso de colisão, são ponderadas para verificar qual delas têm precedência, sem que sua validade entre em consideração. Esse modelo teria a vantagem de oferecer uma flexibilidade à Constituição e, com isso, uma resposta intermediária à vinculação. Assim, as normas de direitos fundamentais livram-se do questionamento de ter validade ou não, de serem programáticas ou não, ganhando em vinculatividade sem exigir o impossível. Enfim, no caso de conflito entre princípios, a melhor solução é que estes sejam objeto de ponderação e de harmonização, para fins de solucionar o caso concreto.

2.4 – Garantias individuais

Os direitos que têm por objeto imediata a segurança incluem-se na categoria de garantias individuais. Com o surgimento do direito à segurança e de seu reconhecimento, houve a necessidade da existência dos

---

[81] Idem, p. 77.

mecanismos de tutela ou garantia desses mesmos direitos, que são chamados de garantias constitucionais.

As disposições assecuratórias são aquelas que, em defesa dos direitos instituídos, limitam o poder, podendo, não raro, juntar-se, na mesma disposição constitucional ou legal, a fixação da garantia, com a declaração do direito. A distinção não é fácil, diante da inexistência de precisão terminológica na Constituição. Mas a doutrina apresenta duas espécies de garantia: garantias gerais e garantias constitucionais, sendo que as últimas podem ser gerais ou especiais, conforme decorram do sistema de freios e contrapesos dos poderes e visem a impedir o arbítrio ou constituam prescrições constitucionais que conferem aos titulares de direitos fundamentais o instrumental necessário à imposição de respeito e exigibilidade desses direitos.

Já as garantias constitucionais especiais positivadas na Constituição levam em conta a natureza do direito garantido, podendo ser individuais, coletivas, sociais e políticas, classificação idêntica à dos direitos. Mas o que interessa é o estudo das garantias individuais, destinadas a assegurarem o respeito, efetividade de gozo e exigibilidade dos direitos individuais. José Afonso da Silva sistematizou as garantias individuais em legalidade, proteção judiciária, estabilidade dos direitos subjetivos, segurança jurídica e remédios constitucionais.

2.5 – Remédios constitucionais

Embora fosse mais correto enquadrar os remédios constitucionais dentro da categoria das garantias constitucionais, esse entendimento vem sofrendo questionamento, em face da tese da autonomia das ações constitucionais típicas. Para essa corrente, estas seriam remédios processuais, no que distinguiria dos direitos de petição e de certidão que não são exercidos diretamente por via de provocação da atividade jurisdicional.

Ao tratar dos remédios constitucionais, Guilherme Peña de Moraes[82] define-os como instrumentos de proteção processual dos direitos fundamentais; "os remédios constitucionais são ações de natureza constitucional

---

[82] MORAES, Guilherme Braga Peña de. *Direitos fundamentais: conflitos & soluções*. Niterói: Frater et Labor, 2000, p. 41.

que objetivam tornar concretas as garantias constitucionais, ou seja, são meios de se fazer efetiva a inviolabilidade dos direitos fundamentais".

O mencionado jurista[83] entende que a diferença básica entre os direitos fundamentais e remédios constitucionais "é demonstrada pela teoria geral das violações aos direitos fundamentais, pois enquanto não for verificada qualquer intromissão ilegítima na área de ação individual livre, determinada pelos direitos fundamentais e assegurada pelas garantias constitucionais, há a caracterização de um momento de harmonia e os remédios constitucionais apresentam-se inativos; contudo, uma vez violado este estado, mediante qualquer ingerência ilegítima na esfera de ação individual livre, efetiva ou potencial, haverá a necessidade de restabelecimento do equilíbrio existente anteriormente, quando, somente então, podem ser utilizados os remédios constitucionais na proteção jurisdicional dos direitos fundamentais lesados ou ameaçados de lesão".

Dessa forma, os remédios constitucionais seriam os meios postos à disposição dos indivíduos para sanarem ou repararem ilegalidades ou abusos de poder em prejuízo de direitos ou interesses individuais. A Constituição brasileira inclui entre os remédios, alguns também chamados de garantias constitucionais, o direito de petição e de certidão (art. 5.º, XXXIV), o *habeas corpus* (art. 5.º, LXVIII), o mandado de segurança (art. 5.º, incisos LXIX e LXX), o mandado de injunção (art. 5.º, LXXI), o *habeas data* (art. 5.º, LXXII) a ação popular (art. 5.º, LXXIII), a ação civil pública (art. 129, III) e a argüição autônoma ou direta de descumprimento de preceito fundamental (art. 102, § 1.º).

2.6 – Princípios processuais na ordem constitucional

Os princípios nada mais são que normas orientadoras ou diretrizes de um sistema jurídico, de forma que tanto podem estar nelas embutidos ou expressamente previstos; são ditames superiores e fundantes de todo o ordenamento jurídico, caracterizados por sua fluidez, abstração e certo grau de incerteza e indeterminação. Em outras palavras, as normas de um sistema devem traduzir, sempre, seja direta ou indiretamente, os princípios

---

[83] Idem, p. 41.

que norteiam aquele sistema. Princípio é um conjunto de regras que determinam um certo tipo de comportamento. São os responsáveis pela harmonia do sistema normativo, ou seja, seu alicerce.

Ensina Willis Santiago Guerra Filho[84] que "princípios, por sua vez, encontram-se em um nível superior de abstração, sendo igual e hierarquicamente superiores, dentro da compreensão do ordenamento jurídico como uma ´pirâmide normativa´ (*Stufenbau*), e se eles não permitem uma subsunção direta de fatos, isso se dá indiretamente, colocando regras sob o seu ´raio de abrangência´".

Já Celso Antônio Bandeira de Mello[85] entende que "princípio é, por definição, mandamento nuclear de um sistema, verdadeiro alicerce dele, disposição fundamental que se irradia sobre diferentes normas, compondo-lhes o espírito e servindo de critério para a sua exata compreensão e inteligência, exatamente por definir a lógica e a racionalidade do sistema normativo, no que lhe confere a tônica e lhe dá sentido harmônico. É o conhecimento dos princípios que preside a intelecção das diferentes partes componentes do todo unitário que há por nome sistema jurídico positivo". Diz, ainda, o citado jurista que: "violar um princípio é muito mais grave que transgredir uma norma. A desatenção ao princípio implica ofensa não apenas a um específico mandamento obrigatório, mas a todo o sistema de seus comandos. É a mais grave forma de ilegalidade ou inconstitucionalidade, conforme o escalão do princípio atingido, porque representa insurgência contra todo o sistema, subversão de seus valores fundamentais, contumélia irremissível a seu arcabouço lógico e corrosão de sua estrutura mestra. Isto porque, ao ofendê-lo abatem-se as vigas que o sustém e alui-se a toda estrutura neles esforçada".

Dessa forma, está revelada a gigantesca importância de um princípio em um sistema jurídico, de maneira que, ao se ferir uma norma, diretamente, estar-se-á ferindo um princípio daquele sistema que, na sua essência, está embutido.

Através de uma operação de síntese crítica, a ciência processual moderna fixou os preceitos fundamentais que dão forma e caráter aos sis-

---

[84] GUERRA FILHO, Willis Santiago. *A filosofia do direito. Aplicada ao direito processual e à teoria da constituição*. 2ª ed. São Paulo: Atlas, 2001, p. 92.

[85] MELLO, Celso Antônio Bandeira de. *Elementos de direito administrativo*. São Paulo: Revista dos Tribunais, 1981, p. 230.

temas processuais. Alguns desses princípios básicos são comuns a todos os sistemas; outros vigem somente em determinados ordenamentos. Assim, cada sistema processual se calca em alguns princípios que se estendem a todos os ordenamentos e em outros que lhe são próprios e específicos. É do exame dos princípios gerais que informam cada sistema que resultará qualificá-lo naquilo que tem de particular e de comum com os demais, do presente e do passado.

Considerando os escopos sociais e políticos do processo e do direito, em geral, além do seu compromisso com a moral e a ética, atribui-se extraordinária relevância a certos princípios que não se prendem à técnica ou à dogmática jurídicas, trazendo em si seríssimas conotações éticas, sociais e políticas, valendo como algo externo ao sistema processual e servindo-lhe de sustentáculo legitimador.

Prestigiosa doutrina do século passado dividiu os princípios processuais cíveis em princípios informativos e em princípios fundamentais. Os informativos são considerados como axiomas, pois prescindem de demonstração, sendo princípios universais e incontrovertidos. Não se baseiam em outros critérios que não os estritamente técnicos e lógicos, já que não possuem quase nenhum conteúdo ideológico. Distinguem-se os princípios gerais do direito processual das normas ideais que representam uma aspiração de melhoria do aparelhamento processual. Por esse ângulo, Cândido R. Dinamarco[86] aponta quatro regras, sob o nome de "princípios informativos" do processo: princípio lógico (seleção dos meios mais eficazes e rápidos de procura e descobrir a verdade e de evitar o erro); princípio jurídico (igualdade no processo e justiça na decisão); princípio político (máximo de garantia social, com o mínimo de sacrifício individual da liberdade); e princípio econômico (processo acessível a todos, com vista a seu custo e à sua duração).

Apesar de distintas dos princípios gerais, contudo, tais normas ideais os influenciam, embora indiretamente, de modo que os princípios gerais, apesar do forte conteúdo ético de que dotados, não se limitam ao campo da deontologia e perpassam toda a dogmática jurídica, apresentando-se ao estudioso do direito nas suas projeções sobre o espírito e a conformação do direito positivo. O estudo comparado das tendências evolutivas do pro-

---

[86] DINAMARCO, Cândido Rangel, GRINOVER, Ada Pellegrini, CINTRA, Antonio Carlos de Araújo. *Teoria geral do processo*. São Paulo: Malheiros Editores, 1998, p. 51.

cesso tem apontado uma orientação comum que inspira todos os ordenamentos do mundo ocidental, mostrando uma tendência centrípeta de unificação que parece ser o reflexo daquelas normas ideais a imprimirem uma comum ideologia, mesmo a sistemas processuais de diferente matriz (como os países do *common law* e os ligados à tradição jurídica romano--germânica).

Alguns princípios gerais têm aplicação diversa no campo do processo civil e do processo penal, apresentando, às vezes, feições ambivalentes. Contudo, é sobretudo, nos princípios constitucionais que se embasam todas as disciplinas processuais, encontrando na Constituição Federal a sua plataforma comum. Já os princípios fundamentais ou gerais são aqueles que, ao contrário dos princípios informativos, são inspirados por aspectos políticos e ideológicos.

Embora existam opiniões contrárias, deve prevalecer a tese de que os princípios constitucionais de processo derivam do *due process of law*, ou seja, das garantias do devido processo legal (direito de ação ou acesso à justiça, juiz e promotor natural, contraditório e plenitude de defesa com todos os meios e recursos a ela inerentes, tratamento paritário das partes, publicidade e motivação das decisões, inadmissibilidade das provas ilícitas, perda da liberdade e dos bens só depois de assegurado o devido processo legal, assistência judiciária, amplitude de produção probatória, garantia da tutela jurisdicional dentro de um lapso temporal razoável e duplo grau de jurisdição, dentre outros), cláusula constitucional que é a fonte primária dos princípios do direito processual civil.

Há, ainda, as garantias específicas de processo penal: presunção de não-culpabilidade do acusado (art. 5.°, LVIII, da CF); vedação da identificação datiloscópica de pessoas identificáveis civilmente, ressalvadas as hipóteses legais (art. 5.°, LVIII, da CF); indenização por erro judiciário e pela prisão que supere os limites da condenação (art. 5.°, LXXV, da CF); prisão, ressalvadas as hipóteses do flagrante e das transgressões e crimes propriamente militares, só por ordenação de autoridade judiciária competente (art. 5.°, LXI, da CF); vedação de incomunicabilidade do preso, direito de informação sobre os próprios direitos, inclusive o de permanecer calado, e de assistência do defensor e da família (art. 5.°, LXIII, da CF); liberdade provisória, com ou sem fiança, garantida nos casos legais (art. 5.°, LXVI, da CF); imediata comunicação de prisão ao juiz (art. 5.°, LXII), o qual relaxará se ilegal (art. 5.°, LXV, da CF); direito à identificação dos responsáveis pela prisão ou pelo interrogatório (art. 5.°, LXIV, da CF).

CAPÍTULO 3

Do Devido Processo Legal

3.1 – **Histórico**

O princípio do devido processo legal é cláusula fundamental no ordenamento jurídico, já que é dele que a maioria dos outros princípios processuais derivam, sendo um dos mais importantes, servindo, ainda, como meio de realização da justiça, além de ser um direito constitucional fundamental do cidadão. A expressão devido processo legal é oriunda da expressão inglesa *due process of law*. E, pela primeira vez a Constituição brasileira de 1988 é expressa em adotar a fórmula do direito anglo-saxão, garantindo que *"ninguém será privado da liberdade ou de seus bens sem o devido processo legal"*.

A Inglaterra foi invadida pelos normandos em 1066, provenientes da França, tendo à frente das tropas, o Duque Willian da Normandia ("O Conquistador"), tendo posto abaixo o reinado dos saxões, que findou com Harold, Conde de Essex. Embora tenham reinado com mão-de-ferro, Duque Willian e seus barões franceses, assim como seus sucessores (Henry I e Henry II), tiveram de conceder cartas de franquias, evitando, assim, rebeliões.

Surge, então, Ricardo Coração-de-Leão (Richard Coeur-de-Lion), filho de Henry II, que reinou de 1189 a 1199. Ele participou da Terceira Cruzada, combatendo os mouros, considerados infiéis na Palestina. Retornando, contudo, foi preso na Áustria, tendo sido solicitado seu resgate em dinheiro. Com isso, aproveitando-se da situação, seu irmão, o Príncipe John, chamado de Sem-Terra (*lackland*), tomou o poder e estimulou rebeliões no reino, ao dizer que Ricardo Coração-de-Leão jamais retornaria. Libertado, Ricardo voltou a reinar na Inglaterra, mas morreu em pouco tempo, em face de um ferimento de flecha recebido em uma batalha. Todavia, ao assumir a coroa, John (Sem Terra) passou a exigir elevados tributos e fez outras imposições decorrentes de sua tirania, o que levou os barões a se insurgirem.[87]

Houve, então, confronto nos relvados de Runnymede (1215), onde o Rei João Sem Terra foi obrigado a concordar com os termos da declaração de direitos, que lhe foi apresentada pelos barões, que ficou conhecida como Magna Carta (*Great Charter*). Neste documento, o Rei John comprometeu-se a respeitar os direitos, franquias e imunidades que ali foram outorgados, como salvaguarda das liberdades dos insurretos, entre eles a cláusula do devido processo legal (*dues process of law*).

Dessa forma, o princípio do devido processo legal originou-se no direito inglês, tendo a Magna Carta do Rei João Sem Terra (ano de 1215) a finalidade de limitar o poder real. Era um instrumento protetor dos nobres contra excessos da Coroa. Sua incidência era, inicialmente, restrita ao âmbito do processo penal. A Magna Carta não foi um fenômeno isolado no cenário europeu, mas é, no entanto, notável, sobretudo, em atenção à continuidade da evolução que dela partiu. Interrompida, por vezes, mas nunca cortada.

Relata Carlos Roberto de Siqueira Castro[88] que o princípio do devido processo legal é um dos mais antigos e veneráveis institutos da ciência jurídica, cuja trajetória perpassou séculos, garantindo sua presença no direito moderno com renovado vigor. E continua o mencionado jurista dizendo que "ao despontar na Idade Média, através da Magna Carta conquistada pelos barões feudais saxônicos junto ao Rei João Sem Terra, no limiar do século XIII, embora concebido como simples limitação às ações

---

[87] Pontes de Miranda in *História e Prática do Habeas Corpus*. Rio de Janeiro: Borsoi, 1972, p. 11, assim comenta o reino de João Sem-Terra: "Os desastres, cincas e arbitrariedades do novo governo foram tão assoberbantes, que a nação, sentindo-lhes os efeitos envilecedores, se indispôs, e por seus representantes tradicionais reagiu. Foram inúteis as obsecrações. A reação era instintiva, generalizada; e isso, por motivo de si mesmo explícito: tão anárquico fora o reinado de João, que se lhe atribuía outrora, como ainda nos nossos dias se repete, a decadência, então, de toda a Inglaterra. Atuou sobre todas as camadas sociais; postergou regras jurídicas sãs de governo; descurou dos interesses do reino; e, a atuar sobre tudo, desservindo a nobres e a humildes, ameaçava desnervar a energia nacional, que se revoltou".

[88] CASTRO, Carlos Roberto de Siqueira. *O devido processo legal e a razoabilidade das leis na nova Constituição do Brasil*. Rio de Janeiro: Forense, 1989, p. 7.

reais, estava esse instituto fadado a tornar-se a suprema garantia das liberdades fundamentais do indivíduo e da coletividade em face do Poder Público. Aqueles revoltados de alta linhagem que, sob a liderança do arcebispo de Canterbury, Stephen Langton, conquistaram a aposição do selo real naquela autêntica declaração dos direitos da nobreza inglesa frente à Coroa, jamais poderiam cogitar que nesse dia 15 de junho do ano de 1215 se estava lançando aos olhos da história da civilização a sementeira de princípios imorredouros, como o da "conformidade com as leis", o do "juiz natural", o da "legalidade tributária" e o instituto do *habeas corpus*. A bem dizer, ao lado da "igualdade perante a lei" (*equal protection of the law*), a cláusula *due process of law* erigiu-se no postulado maior da organização social e política dos povos cultos na era moderna. Sua inclusão no direito medieval inglês simboliza o desfecho das refregas entre o trono e a nobreza a propósito dos privilégios feudais, que foram incentivando-se desde a invasão de Guilherme, o "Conquistador", em princípios do Século XI, quando institucionalizaram-se as estruturas econômicas e os vínculos de vassalagem próprios do feudalismo.

A partir daí, o fracionamento da utilização da terra e a acumulação da riqueza e poder em mãos do baronato normando fizeram aguçar os ímpetos de resistência ao arbítrio real, até desaguarem, com a *Great Charter*, nesse estatuto de convivência política e econômica entre as elites dominantes naquela quadra medieval em que a posse e a exploração da terra constituíam o sinal da própria cidadania embrionária e as fronteiras muito tênues entre o domínio público e privado. Por sua galharda resistência à tormentosa evolução do Estado moderno, especialmente, frente às transformações de fundo do Estado Liberal para o Estado dito Social ocorridas no presente século, a garantia do devido processo legal acabou por transformar-se em axioma permanente da comunidade política, investindo-se no papel de verdadeiro termômetro da validade dos atos estatais nas nervosas relações entre "Estado-indivíduo" e "Estado-sociedade".

Entretanto, foi na Magna Carta (1215), sob a inspiração jusnaturalista, que impregnava a idéia de justiça nas instituições jurídicas anglo-saxônicas, que o princípio do devido processo legal acobertou-se inicialmente sob a locução *law of the land*, conforme expressava o art. 39 desse histórico documento, com as alterações da Carta de 1225:[89] "*Nenhum*

---

[89] Embora a Magna Carta tenha sido escrita em latim, o art. 39.º da Magna Carta continha a seguinte redação: "*No free man shall be seized or imprisoned, or stripped of his*

homem livre será detido ou sujeito a prisão, ou privado dos seus direitos ou seus bens, ou declarado fora da lei, ou exilado, ou reduzido em seu status de qualquer forma, nem procederemos nem mandaremos proceder contra ele senão mediante um julgamento legal pelos seus pares ou pelo costume da terra". Como lembra Antonio Enrique Perez Luño,[90] esse documento, é considerado não apenas um marco da história constitucional da Inglaterra, mas o mais importante documento medieval no processo de positivação dos direitos humanos.

De acordo com Paulo Fernando Silveira,[91] o princípio do devido processo legal está fundamentado, ainda, no art. 40 da Magna Carta: *"A ninguém venderemos, negaremos ou retardaremos direito ou justiça"*.[92] Instituiu-se, então, pela primeira vez, o devido processo legal, que constitui a essência da liberdade individual em face da lei, ao afirmar que ninguém perderá a vida ou a liberdade, ou será despojado de seus direitos ou bens, salvo pelo julgamento de seus pares, de acordo com a lei da terra.

---

rights or possessions, or outlawed or exiled, or deprived of his standing in any other way, nor will we proceed with force aginst him, or send others to do so, except by the lawful judgement of his equals or by the law of the land." Na tradução original, a cláusula assegurava aos homens livres, notadamente aos barões vitoriosos e aos proprietários da terra (*estate holder*), a inviolabilidade de seus direitos relativos à vida, à liberdade e, sobretudo, à propriedade, que só poderiam ser suprimidos através da "lei da terra" (*per legem terrae* ou *law of the land*). Isso significa dizer que esses direitos naturais assim elencados somente poderiam sofrer limitações segundo os procedimentos e por força do direito comumente aceito e sedimentado nos precedentes judiciais, ou seja, pelos princípios e costumes jurídicos consagrados pelo *common law*. Muito embora a Magna Carta não tivesse utilizado a locução *due process of law*, sabe-se que esta logo sucedeu, como sinônima, a expressão *law of the land*. Já no século seguinte, durante o reinado de Eduardo III, no ano de 1354, foi editada uma lei do Parlamento inglês (*statute of Westminster of the Liberties of London*) em que o termo per *legem terrae* é substituído pelo *due process of law*, o que é, curiosamente, atribuído a um legislador desconhecido, segundo explicação história de Rodney L. Mott, em seu livro *Due Process of Law* (Ed. Bobbs-Merril, 1926, p. 3 e segs). Na verdade, nesse primeiro período do instituto, as expressões *law of the land*, *due course of law* e *due process of law*, que acabou se consagrando, eram tratadas indistintamente pela mentalidade jurídica então vigorante.

[90] LUÑO, Antonio Enrique Perez. *Derechos humanos, estado de derecho y constitucion*. Madrid: Tecnos, 1984, p. 112.

[91] SILVEIRA, Paulo Fernando. *Devido processo legal. Due process of law*. Belo Horizonte: Livraria Del Rey, 1997, p. 22.

[92] *"To no one will we sell, to no one deny or delay right or justice".*

Com a morte do Rei João Sem Terra, após um ano e meio da outorga da Magna Carta, segundo Arturo Hoyos,[93] devido ao caráter pessoal do governo feudal, seu sucessor, Rei Henrique III, embora criança, reafirmou a Carta no ano de 1216. O documento foi repetidamente confirmado por monarcas ingleses durante os séculos seguintes. Mas, na reconfirmação da Carta em 1225, pelo Rei Henrique III, o documento foi reduzido de 63 para 37 capítulos, e a cláusula sobre o *due process of law* passou do Capítulo 39 original para o Capítulo 29. Uns doze anos depois é que o documento foi denominado Magna Carta, pela primeira vez, oficialmente.

Aparece a Magna Carta, pela primeira vez, no idioma inglês em 1354, quando ela é confirmada sob o reinado do Rei Eduardo III. Em razão de lei do mesmo ano, conhecida como *Statute of Wetminster of the Liberties of London* que, no Capítulo 29 da Magna Carta de 1215, em lugar do enunciado em latim *per legem terrae*, passa a figurar a expressão inglesa *due process of law*, feita por um legislador desconhecido: "*Nenhum homem de qualquer camada social ou condição, pode ser retirado de sua terra ou propriedade, nem conduzido, nem preso, nem deserdado, nem condenado a morte, sem que isto resulte de um devido processo legal*".

Com o decorrer do tempo, a cláusula do devido processo legal foi incorporando novos significados, sem deixar, contudo, o seu sentido processual. Como exigência dessa garantia, os processos deveriam obedecer ao requisito da citação prévia e ampla defesa. A sua interpretação evoluiu, passando de uma simples garantia de respeito a uma série de liberdades feudais para a garantia de prevalência da *common law*, por obra de Sir Edward Coke, no século XVII, completada por Blackstone, no século XVIII. Essa evolução encontra justificativa na própria reação do Rei que, ao se tornar alvo do Parlamento e da autoridade judiciária, que passaram a vigiá-lo, chegando a acusar e processar os seus ministros, suspendia, discricionariamente, os processos já iniciados ou a execução das sentenças; criava normas penais ou elevava tributos, sem a anuência do Parlamento.

Na tentativa de opor-se à interferência do Executivo, Sir Edward Coke sustenta, primeiro, a supremacia da Magna Carta sobre todos os poderes do Estado, para, em seguida, sugerir interpretações da Carta que inclua toda a *common law, the statute law, or custom law of England*.

---

[93] HOYOS, Arturo. La garantia constitucional del debido proceso legal. *Revista de Processo*. n. 47. São Paulo: Revista dos Tribunais, 1987, p. 46.

Assim, impunha-se à Coroa não um documento antigo, de conteúdo incerto e superado, mas um documento vivo e atual, que considerava a atitude do Rei ilegal e arbitrária. Inseriu-se o Capítulo 39 que, além de tornar-se garantia de julgamento, conforme a *common law* do século XVII, passava a ser garantia de um processo legal.

Há um evento, ocorrido no século XVII, que resultou em significativa aplicação da cláusula do devido processo legal. Cuida-se da prisão de cinco nobres, ordenada sumariamente pelo soberano Rei Carlos, em decorrência da recusa em pagar empréstimo compulsório decretado pelo Rei para custear guerras no continente. Essa situação gerou debates no Parlamento, que resultaram na *Petition of Rights* de 1628, inspirada no Sir Edward Coke, da Câmara dos Comuns cuja redação era a seguinte: *"que o homem livre somente pode ser preso ou detido pela lei da terra, ou pelo devido processo legal, e não pela ordem especial do Rei sem qualquer acusação"*.

Esse documento solidificou a tese de que no Capítulo 39 da Magna Carta se inseria a garantia de não ser preso sem a evidência de uma justa causa. É a supremacia do direito comum sobre os poderes do rei e do Parlamento, filosofia de Sir Edward Coke, que influenciou as colônias inglesas da América, ao lado da doutrina da supremacia do direito natural de John Locke, e foi apontada como principal motivo para a adoção de constituições escritas nos Estados Unidos.

Como visto, a cláusula constitucional do *due process of law* originou-se no direito inglês. Todavia, muitos constituintes e legisladores norte-americanos estudaram em universidades inglesas, onde um dos livros de cabeceira era um comentário de Sir Edward Coke sobre a *Magna Carta Libertatum*, que ficou conhecido como seu "Segundo Instituto", e era tida como uma verdadeira "Bíblia Legal" para os advogados das treze colônias inglesas na América.

Estabelecido definitivamente o *due process of law* no mundo jurídico, Blackstone retoma a idéia de Sir Edward Coke no século XVIII, passando a *law of the land* a oferecer uma série de garantias aos indivíduos que não era imagináveis ao tempo de Coke. Essas garantias estão previstas no *Habeas Corpus Act* de 1679, no *Bill of Rights* de 1689 e no *Act of Settlement* de 1701, as quais unidas, ou inseridas, no Capítulo 39, fizeram dela a garantia fundamental do processo inglês, conforme ressalta Antonio Enrique Perez Luño.[94]

---

[94] LUÑO, Antonio Enrique Perez. *Derechos humanos, estado de derecho y constitucion*. Madrid: Tecnos, 1984, p. 114.

A finalidade e característica do Capítulo 39 da Magna Carta era substituir a força real pela força da lei, reforçando a idéia da supremacia do Parlamento no direito inglês: o *due process of law* era entendido como uma limitação dos poderes do Rei e não sobre os atos do Parlamento. Para que se formasse um reino de justiça, o povo exigiu que o rei afirmasse em documento os seus direitos e limitações. Na Inglaterra, ao lado da doutrina do *due process of law*, evoluíam os princípios da supremacia da *common law* e do *natural law*, sendo que o sentido da cláusula *due process of law* nunca significou controle sobre a legislação, mas sim sobre o Rei, já que qualquer ato do Parlamento era considerado lei da terra ou *due process of law*.

É de lembrar que, ao tempo da Magna Carta, não havia grande distinção entre Legislativo e Executivo, por estarem estes reunidos na Coroa. Naquele tempo, não havia a característica atual de direito fundamental; o que havia eram meras tolerâncias.

Todavia, com a chegada dos colonizadores ingleses nas colônias britânicas da América, iniciou-se uma nova concepção do direito inglês, influenciada pela ideologia de Sir Edward Coke, caracterizada pela supremacia da *common law* em oposição ao absolutismo do Rei e do Parlamento, com a permissão de uma maior adesão judiciária às leis inglesas. Em outras palavras, aportando os dissidentes protestantes ingleses, que estavam em fuga, nas praias americanas da Virgínia (1607), estes trouxeram consigo os fundamentos da *common law*, entre os quais o princípio do devido processo legal. Em decorrência, as 13 (treze) colônias com constituições escritas próprias (compactos), outorgaram às cortes de justiça a aplicação da lei, nos termos da *common law*, que haviam herdado de seu país de origem. Surge, então, a *common law* da América, que não aceitava a supremacia do Parlamento, ao contrário da *common law* inglesa. O ideal de Sir Edward Coke é tido como uma das razões para a adoção de constituições escritas, sendo importante, também, o pensamento de John Locke, fundado no direito natural e consagrado na Declaração de Independência dos Estados Unidos.

As treze colônias inglesas na América do Norte foram as grandes responsáveis pela expansão e longevidade da cláusula do devido processo legal. Como ressalta Arturo Hoyos[95], antes mesmo da Constituição dos

---

[95] HOYOS, Arturo. La garantia constitucional del debido proceso legal. *Revista de Processo*. n. 47. São Paulo: Revista dos Tribunais, 1987, p. 47.

Estados Unidos trazer a garantia do devido processo legal (Quinta e Décima Quarta Emendas), várias constituições estaduais já utilizavam a cláusula sob a fórmula *law of the land*. As expressões *by the law of the land* e *due process of law* foram utilizadas como sinônimas pelos colonos americanos, inobstante os documentos legais da Inglaterra não expusessem os seus significados. A expressão *due process of law* já era locução corrente ao tempo do *Bill of Rights*, todavia, a frase era, comumentemente, chamada sob o rótulo de *law of the land*. A cláusula inglesa chegou à América pela importante parcela dos direitos dos ingleses que eram reclamados pelo colonos americanos.

Inicialmente, estas expressões – *by the law of the land* e *due process of law* – estavam relacionadas apenas a questões procedimentais, com significado nitidamente processual ("direito a um processo ordenado – *ordely proceedings*"), que foi, posteriormente, ampliado para acolher outros sentidos, como o da citação para a demanda, direito de defesa e o direito de não ser preso sem a evidência de uma justa causa (este derivado da *Petition of Righs*).

Ao mesmo tempo que ressalta que o *legale judicium suorum* configura a garantia processual do juízo competente, enquanto o *judicium per legem terre* constitui, modernamente, a garantia da lei preexistente, Eduardo J. Couture[96] ensina que a garantia processual consistente na necessidade de aplicar a lei do país foi acolhida pelas primeiras constituições, anteriores à Constituição Federal dos Estados Unidos. As Constituições de Maryland, Pensyvalnnia e Massachussets trouxeram, expressamente, o conceito do *due process of law* (ninguém pode ser privado de sua vida, liberdade ou propriedade sem devido processo legal). Posteriormente, as Emendas V e XIV à Constituição de Filadelfia reproduziram esse texto. Diz, ainda, Eduardo J. Couture[97] que "entre *law of the land* e *due process of law* não medeia senão uma etapa de desenvolvimento. O conceito especificamente processual da Magna Carta torna-se genérico na Constituição"; 'já não se fala em julgamento pelos pares e em lei do país: fala-se de um "devido processo legal" como de uma garantia que abrange

---

[96] COUTURE, Eduardo J. *Fundamentos do direito processual civil*. Campinas: Red Livros, 1999, p. 73.
[97] Idem, p. 73.

tanto o direito substantivo da lei preestabelecida, como o direito processual do juiz competente".

Bem lembra, ainda, Arturo Hoyos[98] que a Constituição americana de 1787 não continha a garantia do devido processo legal. Em 1789, Madison introduziu no I Congresso uma emenda constitucional que se converteu na Quinta Emenda: *"ninguna persona será privada de su vida, libertad, o propriedad sin el debido proceso legal"*.[99] Posteriormente, a mesma expressão *due process of law* foi convertida na Emenda Quatorze.

O termo *due process of law* apareceu na Declaração de Direitos do Estado de New York de 1777, e em uma das emendas propostas por aquele estado para a Constituição Federal (Convenção de 1787). Mas a primeira aparição da cláusula num instrumento legal americano foi na Quinta Emenda à Constituição (1791), vinculando o Poder Público federal ao princípio e, novamente, na Décima Quarta Emenda, submetendo os estados. Anteriormente, a cláusula *due process of law* não tinha sido adotada em nenhuma das onze constituições estaduais.

Em resumo, o conteúdo da cláusula visava proibir o Estado de limitar os direitos individuais ou de propriedade, a não ser que o fizesse com observância do devido procedimento. Na verdade, o devido processo legal, de forma genérica, está caracterizado pelo trinômio vida-liberdade-propriedade. Mas o significado da expressão conseguiu enorme ampliação aos chegar nas colônias norte-americanas, principalmente, após a independência.

Quando teve de definir em que consistiam as garantias do devido processo e da lei do país, a Corte Suprema dos Estados Unidos disse o seguinte no caso *Tumey v. State of Ohio:* "Para determinar o que seja o *due process of law* das Emendas V e XIV, a Corte deve reportar-se aos usos estabelecidos, aos métodos de procedimento consagrados antes da imigração dos nossos antepassados, que, não sendo inadaptáveis às suas condições civis e políticas, tenham continuado a ser aplicados por eles depois da sua fixação neste país".

---

[98] HOYOS, Arturo. La garantia constitucional del debido proceso legal. *Revista de Processo*. n. 47. São Paulo: Revista dos Tribunais, 1987, p. 47.

[99] No original: *"no person shall be .... deprived of life, liberty or property, withtout due process of law"*.

Inicialmente, o sentido processual prevaleceu até a metade do século XIX, quando houve uma pressão por um sentido substantivo da cláusula, decorrentes de interesses econômicos. A partir da Emenda V, a fórmula da *law of the land*, já transformada no *due process of law*, começou a ser destaque em quase todas as constituições mundiais, especialmente nas americanas. Então, a noção do devido processo passou a ser considerado como uma garantia fundamental do cidadão, não podendo nenhuma lei privá-lo deste direito.

Entende-se que, desde as I*nstitutas de Sir Edward Coke,* já havia a possibilidade da cláusula *due process of law* constituir-se uma garantia contra a aplicação injusta das normas do *common law* ou dos regulamentos. Mas havia a limitação de apenas coibir a arbitrariedade do monarca ou dos juízes, jamais do legislador, restrição que foi abrandada com a emergência de um Poder Judiciário atuante que saiu em defesa dos direitos fundamentais contra eventuais excessos do Legislativo.

Então, com a consagração da supremacia da Constituição Federal, assume o Poder Judiciário, pela Suprema Corte dos Estados Unidos, o poder de revisão de atos do legislador contrários aos preceitos constitucionais, com fundamento na cláusula *due process of law*. Desde o surgimento da cláusula na Magna Carta, originalmente destinada a amparar certas classes sociais, esta destinação ampliou-se para atingir todos os indivíduos, indistintivamente, inclusive o Estado.

Daí se falar, em conclusão, que o devido processo legal, historicamente, teve três fases. A primeira, com o seu surgimento na Magna Carta, de 1215, através do pacto entre João Sem Terra e seu súditos, com ênfase nas garantias processuais penais (*law of the land*), tais como o julgamento por um tribunal formado por seus pares, segundo as leis da terra, no qual se desenham os princípios do juiz natural e da legalidade (prévia cominação legal). No Estatuto do Rei Eduardo III (1354), a expressão *law of the land* foi substituída por *due process of law*.

Na segunda fase da cláusula *due process of law,* esta é tida como garantia processual geral, ao constituir requisito de validade da atividade jurisdicional, o processo regularmente processado e ordenado.

Já a terceira fase do *due process of law* é a mais importante, pois, com a interpretação das Emendas V e XIV, pela Suprema Corte americana, o due *process of law* adquire caráter substantivo, sem deixar de lado o seu caráter processual, passando, assim, a limitar o mérito das ações estatais, fato que se tornou marcante a partir da tutela das minorias étnicas e econômicas pela Corte Warren (anos 1950 e 1960)

A garantia do devido processo legal, depois da sua previsão constitucional, teve várias designações: devido processo legal, direito constitucional de defesa, bilateralidade do processo, princípio do contraditório, processo devido, garantia da justiça ou de audiência. Hoje, está consagrada na maior parte das Constituições mundiais.

3.2 – O devido processo legal nos diversos países

A maioria das constituições dos diversos países adotam o princípio do devido processo legal, mas de forma assistemática e incompleta. Como observa Luiz Rodrigues Wambier,[100] há uma maior preocupação, nos diversos Estados, com a instrução criminal, especialmente em relação à ampla defesa. Todavia, a garantia do devido processo legal tem um alcance cada mais amplo, "para atingir indiscriminadamente todo o direito de acesso ao devido processo legal, em qualquer esfera em que se dê o conflito de interesses não resolvido e, portanto, dependente de decisão judicial, via processo".

Da leitura das constituições de alguns países, embora haja divergências pontuais decorrentes, em geral, das diferentes estruturas do Estado, prevalece o entendimento de que o princípio do devido processo legal é garantia fundamental do cidadão, "capaz de proporcionar um mínimo de segurança no convívio social", como ressaltado por Luiz Rodrigues Wambier.[101]

Para uma melhor noção de como é tratado o devido processo legal em outros países, bem como para facilitar a sua própria compreensão e amplitude, é importante uma análise, ainda que sucinta, da cláusula no direito estrangeiro.

---

[100] WAMBIER, Luiz Rodrigues. Anotações sobre o princípio do devido processo legal. *Revista de Processo*. n. 63. São Paulo: Revista dos Tribunais, 1991, p. 57.

[101] Idem, p. 59.

3.2.1 – *Estados Unidos da América (EUA)*

A cláusula do devido processo legal nasceu da preocupação em impor limites ao poder real, nos idos de 1215, com a outorga da Magna Carta inglesa. A essa época, não se falava em direitos fundamentais, mas em meras tolerâncias do soberano. O soberano absoluto do reino inglês, à época, Rei João "Sem Terra", foi compelido a concordar com as reivindicações crescentes, vindas do baronato de Runnymede,[102] outorgando uma primeira carta de direitos, contendo o reconhecimento de várias pretensões, pleiteadas pelos barões em revolta.

A Magna Carta inglesa foi um verdadeiro embrião das constituições modernas, especialmente no que concerne ao reconhecimento de alguns direitos individuais, pois teve expressivo significado no surgimento e evolução do direito constitucional, embora fosse apenas o resultado da negociação do monarca com os revoltosos.

A respeito disso, Manoel Gonçalves Ferreira Filho[103] nota que "os pactos, de que a história constitucional inglesa é particularmente fértil, são convenções entre o monarca e os súditos concernentes ao modo de governo e às garantias de direitos individuais. (......) Seu fundamento é o acordo de vontades (ainda que os reis disfarcem sua transigência com a roupagem da outorga de direitos). O mais célebre desses pactos é a Magna Carta, que consubstancia o acordo entre João "Sem Terra" e seus súditos revoltados sobre direitos a serem respeitados pela coroa".

O art. 39, da Magna Carta,[104] marcou decisivamente o reconhecimento dos direitos do homem em ser submetido, em qualquer litígio a que esteja envolvido, aos procedimentos de um justo e adequado processo. A Carta Magna foi ratificada em 1216 por Enrique III, e pelo mesmo

---

[102] *Apud* HOYOS, Arturo. La garantia constitucional del debido proceso legal. *Revista de Processo*. n. 47. São Paulo: Revista dos Tribunais, 1987, p. 45.

[103] FERREIRA FILHO, MANOEL Gonçalves. *Curso de direito constitucional*. São Paulo: Saraiva, 1973, p. 11.

[104] Dizia o art. 39.º, da Carta Magna: *"39 – Prometemos que não se tomarão as carroças ou outras carruagens dos eclesiásticos, dos cavaleiros ou das senhoras de distinção, nem a lenha para o consumo em nossas situações, sem o consentimento expresso dos proprietários"*. E o art. 29.º, da Carta Magna assim expressava: *"29 – Nenhuma pessoa ou população poderá ser compelida, por meio de embargo de seus bens móveis, a construir pontes sobre os rios, a não ser que haja contraído previamente essa obrigação"*.

monarca em 1225. Nessa ocasião, o art. 39 prevaleceu, sob outro número, 29, dada à redução do número de artigos, de 63 a 37. Em 1354, Eduardo III confirmou-a, em idioma inglês, sendo substituída a expressão *per legem terrae* por *due process of law*.

Por ocasião da expansão dos domínios ingleses na América do Norte, esse entendimento sofre um novo ajuste. Os colonos norte--americanos logo perceberam que o legislador, por si só, não era capaz de proteger o homem nos seus aspectos fundamentais. A Constituição dos Estados Unidos da América foi aprovada em 17 de setembro de 1787, texto seguido das Emendas de n.ᵒˢ I a XXVI. Assiste-se, então, à constitucionalização dos direitos fundamentais do homem, em meio aos quais desponta o *due process of law*, inserido na Quinta (1791)[105] e Décima Quarta (1868)[106] Emendas à Constituição dos Estados Unidos. Assim, do direito inglês, a garantia passou a ser adotada também no direito das colônias inglesas da América do Norte, tendo sido, depois, incorporada na Constituição americana.

Aos poucos, o fluxo dessas idéias encontra abrigo na ordem jurídica mundial, com a constitucionalização dos direitos e garantias fundamentais e o reconhecimento da força normativa de outros direitos e garantias implícitas. Nos Estados Unidos, o *due process of law* teve um desenvolvi-

---

[105] Emenda V, da Constituição dos Estados Unidos da América: "*Ninguém será detido para responder por crime capital ou outro crime infamante, salvo por denúncia ou acusação perante um Grande Júri, exceto em se tratando de casos que, em tempo de guerra ou de perigo público, ocorram nas forças de terra ou mar, ou na milícia, durante serviço ativo; ninguém poderá pelo mesmo crime ser duas vezes ameaçado em sua vida ou saúde; nem ser obrigado em qualquer processo criminal a servir de testemunha contra si mesmo; nem ser privado da vida, liberdade, ou bens, sem processo legal; nem a propriedade privada poderá ser expropriada para uso público, sem justa indenização*".

[106] Emenda XIV, da Constituição dos Estados Unidos da América: "*1. Todas as pessoas nascidas ou naturalizadas nos Estados Unidos, e sujeitas à sua jurisdição, são cidadãos dos Estados Unidos e do Estado onde tiver residência. Nenhum Estado poderá fazer ou executar leis restringindo os privilégios ou as imunidades dos cidadãos dos Estados Unidos; nem poderá privar qualquer pessoa de sua vida, liberdade, ou bens sem processo legal, ou negar a qualquer pessoa sob sua jurisdição a igual proteção das leis. 2. O número de representantes dos diferentes Estados será proporcional às suas respectivas populações, contando-se o número total dos habitantes de cada Estado, com exceção dos índios não taxados; quando, porém, o direito de voto em qualquer eleição para a escolha dos eleitores, do Presidente e do Vice-Presidente.......*".

mento singular, pois, afora o seu significado mais comum, assegurador de *ordely proceedings*, a Suprema Corte construiu entendimento, a partir da decisão do litígio entre *Dred Scott v. Sandford* (1857), segundo o qual a tarefa legislativa também está sujeita ao *due process of law*. Assim, o preceito não se limita a examinar questões meramente formais. Vai além, para analisar o conteúdo das normas. Ademais, encontra-se, nesse sistema, aplicações da cláusula na relação entre particulares, desde que evidenciada uma *state action*, isto é, uma ação estatal.

A concepção ou construção jurisprudencial norte-americana conhecida como *state action doctrine*[107] "fundamenta-se na idéia de que os direitos fundamentais são direitos de defesa contra o Estado, não vinculando os particulares. Na esfera constitucional, apenas a Décima Terceira Emenda à Constituição dos Estados Unidos,[108] que aboliu a escravidão no país, sujeita ao controle constitucional as ações individuais que violem direitos de outrem. Limita-se o alcance dos direitos fundamentais à esfera da atividade estatal. Assim, o problema da *state action* surgirá no processo judicial quando o autor propuser demanda contra outrem, ou em face de uma entidade particular, alegando que ela violou algum de seus direitos assegurados constitucionalmente, e o demandado fundamentar a sua defesa no argumento de que não se pode imputar-lhe tal violação porque não é um agente do Estado". Prevalece a tese de que a determinação da *state action* dependerá da análise no caso concreto.[109]

Interessante destacar que, no direito americano, não há, até hoje, o controle abstrato da constitucionalidade das leis e atos normativos, difuso, em tese, pela via da ação direta, mas apenas o concentrado, por via de

---

[107] LIMA, Maria Rosynete Oliveira. *Devido processo legal*. Porto Alegre: Sergio Antonio Fabris Editor, 1999, p. 137.

[108] Emenda XIII, da Constituição dos Estados Unidos da América: "*1. Não haverá nos Estados Unidos, ou em qualquer lugar sujeito à sua jurisdição, nem escravidão, nem trabalhos forçados, salvo como punição de um crime pelo qual o réu tenha sido devidamente condenado. 2. O Congresso terá competência para fazer executar este artigo por meio das leis necessárias*".

[109] Maria Rosynete Oliveira Lima diz que "o problema da *state action* surgirá no processo judicial quando o autor propuser demanda contra outrem, ou em face de uma entidade particular, alegando que ela violou algum de seus direitos assegurados constitucionalmente, e o demandado fundamentar a sua defesa no argumento de que não se pode imputar-lhe tal violação porque não é um agente do Estado".

exceção. Aliás, a Suprema Corte americana, como intérprete maior da Constituição Federal, por tradição, age para dar eficácia e sentido à ela, dispondo de forma normativa e interpretando para casos futuros.

Em resumo, o princípio do devido processo legal, nos Estados Unidos, é marcado por duas fases: a) *procedural due process* (de caráter estritamente processual); e b) *substantive due process* (de cunho substantivo), que se tornou fundamento de um criativo exercício de jurisdição constitucional. Porém, essas duas fases não se excluem; ao contrário, convivem de forma harmônica e pacífica.

A primeira fase do *due process* teve ênfase processual, com expressa rejeição de qualquer conotação substantiva que permitisse ao Judiciário examinar o caráter injusto, abusivo ou arbitrário do ato legislativo. Inicialmente, cuidava-se de uma garantia voltada para a regularidade do processo penal que, após, estendeu-se ao processo civil e ao processo administrativo. A sua abrangência recaía sobre o direito ao contraditório e à ampla defesa, incluindo também o direito a um advogado e o acesso à justiça para os que não tinham recursos.

No que pertine à segunda fase do *due process* (*substantive due process*), verifica-se que o seu desenvolvimento e afirmação marcam uma ascensão do Judiciário, apenas comparável ao controle judicial da constitucionalidade das leis, com o caso Marbury vs. Madison (1803). Com base no devido processo legal substancial possibilitou-se e ampliou-se o espectro de exame do mérito dos atos do Poder Público, redefinindo-se a noção de discricionariedade, muito embora a cláusula do devido processo legal não seja de fácil compreensão.

3.2.2 – *Portugal*

O direito português teve três Constituições monárquicas e outras três de caráter mais liberal (1911, 1933 e 1976). A Constituição de Portugal foi aprovada pela Assembléia Constituinte, a 2 de abril de 1976, em vigência a partir de 25 de abril de 1976. Como expressa Jorge Miranda,[110] as três Constituições monárquicas continham a proibição de

---

[110] MIRANDA, Jorge. *Manual de direito constitucional*. v. II. Coimbra: Coimbra, 1985, p. 30.

privilégios de foro e de comissões especiais em causas cíveis e de avocação de causas pendentes ou de reabertura de causas findas; a Constituição de 1822 proibia, ainda, a dispensa de formas de processo (art. 176, 2ª parte) e afirmava o caráter público da inquirição de testemunhas e dos demais atos do processo (art. 201). Essas normas vislumbram uma mudança na concepção de processo, com a passagem do Antigo Regime para a época liberal.

As Constituições portuguesas de 1911 e 1933 são tímidas, pois é tempo de sedimentação de formas e de aperfeiçoamento técnico com poucas incidências políticas. Contudo, como ensina Jorge Miranda,[111] a Declaração Universal dos Direitos do Homem é elevada a critério de interpretação e integração dos preceitos constitucionais e legais concernentes aos direitos fundamentais (art. 16, n. 2) e, por recepção formal, faz parte do Direito constitucional português. A Constituição portuguesa de 1976, na sua redação original, previa em seu art. 10, preocupação transformadora das leis processuais: "Toda a pessoa tem direito, em plena igualdade, a que o seu caso seja eqüitativa e publicamente julgado por um tribunal independente e imparcial que decida dos seus direitos e obrigações".

Já o art. 32, da Constituição portuguesa, consagra as garantias processuais: julgamento no mais curto prazo compatível com a salvaguarda dos direitos das partes (art. 32, n. 2, 2ª parte);[112] direito de escolher advo-

---

[111] Idem, p. 31.
[112] Reza o art. 32.º da Constituição portuguesa ("Garantias de processo criminal"): *"1. O processo criminal assegura todas as garantias de defesa, incluindo o recurso. 2. Todo o arguido se presume inocente até ao trânsito em julgado da sentença de condenação, devendo ser julgado no mais curto prazo compatível com as garantias de defesa. 3. O arguido tem direito a escolher defensor e a ser por ele assistido em todos os actos do processo, especificando a lei os casos e as fases em que a assistência por advogado é obrigatória. 4. Toda a instrução é da competência de um juiz, o qual pode, nos termos da lei, delegar noutras entidades a prática dos actos instrutórios que se não prendam directamente com os direitos fundamentais. 5. O processo criminal tem estrutura acusatória, estando a audiência de julgamento e os actos instrutórios que a lei determinar subordinados ao princípio do contraditório. 6. A lei define os casos em que, assegurados os direitos de defesa, pode ser dispensada a presença do arguido ou acusado em actos processuais, incluindo a audiência de julgamento. 7. O ofendido tem o direito de intervir no processo, nos termos da lei. 8. São nulas todas as provas obtidas mediante tortura, coacção, ofensa da integridade física ou moral da pessoa, abusiva intromissão na vida*

gado e de ser por ele assistido em todos os atos do processo (art. 32, n. 3, 1ª parte); princípio do contraditório (art. 32, n. 5, 2ª parte); nulidade de qualquer prova obtida mediante tortura, coação, ofensa da integridade física ou moral das pessoas, abusiva intromissão na vida privada, no domicílio, na correspondência ou nas telecomunicações (art. 32, n. 8); vedação de qualquer causa ser subtraída ao tribunal cuja competência esteja fixada em lei anterior (art. 32, n. 9). O art. 16, n. 1, da Constituição portuguesa, baseada no Pacto Internacional de Direitos Civis e Políticos e na Convenção Européia dos direitos do Homem, é cláusula aberta ou de não tipicidade de direitos fundamentais: "Os direitos fundamentais consagrados na Constituição não excluem quaisquer outros constantes das leis ou das regras aplicáveis de direito internacional".

Deve-se destacar, ainda, os arts. 12[113] e 13, ns. 1 e 2, da Constituição portuguesa,[114] que se refere à universalidade e igualdade dos cidadãos perante a lei. Ninguém pode ser privilegiado, beneficiado, prejudicado, privado de qualquer direito ou isento de qualquer dever em razão de ascendência, sexo, raça, língua, território de origem, religião, convicções políticas ou ideológicas, instrução, situação econômica ou condição social. E a todos é assegurado o acesso ao direito e à tutela jurisdicional efetiva para defesa dos direitos e interesses legalmente protegidos, não podendo a justiça ser denegada por insuficiência de meios econômicos (art. 20, 1ª parte):[115] todos têm direito, nos termos da lei, à informação e à consulta

---

privada, no domicílio, na correspondência ou nas telecomunicações. 9. Nenhuma causa pode ser subtraída ao tribunal cuja competência esteja fixada em lei anterior. 10. Nos processos de contra-ordenação, bem como em quaisquer processos sancionatórios, são assegurados ao arguido os direitos de audiência e defesa".

[113] Art. 12.º da Constituição portuguesa: *"1. Todos os cidadãos gozam dos direitos e estão sujeitos aos deveres consignados na Constituição. 2. As pessoas colectivas gozam dos direitos e estão sujeitas aos deveres compatíveis com a sua natureza".*

[114] Assim diz o art. 13.º da Constituição portuguesa ("Princípio da igualdade"): *"1. Todos os cidadãos têm a mesma dignidade social e são iguais perante a lei. 2. Ninguém pode ser privilegiado, beneficiado, prejudicado, privado de qualquer direito ou isento de qualquer dever em razão de ascendência, sexo, raça, língua, território de origem, religião, convicções políticas ou ideológicas, instrução, situação económica ou condição social".*

[115] Dispõe o art. 20.º, da Constituição portuguesa (*"Acesso ao direito e tutela jurisdicional efectiva"*): *"1. A todos é assegurado o acesso ao direito e aos tribunais para defesa dos seus direitos e interesses legalmente protegidos, não podendo a justiça ser*

jurídica, e ao patrocínio judiciário (art. 20, n. 2). Interessante é que dentre as tarefas fundamentais do Estado, está a de promover a igualdade real entre os portugueses, mediante a transformação e a modernização das estruturas econômicas e sociais (art. 9.°, alínea *d*) e a justiça não pode ser denegada por insuficiência de meios econômicos (art. 20, n. 1, 2ª parte). Portanto, toda pessoa envolvida num litígio deve ter a possibilidade, independentemente dos recursos materiais de que disponha, de defesa dos seus direitos e interesses em processo civil, em condições de igualdade. O direito a um processo em prazo razoável e mediante processo eqüitativo (art. 20, n. 4), bem como a tutela efetiva, célere, prioritária e em tempo útil para defesa dos direitos, liberdades e garantias pessoais também são garantidas expressamente na Constituição portuguesa.

Destacam-se, ainda, dentro dos "direitos e deveres fundamentais" (Parte I) do direito constitucional português, dentre outros: a) o direito de resistência, previsto no art. 21 da Constituição da República Portuguesa;[116] b) o direito de antena do art. 40;[117] c) o direito de petição e

---

denegada por insuficiência de meios econômicos. 2. Todos têm direito, nos termos da lei, à informação e consulta jurídicas, ao patrocínio judiciário e a fazer-se acompanhar por advogado perante qualquer autoridade. 3. A lei define e assegura a adequada protecção do segredo de justiça. 4. Todos têm direito a que uma causa em que intervenham seja objecto de decisão em prazo razoável e mediante processo equitativo. 5. Para defesa dos direitos, liberdades e garantias pessoas, a lei assegura aos cidadãos procedimentos judiciais caracterizados pela celeridade e prioridade de modo a obter tutela efectiva e em tempo útil contra ameaças ou violações desses direitos".

[116] Art. 21.° da Constituição portuguesa ("Direito de resistência"): *"Todos têm o direito de resistir a qualquer ordem que ofenda os seus direitos, liberdades e garantias e de repelir pela força qualquer agressão, quando não seja possível recorrer à autoridade pública".*

[117] Art. 40.° da Constituição portuguesa ("Direito de antena"): *"1. Os partidos políticos e as organizações sindicais, profissionais e representativas das actividades económicas, bem como outras organizações sociais de âmbito nacional, têm direito, de acordo com a sua relevância e representatividade e segundo critérios objectivos a definir por lei, a tempos de antena no serviço público de rádio e televisão. 2. Os partidos políticos representados na Assembleia da República, e que não façam parte do Governo, têm direito, nos termos da lei, a tempos de antena no serviço público de rádio e televisão, a ratear de acordo com a sua representatividade, bem como o direito de resposta ou de réplica política às declarações políticas do Governo, de duração e relevo iguais aos dos tempos de antena e das declarações do Governo, de iguais direitos gozando, no âmbito da respectiva região, os partidos representados nas assembleias legislativas regionais. 3. Nos períodos eleitorais*

direito de ação popular do art. 52;[118] d) a força jurídica do art. 18;[119] e) o Provedor de Justiça do art. 23[120], f) o direito à vida do art. 24; g) o direito à integridade pessoal do art. 25; h) outros direitos pessoais do art. 26, tais como o reconhecimento aos direitos da identidade pessoal, ao desenvolvimento da personalidade, à capacidade civil, à cidadania, ao bom nome e reputação, à imagem, à palavra, à reserva da intimidade da vida privada e familiar e à proteção legal contra quaisquer formas de discriminação; i) direito à inviolabilidade do domicílio e da correspondência do art. 34; e j) direito à utilização da informática do art. 35.

---

os concorrentes têm direito a tempos de antena, regulares e equitativos, nas estações emissoras de rádio e de televisão de âmbito nacional e regional, nos termos da lei".
[118] Art. 52.º da Constituição de Portugal ("Direito de petição e acção popular"): *"1. Todos os cidadãos têm o direito de apresentar, individual ou colectivamente, aos órgãos de soberania ou a quaisquer autoridades petições, representações, reclamações ou queixas para defesa dos seus direitos, da Constituição, das leis ou do interesse geral e bem assim o direito de serem informados, em prazo razoável, sobre o resultado da respectiva apreciação. 2. A lei fixa as condições em que as petições apresentadas colectivamente à Assembleia da República são apreciadas pelo Plenário. 3. É conferido a todos, pessoalmente ou através de associações de defesa dos interesses em causa, o direito de acção popular nos casos e termos previstos na lei, incluindo o direito de requerer para o lesado ou lesados a correspondente indemnização, nomeadamente para: a) Promover a prevenção, a cessação ou a perseguição judicial das infracções contra a saúde pública, os direitos dos consumidores, a qualidade de vida e a preservação do ambiente e do património cultural; b) Assegurar a defesa dos bens do Estado, das regiões autónomas e das autarquias locais".*
[119] Art. 18.º ("Força jurídica"): *"1. Os preceitos constitucionais respeitantes aos direitos, liberdades e garantias são directamente aplicáveis e vinculam as entidades públicas e privadas. 2. A lei só pode restringir os direitos, liberdades e garantias nos casos expressamente previstos na Constituição, devendo as restrições limitar-se ao necessário para salvaguardar outros direitos ou interesses constitucionalmente protegidos. 3. As leis restritivas de direitos, liberdades e garantias têm de revestir carácter geral e abstracto e não podem ter efeito retroactivo, nem diminuir a extensão e o alcance do conteúdo essencial dos preceitos constitucionais".*
[120] Art. 23.º da Constituição de Portugal ("Provedor de Justiça"): *"1. Os cidadãos podem apresentar queixas por acções ou omissões dos poderes públicos ao Provedor de Justiça, que as apreciará sem poder decisório, dirigindo aos órgãos competentes as recomendações necessárias para prevenir e reparar injustiças. 2. A actividade do Provedor de Justiça é independente dos meios graciosos e contenciosos previstos na Constituição e nas leis. 3. O Provedor de Justiça é uma órgão independente, sendo seu titular designado pela Assembleia da República pelo tempo que a lei determinar. 4. Os órgãos e agentes da Administração Pública cooperam com o Provedor de Justiça na realização da sua missão".*

3.2.3 – Espanha

Algumas das expressões utilizadas no direito espanhol para denominar o devido processo legal são as seguintes: *proceso debido, proceso debido según ley, juicio justo* ou *proceso justo*.

Não se resume a um único dispositivo constitucional a referência ao devido processo legal, muito embora o art. 24[121] do Texto Constitucional seja a sua essência: *"el proceso debido es aquél que permite que la tutela jurisdicional sea efectiva"*. Outras referências à cláusula estão nos arts. 1.º,[122] 14 (igualdade),[123] 17,[124] 18,[125] 20,[126] 25,[127] 26,[128] 29,[129]

---

[121] Dispõe o art. 24.º da Constituição espanhola: "1. Todas as pessoas têm o direito de obter a tutela efectiva dos seus direitos e interesses legítimos pelos juízes e tribunais, não podendo em nenhum caso ser denegada justiça. 2. Todos têm direito ao juiz ordinário determinado previamente pela lei, à defesa e à assistência de advogado, a ser informados da acusação contra si deduzida, a um processo público sem dilações indevidas e com todas as garantias, a utilizar os meios de prova adequados à sua defesa, a não prestar declarações contra si próprios, a não se confessarem culpados e à presunção de inocência. 3. A lei regularará os casos em que, por virtude de parentesco ou de segredo profissional, não haverá a obrigação de prestar declarações sobre factos presuntivamente delituosos".

[122] Art. 1.º da Constituição da Espanha: "1. A Espanha constitui-se em Estado social e democrático de direito, que afirma como valores superiores do seu ordenamento jurídico a liberdade, a justiça, a igualdade o pluralismo político. 2. A soberania nacional reside no povo espanhol, do qual emanam os poderes do Estado. 3. A forma política do Estado espanhol é a monarquia parlamentar'.

[123] Art. 14.º da Constituição espanhola: "Os Espanhóis são iguais perante a lei, sem que possa prevalecer qualquer discriminação em razão de nascimento, raça, sexo, religião, opinião ou qualquer outra condição ou circunstância pessoal e social".

[124] Art. 17.º da Constituição da Espanha: "1. Toda a pessoa tem direito à liberdade e à segurança. Ninguém pode ser privado da sua liberdade, a não ser com observância do estabelecido neste artigo e nos casos e na forma previstos na lei. 2. A prisão preventiva não poderá durar mais do que o tempo estritamente necessário para a realização das averiguações tendentes ao esclarecimento dos factos e, em qualquer caso, no prazo máximo de setenta e duas horas o detido deverá ser posto em liberdade ou à disposição da autoridade judicial. 3. Toda a pessoa detida deve ser informada de forma imediata, e de modo que lhe seja compreensível, dos seus direitos e das razões da detenção, não podendo ser obrigada a prestar declarações. É garantida a assistência de advogado ao detido nas diligências policiais e judiciais, nos termos que a lei estabelecer. 4. A lei regularará um processo de *habeas corpus* com vista à imediata colocação à disposição do juiz de toda a pessoa detida ilegalmente. A lei também determinará a duração máxima da prisão provisória".

¹²⁵ Art. 18.º da Constituição da Espanha: "1. É garantido o direito à honra, à intimidade pessoal e familiar e à imagem. 2. O domicílio é inviolável. Ninguém poderá nele entrar e nenhuma busca poderá fazer-se sem o consentimento do seu titular ou sem decisão judicial, salvo em caso de flagrante delito. 3. É garantido o segredo das comunicações, em especial das comunicações postais, telegráficas ou telefônicas, salvo decisão judicial em contrário. 4. A lei limitará o uso da informática a fim de garantir a honra e a intimidade pessoal e familiar dos cidadãos e o pleno exercício dos seus direitos".

¹²⁶ Art. 20.º da Constituição espanhola: "1. São reconhecidos e protegidos os direitos: a) De expressar e difundir livremente o pensamento e as idéias e opiniões pela palavra, por escrito ou por qualquer outro meio de reprodução; b) De produção e criação literária, artística, científica e técnica; c) De liberdade de cátedra; d) De comunicar ou receber livremente informação verídica por qualquer meio de difusão. A lei regulará o direito à cláusula de consciência e de segredo profissional. 2. A lei regulará a organização e o controlo parlamentar dos meios de comunicação social dependentes do Estado ou de qualquer entidade pública e garantirá o acesso a esses meios por parte dos grupos sociais e políticos significativos, respeitando o pluralismo da sociedade e das diversas línguas de Espanha. 4. As liberdades enunciadas no presente artigo têm como limite o respeito dos direitos reconhecidos neste título, os preceitos das leis que o desenvolvem e, especialmente, o direito à honra, à intimidade, à imagem e à protecção da juventude e da infância. 5. A apreensão de publicações, gravações e outros meios de informação só poderá dar-se por decisão judicial".

¹²⁷ Art. 25.º da Constituição da Espanha: "1. Ninguém pode ser condenado ou sofrer sanções por acusações e omissões que no momento da sua prática não constituam delito, falta ou infracção administrativa, segundo a legislação vigente nesse momento. 2. As penas privativas de liberdade e as medidas de segurança serão orientadas para a reeducação e reinserção social e não poderão consistir em trabalhos forçados. O condenado a pena de prisão gozará, durante o cumprimento da pena, dos direitos fundamentais constantes deste capítulo, com excepção dos que sejam expressamente limitados pelo conteúdo da decisão condenatória, pelo sentido da pena e pela lei penitenciária. Em qualquer caso, o condenado terá direito a um trabalho remunerado e aos benefícios correspondentes da segurança social, assim como ao acesso à cultura e ao desenvolvimento integral da sua personalidade. 3. A administração civil não poderá impor sanções que, directa ou subsidiariamente, impliquem privação da liberdade".

¹²⁸ Art. 26.º da Constituição espanhola: "São proibidos os tribunais de honra no âmbito da administração civil e das organizações profissionais".

¹²⁹ Art. 29.º da Constituição da Espanha: "1. Todos os espanhóis terão o direito de petição individual ou colectiva, por escrito, na forma e com os efeitos que a lei determinar. 2. Os membros das forças ou institutos armados ou das corporações sujeitos à disciplina militar só poderão exercer este direito individualmente e com observância do disposto na sua legislação específica".

117,[130] 119[131] (assistência judiciária), 120[132] (princípios da publicidade, oralidade e motivação) e 125[133], todos do Texto Constitucional.

Entende Iñaki Esparza Leibar[134] ser indissolúvel a relação entre Estado de Direito e os conceitos de direitos humanos, direitos fundamentais, direitos fundamentais processuais e devido processo legal. As manifestações jurisdicionais clássicas do Estado de Direito, declaradas por inúmeras decisões e confirmadas pelo TC e pelo TS – presunção de inocência, direito a um juiz imparcial e publicidade dos atos, direito a um processo com todas as garantias – são elementos do devido processo legal. Encontram-se na jurisprudência do Tribunal Constitucional os argumentos que reafirmam a tese de que o devido processo legal é um dos conteúdos irrenunciáveis do Estado de Direito (STC 145/1988, de 12 de julho, F.J.5.°): *"Entre ellas figura la prevista en el art. 24.2 que reconoce a todos el dere-*

---

[130] Art. 117.° da Constituição espanhola: "1. A justiça emana do povo e é administrada em nome do rei por juízes e magistrados que integram o Poder Judicial, independentes, inamovíveis, irresponsáveis e sujeitos unicamente ao império da lei. 2. Os juízes e magistrados não poderão ser exonerados, suspensos, transferidos ou aposentados, a não ser por alguma das causas e com as garantias previstas na lei. 3. O exercício do poder jurisdicional, em qualquer tipo de causas, julgamento e fazendo executar as decisões, compete exclusivamente aos julgados e tribunais determinados pelas leis, segundo as normas de competência e de processo que elas estabeleçam. 4. Os julgados e tribunais não exercerão outras funções além das assinaladas no número anterior e das que expressamente lhes sejam atribuídas por lei para garantia de qualquer direito. 5. O princípio da unidade jurisdicional é a base da organização e do funcionamento dos tribunais. A lei regulará o exercício da jurisdição militar no âmbito estritamente castrense e em caso de estado de sítio, de harmonia com os princípios da Constituição. 6. São proibidos os tribunais de excepção".

[131] Art. 119.° da Constituição da Espanha: "A justiça será gratuita, quando a lei assim dispuser e, em qualquer caso, relativamente aos que demonstrem insuficiência de recursos para litigar".

[132] Art. 120.° da Constituição espanhola: "1. Os actos judiciais serão públicos, com as excepções previstas nas leis do processo. 2. O processo será predominantemente oral, sobretudo em matéria criminal. 3. As sentenças serão sempre fundamentadas e pronunciadas em audiência pública".

[133] Art. 125.° da Constituição da Espanha: "Os cidadãos poderão exercer a acção popular, participar na administração da justiça mediante o instituto do júri, o qual funcionará nos processos penais que a lei determinar, e participar nos tribunais consuetudinários e tradicionais".

[134] LEIBAR, Iñaki Esparza. *El principio del proceso debido*. Barcelona: J. M. Bosch Editor, 1995, p. 176.

cho a *"um juicio público .... con todas las garantías"*, *garantias en la que debe incluirse, aunque no se cite de forma expresa, el derecho a un Juez imparcial, que constituye sin duda una garantía fundamental de la Administración de Justicia en un Estado de Derecho, como lo es el nuestro de acuerdo con el art. 1.1. de la Constitución"*. Também a respeito do juiz imparcial: STC 164/1988, de 26 de setembro. Em relação à publicidade: STC 96/1987, de 10 de junho; quanto à presunção de inocência: STS de 12 de março de 1992 (RA 2442) F.J. 26.º.[135]

A Constituição da Espanha, de 1978, possui dispositivo constitucional assemelhado ao da Itália, expressando o seu art. 24: *"Todas las personas tienen derecho a obtener la tutela efectiva de los jueces y tribunales en el ejercicio de sus derechos e intereses legítimos, sin que, en ningún caso, pueda producirse indefensión"* (item 1) para prever, no item 2: *"Asimismo, todos tienen derecho al Juez ordinario predeterminado por la lei, a la defensa y a la asistencia de letrado, a ser informados de la acusación formulada contra ellos, a un proceso público sin dilaciones indebidas y con todas las garantías, a utilizar los medios de prueba pertinentes para su defensa, a no declarar contra si mismos, a no confesarse culpables y a la presunción de inocencia"*. Destacam-se no direito espanhol, portanto, os princípios à tutela judicial efetiva, do processo sem dilações indevidas, da proibição do cerceamento de defesa, da presunção de inocência e da amplitude probatória.

A cláusula do devido processo legal é um princípio geral do direito em relação ao direito jurisdicional espanhol, conforme informa Iñaki Esparza Leibar.[136] A doutrina e a jurisprudência dá o alcance do *"proceso debido en España"*, nos seguintes termos:[137]

a) conceito estrito: elemento integrante do direito fundamental à tutela judicial efetiva;

---

[135] *"La presunción de inocencia es el eje central alrededor del que se mueven las principales argumentaciones de la defensa de los procesados por que los dos motivos esenciales de ésta, el primero y el segundo, se fundamentan en el art. 24.2 de la Constitución, para denunciar en un caso la vulneración del derecho a un proceso justo con todas las garantías, y en outro la violación de la presunción – de inocencia – como regla básica del juicio que corresponde a un Estado democrático y de derecho".*

[136] LEIBAR, Iñaki Esparza. *El principio del proceso debido.* Barcelona: J. M. Bosch Editor, 1995, p. 230.

[137] LEIBAR, Iñaki Esparza. *El principio del proceso debido.* Barcelona: J. M. Bosch Editor, 1995, p. 231.

b) conceito eclético: equivalente às garantias do art. 24 da Constituição espanhola; sua natureza jurídica seria a de direito fundamental e, portanto, seria suscetível de amparo por invocação direta de sua vulneração;.

c) conceito amplo: partícipe da natureza jurídica dos princípios gerais de direito, que a doutrina e a jurisprudência tem se encarregado desta e que não constituem um *numerus clausus*: 1) princípio da motivação das resoluções; 2) princípio da igualdade de armas/oportunidades; 3) princípios da oralidade e imediação, ambos com hierarquia constitucional (art. 120.2 da CE) e como delimitadores do processo devido; 4) princípio acusatório, que atua unicamente no âmbito penal (exige a existência de uma acusação formulada por pessoa distinta do juiz e proíbe condenar por delito que não haja sido objeto de acusação e, portanto, sem oferecer possibilidades de defesa; 5) princípios comuns a todos os processos: I – igualdade; II – princípio de contradição (é necessário para evitar o cerceamento de defesa – *"la indefensión"*); 6) princípio *in dubio pro reo* (ou sua variante em relação à ordem jurisdicional social *in dubio pro operario*, ou, ainda, *in dubio pro asegurado*), baseado no princípio da equidade e relacionado com o princípio da proporcionalidade, além de orientador da atividade decisória do juiz; 7) direito a um juiz imparcial; 8) direito fundamental a uma dupla instância (tribunal superior no processo penal e duplo julgamento no processo civil, que deriva do direito a uma tutela judicial efetiva; 9) princípio *pro actione* (STC 107/1992, de 1.º de julho, F. J. 2.º; SSTS de 17.04.1991-RA 5269-F. J. 1.º; de 14.10.1991-RA 6915-F. J. 2.º), inspirador de todas as manifestações do art. 24.1 da Constituição da Espanha: *"la plena efectividad de la tutela judicial exige una interpretación de las normas procesales inspiradas en el principio pro actione y presupone que el mismo principio debe inspirar su aplicación"*;[138] 10) princípio da intangibilidade das resoluções judiciais firmes; 11) princípio de *non bis in idem*, que recorre ao princípio da legalidade; 12) princípio da gratuidade da Justiça, que se relaciona com a tutela judicial efetiva e a proibição de não defesa, bem como

---

[138] SSTS de 18 de febrero de 1992 (RA 1318) F.J.1.º; de 10 de octubre de 1992 (RA 8230) F.J.3.º.

com o princípio da igualdade processual; 13) direito de *habeas corpus*; 14) princípios da lealdade e boa fé; 15) princípio de conservação parcial do ato, que deve ser combinado com o princípio de proibição de dilações indevidas e o princípio da economia processual.

A primeira vez que o Tribunal Constitucional da Espanha referiu-se expressamente ao princípio do devido processo legal foi na STC 50/1982, de 15 de julho, nos seus fundamentos terceiro e quarto, quando neste caso e nos posteriores, o TC conceituou o devido processo como um conceito jurídico relativamente indeterminado (sem pronunciar-se sobre sua natureza) e, portanto, ao menos aparentemente, carente de conteúdo jurídico específico e precisamente determinado. Da leitura do STC 74/1984, depreende-se da sua fundamentação a equiparação dos conceitos "proceso debido" e "adecuado proceso".

3.2.4 – *Itália*

A Constituição da República da Itália (em vigência a partir de 1.º de janeiro de 1948), com as emendas das Leis Constitucionais de 09.02.1963, prevê, na Parte I, relativa aos "Direitos e Deveres do Cidadão", em seu art. 24, que: *"Todos podem recorrer em juízo para a tutela dos próprios direitos e interesses legítimos. A defesa é um direito inviolável em cada condição e grau de procedimento. São assegurados aos desprovidos de recursos, mediante instituições apropriadas, os meios para agir e defender-se diante de qualquer jurisdição. A Lei determina as condições e as modalidades para a reparação dos erros judiciários"*. E o art. 25, da Constituição italiana dispõe: *"Ninguém pode ser privado do juiz natural designado por lei. Ninguém pode ser punido, senão por aplicação de uma lei que tenha entrado em vigor antes de cometido o fato. Ninguém pode ser submetido a medidas de segurança, salvo nos casos previstos pela Lei"*.

3.2.5 – *Noruega*

A Constituição norueguesa, de 17.05.1814, com as alterações posteriores, inclusive a de 05.05.1980, dispôs em seu art. 96: *"ninguém poderá ser condenado senão em virtude de uma lei, nem punido senão após julgamento do tribunal. Não haverá interrogatório mediante tortura ...*".

3.2.6 – Finlândia

O devido processo legal no direito finlandês tem sentido semelhante ao direito norueguês, embora se estenda bem mais. A Seção 7, da Constituição da Finlândia, ("Direito à vida, liberdade e integridade pessoais"), em seu item 3, prevê que *"a integridade pessoal do indivíduo não será violada, nem alguém será privado da sua liberdade arbitrariamente ou sem uma razão prescrita por uma lei. A pena que envolva privação de liberdade pode ser imposta somente por um tribunal. Os direitos dos indivíduos privados de sua liberdade serão garantidos pela lei"*.

3.2.7 – Suíça

O art. 29[139] da Constituição Federal da Confederação Suíça fala das garantias gerais nos processos judiciais e nos procedimentos administrativos. Pelo art. 29a,[140] referendado em 12 de março de 2000, e em vigor desde 1.º de janeiro de 2007, a via judiciária é garantida a todos, ainda que prevendo que tanto a Confederação como os Cantões possam eventualmente cassá-la em casos excepcionais. O art. 30 prevê, ainda, que *"nas causas judiciais, todos têm direito de serem julgados por um tribunal fundado na lei, competente no mérito, independente e imparcial. Os tribunais de exceção são vetados"*.

---

[139] **Art. 29 – Garantias procedimentais gerais:** 1. Em procedimentos diante de autoridade judiciária ou administrativa, todos têm direito à paridade e equidade de tratamento, bem como a serem julgados dentro de um termo razoável. 2. As partes têm direito de serem ouvidas. 3. Quem não dispõe de meios necessários tem direito à gratuidade do processo se a sua causa não parece sem probabilidade de êxito. Tem direito também ao patrocínio gratuito no momento em que a presença de um advogado seja necessária para tutelar os seus direitos.

[140] **Art. 29a – Garantia da via judiciária:** Nas controvérsias jurídicas, todos têm direito ao julgamento da parte de uma autoridade judiciária. Em casos excepcionais, a Confederação e os Cantões podem excluir – mediante lei – a via judiciária.

3.2.8 – *Áustria*

A Constituição da Áustria, que se baseou num projeto de Hans Kelsen, foi promulgada em 01.10.1920, e revalidada pela Lei Constitucional de 01.05.1945, posteriormente emendada, onde há previsão, em seu art. 83, item 2, do seguinte: *"ninguém será privado do juiz que legalmente lhe corresponda"*. É importante destacar que a Constituição austríaca foi a primeira no mundo a prever a revisão judicial das leis, cabendo a uma Corte Constitucional a verificação da constitucionalidade dos atos legislativos.

3.2.9 – *México*

O direito mexicano assemelha-se à cláusula do *due process of law* norte-americana. Prevê a Constituição Política dos Estados Unidos Mexicanos (dada no salão de sessões do Congresso Constituinte, em Querétaro, a 31 de janeiro de 1917), com Emendas publicadas até 27 de setembro de 2004, de forma exaustiva, em seu art. 14, texto similar ao conceito norte-americano: *"A ninguna ley se dará efecto retroactivo em perjuicio de persona alguna. Nadie podrá ser privado de la vida, de la libertad o de sus propiedades, posesiones o derechos, sino mediante juicio seguido ante los tribunales previamente esblecidos, em el que se cumplan las formalidades esenciales del procedimiento y conforme a las leyes expedidas com anterioridad al hecho ..... Em los juicios del orden civil, la sentencia definitiva deberá ser conforme a la letra, o la interpretación jurídica de la ley, y a falta de ésta se fundará em los principios generales del derecho".*

3.2.10 – *Venezuela*

O art. 49 da Constituição da República Bolivariana da Venezuela, promulgada em 30.12.1999, dispõe que *"El debido proceso se aplicará a todas las actuaciones judiciales y administrativas y, en consecuencia: 1. La defensa y la asistencia jurídica son derechos inviolables en todo estado y grado de la investigación y del proceso. Toda persona tiene derecho a ser notificada de los cargos por los cuales se le investiga, de acce-*

der a las pruebas y de disponer del tiempo y de los medios adecuados para ejercer su defensa. Serán nulas las pruebas obtenidas mediante violación del debido proceso. Toda persona declarada culpable tiene derecho a recurrir del fallo, con las excepciones establecidas en esta Constitución y la lei. 2. Toda persona se presume inocente mientras no se pruebe lo contrario. 3. Toda persona tiene derecho a ser oída en cualquier clase de proceso, con las debidas garantías y dentro del plazo razonable determinado legalmente, por un tribunal competente, independiente e imparcial establecido con anterioridad. Quien no hable castellano o no pueda comunicarse de manera verbal, tiene derecho a un intérprete. 4. Toda persona tiene derecho a ser juzgada por sus jueces naturales en las jurisdicciones ordinarias, o especiales, con las garantías establecidas en esta Constitución y en la ley. Ninguna persona podrá ser sometida a juicio sin conocer la identidad de quien la juzga, ni podrá ser procesada por tribunales de excepción o por comisiones creadas para tal efecto. 5. Ninguna persona podrá ser obligada a confessarse culpable o declarar contra sí misma, su cónyuge, concubino o concubina, o pariente dentro del cuarto grado de consanguinidad y segundo de afinidad. La confesión solamente será válida si fuere hecha sin coacción de ninguna naturaleza. 6. Ninguna persona podrá ser sancionada por actos u omisiones que no fueren previstos como delitos, faltas o infracciones en leyes preexistentes. 7. Ninguna persona podrá ser sometida a juicio por los mismos hechos en virtud de los cuales hubiese sido juzgada anteriormente. 8. Toda persona podrá solicitar del Estado el restablecimiento o reparación de la situación jurídica lesionada por error judicial, retardo u omisión injustificados. Queda a salvo el derecho del o de la particular de exigir la responsabilidad personal del magistrado o magistrada, juez o jueza y del Estado, y de actuar contra éstos o éstas".

3.2.11 – **Colômbia**

Os artigos 23, 28 e 29, todos da Constituição colombiana, atualizada até 27 de julho de 2005, consagram o princípio do devido processo legal, sendo que o art. 29 dispõe que "*el debido proceso se aplicará a toda clase de actuaciones judiciales y administrativas. Nadie podrá ser juzgado sino conforme a leyes preexistentes al acto que se imputa, ante juez o tribunal competente y com observancia de la plenitud de las formas propias de cada juicio. Em materia penal, la ley permisiva o favrorable, aun cuando sea posterior, se aplicará de preferencia a la restrictiva o desfavorable. Toda persona se presume inocente mientras no se le haya declarado judicialmente culpable. Quien sea sindicado tiene derecho a la defensa y a la asistencia de um abogado escogido por él, o de oficio, durante la investigación y el juzgamiento; a um debido proceso público sin dilaciones injustificadas; a presentar pruebas y a controvertir las que se alleguen em su contra; a impugnar la sentencia condenatoria, y a no ser juzgado dos veces por el mismo hecho. Es nula, de pleno derecho, la prueba obtenida com violación del debito proceso."*

3.2.12 – *Uruguai*

A Constituição da República Oriental do Uruguai, aprovada em 24 de agosto de 1966 (Emenda de 1967), com a última reforma de 31 de outubro de 2004, destaca a instrução criminal. O seu art. 12, expressa: *"nadie puede ser penado ni confinado sin forma de proceso y sentencia legal"*. E o art. 72, assim dispõe: *"La enumeración de derechos, deberes y garantías hecha por la Constitución, no excluye los otros que son inherentes a la personalidad humana o se derivan de la forma republicana de gobierno"*. Adolfo Gelsi Bidar,[141] comentando os direitos, deveres e garantias, diz que essas normas, em conjunto com as relativas às garantias fundamentais, *"permiten indicar la existencia constitucional del derecho al proceso o del instrumento procesal como garantía de los derechos"*.

3.2.13 – *Japão*

No direito japonês, a Constituição promulgada em 03.11.1946, contemplava diversos dispositivos relativos à proteção judiciária. Entre eles, o art. 31, do seguinte teor: *"ninguém será privado da vida ou da liberdade, nem nenhuma pena criminal será imposta, a não ser de acordo com o processo estabelecido em lei"*. Por sua vez, o art. 32 autoriza pleno acesso do cidadão às decisões judiciais.

---

[141] BIDART, Adolfo Gelsi. Incidência constitucional sobre el proceso. *Revista de Processo*. n. 30. São Paulo: Revista dos Tribunais, 1983, p. 196.

3.2.14 – *Alemanha*

A presença do devido processo legal no direito alemão é visível, sendo a sua manifestação caracterizada pela concretização dos princípios do Estado de Direito e da dignidade da pessoa humana. A Constituição da República Federal da Alemanha (promulgada pelo Conselho Parlamentar, em 23.05.1949, Texto com Emendas até 26 de julho de 2002) não contempla o princípio do devido processo legal em um único normativo, mas sim nos seus subprincípios, esparsos na Lei Fundamental de Bonn, de 23 de maio de 1949.

O *faires Verfahren* do direito alemão, como ensina Maria Rosynete Oliveira Lima,[142] é "considerado um princípio fundamental, segundo o qual o processo deve ser estabelecido e desenvolvido, no caso concreto, de forma adequada às exigências do Estado de Direito, regendo a atuação dos órgãos estatais responsáveis pelo encadeamento normativo processual, especialmente, quanto ao estabelecimento de autolimitação aos instrumentos de poder que deverá fazer-se de forma não só correta, mas também justa (*fair*). Também no direito penal este instituto tem aplicação.[143]

O direito a um *faires Verfahren* é, no direito alemão, "a cláusula não--escrita do *due process of law* americana, sob a matiz procedimental".[144] Por outro lado, um enfoque parcial da cláusula substantiva da cláusula ficaria por conta da garantia do núcleo essencial dos direitos fundamentais (art. 19, alínea 2, da Lei Fundamental de *Bonn*). Entende-se que dessa norma se deduz a consagração do princípio da proporcionalidade, por implicar na aceitação da violação do direito fundamental até certo parâmetro, havendo a necessidade de um princípio para estabelecer o limite que não se deve ultrapassar.

---

[142] LIMA, Maria Rosynete Oliveira. *Devido processo legal*. Porto Alegre: Sergio Antonio Fabris Editor, 1999, p. 50.

[143] Ensina, ainda, Maria Rosynete Oliveira Lima: "Sob o aspecto penal, o direito a um processo justo significa a existência de um procedimento que garanta a investigação da verdade, não só do fenômeno exterior – o fato, mas de todos os indícios que implicarão formação do juízo de culpa e graduação da pena, tanto no processo principal, quanto na execução, assegurando-se ao acusado o direito de escolher seu defensor, e de até obter um, diante de determinadas circunstâncias, a fim de equiparar a sua situação processual com a do Ministério Público. É a consagração do princípio da igualdade de oportunidade".

[144] LIMA, Maria Rosynete Oliveira. *Devido processo legal*. Porto Alegre: Sergio Antonio Fabris Editor, 1999, p. 54.

Outros princípios integram a idéia de um *faires Verfharen*:[145] a) a garantia do juiz natural e a proibição de tribunais de exceção (art. 101, alínea 1, do Texto Constitucional); b) o direito à audiência ou ao contraditório, considerado como pedra angular do processo judicial (art. 103, alínea 1)[146]; c) todo acusado tem direito a um processo, mesmo que a acusação não tenha natureza penal, aí incluídos direitos iguais a um processo, de acordo com o Estado de Direito, e a uma proteção judicial plena e efetiva; d) o princípio da publicidade e oralidade processuais, adstritas a determinados processos (§109 da Lei de Organização do Poder Judiciário – *Gerichtsverfassungsgesetz*); e) a garantia da tutela judicial (art. 19, alínea 4),[147] aliada à plena proteção jurídico-material do indivíduo, prevista no art. 2, alínea 1, oferece ampla proteção judicial, no aspecto processual; f) presunção de inocência (art. 6.2 do Convênio Europeu para a Proteção dos Direitos Humanos e das Liberdades Fundamentais, assinado em Roma em 4 de novembro de 1950), que importa em não poder o acusado ser tratado como culpado, até decisão judicial; g) direito à informação (§§ 136.1.1. e 243.4.1 da Lei Processual Penal de 01.02.1877 – *Strafproze-Bordnung*), assegura ao acusado o direito de receber informação sobre os seus direitos, aí incluída a possibilidade de pronunciar-se sobre a acusação contra ele e o direito de ficar calado (art. 1.º, da Lei Federal de *Bonn*); h) direito a um processo rápido (art. 6.1 do *Convenio Europeo para la proteción de los Derechos Humanos y de las Libertades Fundamentales*).

3.2.15 – *Argentina*

O direito argentino sofreu influência do direito norte-americano, contemplando a cláusula do *debido proceso legal* em sua dupla dimensão: procedimental e substantiva. Não há previsão expressa do princípio na

---

[145] Idem, p. 50.
[146] "*Art. 103. (1) Todos têm o direito de serem ouvidos legalmente perante os tribunais*".
[147] "*Art. 19. (....) (4) Toda pessoa, cujos direitos forem violados pelo poder público, poderá recorrer à via judicial. Se não se justificar outra competência, a jurisdição cabe aos tribunais ordinários. Mantém-se inalterado o artigo 10, alínea 2, frase 2*".
"*Art. 101. (1) São proibidos os tribunais de exceção. Ninguém pode ser subtraído ao seu juiz legal*".

Constituição da Nação Argentina, cujo texto data de 1853, com as posteriores reformas até 22 de agosto de 1994, mas o conteúdo da cláusula extrai-se do ordenamento, como é constatado da leitura do art. 18 da Constituição, este sob o aspecto formal ou adjetivo.[148]

Entretanto, o fundamento constitucional do *debido proceso legal* substantivo, denominado de *"princípio da razonabilidad"*, de caráter amplo, está previsto no art. 28, do Texto Constitucional de 1853, sendo, ainda, acrescentados os artigos 17 e 33, como integrantes do *debido proceso substancial*.[149]

---

[148] *"Art. 18. Ningún habitante da la Nación puede ser penado sin juicio previo fundado em ley anterior al hecho del proceso, ni juzgado por comisiones especiales, o sacado de los jueces designados por la ley antes del hecho dela causa. Nadie puede ser obligado a declarar contra sí mismo; ni arrestado sino em virtud de orden escrita de autoridad competente. Es inviolable la defensa em juicio de la persona y de los derechos. El domicilio es inviolable, como también la correspondencia epistolar y los papeles privados, y uma ley determinará em qué casos y com qué justificativos podrá procederse a su allnamiento y ocupación. Quedan abolidos para siempre la pena de murte por causas políticas, toda especie de tormento y los azotes. Las cárceles de la Nación seán sanas e limpias, para seguridad y no para castigo de los reos detenidos em ellas, y toda medida que a pretexto de precaución conduzca a mortificarlos más allá de lo que aquélla exija, hará responsable al juez que la autorice"*

[149] *"Art. 17. La propriedade es inviolable, y ningún habitante de la Nación puede ser privado de ella, sino em virtude de sentencia fundada em ley. La expropriación por causa de utilidad pública, debe iser calificada por ley y previamente indemnizada. Sólo el Congreso impone las contribuciones que se expresan em el artículo. 4. Ningún servicio personal es exigible, sino em virtude de ley o de sentencia fundada em ley. Todo autor o inventor es proprietario exclusivo de su obra, invento o descubrimiento, por el término que le acuerde la ley. La confiscación de bienes queda borrada para siempre del Código Penal argentino. Ningún cuerpo armado puede hacer requisiciones, ni exigir auxilios de ninguna especie.*

Toda persona tiene derecho a defensa jurídica em la forma que la ley señale y ninguna autoridade o individuo podrá impedir, restringir o perturbar la debida intervención del letrado si hubiere sido requerida. Tratándose de los integrantes de las Fuerzas Armadas y de Orden y Seguridad Pública, este derecho se regirá, em lo concerniente a lo administrativo y disciplinario, por las normas pertinentes de sus respectivos estatutos.

La ley arbitrará los medios para otorgar asesoramiento y defensa jurídica a quienes no puedan procurárselos por sí mismos.

Nadie pude ser juzgado por comisiones especiales, sino por el tribunal que le señale la ley y que se halle establecido com anterioridad por ésta.

Toda setencia de um órgano que ejerza jurisdicción debe fundarse em um proceso

3.2.16 – *Panamá*

Também o direito panamenho tem semelhança, em matéria de devido processo legal, com o direito norte-americano, seu vizinho ao Norte.

O art. 22, parágrafo 1.º, da Constituição de 1904, bem como o art. 29, do texto constitucional de 1941, além dos artigos 31 e 32, da Constituição de 1946, são manifestações da presencialidade normativa do devido processo legal.

Porém, a Constituição de 1972 voltou a condensar a garantia em um só artigo – art. 31 –, cujo texto permaneceu inalterado no Ato Constitucional de 1983, modificando-se apenas a sua ordem numérica para o art. 32: *"Nadie será juzgado sino por autoridad competente y conforme a los trámites legales ni más de uma vez por la misma causa penal, policiva o disciplinaria"*.

3.2.17 – *China*

Diz o art. 1.º da Constituição da República Popular da China, de 04.12.1982, que a *"República Popular da China é um Estado socialista subordinado à ditadura democrático-popular da classe operária e assente na aliança dos operários e camponeses. O sistema socialista é o sistema básico da República Popular da China. É proibida a sabotagem do sistema socialista por qualquer organização ou indivíduo"*.

Tratando-se de sistema socialista, a cláusula do devido processo legal não está garantida em sua plenitude, mas pode-se observar algumas de suas derivações. Algumas normas constitucionais deixam dúvidas sobre a efetiva garantia da cláusula do *dues process of law*, como a constante do art. 3.º,[150]

---

previo legalmente tramitado. Corresponderá al legislador establecer siempre las garantías de um racional e y justo procedimiento".

"Art. 28. Los principios, garantías y derechos reconocidos em los anteriores artículos no podrán ser alterados por las leyes que reglamenten su ejercicio".

"Art. 33. Las declaraciones, derechos y garantías que enumera la Constitución, no serán entendidos como negación de otros derechos y garantías no enumeradas; pero que nacen del principio de la soberanía del pueblo y de la forma republicana de gobierno".

[150] Art. 3.º – *"Os órgãos do Estado da República Popular da China aplicam o princípio do centralismo democrático. ..... todos os órgãos administrativos, judiciais e de*

onde o judiciário está sujeito à "iniciativa e ao entusiasmo" dos congressos populares. Ora, menciona a referida norma que *"os órgãos do Estado da República Popular da China aplicam o princípio do centralismo democrático"*, sendo que *"todos os órgãos administrativos, judiciais e de procuradoria do Estado são constituídos pelos congressos populares, respondem perante eles e estão sujeitos à sua fiscalização"*. Contudo, *"a divisão de funções e poderes entre os órgãos centrais e os órgãos locais do Estado obedece ao princípio de deixar a maior liberdade à iniciativa e ao entusiasmo das autoridades locais sob a direcção unificada das autoridades centrais"*.

São direitos e deveres fundamentais do cidadão chinês, nos termos dos artigos 33 e seguintes, entre outros, a cidadania e a igualdade perante a lei;[151] a liberdade de expressão, de imprensa, de associação, de reunião, de desfile e de manifestação;[152] a inviolabilidade da liberdade pessoal;[153] o sigilo da correspondência;[154] direito de queixa e acusações;[155] a igual-

---

procuradoria do Estado são constituídos pelos congressos populares, respondem perante eles e estão sujeitos à sua fiscalização. A divisão de funções e poderes entre os órgãos centrais e os órgãos locais do Estado obedece ao princípio de deixar a maior liberdade à iniciativa e ao entusiasmo das autoridades locais sob a direcção unificada das autoridades centrais".

[151] *"Art. 33 – Todas as pessoas que possuam a nacionalidade da República Popular da China são cidadãos da República Popular da China. Todos os cidadãos da República Popular da China são iguais perante a lei. Todo o cidadão goza dos direitos e, simultaneamente, tem de cumprir os deveres prescritos pela Constituição e pela lei".*

[152] *"Art. 35 – Os cidadãos da República Popular da China gozam de liberdade de expressão, de imprensa, de associação, de reunião, de desfile e de manifestação".*

[153] *"Art. 37 – A liberdade pessoal dos cidadãos da República Popular da China é inviolável. Nenhum cidadão pode ser preso, salvo com a aprovação ou por decisão de uma procuradoria do povo ou ainda por decisão de um tribunal popular, e a detenção deve ser feita por um órgão de segurança pública. É proibida a privação ou restrição ilegal da liberdade pessoal dos cidadãos, por detenção ou qualquer outro meio; e é proibida também a busca ilegal nas pessoas dos cidadãos".*

[154] *"Art. 40 – A liberdade e o sigilo da correspondência dos cidadãos da República Popular da China são protegidos pela lei. Nenhuma organização ou indivíduo pode, por qualquer motivo, violar a liberdade e o sigilo da correspondência dos cidadãos, salvo nos casos em que é permitido aos órgãos de segurança pública ou do procurador censurar a correspondência em conformidade com os processos prescritos pela lei e para satisfazer as necessidades da segurança do Estado ou da investigação criminal".*

[155] *"Art. 41 – Os cidadãos da República Popular da China têm o direito de criticar e apresentar sugestões a qualquer órgão ou funcionário do Estado. Os cidadãos têm o direito de apresentar aos competentes órgãos de Estado queixas e acusações ou*

dade de direitos entre homens e mulheres em todas as esferas da vida (art. 48); a proteção estatal da família, do casamento, da mãe e da criança (art. 49); direito e dever de educação (art. 46) e trabalhar (art. 42) por parte dos cidadãos chineses; direito ao descanso (art. 43); dever de obediência à Constituição e à lei e de guardar os segredos de Estado, defender a propriedade pública e respeitar a disciplina no trabalho, a ordem pública e a moral social (art. 53); dever de defender a segurança, a honra e os interesses da Mãe-Pátria e não cometer atos atentatórios da segurança, da honra e dos interesses da Pátria (art. 54); defender a Pátria e resistir à agressão (art. 55); dever de pagar impostos, nos termos prescritos pela lei (art. 56).

Verifica-se, então, que a cláusula do devido processo legal não está efetivamente garantida no direito chinês, em decorrência do seu próprio sistema político, muito embora, em inúmeras ocasiões, o texto constitucional utilize a expressão "cidadão".

3.2.18 – *Peru*

De acordo com a Constituição Política do Peru, promulgada em 31 de dezembro de 1993, o devido processo legal, embora irradiado na Lei Maior peruana, está contido basicamente nas alíneas do item 24 do art. 2.º: "*a. Nadie está obligado a hacer lo que la ley no manda, ni impedido de hacer lo que ella no se prohíbe. b. No se permite forma alguna de restricción de la libertad personal, salvo em casos previstos por la ley. Están prohibidas la esclavitud, la servidumbre y la trata de seres humanos en cualquiera de sus formas. c. No hay prisión por deudas. Este principio no limita el mandato judicial por incumplimiento de deberes alimentarios. d. Nadie será procesado ni condenado por acto u omisión que al tiempo*

---

denúncias contra qualquer órgão e funcionário do Estado, por violação da lei ou negligência no cumprimento dos seus deveres; mas a invenção ou a distorção de factos com o objectivo de caluniar ou difamar são proibidas. O competente órgão do Estado deve apreciar as queixas, acusações ou denúncias apresentadas pelos cidadãos de modo responsável e depois de se certificar dos factos. Não é permitido a ninguém ocultar tais queixas, acusações e denúncias ou exercer retaliação contra os cidadãos que as apresentem. Os cidadãos que sofrerem prejuízos em conseqüência de uma violação dos seus direitos cívicos por parte de qualquer órgão ou funcionário do Estado têm direito a ser indemnizados nos termos previstos na lei".

de cometerse no esté previamente calificado en la ley, de manera expresa e inequívoca, como infracción punible; ni sancionado con pena no prevista en la ley. e. Toda persona es considerada inocente mientras no se haya declarado judicialmente su responsabilidad. f. Nadie puede ser detenido sino por mandamiento escrito y motivado del juez o por las autoridades policiales en caso de flagrante delito. El detenido debe ser puesto a disposición del juzgado correspondiente, dentro de las veinticuatro horas o en el término de la distancia. Estos plazos no se aplican a los casos de terrorismo, espionaje y tráfico ilícito de drogas. En tales casos, las autoridades policiales pueden efectuar la detención preventiva de los presuntos implicados por un término no mayor de quince días naturales. Deben dar cuenta al Ministerio Público y al juez, quien puede asumir jurisdicción antes de vencido dicho término. g. Nadie puede ser incomunicado sino en le caso indispensable para el esclarecimiento de un delito, y en la forma y por el tiempo previstos por la ley. La autoridad está obligada bajo responsabilidad a señalar, sin dilación y por escrito, el lugar donde se halla la persona detenida. h. Nadie debe ser víctima de violencia moral, psíquica o física, ni sometido a tortura o a tratos inhumanos o humillantes. Cualquiera puede pedir de inmediato el examen médico de la persona agraviada o de aquella imposibilitada de recurrir por sí misma a la autoridad. Carecen de valor las declaraciones obtenidas por la violencia. Quien la emplea incurre en responsabilidad".

3.2.19 – **Cuba**

A Constituição da República de Cuba, texto de 24.02.1976, também de inspiração socialista, traz os direitos, deveres e garantias fundamentais no seu capítulo VII (arts. 45 a 66). São direitos fundamentais dos cidadãos cubanos, dentre outros, o direito ao trabalho (art. 45), ao descanso (art. 46), a seguridade social (art. 47), proteção à saúde (art. 50), à educação (art. 51), o direito à educação física, ao esporte e à recreação (art. 52), a inviolabilidade de correspondência, inclusive telefônicas (art. 57).

Todavia, as derivações da cláusula do devido processo legal estão mais bem assentadas em Cuba do que no direito chinês e no soviético, pelo menos formalmente. Há previsão constitucional expressa da garantia da liberdade e inviolabilidade das pessoas, que não podem ser detidas nos casos, forma e com as garantias prescritas em lei (art. 58).[156] A garantia do juiz natural, do direito de defesa e da proibição de tortura, com as conseqüências da inobservância desses preceitos, estão consagradas no art. 59 da Lei Fundamental.[157] A proibição de confisco, com exceção dos casos previstos em lei (art. 60),[158] a retroatividade da lei penal mais benigna (art. 61), bem como o direito de queixa e petição às autoridades, com resposta em prazo adequado, nos termos da lei (art. 63)[159] são direitos fundamentais expressamente reconhecidos na Lei Maior cubana. A Constituição e as leis cubanas são de cumprimento estrito e dever inescusável de todos (art. 65).

3.2.20 – Chile

A Constituição Política da República do Chile (com o texto refundido e sistematizado pelo Decreto Supremo n.° 100, da Secretaria Geral da Presidência, de 2005), contempla os direitos e deveres constitucionais no Capítulo III (arts. 19 a 23).

Destacam-se como direitos fundamentais dos cidadãos chilenos, o direito à vida, à integridade física e psíquica das pessoas (art. 19,1.°), além da igualdade perante a lei (art. 19, 2.°).

Todavia, a cláusula do devido processo legal bem acentuada no art. 19,3.°, ao dar igual proteção da lei ao exercício dos direitos, garantindo o direito de defesa jurídica, a assistência jurídica, o juiz natural e o devido

---

[156] *"Art. 57 – La libertad e inviolabilidad de su persona están garantizadas a todos los que residen em el territorio nacional. Nadie puede ser detenido sino em los casos, em la forma y com las garantias que prescriben las leyes. El detenido o preso es inviolable em su integridad personal".*

[157] *"Art. 58 – Nadie puede ser encausado ni condenado sino por tribunal competente, em virtude de leyes anteriores al delito y com la formalidades y garantías que éstas establecen. Todo acusado tiene derecho a la defensa. No se ejercerá violencia ni coacción de clase alguna sobre las personas para forzalas a declarar. Es nula toda declaración obtenida com infracción de este precepto y los responsables incurrirán em las sanciones que fija la ley".*

[158] *"Art. 59 – La confiscación de bienes se aplica sólo como sanción por las autoridades, em los casos y por los procedimientos que determina la ley".*

[159] *"Art. 62 – Todo ciudadano tiene derecho a dirigir quejas y peticiones a las autoridades y a recibir la atención o respuestas pertinentes y em plazo adecuado, conforme a la ley".*

processo legal propriamente dito, ou seja, toda sentença de um órgão jurisdicional deve fundar-se em processo prévio legalmente tramitado, cabendo ao legislador estabelecer as garantias de um racional e justo procedimento.[160]

3.2.21 – *França*

A Constituição da França (promulgada em 4 de outubro de 1958, com as modificações resultantes das revisões até 4 de fevereiro de 2008), não é incisiva ao tratar da cláusula do devido processo legal, pois o que se conclui do seu art. 34[161] é que cabe à lei estabelecer as regras relativas aos direitos e garantias fundamentais. Portanto, a norma constitucional não é expressa em garantir a cláusula *dues process of law*, que fica a cargo da lei ordinária. Na França, o Poder Judiciário não é exatamente um "poder" na literalidade da palavra. O Título VIII da Constituição francesa (arts. 64 a 66-1) faz referência à "autoridade judiciária" ("*autorité judiciaire*"), de cuja independência o Presidente da República é garantidor (art. 64).[162] Entretanto, esta é uma questão meramente terminológica, já que a "autoridade judiciária" francesa atua legitimamente como um Poder constituído do Estado.

Outra derivação do devido processo legal, no direito constitucional francês, está na proibição de prisão ilegal (art. 66).[163]

---

[160] "*Art. 19. La Constitución asegura a todas las personas: (........) 3.° – La igual protección de la ley em el ejercicio de sus derechos.*

[161] Assim dispõe o art. 34, da Constituição da França: "*Artigo 34. Compete ao Parlamento votar as leis. A lei estabelece as regras relativas: aos direitos cívicos e às garantias fundamentais das liberdades públicas, bem como as relativas às sujeições impostas aos cidadãos nas suas pessoas e nos seus bens pela defesa nacional; À nacionalidade, ao estado e à capacidade das pessoas, aos regimes de bens do casamento, às sucessões e às liberalidades; À determinação dos crimes e delitos e das penas, ao processo penal, à anistia, à criação de novas ordens de jurisdição e ao estatuto dos magistrados; À coleta, às taxas e aos modos de cobrança de quaisquer impostos, assim como ao regime de emissão da moeda*".

[162] Art. 64, da Constituição da França: "Ao Presidente da República incumbe velar pela independência das autoridades judiciárias. Nessas funções ele é assistido pelo Conselho Superior da Magistratura. O estatuto dos magistrados consta de lei orgânica. Os magistrados de carreira são inamovíveis".

[163] Diz o art. 66, da Constituição francesa: "*Ninguém pode ser arbitrariamente detido. As autoridades judiciárias, guardiãs da liberdade individual, asseguram o respeito deste princípio, de harmonia com a lei*".

3.2.22 – *Grã-Bretanha*

O direito constitucional britânico, de natureza consuetudinária, é formado por diversos textos constitucionais:[164] A Magna Carta,[165] outorgada pelo Rei João Sem Terra, em Runnymede, perto de Windsor, no ano de 1215; Grande Carta de Henrique III,[166] de 11 de fevereiro de 1225; Petição de Direito, de 7 de junho de 1628; Lei de *Habeas Corpus* de 1679;[167] Declaração de Direitos, de 13 de fevereiro de 1689; Ato de Estabelecimento, de 12 de junho de 1701; Lei Sobre o Parlamento de 1911, de 18 de agosto de 1911; Estatuto de Westminster, de 11 de dezembro de 1931; Lei Sobre o Parlamento de 1949, de 16 de dezembro de 1949.

3.3 – O devido processo legal no Brasil

No Brasil, mesmo antes da Constituição Federal de 1988, a doutrina já entendia consagrado o princípio do devido processo legal, em decorrência do fato de o princípio estar consagrado nos artigos 8.º e 10, da Declaração Universal dos Direitos do Homem de 1948, assim como pela sistematização dos demais princípios constitucionais estarem ligados ao devido processo legal.

---

[164] SENADO FEDERAL. *Constituição do Brasil e constituições estrangeiras*. vol. I. Brasília: Subsecretaria de Edições Técnicas do Senado Federal, 1987, p. 461.

[165] Dentre outros normativos da Carta Magna, destacam-se os artigos 29 ("*nenhuma pessoa ou população poderá ser compelida, por meio de embargo de seus bens móveis, a construir pontes sobre os rios, a não ser que haja contraído previamente essa obrigação*") e 39 ("*prometemos que não se tomarão as carroças ou outras carruagens dos eclesiásticos, dos cavaleiros ou das senhoras de distinção, nem a lenha para o consumo em nossas situações, sem o consentimento expresso dos proprietários*").

[166] O art. 16, da Grande Carta de Henrique III, assim dispunha: "*16 – A passagem de nenhum rio deverá, aliás, ser interdita fora daqueles cuja interdição remonte ao tempo do Rei Henrique nosso avô, e estes últimos, somente nos mesmos lugares e nos mesmos doutrora. .... Nenhum homem livre será detido ou preso, nem despojado de seu livre domínio, de suas liberdades ou livres costumes, nem posto fora da lei (utlagetur), nem exilado, nem molestado, de maneira alguma, e nós não poremos nem mandaremos pôr a mão nele, a não ser em virtude de um julgamento legal, por seus pares, e segundo a lei do país. Não venderemos, não recusaremos nem retardaremos o direito e a justiça a ninguém*".

[167] O instituto do *habeas corpus* existia, porém, já na *common law*.

O devido processo legal, como expressão maior das garantias processuais fundamentais do cidadão, está expresso no art. 5.°, inciso LIV, da Constituição Federal do Brasil de 1988: *"ninguém será privado da liberdade ou de seus bens sem o devido processo legal"*. Diversos outros dispositivos constitucionais completam o sentido do princípio do devido processo legal. Atualmente, o instituto do devido processo legal é ampla garantia processual do cidadão.

Todavia, a Constituição brasileira anterior não tratou dessa garantia com a devida abrangência que seria necessária num Estado de Direito. Embora ampla na proteção da tutela jurisdicional concernente ao processo penal (art. 153, §§ 11, 12, 13, 14, 15, 16, 17, 18, 19 e 20), dedicava somente uma regra expressa, que poderia ser tida como vinculada à garantia do devido processo legal no processo civil (art. 153, § 4.°): *"A lei não poderá excluir da apreciação do Poder Judiciário qualquer lesão de direito individual"*.

Antes da Constituição de 1946, embora não houvesse adoção expressa do princípio do devido processo legal, pois não existia essa previsão nos textos constitucionais, havia, em cada uma delas, um conjunto de garantias do cidadão que, interpretadas sistematicamente, davam margem ao entendimento doutrinário de que o princípio era adotado pelo ordenamento jurídico.

Neste contexto, merecem registro, na Constituição Imperial de 25.3.1824, os seguintes incisos, do art. 179: inciso XI – *"ninguém será sentenciado, senão pela Autoridade competente, por virtude de Lei anterior, e na fórma por ella prescripta"*); inciso XII, do mesmo dispositivo constitucional – *"Será mantida a independencia do Poder Judicial. Nenhuma Autoridade poderá avocar as Causas pendentes, susta-las, ou fazer reviver os Processos findos"*; o inciso XIII – *"A Lei será igual para todos, quer proteja, quer castigue, e recompensará em proporção aos merecimentos de cada um"*; e o inciso XVII – *"A excepção das Causas, que por sua natureza pertencem a Juízos particulares, na conformidade das Leis, não haverá Foro privilegiado, nem Commissões especiaes nas Causas civeis, ou crimes"*.

Na Constituição Republicana de 24.2.1891, pouco se inovou quanto à questão do controle judicial dos atos, tanto no texto original, como no decorrente da Emenda Constitucional de 03.09.1926. Todavia, ficaram garantidos o princípio da legalidade e anterioridade das leis, da ampla defesa nos processos de natureza penal e da proibição de foros especiais.

Ao tratar dos direitos e garantias individuais, a Constituição de 1934, em seu art. 113, inciso 26, previu que "*ninguém será processado, nem sentenciado, senão pela autoridade competente, em virtude de lei anterior ao facto, e na fórma por ella prescripta*".

Já a Carta Política de 1937 ("Polaca"), outorgada por Getúlio Vargas, dispôs em seu art. 122, item 11, normativos relativos ao direito penal que, interpretados sistematicamente, principalmente em conjunto com o art. 123, permitem inferir a existência da garantia do devido processo legal.[168]

Na verdade, no direito positivo brasileiro, o princípio do devido processo legal somente chegou ao texto constitucional, ainda que de forma indireta, na Constituição de 1946, que, em seu art. 141, § 4.º, dispôs: "*A lei não poderá excluir da apreciação do Poder Judiciário qualquer lesão de direito individual*". Todavia, do texto legal decorre claro apenas o princípio da justicialidade ou do acesso à justiça (ou garantia do controle jurisdicional), segundo o qual nenhuma lesão ao direito, de qualquer cidadão, poderá deixar de ser apreciado pelo Judiciário. Mas é do princípio do controle jurisdicional que deriva, implicitamente, o princípio do devido processo legal na Constituição de 1946. Em outras palavras, ensina Luiz Rodrigues Wambier[169] que "da garantia do controle jurisdicional, todavia, deflui tranquilamente a do devido processo legal, por ser inimaginável que se garanta ao cidadão o direito ao controle jurisdicional dos atos, sem que isso se faça mediante o uso de instrumental apropriado, devidamente previsto no ordenamento jurídico". Assim, o direito de ação deve ser garantido por um procedimento adequado.

Embora Luiz Rodrigues Wambier[170] entenda que a garantia do devido processo legal somente tenha chegado ao texto constitucional,

---

[168] O art. 122, item 11, da Constituição brasileira de 1937, expressava: "À exceção do flagrante delito, a prisão não poderá efetuar-se senão depois de pronúncia do indiciado, salvo os casos determinados em lei e mediante ordem escrita da autoridade competente. Ninguém poderá ser conservado em prisão sem culpa formada, senão pela autoridade competente, em virtude de lei e na forma por ela regulada; a instrução criminal será contraditória, asseguradas, antes e depois da formação da culpa, as necessárias garantias de defesa". Já o art. 123, da mesma Carta de 1937, dispunha: "A especificação das garantias e direitos acima enumerados não exclue outras garantias e direitos, resultantes da forma de governo e dos princípios consignados na Constituição ......".

[169] WAMBIER, Luiz Rodrigues. Anotações sobre o princípio do devido processo legal. *Revista de Processo*. n. 63. São Paulo: Revista dos Tribunais, 1991, p. 59.

[170] Idem, p. 59.

"de modo expresso e claro", na Constituição de 1946, através do que denomina princípio da justicialidade (controle jurisdicional), quer parecer que isso se deu de forma indireta e implícita, e não expressa. Só com a Carta Política de 1988 é que o devido processo legal foi incorporado, de forma expressa, ao texto constitucional.

Não é por outra razão que Carlos Roberto Siqueira Castro[171] afirma que, "em decorrência da falta de previsão constitucional expressa, a cláusula do devido processo legal acabou ingressando paulatinamente no direito pátrio como uma "garantia inominada", mas em sua figuração apenas "adjetiva" ou processualista (*procedural due process*). Tal se deveu, é certo, menos à contribuição de nossos doutrinadores e mais à jurisprudência de nossos tribunais, que, inobstante de modo difuso e assistemático, vislumbraram em tal locução uma síntese de princípios emergentes dos §§ 12 a 16 do art. 153 da Constituição de 1969 e de seu congêneres nas Cartas Políticas anteriores. Esses princípios, bem se sabe, atinam com os requisitos de legalidade da prisão, do contraditório judicial e com o postulado da ampla defesa. Todavia, infelizmente, não logramos ainda atingir o estágio da utilização "substantiva" (*substantive due process*) desse secular instrumento protetor das liberdades fundamentais em face do Estado, que ficou circunscrito, entre nós, às fronteiras da instrução criminal e civil, tendo sido posteriormente estendido aos procedimentos administrativos. Impende reconhecer que a ausência de contemplação explícita do devido processo legal, como também dos salutares princípios da "razoabilidade" e da "proporcionalidade" dos atos do Poder Público, no texto de nossas sucessivas Constituições, foi grandemente responsável pelo acanhamento da proteção dos direitos humanos e das liberdades públicas em nosso País, a par do autoritarismo latente e cíclico que tem conspurcado a trajetória das instituições políticas brasileiras".

Posteriormente, a Constituição de 1967 (art. 150, § 4.°) e a Emenda de 1969 (art. 153, § 4.°), tinham dispositivos semelhantes, na forma e conteúdo, sendo que a última sofreu substancial alteração na validade do princípio, por força da Emenda n.° 7, de 13.4.1977 ("Pacote de Abril"), nos seguintes termos: "*A lei não poderá excluir da apreciação do Poder Judiciário qualquer lesão de direito individual. O ingresso em juízo*

---

[171] CASTRO, Carlos Roberto Siqueira. *O devido processo legal e os princípios da razoabilidade e da proporcionalidade,* 4ª ed. Rio de Janeiro: Forense, 2006, p. 399.

poderá ser condicionado a que se exauram previamente as vias administrativas, desde que não exigida garantia de instância, nem ultrapassado o prazo de 180 dias para a decisão sobre o pedido".

Conclui-se, historicamente, que o cidadão merecedor das garantias constitucionais, ainda que não brasileiro, sempre teve a garantia do devido processo legal, com maior ou menor amplitude dada pelo ordenamento jurídico à época dos fatos.

Todavia, ensina Maria Rosynete Oliveira Lima[172] que a positivação da garantia do devido processo só veio ocorrer com a Constituição de 1988, em que a nova ordem jurídica instalada consagrou, expressamente, a incorporação do devido legal no sistema jurídico brasileiro (art. 5.º, LIV).[173] De registar, por oportuno, que Carlos Roberto Siqueira Castro, na qualidade de assessor do então Deputado Federal Vivaldo Barbosa (PDT),[174] foi o responsável pela formulação e introdução da garantia do devido processo legal, nos termos inscritos no art. 5.º, LIV, do Estatuto Supremo ("ninguém será privado da liberdade ou de seus bens sem o devido processo legal").

Modernamente, o princípio do devido processo legal é de extrema importância, merecendo expressa e significativa previsão na Constituição Federal de 1988. Além da ampliação da abrangência da proteção jurídica, estabeleceu-se, no art. 5.º e seus incisos, da Carta Magna, um rol extenso de outras garantias derivadas do devido processo. Garante-se a proteção jurisdicional decorrente de lesão ou, ainda, ameaça a direito; proíbe-se os juízos ou tribunais de exceção; impede-se que alguém seja processado ou sentenciado por autoridade incompetente; há previsão expressa do devido

---

[172] LIMA, Maria Rosynete Oliveira. *Devido processo legal*. Porto Alegre: Sergio Antonio Fabris Editor, 1999, p. 174.

[173] Dispõe o art. 5.º, LIV, da Constituição Federal brasileira de 1988: "*ninguém será privado da liberdade ou de seus bens sem o devido processo legal*".

[174] A justificativa da Emenda aditiva n.º ES24488-4 ao Projeto da Constituição de 1988 do Brasil, que acrescentava o parágrafo 58 ao art. 6.º ("Ninguém será privado da liberdade ou de seus sem o devido processo legal') era a seguinte: "Cuida-se de explicitar na Constituição o princípio do devido processo legal, oriundo da cláusula anglo-saxônica *due proces of law,* que é reconhecida e aplicada por toda a doutrina e a jurisprudência brasileiras. Sua inclusão no elenco dos direitos individuais representará por certo um grande avanço na proteção das liberdades públicas, qual sustentado há décadas por San Tiago Dantas e Castro Nunes.

processo legal, protegendo-se a liberdade e os bens do cidadão, salvo o caso de perda destes direitos em processo adequado; garantia do contraditório e da ampla defesa, inclusive em procedimento administrativo; as provas admitidas em processo devem ser legítimas, devendo os atos processuais serem públicos; o cidadão só deve fazer ou deixar alguma coisa em virtude de lei (princípio da legalidade); e o rol das garantias individuais foi ampliado, aí incluídos os derivados do devido processo, pois não excluídos os direitos e garantias decorrentes de tratados internacionais em que o Brasil seja parte.

Procurou-se assegurar a todos os cidadãos o livre acesso ao juiz natural, com o direito de participar do processo com a garantia do contraditório e em igualdade de condições, institucionalizando-se os mecanismos de controle e exatidão do desfecho do processo. Acrescentam José Rogério Cruz e Tucci e Rogério Lauria Tucci[175] que "a atual Constituição Federal procurou expressá-los de tal forma, não só em vários incisos do art. 5.°, como, por igual, em outras preceituações, determinando os direitos e garantias atinentes ao processo, que chegou a incorrer em inescondível redundância, ao inserir, no inc. LIV do apontado dispositivo, uma cláusula geral, assegurando, explicitamente, o denominado *due process of law*: "ninguém será privado da liberdade ou de seus bens sem o devido processo legal".

Diante disso, pode-se falar que, na atual Constituição brasileira, o cidadão, de forma ampla, tem os seus direitos e garantias assegurados, constitucionalmente, pelo princípio do devido processo legal. Foi um avanço significativo, comparativamente às Cartas anteriores, permitindo, assim, o aprimoramento e efetivação das novas conquistas constitucionais.

No Brasil, historicamente, o devido processo legal tem sido caracterizado pela timidez do Supremo Tribunal Federal em relação à cláusula consagrada, mundialmente, limitando-se a Corte Suprema brasileira a interpretar a Constituição Federal apenas diante do caso concreto, deixando de dar a interpretação normativa a ser observada em casos futuros. Ademais, é comum o Supremo Tribunal Federal não conhecer de recurso sob o fun-

---

[175] CRUZ E TUCCI, José Rogério, TUCCI, Rogério Lauria. *Constituição de 1988 e processo. Regramentos e garantias constitucionais do processo.* São Paulo: Saraiva, 1989, p. 18.

damento de que ofensa reflexa à Constituição não pode ser apreciada pela Corte Maior, estando a jurisprudência a prevalecer nesse sentido.[176] Na verdade, a crise do Judiciário brasileiro e o acúmulo de recursos nos Tribunais contribuem para que o princípio do devido processo legal não tenha a necessária e devida atenção que exigiria a sua importância.

3.4 – *Conceito*

Tem-se evitado definir o *due process of law*, que é cláusula obrigatória para o Executivo, Legislativo e Judiciário. A visão do devido processo legal depende dos diferentes posicionamentos ideológicos e filosóficos adotados pelos juristas. Mas, ao contrário do que possa parecer, ela não indica somente a tutela processual, face ao seu sentido genérico, incidindo no seu aspecto substancial (direito material) e também tutelando o direito por meio do processo judicial ou administrativo.

A noção de devido processo legal não é facilmente reduzida a nenhuma fórmula, pois seu conteúdo não pode ser determinado pela referência a uma simples e qualquer norma. Na verdade, as decisões judiciais a respeito do tema é que melhor representam o seu conceito atual.

Essa cláusula do devido processo legal é, hoje, a mais forte barreira protetora dos direitos de liberdade do cidadão contra a usurpação do poder público, e como não dizer, instituto imbuído do ideal de justiça, além de

---

[176] Devido processo legal e ofensa reflexa à CF: "Questões de natureza estritamente processual, de âmbito infraconstitucional, não dão margem a recurso extraordinário sob o fundamento de ofensa ao princípio do devido processo legal (CF, art. 5.º, LIV). Com esse entendimento, a Turma, por maioria, não conheceu de recurso extraordinário contra acórdão do TRF da 2ª Região que entendera incabíveis embargos declaratórios contra decisão resultante de julgamento de embargos infringentes. Vencido o Min. Marco Aurélio, relator, que, entendendo possível o exame de normas legais na hipótese de violação ao princípio do devido processo legal, conhecia e dava provimento ao recurso uma vez que embargos declaratórios são oponíveis a qualquer decisão". RE 199.182-RJ, rel. originário Min. Marco Aurélio; rel. para o acórdão Min. Carlos Velloso, 17.4.98 (Informativo do STF n. 106).

autêntico paradigma de justiça, como muito bem ressaltado por Carlos Roberto de Siqueira Castro.[177]

Como salienta Canotilho,[178] que utiliza a expressão "processo eqüitativo", as doutrinas caracterizadoras do direito a um processo eqüitativo (proteção através de um processo justo – *due process*) têm como ponto de partida a experiência constitucional americana do *due process of law*. Na verdade, no direito português, o devido processo legal se aproxima e se assemelha ao princípio da equidade ou o direito a um processo eqüitativo, conforme se vislumbra do ensinamento de José Lebre de Freitas[179], quando este jurista português trata das vertentes do princípio da equidade: "O direito à jurisdição não pode ser entendido em sentido meramente formal: ele não implica apenas o direito de aceder aos tribunais, propondo acções e contraditando as acções alheias, mas também o direito *efectivo* a uma jurisdição ("*Rechtsschutzeffectivität*") que a todos seja acessível em termos eqüitativos e conduza a resultados individual e socialmente justos. Esta acepção ampla do direito à jurisdição leva a ter por consagrado no art. 20 da Constituição, tal como expressamente o é na Declaração Universal dos Direitos do Homem, o princípio da equidade ou o direito a um processo eqüitativo. Trata-se da necessidade de observar um conjunto de regras fundamentais ao longo de todo o processo, nos vários planos em que este se desenvolve. No âmbito da jurisprudência formada na aplicação da Convenção Européia dos Direitos do Homem, tem sido entendido que o princípio da equidade postula, por um lado, a igualdade das partes (princípio do contraditório e princípio da igualdade de armas[180]) e, por outro

---

[177] CASTRO, Carlos Roberto de Siqueira. *O devido processo legal e a razoabilidade das leis na nova Constituição do Brasil*. Rio de Janeiro: Forense, 1989, p. 3.

[178] CANOTILHO, José Joaquim Gomes. *Direito constitucional e teoria da Constituição*. Coimbra: Almedina, 2001, p. 480.

[179] FREITAS, José Lebre de. *Introdução ao processo civil. Conceito e princípios gerais à luz do código revisto*. Coimbra: Coimbra Editora, 1996, p. 95.

[180] De acordo com José Lebre de Freitas (FREITAS, *op. cit.*, p. 105), "o princípio da igualdade de armas constitui, tal como o do contraditório, manifestação do princípio mais geral da igualdade das partes, que implica a paridade simétrica das suas posições perante o tribunal. No que particularmente lhe respeita, impõe o equilíbrio entre as partes ao longo de todo o processo, na perspectiva dos meios processuais de que dispõe para apresentar e fazer vingar as respectivas teses: não implicando uma identidade formal absoluta de todos os meios, que a diversidade das posições das partes impossibilita, exige, porém, a identidade de faculdades e meios de defesa processuais das partes e a sua sujeição a ônus

lado, os direitos à comparência pessoal das partes em certos casos ou circunstâncias, à licitude da prova (do meio de prova em si e do modo de o obter) e à fundamentação da decisão. Também o princípio da publicidade, como garantia da transparência do exercício da função jurisdicional, nos parece constituir emanação do princípio da equidade".

O princípio do devido processo legal também é denominado pela doutrina[181] como princípio do processo justo ou princípio da inviolabilidade da defesa em juízo ("o processo deve obedecer às normas previamente estipuladas em lei").

Segundo Nélson Nery Júnior,[182] o conceito de devido processo "foi se modificando no tempo, sendo que doutrina e jurisprudência alargaram o âmbito de abrangência da cláusula de sorte a permitir interpretação elástica, o mais amplamente possível, em nome dos direitos fundamentais do cidadão". A cláusula não indica somente a tutela processual, pois tem sentido genérico, abrangendo também o aspecto substancial; em outras palavras, atua em relação ao direito material e tutela esses direitos por meio do processo judicial ou administrativo.

Para Cândido Rangel Dinamarco,[183] o devido processo legal, como princípio constitucional, significa o conjunto de garantias de ordem constitucional, "que de um lado asseguram às partes o exercício de suas faculdades e poderes de natureza processual e, de outro, legitimam a própria função jurisdicional". Ada Pellegrini Grinover, em outra obra,[184] lembra que a plenitude do Estado de Direito só será atingida, mediante a utiliza-

---

e cominações idênticos, sempre que a sua posição perante o processo é equiparável, e um jogo de compensações gerador do equilíbrio global do processo, quando a desigualdade objectiva intrínseca de certas posições processuais leva a atribuir a uma parte meios processuais não atribuíveis à outra. Próximo do princípio constitucional da igualdade e não discriminação (art. 13 CR), o princípio da igualdade de armas impõe um "estatuto de igualdade substancial das partes" (art. 3-A) e deve jogar igualmente, no caso de pluralidade de autores ou de réus, entre os vários sujeitos litisconsorciados ou coligados".

[181] PORTANOVA, Rui. *Princípios do processo civil*. Porto Alegre: Livraria do Advogado, 1999, p. 145.

[182] NERY JUNIOR, Nelson. *Princípios do processo civil na constituição federal*. São Paulo: Revista dos Tribunais, 1997, p. 33.

[183] DINAMARCO, Cândido Rangel, GRINOVER, Ada Pellegrini, CINTRA, Antonio Carlos de Araújo. *Teoria geral do processo*. São Paulo: Malheiros Editores, 1998, p. 50.

[184] GRINOVER, Ada Pellegrini. *Os princípios constitucionais e o código de processo civil*. São Paulo: José Bushatsky Editor, 1973, p. 6.

ção de instrumentos processuais tutelares, devendo o direito ao provimento jurisdicional, o direito de ação e o direito ao processo, serem entendidos, não como simples "ordenação de atos, através de qualquer procedimento, mas sim, do devido processo legal".[185]

Ao tratar das concepções do *due process of law* e de processo judicial, José Rogério Cruz e Tucci e Rogério Lauria Tucci[186] ensinam que o vernáculo devido processo legal, "de difundida locução, mediante a qual se determina a imperiosidade, num denominado Estado de Direito, de: a) elaboração regular e correta da lei, bem como de sua razoabilidade, senso de justiça e enquadramento nas preceituações constitucionais (*substantive due process of law*, segundo o desdobramento da concepção norteamericana); b) aplicação judicial da lei, através de instrumento hábil à sua interpretação e realização, que é o processo (*judicial process*); e c) assecuração, neste, da paridade de armas entre as partes, visando à igualdade substancial. Apresenta-se ela, ademais, relativamente ao processo judicial, como um conjunto de elementos indispensáveis para que este possa atingir, devidamente, sua finalidade compositiva de litígios (em âmbito extrapenal) ou resolutória de conflitos de interesses de alta relevância social (no campo penal)". Os citados juristas, reproduzindo as palavras de Arturo Hoyos,[187] conceituam o devido processo legal "*como institución instrumental, que engloba una amplia gama de protecciones y dentro de la cual se desenvuelven diversas relaciones, sirve de medio de instrumento para que puedan defenderse efectivamente y satisfacerse los derechos de las personas, las cuales, en ejercicio de su derecho de acción, formulan pretensiones ante el Estado para que éste decida sobre ellas conforme al derecho*".

A leitura básica das Emendas americanas, feita por Canotilho,[188] relacionadas com o *due process of law*, é assim sintetizada: "processo devido em direito significa a obrigatoriedade da observância de um tipo de

---

[185] Idem, p. 18.

[186] CRUZ E TUCCI, José Rogério, TUCCI, Rogério Lauria. *Constituição de 1988 e processo. Regramentos e garantias constitucionais do processo*. São Paulo: Saraiva, 1989, p. 15.

[187] HOYOS, Arturo. La garantía constitucional del debido proceso legal. *Revista de Processo*. n. 47. São Paulo: Revista dos Tribunais, 1987, p. 65.

[188] CANOTILHO, Joaquim Gomes. *Direito constitucional e teoria da Constituição*. Coimbra: Almedina, 2001, p. 481.

processo legalmente previsto antes de alguém ser privado da vida, da liberdade e da propriedade". Em outras palavras, *due process* eqüivale ao processo justo definido por lei para se dizer o direito no momento jurisdicional de sua aplicação.[189]

Não resta dúvida de que o devido processo legal é, além de um direito, também uma garantia do cidadão, constitucionalmente prevista, que assegura tanto o exercício do direito de acesso ao Judiciário, bem como o desenvolvimento de acordo com normas previamente estabelecidas. Isto no aspecto formal do princípio.

O devido processo legal pode ser definido como o conjunto de garantias constitucionais que, de um lado, asseguram às partes o exercício de suas faculdades e poderes processuais e, do outro, são indispensáveis ao correto exercício da jurisdição.[190] Essas garantias não servem apenas aos interesses das partes, mas configuram a salvaguarda do próprio processo, como fator legitimante do exercício da jurisdição. Compreende-se, modernamente, devido processo legal como o direito do procedimento adequado. Não só deve ser conduzido sob o pálio do contraditório, como também deve ser aderente à realidade social e consentâneo com a relação de direito material controvertida.

Por sua vez, resume Humberto Theodoro Júnior,[191] que "a garantia constitucional de direito ao processo (direito à tutela jurisdicional) só será efetiva na medida em que se assegurar o recurso ao devido processo legal, ou seja, aquele traçado previamente pelas leis processuais, sem discriminação de parte, e com garantia de defesa, instrução contraditória, duplo grau de jurisdição, publicidade dos atos, etc.". Portanto, se não há garantia aos meios processuais idôneos para o cidadão postular e defender,

---

[189] Complementa, ainda, Canotilho: "o *due process of law* pressupõe que o processo legalmente previsto para aplicação de penas seja ele próprio um "processo devido" obedecendo aos trâmites procedimentais formalmente estabelecidos na constituição ou plasmados em regras regimentais das assembleias legislativas. Procedimentos justos e adequados moldam a actividade legiferante. Dizer o direito segundo um processo justo pressupõe que justo seja o procedimento de criação legal dos mesmos processos".

[190] DINAMARCO, Cândido Rangel, GRINOVER, Ada Pellegrini, CINTRA, Antonio Carlos de Araújo. *Teoria geral do processo*. São Paulo: Malheiros Editores, 1998, p. 82.

[191] Theodoro JÚNIOR, Humberto. Princípios gerais do direito processual civil. *Revista de Processo*. n. 23. São Paulo: Revista dos Tribunais, 1981, p. 179.

eficazmente, seus direitos em juízo, as garantias de liberdade desapareceriam.

Para Arturo Hoyos,[192] o devido processo legal está inserido num contexto mais amplo das garantias constitucionais do processo e, somente, mediante a existência de normas processuais justas que proporcionem a justeza do próprio processo, é que se conseguirá a manutenção de uma sociedade sob o império do Direito.

Da mesma forma, John Rawls[193] coloca o princípio do devido processo legal entre aqueles que garantem a existência do Estado de Direito, enquanto Piero Calamandrei[194] o situa no campo dos direitos fundamentais, reconhecido a todas as pessoas.

Já Iñaki Esparza Leibar[195] atribui ao devido processo legal a natureza de um princípio geral de direito e, mais concretamente, a de um princípio constitucionalizado que não constitui um *numerus clausus*[196], pois o juiz e o intérprete podem recorrer a novos princípios, quando necessário.

Por sua vez, a posição de José Rogério Cruz e Tucci e Rogério Lauria Tucci[197] é no sentido de que "o devido processo legal se consubstancia, também, numa garantia conferida pela Constituição Federal visando à consecução da tutela dos direitos nela denominados fundamentais – por isso mesmo, tidos, explícita ou implicitamente, como inerentes ou essenciais ao membro da coletividade na vida comunitária –, e a saber: a) direito à integridade física e moral, e à vida; b) direito à liberdade; c) direito à igualdade; d) direito à segurança; e) direito à propriedade; f) direitos relativos à personalidade (a par, obviamente, do direito ao processo). Assim também de todos os demais direitos subjetivos materiais, emergentes dos

---

[192] HOYOS, Arturo. La garantia constitucional del debido proceso legal. *Revista de Processo*. n. 47. São Paulo: Revista dos Tribunais, 1987, p. 44.

[193] Idem, p. 44

[194] *apud* HOYOS, Arturo. La garantia constitucional del debido proceso legal. *Revista de Processo*. n. 47. São Paulo: Revista dos Tribunais, 1987, p. 45.

[195] LEIBAR, Iñaki Esparza. *El principio del proceso debido*. Barcelona: J. M. Bosch Editor, 1995, p. 237.

[196] "*El juez, el intérprete em general, pueden recurrir a nuevos principios cuando necesidades sobrevenidas de la evolución de las ideas, la sociedad y la técnica lo requieran*".

[197] CRUZ E TUCCI, José Rogério, Tucci, Rogério Lauria. *Constituição de 1988 e processo. Regramentos e garantias constitucionais do processo*. São Paulo: Saraiva, 1989, p. 16.

diversificados relacionamentos jurídicos resultantes da convivência social, concretamente lesados ou ameaçados de lesão". E complementam:[198] "tanto quanto o processo se presta à concreção do direito à jurisdição, sua efetivação, com estrita observância dos regramentos ínsitos ao denominado *due process of law*, importa a possibilidade de inarredável tutela de direito subjetivo material objeto de reconhecimento, satisfação ou assecuração, em Juízo. Esse é o motivo, aliás, pelo qual ambas as concepções se fundem na imprescindível verificação do devido processo legal: não basta, realmente, que o membro da coletividade tenha direito ao processo, tornando-se, pelo contrário, inafastável, também, a absoluta regularidade deste, com a verificação de todos os corolários daquele, para o atingimento da referida meta colimada".

O jurista uruguaio Adolfo Gelsi Bidart[199] entende que, como núcleo de todo o sistema jurídico do Estado, a Constituição deve conter normas expressas sobre a atividade processual.[200] Afirma Bidart, ainda, que o processo deve aparecer na Constituição como uma garantia universal e fundamental para que se possa obter a efetividade do direito, quando, nos casos concretos, isso não se obtém espontaneamente.[201] Fala, também, em uma garantia universal e constitucional do processo.

Entende-se que o princípio do devido processo legal é o gênero do qual todos os demais princípios constitucionais processuais são espécies. Em outras palavras, o devido processo legal é a raiz dos demais princípios, ainda que de forma indireta. Contudo, este entendimento é contestado por Maria Rosynete Oliveira Lima[202] que, com base nos ensinamentos de Karl

---

[198] Idem, p. 17.

[199] BIDART, Adolfo Gelsi. Incidência constitucional sobre el proceso. *Revista de Processo*. n. 30. São Paulo: Revista dos Tribunais, 1983, p. 193.

[200] "La Constitución es la base, también, del Derecho Procesal, como ciencia y como rama del Derecho Positivo".

[201] "Estabelece la Constitución al proceso como garantía general de todo derecho em el caso concreto? Resultará vano buscar uma proclamación de tal índole em la Constitución de 1967. Em la Declaración de Derechos, Deberes y Garantías, las normas están más bien dirigidas a establecer no tanto al proceso como garantía, sino a las garantías que debe revestir el proceso, val decir, el (ya) tradicionalmente llamado "debido proceso (en) legal (forma)". Y, todavía, fundamentalmente em relación com el proceso penal, por los derechos fundamentales (honor, libertad) que em él se ponen "em vilo".

[202] LIMA, Maria Rosynete Oliveira. *Devido processo legal*. Porto Alegre: Sergio Antonio Fabris Editor, 1999, p. 181.

Larenz, aduz que "os princípios e subprincípios devem servir de alicerces de um sistema, não se podendo ter aí um sistema dedutivo. Assim, o princípio do estado de direito, por exemplo, no qual ele reconhece estar contida uma série de subprincípios: a legalidade da administração, a independência dos juízes, o direito de acesso à justiça, etc., não se converte em espécie e subespécies". E acrescenta: "Transportando esta constatação para o tema que se está a tratar, verificaremos que os princípios do contraditório, da ampla defesa, do juiz natural, e outros, não são corolários, deduções, ou conseqüências do princípio do devido processo legal, mas princípios, que têm um grau de concretização mais elevado e que são chamados a concretizar o devido processo legal; daí chamá-los de subprincípios, e não subespécies do devido processo legal".

A multiplicidade de dispositivos processuais na Constituição Federal de 1988, com aparência de repetição, dá à cláusula do devido processo legal uma abrangência muito maior do que aquela já reconhecida nas disposições constitucionais. É o que diz Maria Rosynete Oliveira Lima,[203] fundada no discurso de Afrânio Silva Jardim.[204]

Não é por outro motivo que Odete Novais Carneiro Queiroz[205] define o princípio do devido processo legal como "o princípio", uma vez que dele derivam os demais princípios constitucionais. Diz ainda: "é o ali-

---

[203] Idem, p. 181.

[204] No original, utiliza-se os seguintes termos: "Afrânio Silva Jardim tenta dar uma resposta à multiplicidade de dispositivos processuais na Constituição de 1988, aptos a provocarem um aparente *bis in idem*, ao afirmar que a cláusula do devido processo legal tem raio de incidência muito mais abrangente que aquele já reconhecido nas disposições constitucionais: "A cláusula "devido processo legal" deve significar hoje mais do que significava em épocas passadas. Assim, a questão não mais pode-se restringir à consagração de um processo penal de partes, com tratamento igualitário, onde o réu seja um verdadeiro sujeito de direito e não mero objeto de investigação. O "devido processo legal" não pode ser resumido à consagração do princípio do "juiz natural", à vedação de provas ilícitas, ou mesmo à impropriamente chamada presunção de inocência. Tudo isto é muito importante, mas já foi conquistado, restando tão somente consolidar. Agora, queremos mais do "devido processo legal", até mesmo porque aquelas matérias mereceram consagração específica na Constituição de 1988, o que denota que o princípio que ora nos ocupa tem campo de incidência mais abrangente, campo mais fértil".

[205] QUEIROZ, Odete Novais Carneiro. O devido processo legal. *Revista dos Tribunais*, n. 748. São Paulo: Revista dos Tribunais, 1998, p. 49.

cerce de todos os demais princípios que dele decorrem, sendo que teve na Constituição de 88 menção ínsita no *caput* do art. 5.º e expressa através de seu inc. LIV, ao prescrever o legislador Constituinte: "Ninguém será privado da liberdade ou de seus bens sem o devido processo legal". Para muitos, é verdadeira instituição, traduzindo uma idéia completa e objetiva com o escopo de propiciar a defesa e a fruição dos direitos que cada cidadão possui; para outros, é princípio fundamental do processo civil, servindo de base sustentadora de todos os demais princípios. Há certa reticência na determinação do seu sentido, existindo autores que o evidenciam "como um conceito – em certa escala – vago".

Embora bastasse ter a norma constitucional adotado o princípio do *due process of law* para a garantia aos litigantes a um processo e sentença justa, a Constituição Federal garantiu expressamente a maioria dos princípios decorrentes do devido processo legal. Depois de inserido no texto constitucional, o princípio do devido processo legal é mandamento garantidor de acesso do cidadão às decisões judiciais, mediante normas processuais previamente estabelecidas, decorrendo daí vários postulados básicos para o sistema democrático.

O significado do devido processo legal não é estático, não podendo, assim, ser aprisionado dentro dos limites de uma mera fórmula. O princípio é produto da história, da razão, do fluxo das decisões passadas e da inabalável confiança na democracia. Assim, *due process of law* não é instrumento mecânico, muito menos padrão; é um processo.

Embora, originalmente, o princípio tenha nascido com a preocupação de garantia do cidadão a um processo ordenado, a sua finalidade e objetivo ampliou-se e ficou maior. Adaptado à instrumentalidade, o processo legal é devido, quando se preocupa com caráter substantivo do direito debatido, com a dignidade das partes, com preocupações não só particulares, mas coletivas e difusas.

Verifica-se, então, notável transformação do enfoque do devido processo legal do individual para o social, para o direito substantivo ou material, para a realidade concreta. Enfim, há de compatibilizar-se os direitos públicos subjetivos das partes, sob a ótica individualista, que também são consideradas como garantias, não apenas das partes, mas também do justo processo, já sob a ótica publicista que dá prevalência ao interesse geral na justiça das decisões.

3.5 – **Amplitude**

O princípio do devido processo legal derivou do direito americano cuja garantia ampla a todos os direitos é dada pela cláusula *due process of law*, que não encontra em nosso direito um correspondente com a mesma amplitude. Tanto é que os próprios juízes americanos sempre evitaram defini-la, com a precípua finalidade de manter a possibilidade de albergar as mais variadas possibilidades de proteção a direitos, "diante da inevitável mudança nas facetas do arbítrio e, em conseqüência, da regra lá vigente do *stare decisis*. Herdaram-na do direito inglês que a tinha como *per legem terrae* ou l*aw of the land*, expressa na Magna Carta, em seu art. 39. A elasticidade da cláusula é atestada pelas variantes de sentido que lhe deram os juízes, sobretudo quando o princípio passou da fase processual à fase substantiva".[206]

Como é sabido, a garantia do devido processo legal teve sua origem em 1215, na Carta Magna inglesa do Rei João Sem Terra. A Carta Magna não foi ditada em inglês, pois o latim era o idioma oficial dos meios cultos e intelectuais. Na expressão *per legem terrae*, que aparecia no art. 39, está a primeira idéia do devido processo legal. A idéia do *dues process of law* apareceu, pela primeira vez, numa emenda à Constituição americana. Em 1789, Madison introduziu no Primeiro Congresso uma emenda, que depois se converteu na Quinta Emenda: *no person shall be ... deprived of life liberty ou property, whitout due process of law* (nenhuma pessoa será privada de sua vida, liberdade ou propriedade sem o devido processo legal). Assim, originário do direito anglo-saxão e aperfeiçoado no constitucionalismo americano, hoje o devido processo legal é um instituto universal, com previsão nas constituições democráticas mundiais.

É do direito americano a noção de que o devido processo legal não pode ser aprisionado dentro dos limites de qualquer fórmula, nem mesmo é um conceito técnico, como as normas legais, razão pela qual não deve estar vinculado a regras positivas. A própria natureza da cláusula impede procedimentos inflexíveis aplicáveis a uma situação imaginável.

---

[206] BARROS, Suzana de Toledo. *O princípio da proporcionalidade e o controle de constitucionalidade das leis restritivas de direitos fundamentais*. Brasília: Brasília Jurídica, 2000, p. 61.

Portanto, o princípio do devido processo legal é tão amplo e significativo que legitima a jurisdição, confundindo-se com o próprio Estado de Direito. É aplicável tanto na jurisdição civil, penal, como nos procedimentos administrativos, englobando a reivindicação de direitos, a eficaz defesa e a produção de provas, além da justiça no processo e da pretensão.

A garantia constitucional do devido processo legal é marcante página da história da liberdade e, portanto, deve ser uma realidade em todo o desenvolvimento de qualquer processo, pois ninguém pode ser privado de seus direitos sem que no procedimento em que este se materializa se verifiquem todas as formalidades e exigências previstas em lei. Nas palavras de Couture:[207] *"en no ser privado de la vida, libertad o propiedade sin la garantía que supone la tramitación de un proceso desenvuelto en la forma que establece la ley y de una ley dotada de todas las garantías del proceso parlamentario"*. A teoria da tutela constitucional do processo consiste em estabelecer, no ordenamento hierárquico das normas jurídicas, o primado da constituição sobre as formas legais ou regulamentadoras do processo.

Um dos grandes equívocos cometidos em relação ao devido processo legal, que é muito amplo, é ser visto somente sob o enfoque processual, considerando corolários desse, inúmeros outros que integram o direito processual. Mas o princípio do devido processo legal abrange dois outros tipos de incidência, que é o seu aspecto processual (processo judicial e administrativo), com ênfase ao lado procedimental,[208] e seu aspecto

---

[207] COUTURE, Eduardo. Las garantías constitucionales del proceso civil. *Estudios de derecho procesal civil*, 2. ed., Buenos Aires: Depalma, 1978. t.1, p. 51.

[208] Segundo José Celso de Mello Filho, *in* "A tutela judicial da liberdade", RT 526/91: "A cláusula do devido processo legal, que é ampla, abrange, dentre outros, os seguintes direitos e princípios: a) direito à citação e ao conhecimento do teor da acusação; b) direito a um rápido e público julgamento; c) direito ao arrolamento das testemunhas e à notificação das mesmas para comparecimento perante os tribunais; d) direito ao procedimento contraditório; e) direito de não ser processado, julgado ou condenado por alegada infração às leis *ex post facto*; f) direito à plena igualdade entre acusação e defesa; g) direito contra medidas ilegais de busca e apreensão; h) direito de não ser acusado nem condenado com base em provas ilegalmente obtidas; i) direito à assistência judiciária, inclusive gratuita; j) privilégio contra a auto-incriminação. Finalmente, impõe-se esclarecer que a cláusula do due process of law também se aplica ao campo do processo civil caracterizando-se pelas observância dos seguintes princípios: a) igualdade das partes; b) garantias do *jus actionis*; c) respeito ao direito de defesa; d) contraditório".

substancial, tutelando o direito material, conforme leciona Odete Novais Carneiro Queiroz.[209]

Portanto, divide-se o devido processo legal em sentido genérico, em sentido material (*substantive due process*) e em sentido processual (*procedural due process*). Então, ao contrário do que possa parecer, a cláusula "*due process of law*" não indica somente a tutela processual.

Genericamente, o devido processo legal caracteriza-se pelo trinômio vida-liberdade-propriedade, ou seja, tem o direito de tutela àqueles bens da vida em seu sentido mais amplo e genérico. Tudo o que disser respeito à tutela da vida, liberdade ou propriedade está sob a proteção da *due process clause*.

Esse trinômio (vida-liberdade-propriedade) autoriza a pretensão de qualquer cidadão à tutela irrestrita de quaisquer desses bens da vida, tendo em vista serem bens enquadrados como direitos fundamentais, por decorrência do princípio do *due process of law*.

Leciona Nélson Nery Júnior,[210] com razão, que bastaria a Constituição Federal ter enunciado o princípio do devido processo legal para que o *caput* e a maioria dos incisos do art. 5.° fossem dispensáveis. Mas ressalta, o mesmo jurista, que a explicitação das garantias fundamentais derivadas do devido processo legal é uma forma de enfatizar a importância dessas garantias, norteando a administração publica, o legislativo e o judiciário para aplicar a cláusula sem maiores indagações. Sem dúvida, é um dos princípios constitucionais mais importantes, pois dele deriva os outros princípios. Não é por outra razão que também é denominado de "o princípio", ou a raiz dos princípios.

3.6 – Rol de garantias do devido processo legal

A maioria dos princípios relativos ao processo derivam do devido processo legal, restringindo-se este trabalho, além das noções relativas à

---

[209] QUEIROZ, Odete Novais Carneiro. O devido processo legal. *Revista dos Tribunais*. n. 748. São Paulo: Revista dos Tribunais, 1998, p. 51.

[210] NERY JUNIOR, Nelson. *Princípios do processo civil na constituição federal*. São Paulo: Revista dos Tribunais, 1997, p. 38.

cláusula, abordar aqueles princípios que, no âmbito do processo civil, tenham uma vinculação à ordem constitucional, tais como: o direito de ação, a garantia do juiz natural, do contraditório e da ampla defesa, da igualdade processual ou da isonomia, da publicidade e motivação das decisões judiciais, da legitimidade das provas, da inviolabilidade do domicílio, do sigilo das comunicações em geral e de dados.

O princípio do devido processo legal, no Brasil, só foi constitucionalmente assegurado, de forma expressa, com o advento da Carta Política de 1988 (art. 5.°, inciso LIV, da Constituição Federal). Alguns princípios gerais de processo têm aplicação diversa no campo do processo civil e do processo penal, apresentando, às vezes, feições ambivalentes. Assim, por exemplo, vige no sistema processual penal a regra da indisponibilidade, ao passo que na maioria dos ordenamentos processuais civis impera a disponibilidade; a verdade formal prevalece no processo civil, enquanto a verdade real domina o processo penal. Outros princípios, pelo contrário, têm aplicação idêntica em ambos os ramos do direito processual (princípios da imparcialidade do juiz, do contraditório, da livre convicção, entre outros).

Contudo, é nos princípios constitucionais que se embasam as disciplinas processuais, encontrando na Constituição Federal a estrutura comum que permite a elaboração de uma teoria geral do processo.

Cada jurista adota uma classificação para o estudo dos princípios processuais de uma forma. Para Ovídio A. Baptista da Silva,[211] os princípios fundamentais do processo civil são: a) princípio dispositivo; b) princípio de demanda; c) princípio da oralidade; d) princípio da imediatidade; e) princípio da identidade física do juiz; f) princípio da concentração; g) princípio da irrecorribilidade das interlocutórias; h) princípio do livre convencimento do juiz; i) princípio da bilateralidade da audiência; j) e princípio da verossimilhança.

Já Cândido Rangel Dinamarco[212] elenca os princípios gerais do direito processual da seguinte forma: a) princípio da imparcialidade do juiz; b) princípio da igualdade; c) princípios do contraditório e da ampla defesa; d) princípio da ação – processos inquisitivo e acusatório; e) prin-

---

[211] SILVA, Ovídio A. Baptista da Silva e GOMES, Fábio. *Teoria geral do processo civil*. São Paulo: Revista dos Tribunais, 2000, p. 46.
[212] DINAMARCO, Cândido Rangel, GRINOVER, Ada Pellegrini, CINTRA, Antonio Carlos de Araújo. *Teoria geral do processo*. São Paulo: Malheiros Editores, 1998, p. 50.

cípios da disponibilidade e da indisponibilidade; f) princípio dispositivo e princípio da livre investigação das provas – verdade formal e verdade real; g) princípio do impulso oficial; h) princípio da oralidade; i) princípio da persuasão racional do juiz; j) princípio da motivação das decisões judiciais; k) princípio da publicidade; l) princípio da lealdade processual; m) princípios da economia e da instrumentalidade das formas; e n) princípio do duplo grau de jurisdição. Todavia, o citado jurista,[213] ao tratar da tutela constitucional do processo, entende que ela é matéria atinente à teoria geral do processo, razão pela qual enumera sua dúplice configuração: a) direito de acesso à justiça (ou direito de ação e de defesa); e b) direito ao processo (ou garantias do devido processo legal).

Os princípios gerais do direito processual civil são divididos por Humberto Theodoro Júnior em informativos do processo e do procedimento:[214] I) princípios informativos do processo: a) princípio do devido processo legal; b) princípio inquisitivo e o dispositivo; c) princípio do contraditório; d) princípio do duplo grau de jurisdição; e) princípio da boa fé e da lealdade processual; f) princípio da verdade real; II – princípios informativos do procedimento: a) princípio da oralidade; b) princípio da publicidade; c) princípio da economia processual; d) princípio da eventualidade ou da preclusão.

Por sua vez, Marcelo Abelha Rodrigues[215] dá uma classificação diferente dos princípios do direito processual civil, ao atribuir ao devido processo legal a raiz dos princípios do processo civil, enumerando-os da seguinte forma: a) princípio do livre, pleno e justo acesso à justiça; b) princípio da livre iniciativa; c) princípio da disponibilidade do direito de ação; d) princípio da inalterabilidade da demanda; e) princípio da igualdade processual; f) princípio da oralidade; g) princípio da instrumentalidade das formas; h) princípio da publicidade; i) princípio da preclusão; j) princípio da eventualidade; k) princípio da bilateralidade da audiência; m) princípio do impulso oficial; n) princípio da probidade processual; o) princípio da verdade real e livre convencimento motivado do juiz. O mesmo processualista inova ao elencar os princípios do processo civil na jurisdição civil

---

[213] Idem, p. 80.
[214] THEODORO JÚNIOR, Humberto. Princípios gerais do direito processual civil. *Revista de Processo*. n. 23. São Paulo: Revista dos Tribunais, 1981, p. 178.
[215] RODRIGUES, Marcelo Abelha. *Elementos de direito processual civil*. v. 1. São Paulo: Revista dos Tribunais, 2000, p. 51.

coletiva: a) princípio do devido processo legal na jurisdição civil coletiva (JCC); b) princípio da isonomia; c) princípio do acesso eficaz à justiça; d) princípio do contraditório e da ampla defesa; e) princípio dispositivo x princípio inquisitivo; f) princípio da eventualidade; g) princípio da boa-fé e da lealdade processual; h) princípio da simplicidade, informalidade, celeridade e economia processual.

De forma peculiar, racional e lógica, Nélson Nery Júnior[216] enumera os princípios processuais derivados do devido processo legal na Constituição Federal: a) princípio da isonomia; b) princípio do juiz e do promotor natural; c) princípio da inafastabilidade do controle jurisdicional (princípio do direito de ação); d) princípio do contraditório; e) princípio da proibição da prova ilícita; f) princípio da publicidade dos atos processuais; g) princípio do duplo grau de jurisdição; g) princípio da motivação das decisões judiciais.

Com enfoque diferenciado, Roberto Rosas[217] elenca como princípios constitucionais aplicáveis ao processo: a) a função jurisdicional; b) o juiz natural; c) o princípio da isonomia-igualdade; d) coisa julgada; e) direito adquirido; f) direito à intimidade e à inviolabilidade; e g) a motivação da sentença. Ao tratar da garantia do devido processo legal,[218] enumera: a) direito de ampla defesa e contraditório; e b) assistência judiciária e justiça gratuita.

Porém, estudo exaustivo e completo faz Rui Portanova[219], dividindo os princípios em quatro partes, ou seja: relativos aos princípios informativos (princípios lógico, econômico, político, jurídico, instrumental e efetivo); à jurisdição e juiz (princípio do juiz natural); ação e defesa (princípio do acesso à Justiça); e ao processo e procedimento (princípio do devido processo legal): atos processuais, nulidades, prova, sentença e recursos.[220]

---

[216] NERY JUNIOR, Nelson. *Princípios do processo civil na constituição federal.* São Paulo: Revista dos Tribunais, 1997, p. 39.

[217] ROSAS, Roberto. *Direito processual constitucional. Princípios constitucionais do processo civil.* São Paulo: Revista dos Tribunais, 1997, p. 28.

[218] Idem, p. 47.

[219] PORTANOVA, Rui. *Princípios do processo civil.* Porto Alegre: Livraria do Advogado, 1999, p. 9.

[220] 1 – princípios informativos: a) princípio lógico; b) princípio econômico; c) princípio político; d) princípio jurídico; e) princípio instrumental; f) princípio efetivo;

2 – jurisdição e juiz – princípio do juiz natural – a) princípio da inércia da jurisdição; b) princípio da independência; c) princípio da imparcialidade; d) princípio da inafastabilidade; e) princípio da gratuidade judiciária; f) princípio da investidura;

Outra enumeração digna de nota é a elaborada por José Cretella Neto, que divide os princípios em "princípios constitucionais do processo civil"[221] e "princípios não-constitucionais do processo civil",[222] dando destaque especial ao que chama de mega-princípio (denominado de super-princípio por Humberto Theodoro Júnior): o princípio do devido processo legal.[223] Para o referido jurista são sete os princípios constitucionais setoriais que informam o processo civil: a) princípio da ampla defesa; b) princípio do contraditório; c) princípio da igualdade das partes perante a lei;

---

g) princípio da aderência ao território; h) princípio da indelegabilidade; i) princípio da indeclinabilidade; j) princípio da inevitabilidade; k) princípio da independência das jurisdições civil e criminal; l) princípio da *perpetuatio jurisdictionis*; m) princípio da recursividade;

3 – ação e defesa – princípio do acesso à Justiça: a) princípio da demanda; b) princípio da autonomia de ação; c) princípio dispositivo; d) princípio da ampla defesa; e) princípio da defesa global; f) princípio da eventualidade; g) princípio da estabilidade objetiva da demanda; h) princípio da estabilidade subjetiva da demanda;

4 – processo e procedimento – princípio do devido processo legal:

4.1 – atos processuais: a) princípio do debate; b) princípio do impulso oficial; c) princípio da boa-fé; d) princípio do contraditório; e) princípio da representação por advogado; f) princípio da publicidade; g) princípio da celeridade; h) princípio da preclusão; i) princípio da indisponibilidade procedimental; j) princípio da preferibilidade do rito ordinário;

4.2 – nulidades: a) princípio da liberdade de forma; b) princípio da finalidade; c) princípio do aproveitamento; d) princípio do prejuízo; e) princípio da convalidação; f) princípio da causalidade;

4.3 – prova: a) princípio da busca da verdade; b) princípio da licitude da prova; c) princípio inquisitivo; d) princípio da livre admissibilidade da prova; e) princípio do ônus da prova; f) princípio da comunhão da prova; g) princípio da imediatidade; h) princípio da concentração; i) princípio da originalidade;

4.4 – sentença: a) princípio da vinculação do juiz aos fatos da causa; b) princípio da adstrição do juiz ao pedido da parte; c) princípio da *iuria novit curia*; d) princípio da identidade física do juiz; e) princípio do livre convencimento; f) princípio da motivação; g) princípio da persuasão; h) princípio da sucumbência; i) princípio da invariabilidade da sentença;

4.5 – recursos: a) princípio do duplo grau de jurisdição; b) princípio do duplo grau de jurisdição obrigatório; c) princípio da taxatividade; d) princípio da singularidade; e) princípio da fungibilidade do recurso; f) princípio da dialeticidade; g) princípio da devolutibilidade dos recursos; h) princípio da irrecorribilidade em separado das interlocutórias.

[221] NETO, José Cretella. *Fundamentos principiológicos do processo civil*. Rio de Janeiro: Forense, 2002, p. 47.

[222] Idem, p. 133.

[223] Idem, p. 40.

d) princípio da imparcialidade do juiz; e) princípio do duplo grau de jurisdição; f) princípio da motivação das decisões judiciais e publicidade do processo e dos atos processuais. Porém, são vinte e sete os princípios não-constitucionais de processo civil.[224]

No campo da jurisdição penal, segundo José Augusto Delgado,[225] o devido processo legal se desdobra em garantir: a) a presunção de inocência, até prova em contrário, seguindo-se processo regular, condenação definitiva e com trânsito em julgado que reconheça a autoria e materialidade do ilícito criminal, além da culpabilidade do condenado (art. 5.º, LVII, da CF); b) a não identificação criminal de quem já seja civilmente identificado, salvo as hipóteses legais (art. 5.º, LVIII, da CF); c) a impossibilidade do cidadão ser preso senão em flagrante delito ou por ordem escrita e fundamentada de autoridade judiciária competente, salvo nos casos de transgressão militar ou crime propriamente militar, definidos em lei (art. 5.º, LXI, da CF); d) a comunicação imediata ao juiz competente e à família do preso ou à pessoa por ele indicada, do fato em si da prisão e do local onde o mesmo se encontra (art. 5.º, LXII, da CF); e) o direito do preso ser informado de seus direitos, entre os quais o de permanecer calado, além de lhe ser assegurada a assistência da família e de advogado

---

[224] Princípios não-constitucionais de processo civil: 1) princípio da ação (também chamado de princípio da demanda, da iniciativa de parte, da incoação, do impulso ou impulsão do processo pelas partes, da coextensão o direito, da pretensão e da ação); 2) princípio da adequação; 3) princípio da adstrição do juiz ao pedido da parte; 4) princípio da alternatividade; 5) princípio do aproveitamento dos atos processuais; 6) princípio da aquisição processual; 7) princípio da causalidade; 8) princípio da concentração da causa; 9) princípio da disponibilidade processual; 10) princípio dispositivo e princípio inquisitivo; 11) princípio da economia processual; 12) princípio da eventualidade; 13) princípio da fungibilidade dos recursos; 14) princípio da identidade física do juiz; 15) princípio do impulso oficial e processo inquisitivo; 16) princípio da incomunicabilidade das nulidades processuais; 17) princípio da instrumentalidade das formas (ou do processo) e o sistema da legalidade formal; 18) princípio da lealdade processual e da boa-fé; 19) princípios da livre investigação e da livre apreciação das provas: o convencimento racional do juiz como princípio processual; 20) princípio do ônus da prova; 21) princípio da oralidade; 22) princípio da preclusão; 23) princípio da proibição da *reformatio in peius*; 24) princípio da proibição ao reexame do mérito da sentença estrangeira; 25) princípio da sucumbência; 26) princípio da unirrecorribilidade; 27) princípio da verdade real: processo e verdade formal – proibição da prova ilícita.

[225] DELGADO, José Augusto. A supremacia dos princípios nas garantias processuais do cidadão. *Revista de Processo*. n. 65. São Paulo: Revista dos Tribunais, 1992, p. 101.

(art. 5.º, LXIII, da CF); f) o direito do preso à identificação dos responsáveis por sua prisão ou interrogatório policial (art. 5.º, LXIV, da CF); g) a obrigação da autoridade judicial relaxar, imediatamente, a prisão ilegal (art. 5.º, LXV, da CF); h) o direito do cidadão não ser levado à prisão ou nela mantido, quando a lei admitir a liberdade provisória, com ou sem fiança (art. 5.º, LXVI, da CF); e i) a impossibilidade de haver prisão civil por dívida, salvo a do responsável pelo inadimplemento voluntário e inescusável de obrigação alimentícia e a do depositário infiel (art. 5.º, LXVII, da CF). Mas, como bem lembrado pelo Ministro José Augusto Delgado,[226] "a expressão maior do devido processo legal está em garantir os dogmas do contraditório e da ampla defesa", constituindo, a um só tempo, garantia das partes, do processo e da jurisdição.[227]

Por sua vez, Canotilho[228], aduzindo que as garantias processuais e procedimentais, bem como o princípio da proteção jurídica, são decorrentes do Estado de Direito, ensina que do "princípio do Estado de direito deduz-se, sem dúvida, a exigência de um procedimento justo e adequado de acesso ao direito e de realização do direito". E complementa dizendo que, como a realização do direito é determinada pela conformação jurídica do procedimento e do processo, a Constituição contém alguns princípios e normas designados por garantias gerais de procedimento e de processo, cujas principais dimensões são as seguintes:

I – garantias de processo judicial: a) garantia do processo eqüitativo; b) princípio do juiz legal; c) princípio da audição; d) prin-

---

[226] Idem, p. 102.

[227] No ensinamento de Ada P. Grinover, *in* "O processo constitucional em marcha – Contraditório e ampla defesa em cem julgados do Tribunal de Alçada Criminal de São Paulo". São Paulo: Max Limonad, 1985, p. 78: "*Garantia das partes e do próprio processo: eis o enfoque completo e harmonioso do conteúdo da cláusula do devido processo legal, que não se limita ao perfil subjetivo da ação e da defesa como direitos, mas que acentue, também e especialmente, seu perfil objetivo. Garantias, não apenas das partes, mas sobretudo da jurisdição: porque se, de um lado, é interesse dos litigantes a efetiva e plena possibilidade de sustentarem suas razões, de produzirem suas provas, de influírem concretamente sobre a formação do convencimento do juiz, do outro lado essa efetiva e plena possibilidade constitui a própria garantia da regularidade do processo, da imparcialidade do juiz, da justiça das decisões*".

[228] CANOTILHO, José Joaquim Gomes. *Direito constitucional e teoria da Constituição*. Coimbra: Almedina, 2001, p. 272.

cípio da igualdade processual das partes; e) princípio da conformação do processo segundo os direitos fundamentais; f) princípio da fundamentação dos atos judiciais; e g) princípio da legalidade processual;

II – garantias de processo penal: a) garantia de audiência do argüido; b) a proibição de tribunais de exceção; c) proibição da dupla incriminação; d) princípio da notificação das decisões penais; e) princípio do contraditório; f) direito de escolher defensor; g) a assistência obrigatória de advogado em certas fases do processo penal; h) princípio da excepcionalidade da prisão preventiva;

III – garantias do procedimento administrativo: a) direito de participação do particular nos procedimentos em que está interessado; b) princípio da imparcialidade da administração; c) princípio da audição jurídica; d) princípio da informação; f) princípio da fundamentação dos atos administrativos lesivos de posições jurídicas subjetivas; g) princípio da conformação do procedimento segundo os direitos fundamentais; h) princípio da boa-fé; i) princípio do arquivo aberto. Além destes princípios expressamente previstos na Constituição, Canotilho[229] cita outros previstos em outras normas: a) princípio da boa-fé; b) princípios da informalidade procedimental; c) princípio da celeridade procedimental; d) princípio do inquisitório; e) princípio da participação e da colaboração; e f) princípio da justiça.

No Brasil, os direitos e garantias fundamentais também podem derivar de acordo internacional. Por exemplo, a Convenção Americana sobre Direitos Humanos (Pacto de São José da Costa Rica), devidamente ratificada pelo Brasil, foi integrada ao nosso ordenamento jurídico pelo Decreto n.° 678, de 06.11.92, ficando, a partir daí, os direitos e garantias processuais nela inseridos, a ter índole e nível constitucional, nos termos do art. 5.°, § 2.°, da Constituição Federal.[230] O art. 8.° da Convenção, enu-

---

[229] Idem, p. 273.
[230] O art. 5.°, § 2.°, da Constituição Federal, expressa o seguinte: *"Os direitos e garantias expressos nesta Constituição não excluem outros decorrentes do regime e dos princípios por ela adotados, ou dos tratados internacionais em que a República Federativa do Brasil seja parte".*

mera as garantias judiciais, sendo que muitas das garantias supranacionais já se encontram mencionadas na Constituição. Em alguns tópicos, a Lei Maior é mais garantidora, mas em outros a Convenção explicita e desdobra as garantias constitucionais.

Mas merece destaque o ponto que surge nova garantia explícita da Convenção, que é o direito à prestação jurisdicional em prazo razoável. É a garantia da prestação jurisdicional sem dilações indevidas, integrante das garantias do devido processo legal, porquanto justiça tardia não é verdadeira justiça, mas sim negativa da jurisdição. Agora, a Carta Magna brasileira, não mais omissa a esse respeito, será integrada não só pelos direitos e garantias implícitos, mas também pela Convenção Americana, sendo que o descumprimento da regra do direito ao justo processo, em prazo razoável, pode levar a Comissão e a Corte Americanas dos Direitos do Homem a aplicar sanções pecuniárias ao Estado inadimplente.

O Estado, ao proibir a autotutela privada e assumir o monopólio da jurisdição, ficou na obrigação de tutelar adequada e efetivamente os conflitos de interesses das partes, aí incluída a garantia da prestação jurisdicional sem dilações indevidas como corolário do devido processo legal. Serve-se o Estado, então, do processo cautelar e da tutela antecipatória como forma de abreviar o lapso processual.

3.7 – Devido processo legal e cidadania

São fundamentos do Estado brasileiro, segundo o art. 1.°, da Carta Política, a soberania, a cidadania, a dignidade da pessoa humana, os valores sociais do trabalho e da livre iniciativa e o pluralismo político.

Mas a cidadania tem um sentido mais amplo daquele tradicionalmente ligado à titularidade de direitos políticos.

Na acepção da filósofa política Hannah Arendt, cidadania corresponde a *status civitatis* pelo qual o cidadão tem "direito a direitos". Quais direitos? Todos os direitos previstos na Constituição, bem como os dela decorrentes.

---

[231] SILVA, José Afonso da. *Curso de direito constitucional positivo.* São Paulo: Malheiros Editores, 1992, p. 96.

Para José Afonso da Silva,[231] citando Jorge Miranda, a cidadania "qualifica os participantes da vida do Estado, o reconhecimento dos indivíduos como pessoa integrada na sociedade estatal (art. 5.º, LXXXVII). Significa aí, também, que o funcionamento do Estado estará submetido à vontade popular. O termo conexiona-se com o conceito de soberania popular (parágrafo único do art. 1.º), com os direitos políticos (art. 14) e com o conceito de dignidade da pessoa humana (art. 1.º, III), com os objetivos da educação (art. 205), como base e meta essencial do regime democrático".

Porém, o conceito de cidadania é complexo, entendendo Walter Ceneviva[232] que "os componentes do povo têm direitos inerentes à cidadania, que significa a possibilidade do exercício dos direitos civis, de acordo com a lei, sendo um dos fundamentos da Nação (art. 1.º, II)". E acrescenta que a cidade tem um pressuposto biológico natural: "o fato de alguém nascer em um território (art. 12, I), e submetido à ordem jurídica deste, o integra no povo, como cidadão. Pode ter, também, pressuposto jurídico: o da adoção da cidadania, por uma das formas possíveis de naturalização (art. 12, II). Por fim, Ceneviva[233] conceitua cidadão como "a pessoa natural portadora de direitos. O conjunto de seus direitos é a cidadania".

Basicamente, o discurso da cidadania, na teoria jurídica brasileira, emana do Direito Constitucional e da Teoria Geral do Estado, sendo enfocada sob três aspectos: nacionalidade e direitos políticos (direito constitucional) e elementos constitutivos do Estado (população, território e soberania). Todavia, para Vera Regina Pereira de Andrade,[234] "é no elemento povo que o discurso da cidadania se inscreve".

Cada jurista tem uma concepção acerca da cidadania. Por exemplo, Pinto Ferreira[235] vislumbra a cidadania em três momentos: a) em sentido amplo, identificada com a nacionalidade; b) como cidadania ativa entendida como a titularidade de direitos políticos; c) identificação de um povo de um Estado com os seus nacionais (somente a população abrange os estrangeiros) ou com seus cidadãos em sentido amplo, para aparecer a identificação do corpo eleitoral com a cidadania ativa (conjunto de cida-

---

[232] CENEVIVA, Walter. *Direito constitucional brasileiro*. São Paulo: Saraiva, 1989, p. 29.
[233] Idem, p. 30.
[234] ANDRADE, Vera Regina Pereira de. *Cidadania: do direito aos direitos humanos*. São Paulo: Acadêmica, 1993, p. 17.
[235] FERREIRA, Pinto. *Teoria geral do Estado*. São Paulo: Saraiva, 1975, p. 447.

dãos ou nacionais que dispõe de poder de voto). O conceito de povo, em sentido amplo, vincula-se ao de cidadania ou nacionalidade, sendo recortado pelo conceito de eleitorado, indicativo da cidadania ativa.

Por sua vez, Dalmo de Abreu Dallari[236], embora ressalte que a cidadania indica a situação jurídica de uma pessoa em relação a determinado Estado, em que o conjunto de cidadãos configura o seu elemento povo, entende que "a aquisição da cidadania depende das condições fixadas pelo próprio Estado, podendo ocorrer com o simples fato do nascimento em determinadas circunstâncias, bem como pelo atendimento de certos pressupostos que o Estado estabelece. A condição de cidadão implica direitos e deveres que acompanham o indivíduo mesmo quando ele se ache fora do território do Estado".

Interessante é a afirmação de Vera Regina Pereira de Andrade[237], ao dizer que "a partir de uma leitura de suas funções sociais, o discurso jurídico da cidadania insere-se, integralmente, nas funções ideológicas e na instrumentalização política da cultura jurídica dominante". Portanto, existiria, nas faculdades de direito, "um pensamento jurídico comprometido com a ideologia hegemônica da sociedade".

Modernamente,[238] a cidadania encontra-se vinculada, primeiramente, ao princípio da igualdade formal (apanágio da ideologia liberal). Ensina Vera Regina Pereira de Andrade que "sendo definido inicialmente pela igualdade perante a lei e pela titularidade de direitos civis, o discurso da cidadania vai tendo seu conteúdo paulatina e conflitivamente ampliado, para incorporar também direitos políticos e sócio-econômicos, na medida em que o fenômeno da industrialização – do crescimento industrial – vai tornando a sociedade moderna cada vez mais complexa, especialmente a partir do século XIX". Prosseguindo[239], vislumbra-se uma situação paradoxal: "se cidadania é uma instituição em desenvolvimento desde o século XVIII, então seu desenvolvimento coincide com o desenvolvimento do capitalismo. E se a cidadania é uma instituição que tende a sistema de igualdade, o capitalismo, ao revés, é um sistema de desigualdades. E nesse

---

[236] DALLARI, Dalmo de Abreu. *Elementos de teoria geral do Estado*. São Paulo: Saraiva, 1979, p. 88.

[237] ANDRADE, Vera Regina Pereira de. *Cidadania: do direito aos direitos humanos*. São Paulo: Acadêmica, 1993, p. 42.

[238] Idem, p. 62.

[239] Idem, p. 64.

sentido afirma Marshall: A cidadania é um *status* concedido àqueles que são membros integrais de uma comunidade. Todos aqueles que possuem o *status* são iguais com respeito aos direitos e obrigações pertinentes. Não há nenhum princípio universal que determine o que estes direitos e obrigações serão, mas as sociedades nas quais a cidadania é uma instituição em desenvolvimento criam uma imagem de uma cidadania ideal em relação à qual a aspiração pode ser dirigida. A insistência em seguir o caminho assim determinado equivale a uma insistência por uma medida efetiva de igualdade, um enriquecimento da matéria-prima do *status*. A classe social, por outro lado, é um sistema de desigualdade, (....). É, portanto, compreensível que se espere que o impacto da cidadania sobre a classe social tomasse a forma de um conflito entre princípios opostos".

Na verdade, o que se verifica é que os direitos do homem, em suas várias dimensões, são vistos como integrantes do discurso da cidadania que condensa o tríplice perfil de direitos constitutivos da cidadania: direitos civis, políticos e econômico-sociais, recoberta pelo princípio da igualdade perante a lei:[240] "o caráter estratificado da cidadania, apesar da alegação de sua universalidade nas Declarações de Direitos e nas Cargas Constitucionais, é estabelecido pelo próprio Direito, fazendo com que, sob a retórica da igualdade perante a lei, vigorem direitos formalmente desiguais para indivíduos desiguais. Ou seja, não se trata de afirmar que existem direitos de cidadania formalmente iguais para indivíduos concretamente desiguais. Mas existem direitos de cidadania formalmente desiguais para indivíduos desiguais".[241]

Dentro desse contexto, as relações sociais, econômicas, políticas, familiares e patrimoniais que se estabelecem entre as pessoas criam direitos e deveres recíprocos entre elas, necessitando, portanto, de regulamentação jurídica. Então, para que haja ordem e segurança jurídica na convivência da sociedade, o Estado e os cidadãos se tornam responsáveis pela aplicação do direito.

Todavia, para que haja o exercício dos direitos subjetivos dos cidadãos, afim de satisfazer os seus interesses e pretensões, há a necessidade de se impor o direito objetivo que representa a ordem jurídica e as normas de convivência social. Mas o direito subjetivo, na expressão de Gustav

---
[240] Idem, p. 68.
[241] Idem, p. 69.

Radbruch,[242] aguça o sentimento jurídico no homem e o liberta, dando-lhe uma posição de privilégio, porque, na exigência de sua pretensão jurídica, assegura o direito de defesa a tudo o que lhe pertence por atribuição imperativa da norma jurídica.

Assim, não é possível o estudo das regras jurídicas processuais que garantem os direitos dos cidadãos, apenas à luz da norma positiva, tendo em vista a exigência de uma concepção mais ampla, exigindo uma visualização dos princípios informativos do direito processual. É reconhecida a importância dos princípios, já que articulam-se com normas de diferentes tipos e características, facilitando a compreensão das regras processuais constitucionais e as de posição hierárquica inferior.

Modernamente, o processo busca dois objetivos: proteção dos direitos individuais e verificação e proteção da ordem jurídica, a serviço dos cidadãos. Essa é a tendência processual atual, que se instaurou contra a concepção individualista do processo e da justiça.

Os princípios são garantias processuais do cidadão, razão pela qual deve-se buscar, constantemente, conforme leciona José Augusto Delgado,[243] "respostas satisfatórias ao grave problema de ser assegurada tutela suficiente ao cidadão em face de novas garantias e interesses surgidos que são vitais para a estabilidade da sociedade moderna". Assim, "o Estado procura se desincumbir de sua função jurisdicional, poder-dever, reflexo de sua soberania, de modo que lhe seja possível concretizar a realização do bem comum almejado pelo cidadão no seu dia-a-dia em sociedade. Para tanto, o processo é o instrumento de que dispõe, cuja utilização se apóia em princípios, todos atuando com o propósito de tornar eficazes os direitos e garantias fundamentais do cidadão. Essa consciência jurídica formal evidencia o conteúdo científico presente na elaboração da Constituição e da lei ordinária, cujo fim é alcançar o pleno desenvolvimento da personalidade dos destinatários das normas jurídicas – o cidadão – enfrentando, com eficiência e rapidez a prestação jurisdicional solicitada. O funcionamento de um sistema jurídico todo voltado para assegurar as garantias processuais do cidadão não pode admitir que só exista o

---

[242] RADBRUCH, Gustav. *Filosofia do direito*. São Paulo: A. Amado, 1979, pp. 207-213.

[243] DELGADO, José Augusto. A tutela do processo na Constituição Federal de 1988. *Revista Forense*. n. 305. Rio de Janeiro: Forense, 1989, p. 91.

direito positivo, por essa situação limitar a função do jurista. Este necessita ter uma amplitude maior do que aquela definida pelo direito positivo, tudo vinculado com a precisa identificação das finalidades visadas pela norma jurídica, especialmente, a de natureza constitucional".

Dessa forma, para que seja eficiente e atuante as garantias constitucionais processuais do cidadão, busca-se, com as devidas cautelas, o exame do sentido útil do princípio da unidade da Constituição e o da unidade hierárquico-normativa, preconizada por Canotilho:[244] "O princípio da unidade hierárquico-normativa significa que todas as normas contidas numa Constituição formal têm igual dignidade (não há normas só formais nem hierarquia de supra-infra-ordenação) dentro da lei constitucional. De acordo com esta premissa, só o legislador constituinte tem competência para estabelecer exceções à unidade hierárquico-normativa dos preceitos constitucionais (ex.: normas de revisão concebidas como normas superconstitucionais). Como se irá ver em sede de interpretação, o princípio da unidade normativa conduz à rejeição de duas teses, ainda hoje muito correntes na doutrina do direito constitucional: a tese das antinomias alternativas e a tese das normas constitucionais inconstitucionais".

No que concerne ao direito fundamental das garantias processuais do cidadão, José Augusto Delgado[245] não aceita como de efeito absoluto o princípio da unidade da Constituição e o da unidade hierárquica-normativa, "por não se permitir alcançar a eficácia da plenitude de tais garantias, por se pretender resolver todos os problemas decorrentes dessa situação a partir da positividade normativo-constitucional". Esta posição está fundada na tese perfilhada por José Joaquim Gomes Canotilho, que entende a Constituição de um país como uma estrutura formada de tensões, pelo que não pode se transformar "uma lei constitucional em código exaustivo da vida política".

O Estado moderno deve garantir os direitos fundamentais do cidadão, especialmente aqueles necessários para o controle dos conflitos. Mas é pelo processo que se assegura a efetivação dos direitos e garantias fundamentais do cidadão, quando vulnerados, fundados nos princípios

---

[244] CANOTILHO, José Joaquim Gomes. *Direito constitucional e teoria da Constituição*. Coimbra: Almedina, 2001, p. 118.
[245] DELGADO, José Augusto. A tutela do processo na Constituição Federal de 1988. *Revista Forense*. n. 305. Rio de Janeiro: Forense, 1989, p. 92.

constitucionais específicos. Lembra José Augusto Delgado[246] que o processo "é instrumento que o Estado está obrigado a usar e representa uma prestação de garantia através da qual o fundamento da norma se preserva e são protegidos os direitos essenciais do cidadão. É o único meio de se fazer com que os valores incorporados pela Constituição, em seu contexto, sejam cumpridos, atingindo o fim precípuo a que se propõem – o estabelecimento da paz social".

Atualmente, verifica-se que o processo deixou de ser um instrumento para a realização da pretensão individual, transformando-se em meio de entrega da prestação jurisdicional dos cidadãos em geral. Deixou o juiz de ser um mero espectador do conflito instalado para ser um agente estatal com atribuições de buscar e dizer a verdade jurídica. Daí Chiovenda[247] destacar a função jurisdicional das demais funções estatais, definindo-a como "a função do Estado que tem por escopo a atuação da vontade da lei por meio da substituição, pela atividade de órgãos públicos, da atividade de particulares ou de outros órgãos públicos, já no afirmar a exigência da vontade da lei, já no torná-la, praticamente, efetiva".

Na verdade, os princípios fundamentais são essenciais para a análise das garantias processuais do cidadão, visto que, por si só, as normas constitucionais são insuficientes para compreendê-las, bem como para ampliar o sentido pela simples expressão do texto legal.

Sendo a lei um ato de vontade emanado pelos cidadãos, pelos respectivos órgãos legislativos, os princípios relacionados às garantias processuais do cidadão atuam como forma de proteção das liberdades jurídicas, tendo, por isso, previsão constitucional expressa. A Constituição Federal deve permitir que se extraia de seu conteúdo substancial as idéias matrizes, ordenadas sistemática e racionalmente, para a garantia dos direitos fundamentais do cidadão. Daí decorrer, nas palavras de José Augusto Delgado,[248] "a função excepcional dos princípios jurídicos processuais para a eficácia dos direitos, liberdades e garantias oferecidas aos jurisdicionados". E concebe o citado jurista[249] "a força dos princípios proces-

---

[246] Idem, p. 92.
[247] CHIOVENDA, Giuseppe. *Instituições de direito processual civil*. v. II. Campinas: Bookseller, 2000, p. 8.
[248] DELGADO, José Augusto. A tutela do processo na Constituição Federal de 1988. *Revista Forense*. n. 305. Rio de Janeiro: Forense, 1989, p. 93.
[249] Idem, p. 94.

suais no garantir os direitos fundamentais do cidadão quando violados, por eles pertencerem à ordem jurídica positiva, haja vista terem sido introduzidos na consciência geral da Nação e encontrarem uma recepção expressa ou implícita na Carta Magna".

A noção de cidadão, nos tempos atuais, não está restrita apenas aos jurisdicionados, pois tem sido ampliada também aos juízes, ao fundamento da exigência de que os mesmos vivenciem os dramas sociais sobre os quais é chamado a atuar no processo. Não é por outra razão que Cândido Rangel Dinamarco utiliza a denominação juiz-cidadão.[250] Lembra que, no Estado do Rio Grande do Sul, um grupo de juízes, ditos alternativos, desenvolveu uma proposta cujo escopo é a superação dos parâmetros de justiça contidos na lei posta, adotando critérios ditados pela consciência ética.

A imagem do juiz-cidadão vincula-se ao julgador que não só leva para o processo os valores captados na vivência social, como ainda conduz a própria lei do processo de acordo com a experiência concreta adquirida nos conflitos dirimidos. Cândido Rangel Dinamarco diz,[251] ainda, que, sendo a decisão um momento valorativo, "para o adequado cumprimento da função jurisdicional é indispensável boa dose de sensibilidade do juiz aos valores sociais e às mutações axiológicas de sua sociedade".[252]

A sociedade exige do juiz moderno um comportamento capaz de oferecer às partes um processo justo na sua realização e, ao fim, uma tutela jurisdicional justa. Uma pesquisa relatada por José Eduardo Faria[253] mostrou que 73,7% dos entrevistados querem um juiz que não seja mero aplicador das leis, ou seja, entendem que ele tem de ser sensível aos problemas sociais.

---

[250] DINAMARCO, Cândido Rangel. O futuro do direito processual civil. *Revista Forense*. n. 336. Rio de Janeiro: Forense, 1996, p. 41.

[251] DINAMARCO, Cândido Rangel. *A instrumentalidade do processo*. São Paulo: Revista dos Tribunais, 1987, p. 422.

[252] E prossegue Dinamarco, *op. cit.*, p. 421: "Como a todo intérprete, incumbe ao juiz postar-se como canal de comunicação entre a carga axiológica atual da sociedade em que vive e os textos, de modo que estes fiquem iluminados pelos valores reconhecidos e assim possa transparecer a realidade da norma que contêm no momento presente. O juiz que não assuma essa postura perde a noção dos fins de sua própria atividade, a qual poderá ser exercida até de modo bem mais cômodo, mas não corresponderá às exigências de justiça".

[253] FARIA, José Eduardo. *O Poder Judiciário no Brasil: paradoxos, desafios e alternativas*. Brasília: Centro de Estudos Judiciários da Justiça Federal, 1996, p. 7.

As garantias processuais do cidadão são reguladas por normas consagradoras de direitos fundamentais, tidas como uma das partes mais constitucionais de qualquer Constituição. Essas garantias devem guardar conformação com a Carta Suprema, pois as limitações delas derivadas não se apresentam como restrição de direitos, mas como forma de regulamentar a atuação estatal, tendo por finalidade concretizar esses direitos fundamentais.

Daí o papel do devido processo legal, que é a expressão maior das garantias processuais fundamentais do cidadão, sendo a sua aplicação uma forma direta de repelir a onipotência e a arbitrariedade. O instituto do devido processo legal outorga a mais ampla garantia processual ao cidadão, mas não se restringe, unicamente, a isso, pois, na sua concepção substantiva, bem retratada por Carlos Roberto de Siqueira Castro,[254] atua como inesgotável manancial de inspiração para a criatividade hermenêutica, especialmente, no trato das liberdades públicas.

Os princípios constitucionais informadores das garantias processuais do cidadão são citados pelo Ministro José Augusto Delgado:[255] princípio da garantia da via judiciária; princípio garantidor do juiz natural; princípio da isonomia processual; princípio do devido processo legal ou do justo processo; e princípio da motivação das decisões. Da garantia do devido processo legal derivam outros princípios fundamentais do cidadão, tanto no campo cível, como no penal.

Conclui-se, então, que as garantias processuais dos cidadãos são direitos fundamentais, pela sua própria natureza, estando previstas em nível de princípios constitucionais, de forma ampla e abrangente. Deve o processo servir, de forma célere, segura e eficaz, como meio e instrumento dos direitos subjetivos dos cidadãos, garantindo a aplicação do direito à vida, à liberdade, à igualdade, à segurança e à propriedade, enfim, protegendo os valores supremos de uma sociedade fraterna, pluralista, sem preconceitos e socialmente harmoniosa.

O princípio do devido processo legal, depois de inserido no texto constitucional, constitui mandamento garantidor do acesso do cidadão às

---

[254] CASTRO, Carlos Roberto de Siqueira. *O devido processo legal e a razoabilidade das leis na nova Constituição do Brasil*. Rio de Janeiro: Forense, 1989, p. 76.

[255] DELGADO, José Augusto. A tutela do processo na Constituição Federal de 1988. *Revista Forense*. n. 305. Rio de Janeiro: Forense, 1989, p. 94.

decisões do sistema jurídico, mediante previsões específicas, do qual decorrem alguns postulados básicos para o sistema democrático. Instrumento típico do Estado de Direito, a garantia do devido processo legal inibe qualquer restrição à liberdade ou aos direitos do cidadão, salvo a observância do procedimento adequado, válida e legalmente previsto.

3.8 – Devido processo legal e justiça

Não há como dissociar a cláusula do devido processo legal da concepção e da idéia de justiça. Ora, direito é, antes de mais nada, justiça. A cláusula do devido processo legal, nas suas acepções formal ou material, tem por finalidade garantir ao cidadão o direito a um processo justo e a uma decisão justa, equililibrada, ponderada e razoável.

As correntes do pensamento filosófico convergem para a jurisprudência romana e, por meio dela, para o direito ocidental, sendo que todas as grandes expressões da filosofia jurídica contemporânea lá encontram as suas raízes. Da mesma forma, os princípios gerais em que se assentam os sistemas jurídicos das nações modernas e a própria ciência do direito estudada e praticada modernamente, dimanam dos fundamentos lançados pelos gregos, absorvidos pelos romanos e cultivados pela civilização cristã.

O pensamento do mundo greco-romano antigo é importante para a compreensão da filosofia do direito, surgindo daí princípios que realçam pontos comuns das correntes filosóficas, chamados de princípios gerais de direito, no contexto do pensamento jurídico ocidental contemporâneo. Os três princípios basilares, embora inter-complementares, podem ser resumidos em: direito natural, racionalidade e a idéia da justiça.

A noção do direito natural a qual representa o denominador comum do pensamento filosófico, político e jurídico na Antigüidade, desde os primórdios de nossa cultura e civilização, é importante, por persistir em todas as escolas e manifestações da sabedoria grega e romana, mesmo nos movimentos negativistas da sofística e do ceticismo. Ela é concebida, inicialmente, como gênese histórica da ordem jurídica positiva. Alude-se a uma ordem originária que teria provocado todo o ulterior desenvolvimento do fenômeno jurídico. Essa concepção transparece a princípio na mitologia jurídica, em torno das divindades Têmis e Diké; a primeira, determinando as relações vitais da vida comunitária; a segunda, como julgadora dos atos humanos e protetora da ordem da cidade.

Posteriormente, insinua-se a doutrina de um estado de natureza anterior à civilização, em que o homem é um ser puro, tendo a sua existência vinculada a essa ordem pré-cultural e à sua pureza originária. Cuida-se das alusões de Homero e Heródoto à simplicidade da vida selvagem e campesina, dos *saturnia regna* de Virgílio, dos *aurea saecula* de Ovídio e também do mito platônico da Atlântida, assumindo forma sistemática na alusão, levada a efeito no apogeu do estoicismo, ao estado natural de liberdade, anterior à instituição da guerra e da escravidão. É a doutrina de Cícero.

Outra visão do direito natural antigo é a que o identifica à lei natural, no sentido de causalidade, verificada segundo duas orientações, uma empírica e indutiva; outra racional e dedutiva.

Na direção indutiva, a expressão inicial é o jusnaturalismo cosmológico dos pré-socráticos, com sua concepção da justiça natural dimanada da ordem cósmica. Essa doutrina é mantida pela sofística, embora seja a partir dela que mais se acentue a oposição entre a ordem política e a cósmica e anatematizem os sofistas a idéia de que a primeira pudesse estar de alguma forma subordinada à segunda. O direito do mais forte de Trasímaco enfatiza esse aspecto, confirmado por Licofron, ao repudiar os privilégios da nobreza. Além disso, na direção indutiva da identificação entre o direito natural e lei causal da natureza estão as tentativas de ligar a escravidão, de algum modo, ao direito natural. A filosofia peripatética projeta este jusnaturalismo de base empírica no plano metafísico, descobrindo, a partir da observação dos fatos, que o direito natural corresponde à quintessência da natureza humana; é a gênese dos ensaios de elaboração empírica de um tipologia ideal da conduta humana social, não a partir de elementos extra-humanos, como as divindades, mas implicada pela observação empírica, explicativa e causal. É uma concepção familiar ao médio estoicismo, repercutindo em Cícero e Ulpiano, bem como nas tentativas neoplatônicas de trasladar leis astronômicas para o meio social.

Já na direção racional e dedutiva, registra-se a doutrina peripatética da justiça, como proporção aritmética entre a pretensão e a prestação e proporção geométrica entre a situação social e o mérito, cujas origens remontam aos pitagóricos.

A identificação entre o direito natural e as leis da natureza, no caminho dedutivo, manifesta-se em toda a tradição pós-socrática, fundamentando as leis da matéria, da vida e da sociedade na razão universal, tese de grande penetração no mundo romano-cristão e que preside a racionalização do direito e da ciência jurídica.

Finalmente, uma terceira visão do direito natural é a do idealismo, concebendo-o como fundamento metafísico do direito positivo. Trata-se do desenvolvimento do idealismo de Platão, de sua teoria das formas ou das idéias e de sua doutrina da justiça e do Estado. No pensamento moderno e contemporâneo, o idealismo jurídico, derivado dessa longínqua raiz, entende por direito natural o conteúdo essencial da idéia do direito.

O segundo princípio do direito ocidental é a racionalidade (busca da verdade pela razão). Assim, o direito de nossa época é racional, no sentido de que, na moderna civilização, a exigência de segurança jurídica impõe a estratificação dos princípios orientadores da conduta social em sistemas, mais ou menos axiomatizados, em que se exige a coerência intra-sistemática, baseada na hierarquia das normas jurídicas, segundo as suas diferentes fontes de produção. A tendência à codificação e a concepção da jurisprudência como dogmática é a conseqüência dessa racionalidade. O razoável está relacionado com a razão e com o verbo crer (julgar, pensar). A razão é bom senso e prudência.

As raízes gregas desse princípio estão na ética estóica, a qual foi desenvolvida pela patrística e pela escolástica, encontrando a sua expressão mais acabada no jusnaturalismo racionalista de Grotius e Vitorio. Mas a explicação para o processo histórico-filosófico da racionalização do direito está no alcance de que, a partir do estoicismo, deu-se a analítica aristotélica, transformada no instrumento, por excelência, da descoberta da verdade por meio da razão, isto é, da participação na *ratio universalis*. O estoicismo é doutrina filosófica, caracterizada pela austeridade de caráter e rigidez moral. O indivíduo estóico é austero, rígido, sendo impassível ante a dor e a adversidade.

O terceiro dos princípios gerais do direito ocidental é a noção da justiça vinculada ao conceito do direito. Esse princípio está ligado ao primeiro, o do direito natural, e o alcance que se lhe atribui é ainda uma implicação da racionalidade que caracterizou a ordem jurídica e jurisprudência, depois de determinada época na história do direito.

Seja no sentido subjetivo, de gênese platônica ou no objetivo, de origem pitagórico-aristotélica, o conteúdo valorativo do direito está sempre relacionado com a idéia da justiça, a partir da primitiva identificação, na mitologia e na física dos jônios,[256] entre as referidas noções.

Cuida-se, porém, do único ponto em que o direito moderno parece desvincular-se de suas origens, pois a concepção legalista e dogmática do direito enfatizou o princípio da racionalidade, levando-o às últimas conseqüências, quando, no direito antigo, estava a racionalidade delimitada pelo direito natural.

A racionalidade provocou a identificação do direito com a lei e, como conteúdo desta, não o direito natural, nem a idéia da justiça, mas o interesse do Estado, a vontade do soberano, os privilégios da própria nação, com desastrosas conseqüências para a humanidade, como a história recente bem demonstra.

Inobstante, a tradição ocidental está profundamente impregnada da idéia da justiça como conteúdo do direito e é à luz dessa noção que exsurgem as críticas às ordens jurídicas consideradas injustas. É, ainda, à luz da identificação entre o direito e o justo que se questiona a legitimidade das leis atentatórias aos direitos humanos e sistemas políticos que segregam e instituem privilégios.

A gênese histórica desse princípio está no conceito elaborado pelos gregos acerca do direito que o identificava como o justo em todo o caso, seja no justo por natureza, seja no justo por lei. Essa compreensão profunda e humana do fenômeno jurídico presidiu a formação e desenvolvimento da ordem jurídica dos romanos e de sua jurisprudência, o que configura a dignidade da ciência do direito.

A revisão que se processa em torno dos fundamentos do direito contemporâneo constitui, na verdade, uma tentativa de retornar às origens greco-romanas em que o direito significava justiça e a jurisprudência era a ciência e a técnica da solução razoável, prudencial, equilibrada e justa dos litígios sociais.

Uma ordem jurídica adequada às necessidades do mundo social em transformação, cada vez mais unificado numa sociedade global, não pode prescindir do princípio da justiça, o que implica a restauração do velho conceito do direito, como *díkaion* e como *jus*.

---

[256] Jônio é indivíduo dos jônios, povos gregos que habitaram a Jônia; dialeto jônico. Jônico é pertencente ou relativo à antiga Jônia ou aos jônios; diz-se um dos dois dialetos eminentemente literários da Grécia antiga, falado nas ilhas e colônias gregas.

Faz parte da própria natureza humana a "sede de justiça" (marcante anseio de realização da justiça), muito embora nem todos saibam o que isso significa. Várias correntes filosóficas tratam do tema, em suas várias facetas, como a platônica (metafísica), a aristotélica (ética), a cristã, a agostiniana e tomista (teológica), a rousseuniana e rawlsiana (antroponatural), a kelseniana (positiva-relativista) e a crítica. A simples existência de várias teorias sobre a justiça comprova a incompreensão do fenômeno da justiça.

De forma simples e sem maiores indagações filosóficas, justiça é tudo aquilo que não é imoral, inaceitável, iníquo ou irrazoável; é a prudência, o equilíbrio, a temperança e o emprego de critérios de discernimento, eqüidade e a inteligência.

Na verdade, para uma compreensão do direito como um todo, é necessário uma recapitulação da história da justiça, pois o conceito comum do problema da justiça é confuso e exige reflexão crítica, especialmente quando houver vinculação do direito ao valor. Filosoficamente, ora a justiça é vista como igualdade, como liberdade, como razão divina, como atributo inerente à própria pessoa humana, como garantia diante do Estado, ora como virtude e outras concepções. Na verdade, a justiça é multifacetária.

Há muitas teorias sobre a justiça, cada uma com uma perspectiva e dimensão. Todavia, os principais grupos de pesquisa em torno das acepções de justiça são: justiça metafísica (valoriza a justiça como idéia supra-sensória, com base nos estudos de Platão); justiça ética (dá ênfase, em relação à justiça, ao aspecto do comportamento humano na sociedade, fundando-se nos estudos de Aristóteles); justiça teológica (destaca o lado religioso na justiça, na qual uma lei divina governaria as leis humanas, corporificada nos textos sagrados da Bíblia e nas teorias de Santo Agostinho e de Santo Tomás de Aquino); justiça antroponatural (ressalta que a justiça é preexistente ao pacto social, baseada nos estudos de Rousseau e desdobramentos na teoria de John Rawls); justiça positiva--relativista (destaca o valor relativo da justiça, passageiro e substituível, corporificando-se no ceticismo ético de Hans Kelsen). Enfim, a justiça é um fenômeno complexo de várias facetas, devendo ser compreendida de acordo com a situação concreta e da concepção ideológica de cada cidadão.

3.8.1 – *Justiça platônica*

A concepção platônica da justiça e do direito parte do método socrático que restabelecera, para a ciência, o seu valor de verdade objetiva, mediante a elaboração indutiva de conceitos cujas características são universalidade, necessidade, imutabilidade e eternidade. O ponto de partida do filósofo é a tentativa de estabelecer uma ligação entre os conceitos e a realidade.

Nas palavras de Eduardo C. B. Bittar,[257] "Platão, na mesma esteira, como herdeiro direto do pensamento pitagórico e seguidor do método e dos ditames socráticos, estabeleceu os princípios de sua concepção da justiça sobre os valores consagrados por toda a literatura do século VI a.C., século em que se lançaram as bases do Estado de Direito na Grécia, início de uma nova fase evolutiva da organização social grega que havia sido estribada, a partir de então, no império das leis sobre o governo da subjetividade aristocrático-sacerdotal. Neste período de transformações político-jurídicas intensas, que culminou nas grandes reformas empreendidas por Clístenes, erigiram-se valores que situaram o homem-cidadão como ser indissoluvelmente ligado ao Estado pelo dever legal".

Considerando que o mundo fenomênico é individual, contingente e transitório, Platão concebeu a teoria, segundo a qual a verdade da ciência é objetiva, isto é, se o conhecimento corresponde à realidade, deve existir outro mundo, dotado de características idênticas aos conceitos. Esse mundo é o das idéias ou das formas. Platão, em verdade, duplica a própria realidade.

A idéia não é a representação subjetiva dos objetos, mas sim um ente abstrato, onticamente real, hipostasiado como um ente mitológico. Os fenômenos da natureza seriam somente reflexos, sombras da realidade constituída pelas formas e o escopo da ciência seria a captação das formas.

Essa é a famosa teoria das formas, sem cuja compreensão é impossível absorver o entendimento platônico acerca do homem e do Estado. Platão, ao invés de preocupar-se com o homem histórico e contingente ou com a *polis*, a realidade humana e social que se fenomeniza na história, ocupou-se do homem e da cidade ideais, isto é, a idéia hipostasiada de que os homens e as cidades-Estado eram sombras ou reflexos.

---

[257] BITTAR, Eduardo C. B. *A justiça em Aristóteles*. Rio de Janeiro: Forense Universitária, 2005, p. 82.

No testemunho de Aristóteles, a ciência platônica comportava três divisões: a dialética, a física e a ética, esta última subdividida em ética individual e ética social:

a) dialética: seria o estudo dos meios que nos levam às idéias, isto é, os processos intelectuais e morais adequados ao conhecimento e, bem assim, a classificação das idéias, segundo uma hierarquia presidida pela idéia do bem, identificado com o *logos* divino, Deus. A dialética seria a mais nobre das ciências, tendo por forma o diálogo e, por objeto, encontrar a ordem hierárquica das noções e dos seres;
b) física: objetivaria a construção do cosmos da natureza através das idéias, vale dizer, as manifestações sensíveis das idéias na natureza;
c) ética: seria o estudo dos princípios que presidem o cosmos da sociedade, isto é, as idéias que repercutem na atividade individual e política.

As teorias platônicas sobre o homem e o Estado são interessantes para a filosofia do direito. Nos diálogos da República e das Leis, procurou Aristóteles descobrir o momento ôntico dessas duas realidades na sua idéia intemporal. Não se trata de uma utopia, espécie de ideal de perfeição a ser historicamente atingido, mas de um modelo racional, a que Platão atribuía valor ontológico e que poderia servir de base para a crítica da correspondente realidade fenomênica. Homem e Estado apresentam-se em paralelismo, sendo este um homem em ponto grande, o macroântropos, com características basilares idênticas às do homem ideal em ponto pequeno.

A alma humana tem três faculdades, a razão, a coragem e os sentidos, correspondendo a três almas: a racional, que domina e cuja sede é o cérebro, a sensitiva, destinada a atuar e com sede no peito, e uma terceira, apetitiva, cujo escopo é a obediência, tendo sede nas entranhas.

A cada alma corresponde uma virtude. Assim, à racional corresponde a sabedoria, à sensitiva, a coragem e à apetitiva a temperança; em outras palavras, à razão, à coragem e aos sentidos corresponderiam três virtudes básicas, identificadas na sabedoria, na fortaleza e na temperança. A suprema virtude é, porém, uma quarta, a justiça, que estabelece o equilíbrio entre as outras e evita que cada faculdade extravase as suas finalidades.

Analogamente, o Estado é constituído por três classes: a dos sábios, cuja função é governar; a dos guerreiros, com a missão de defender o organismo político e a dos comerciantes, operários e artesãos, encarregados de nutri-lo. A virtude dos sábios é a sabedoria; a dos guerreiros, a coragem; e a da terceira classe, a sobriedade.

A justiça, que deve ser lida em letras maiúsculas no Estado – JUSTIÇA – é igualmente princípio de equilíbrio entre as classes, estabelecendo a medida da contribuição de cada uma para o benefício do todo político. No indivíduo, a justiça como virtude individual do equilíbrio, deve ser lida em minúsculas – justiça.

A educação dos indivíduos para o bem e a prática da virtude é a missão do Estado. Nessa educação há a prevalência da ginástica e da música. Como os indivíduos devem preparar-se para o Estado, a fim de cumprirem a missão que lhes compete dentro de sua classe, preconiza-se a supressão da família e dos outros organismos intermediários. E admite Platão a propriedade comum dos bens e da mulher, nas classes superiores, pois os indivíduos a elas pertencentes não devem desviar a atenção para as necessidades materiais, isto é, devem ficar adstritos, na sua formação, aos objetivos para os quais estariam sendo preparados, o governo e a defesa. A classe dos produtores se encarregaria de fornecer-lhes os meios de satisfação material e somente a estes caberia a propriedade privada.

Platão considera três formas de governo: a aristrocacia, única aceitável, que é o governo dos sábios; a timocracia, governo dos guerreiros e a democracia, governo dos produtores. Essas duas conduzem à ambição dos detentores do poder e não propiciam a felicidade geral.

Em linhas gerais, são essas as características mais relevantes da filosofia platônica, cumprindo ressaltar a importância de suas concepções sobre a justiça, gênese das teorias subjetivas da justiça, do direito e do Estado e fonte das utopias. É também precursor do organicismo e da teoria da vontade geral, quando, no diálogo "A República", afirma que a melhor cidade é a que mais se aproxima do indivíduo. Sua concepção ideal do Estado unitário, dirigido pelos mais aptos, em que cada classe desempenha o seu papel, está destinada a assumir grande importância histórica, na justificação do poderio romano elaborada pelos estóicos e também na teoria patrística agostiniana do direito e do Estado.

No que toca à teoria do direito natural, Platão lhe dá fundamento metafísico, ou seja, a justiça considerada como idéia eterna; o direito natural é interpretado de maneira universalista, como harmonia de um todo em que cada indivíduo e cada classe devem cumprir uma tarefa diferenciada. O direito natural é, assim, a ordem jurídica do Estado ideal, implicando a identificação entre o direito e a moral. Entretanto, essa concepção metafísica acarreta a atribuição ao direito natural da condição de critério para a crítica do direito positivo e também de fundamento a *priori* deste.

O direito é fundamental para o estabelecimento da república de Platão, pois na lição de João Maurício Adeodato,[258] todo conhecimento realiza um ideal ético, sendo que a expressão justiça designa o ideal ético pleno, conduzindo à idéia do bem. Ressalta, mais, que a principal função do direito seria assegurar as regras para efetivação da justiça na comunidade, na medida do possível.

Modernamente, a visão de justiça, deduzida por Platão, é interessante, podendo ser expressa, de forma sucinta, pela máxima "que cada um cuide do que lhe compete" ou eufemismos do gênero, bem demonstrada por João Maurício Adeodato.[259] Ao comparar o Estado ao homem, Platão, no diálogo "A República", observa que ambos necessitam de uma relação harmoniosa para unir partes e todo, relação que chama de justiça. Em outras palavras, a alma do indivíduo estará às boas com a idéia de justiça se o intelecto comandar, a vontade agir e o sentimento obedecer; o Estado justo terá sábios no comando, guerreiros para a defesa e artesãos nas demais funções para que forem designados. Mas, como bem ilustra João Maurício Adeodato,[260] o conceito de justiça, em Platão, resta vago.

A teoria platônica, embora contemple um panorama do complexo problema da justiça, vislumbra a justiça como sendo parte do Bem Absoluto, Idéia transcendental, eterna, imutável, não sujeita à apreensão sensível, muito menos à demonstração, nem mesmo por meio da dialética. A idéia do Bem que está a governar todo o *kósmos* representa a grande prioridade do sistema de idéias de Platão. É a justiça cósmica. A sociedade, assim como o homem, carecem de justiça, que ultrapassa os ambientes humanos, as organizações, conferindo sentido à organização estatal.

Na doutrina platônica, a razão essencial do Estado é a educação (paidéia), pela qual Deus governa como pedagogo e tudo é direcionado para o Bem Absoluto, sendo a educação a finalidade das estruturas huma-

---

[258] ADEODATO, João Maurício. *Filosofia do direito*. São Paulo: Saraiva, 1996, p. 51.
[259] Idem, p. 52.
[260] Idem, p. 52.

nas e políticas. A função principal do Estado é ensinar almas, podendo utilizar os poderes para corrigir, punir, melhorar e outros. A ética, a moral e a política estão na base do justo e do injusto.

Na visão de Otfried Höffe,[261] "Platão distingue de forma perfeitamente plausível três forças fundamentais na alma: o desejo, a energia e a razão. A elas correspondem três perfeições ou virtudes: no desejo, a prudência; na energia, a coragem, e na razão o conhecimento ou sabedoria. Mas, para que cada força fundamental cumpra tarefa que lhe é peculiar e se constitua a reta ordem na alma, necessita-se ainda de uma quarta virtude: a justiça. Desde então, a justiça integra um quarteto de virtudes principais em torno das quais tudo gravita. Ao lado da prudência, da coragem e da sabedoria ela é considerada uma das quatro virtudes cardeais (lat. *Cardo, gonzo*); por causa da sua tarefa ordenadora, ela é até considerada como a virtude suprema. Pois similarmente ao Egito e ao antigo Israel, a justiça é também em Platão um princípio geral de ordenamento. A tarefa desse princípio vai até mais longe ainda, pois ele não responde apenas pela ordem social, mas também pela ordem da alma. A justiça zela para que cada parte da alma cumpra a função que lhe é adequada; ela 'a atribuiu a cada um o que é seu', evidentemente não determinados bens, mas campos de tarefas e atividades."

3.8.2 – *Justiça aristotélica*

Aristóteles, como discípulo de Platão, desenvolveu o tema da justiça no campo ético. As contribuições de Aristóteles para a noção de justiça são inúmeras, pois conceituou, organizou e sistematizou o que antes era discutido sem maior rigor, principalmente o que é justo e injusto (por força da lei, da natureza, na distribuição, correção, troca, punição e outros).

A justiça aristotélica é caracterizada como sendo um debate ético e uma virtude humana. A ética seria a ciência prática que discerne o bom e o mau, o justo e injusto. A justiça é uma virtude vivida, reiterada e repisada pela ação humana. A eqüidade possui profunda relação com a justiça, embora não possa ser chamada de justiça.

---

[261] HÖFFE, Otfried. *O que é justiça?* Tradução de Peter Naumann. Porto Alegre: EDIPUCRS, 2003, p. 23.

Para Aristóteles, justiça é a disposição da alma em desejar o que é justo e injusto. Justiça e injustiça parecem ser termos ambíguos: o justo é aquilo conforme a lei e correto, e o injusto é o ilegal e iníquo. Justiça é a excelência moral perfeita. Aristóteles classifica a justiça de acordo com as ações humanas: nem tudo que é legal é justo. A isonomia é a qualidade do justo. A tese aristotélica é no sentido de que o fim do homem é a felicidade.

A contribuição aristotélica acerca da justiça é assim sintetizada por Eduardo C. B. Bittar:[262] "Toda a tradição precedente que cuidou de, gradativamente, fornecer contribuições particularizadas à mais madura concepção filosófica de justiça que surgiria no século IV a.C. teve seus reflexos no pensamento aristotélico. Habituado aos estudos e à crítica da cultura helênica, uma vez que a metodologia crítica endoxológica era parte integrante de sua filosofia, Aristóteles pôde ter contato com inúmeras obras e textos que continham o cerne da discussão em torno do conceito do justo, enquanto absoluto (*tò dikaion*). Não só por meio do trabalho individual de síntese veio à tona a concepção aristotélica de justiça, mas também para isso concorreram contatos com o tema advindos das reflexões da Academia, comunidades de mestres e discípulos em filosofia (*koinobíous*), à qual se vinculou durante aproximadamente 20 anos, e a constância do problema conceptual entre os letrados do século IV a.C. Para tanto, muito valeu a observação por parte do *philosóphos* da utilização corrente do termo justiça na vida diária contemporânea, tanto popular, quanto dos tribunais e corpos deliberativos"

Na cosmovisão de Aristóteles, destacam-se as suas doutrinas moral e política, bem como a teoria do direito natural, relacionadas mais intimamente à filosofia do direito. Estão contidas na Política, na Ética e na Retórica. Da segunda, existem três versões, a Ética Nicomaquéa, a Ética Eudemiana, trabalho provável de seu discípulo Eudemo de Rodes e a chamada Grande Ética, extrato das duas anteriores.

A felicidade (eudaimonia) constitui o supremo bem. Esse eudemonismo deve ser compreendido em função de dois princípios: o primeiro era o que, na tradição do pensamento helenista, a felicidade se identificava com a virtude; o segundo dispunha que, em face do hilemorfismo aristo-

---

[262] BITTAR, Eduardo C. B. *A justiça em Aristóteles*. Rio de Janeiro: Forense Univer-sitária, 2005, p. 91.

télico, ela constituía a realização, pelo ser, de sua própria essência, de sua idéia; em outras palavras, a causa final do homem integra a sua natureza. É o que se denomina, no contexto da filosofia peripatética, de *enteléquia*, de *lidos* essência e *telos* finalidade.

O Estado e o direito são meios do homem, realizando sua idéia mediante a virtude e a contemplação da verdade, atingir a felicidade. Essa concepção apolínea[263] da vida e a tendência estética e eudemonista[264] é mais uma das faces do gênio grego. Em tal concepção, o Estado não é mera aliança, mas dimana, necessariamente, da natureza, como união orgânica que tem por fim a felicidade universal.

A teoria da justiça e da eqüidade é outra das elaborações do peripatetismo,[265] que profunda influência exerceu na filosofia do direito.

A justiça é concebida como igualdade, concepção objetiva, cujas origens remontam à escola itálica. Duas são as espécies de justiça, pois duas são as maneiras de conceber-se a igualdade:

> *a)* justiça distributiva que consiste em aquinhoar desigualmente aos desiguais, na proporção em que se desigualam; é a justiça do Estado na repartição dos bens e das honras, conforme os méritos de cada um;
>
> *b)* justiça corretiva ou equiparadora, também chamada sinalagmática, que preside às trocas entre particulares. Essa comporta duas subdivisões: a justiça comutativa, pela qual a regra da igualdade impõe que, nas trocas privadas, cada um receba na proporção em que dê; e a justiça judicial que determina a proporção entre o delito e a pena.

Na aplicação da lei, a rigidez da justiça deve ser atenuada com a eqüidade, critério que permite adequá-la às situações particulares e corri-

---

[263] Apolíneo é relativo a, ou próprio de Apolo (deus grego-romano, o mais belo dos deuses), deus da luz, das artes e da adivinhação, que personificava o Sol; que se caracteriza pelo equilíbrio, sobriedade, disciplina e comedimento.

[264] Eudemonismo é a doutrina que admite ser a felicidade individual ou coletiva o fundamento da conduta humana moral; são moralmente boas as condutas que levam à felicidade.

[265] Peripatemismo está ligado ao aristotelismo; conjunto de doutrinas dos filósofos que, na Antigüidade, pertenceram à escola de Aristóteles. Peripatetizar é passear, lecionando, ou falando em tom professoral.

gir distorções que o rigor das proporções quantitativas da igualdade poderia suscitar. Destarte, a justiça é sempre boa, mas a eqüidade é melhor. Aristóteles compara a eqüidade à régua lésbia,[266] instrumento maleável que se adaptava aos contornos irregulares dos objetos, para os medir.

O conceito de razão foi desenvolvido por Aristóteles, que defendeu a reta razão, com a justiça no meio termo:[267] "(.....) Recorrer ao juiz é recorrer à justiça, pois a natureza do juiz é ser uma espécie de justiça animada, e as pessoas procuram o juiz como um intermediário, e em algumas cidades-Estado os juízes são chamados mediadores, na convicção de que, se os litigantes conseguirem o meio termo, obterão o que é justo. Portanto, justo é um meio-termo já que o juiz o é". A reta razão desdobraria-se na proporcionalidade,[268] igualdade[269] e eqüidade.[270] Acrescenta, ainda, Aristóteles, que, "se, então, o injusto, é iníquo, o justo é eqüita-

---

[266] De, ou pertencente ou relativo a Lesbos, ilha grega.
[267] ARISTÓTELES. *Ética a Nicômaco*. São Paulo, 2002, p. 111.
[268] ARISTÓTELES. *Ética a Nicômaco*. São Paulo, 2002, p. 109: "(....) Temos então que a justiça distributiva é a conjunção do primeiro termo de uma proporção com o terceiro, e do segundo com o quarto, e o justo neste sentido é o meio-termo, e o injusto é o que viola a proporção, pois o proporcional é o intermediário, e o justo é o proporcional".
[269] ARISTÓTELES. *Ética a Nicômaco*. São Paulo, 2002, p. 108: "(....) Ora, igualdade implica pelo menos dois elementos. Portanto, o justo deve ser ao mesmo tempo intermediário, igual e relativo (justo para certas pessoas, por exemplo); como intermediário, deve estar entre determinados extremos (o maior e o menor); como igual, envolve duas participações iguais; e, como justo, ele o é para certas pessoas. O justo, portanto, envolve no mínimo quatro termos, pois duas são as pessoas para quem ele é de fato justo, e também duas são as coisas em que se manifesta – os objetos distribuídos. E a mesma igualdade será observada entre as pessoas e entre as coisas envolvidas, pois do mesmo modo que as últimas (as coisas envolvidas) são relacionadas entre si, as primeiras também o são. Se as pessoas não são iguais, não receberão coisas iguais; mas isso é origem de disputas e queixas (como quando iguais têm e recebem partes desiguais, ou quando desiguais recebem partes iguais). Ademais, isso se torna evidente pelo fato de que as distribuições devem ser feitas "de acordo com o mérito de cada um", pois todos concordam que o é justo com relação à distribuição, também o deve ser com o mérito em um certo sentido, embora nem todos especifiquem a mesma espécie de mérito: os democratas o identificam com a condição de homem livre, os partidários da oligarquia com a riqueza (ou nobreza de nascimento), e os partidários da aristocracia com a excelência".
[270] ARISTÓTELES. *Ética a Nicômaco*. São Paulo, 2002, p. 108.

tivo",[271] enquanto "o justo é proporcional, e o injusto é o que viola a proporção".[272] Dessa forma, uma decisão é razoável quando empregam-se critérios de discernimento, eqüidade e inteligência.

Então, a concepção de justiça, de acordo com a filosofia de Aristóteles, citada por João Maurício Adeodato,[273] está fundada em pelo menos dois sentidos distintos:

a) como valor moral, por influência do platonismo,[274] em que a justiça é o meio-termo entre dois extremos, sendo a base dos demais valores (entre a covardia e a temeridade, a coragem; entre a timidez e o descaramento, a modéstia);
b) e como virtude política característica, sentido social, em que está sua contribuição essencial à teoria da justiça, na qual Aristóteles retoma a distinção entre o justo legal, imposto pelo Estado (a Polis) e o justo natural. Tem-se mostrado atual a tese de que o ser humano tem direitos que independem do poder político, ao qual cabe apenas reconhecê-los.

Na compreensão de Otfried Höffe,[275] "a justiça, como virtude completa, denominada justiça universal (*iustitia universalis*) por Santo Tomás de Aquino, significa, para Aristóteles, com vistas ao outro, a virtude per-

---

[271] ARISTÓTELES. *Ética a Nicômaco*. São Paulo, 2002, p. 108: "Já mostramos que tanto o homem como o ato injustos são ímprobos ou iníquos. Fica evidente, agora, que existe também um ponto intermediário entre as duas iniquidades existentes em cada caso. E esse ponto é a eqüidade, pois em cada espécie de ação em que há o mais e o menos, há também o igual. Se, então, o injusto é iníquo, o justo é equitativo, como, aliás, concordam todos. E como o igual é ponto intermediário, o justo será o meio-termo".

[272] ARISTÓTELES. *Ética a Nicômaco*. São Paulo, 2002, p. 110.

[273] ADEODATO, João Maurício. *Filosofia do direito*. São Paulo: Saraiva, 1996, p. 56.

[274] Platonismo é a doutrina de Platão, filósofo grego (429-347 a.C.), e de seus seguidores, caracterizada principalmente pela teoria das idéias e pela preocupação com os temas éticos, visando toda meditação filosófica ao conhecimento do Bem, meditação filosófica ao conhecimento do Bem, conhecimento este que se supõe suficiente para a implantação da justiça entre os estados e entre os homens. Por extensão, platônico é o está alheio a interesses ou gozos materiais; ideal, casto.

[275] HÖFFE, Otfried. *O que é justiça?* Tradução de Peter Naumann. Porto Alegre: EDIPUCRS, 2003, p. 24-25.

feita, ainda mais reluzente do que a estrela vespertina e matutina. Consiste na atitude de cumprir voluntariamente tudo o que a lei e os costumes exigem. A justiça universal denota uma integridade abrangente. Dela fazem parte, e.g., também as obras da coragem e da prudência, a que Aristóteles, no entanto, alude modestamente apenas, com interdições: a coragem proíbe o soldado de abandonar o seu posto, a prudência proíbe cometer o adultério e tornar-se violento".

O sentido aristotélico da noção de direito natural pode ser inferido do contexto da Ética, da Política e da Retórica. Na Ética, distingue Aristóteles entre o justo natural e o justo positivo. Na Política, conceitua a natureza como uma referência aos fins de cada ser, conforme a sua doutrina do ato e potência, extraindo dessa concepção, conseqüências políticas para a sua teoria do Estado. Na Retórica, trata das leis positivas, referindo-se às leis não escritas, cuja fonte é a observação da natureza.

Na concepção moderna, o direito natural opõe-se ao direito positivo, no sentido de que o conteúdo normativo do direito pode ser extraído, seja das leis positivas, seja de axiomas inscritos na razão prática, revelados ao homem por Deus ou descobertos racionalmente na natureza das coisas. Tal é o sentido mais comum do direito natural, implicando a oposição entre o natural e o positivo com a subordinação deste àquele.

Em Aristóteles, tal dualismo não ocorre. O justo positivo e o justo natural são duas fontes de normatividade que se intercomplementam na solução dos litígios e na regulação da conduta.

O direito natural é um método experimental que possibilita discernir, na observação do mundo exterior, o que é justo do que é injusto, conforme a natureza. A observação do que ocorre no universo revela a ordem cósmica, obra de uma inteligência criadora que dá ao universo uma forma em função de uma finalidade. A natureza, então, explica-se pelas quatro causas: material (substância que constitui o ser); formal (aparência exterior de que a substância se reveste); eficiente (princípio gerador do ser) e a final (fim para o qual o ser existe em sua forma e para o qual foi criado).

O jusnaturalismo aristotélico não comporta a noção da imutabilidade das regras, tal como a concepção moderna o apresenta, mas, ao contrário, implica o sentido da adaptabilidade às mudanças históricas e às circunstâncias de tempo e lugar. É, ainda, a sua Política que encerra essa conclusão, pois a observação mostra que nem sempre o regime, teoricamente, melhor o é na prática, pois a acrópole é oligárquica e a planície, democrática.

Em face de tal contexto, as leis positivas exsurgem não como oposição, mas como necessidade que deflui das deficiências da busca do justo natural. Nem sempre os juízes são imparciais e a ordem do Estado deve ser, tanto quanto possível, uniforme, apta a dar soluções precisas para situações particularizadas, para as quais o justo natural é insuficiente, porque é vago e hesitante.

O legislador complementa o trabalho científico da procura do direito natural, tarefa que não tem fim, pois a natureza humana é cambiante. O trabalho do legislador e do juiz na construção do justo positivo não se baseia no raciocínio discursivo, mas é obra de prudência, virtude intelectual que preside as decisões sobre as situações contingentes e que almeja à justiça e à eqüidade.

Para Aristóteles, o homem é animal social, no sentido de que viver em sociedade corresponde ao ser do homem, sendo o direito uma implicação dessa natureza social. O caráter convencional que o epicurismo atribui à justiça e às leis positivas, muito mais do que um ceticismo relativista, revela o germe da teoria do contrato social.

Esse é o ponto principal que traduz uma espécie de epicurismo jurídico: a noção de que o direito e a justiça repousam sobre pactos; e é justamente o ponto em que o estoicismo[276] mais se afirma, como grande concepção pós-socrática, conquistando os pensadores romanos e preparando a filosofia jurídica cristã: a idéia do pacto social opõe-se à noção do *logos* a ditar o conteúdo da moral e do direito.

O epicurismo[277] é a filosofia de Epicuro, filósofo ateniense que viveu de 341 a.C. a 270 a.C., e seus seguidores os quais difundiram suas

---

[276] Estoicismo é designação comum às doutrinas dos filósofos gregos Zenão de Cício (340-264) e seus seguidores Cleanto (séc. III a.C.), Crisipo (280-208) e os romanos Epicteto (?-125) e Marco Aurélio (121-180), caracterizadas sobretudo pela consideração do problema moral, constituindo a ataraxia o ideal do sábio; austeridade de caráter; rigidez moral; impassibilidade em face da dor ou do infortúnio.

[277] Epicurismo é a doutrina de Epicuro, filósofo grego (341-270 a.C.), e de seus seguidores, entre os quais se distingue Lucrécio, poeta latino (98-55 a.C.), caracterizada, na física, pelo atomismo, e na moral, pela identificação do bem soberano com o prazer, o qual concretamente, há de ser encontrado na prática da virtude e na cultura do espírito. Sensualidade, luxúria; saúde do corpo e sossego do espírito. É errôneo identificar o epicurismo com o hedonismo (doutrina que considera que o prazer individual e imediato é o único bem possível, princípio e fim da vida moral).

idéias por todo o mundo antigo. Como efeito, o epicurismo teve rápida e ampla difusão no mundo romano, tendo permanecido até o século IV da era cristã.Entre os seus grandes representantes citam-se Zenão de Sídon e os poetas Lucrécio e Horácio. Em suma, vislumbra-se na moral epicurista a noção do estado de natureza, tão cara aos teóricos do direito e do Estado durante o século XVIII, a idéia de que o direito e a justiça não passam de convenções, motivadas pelas necessidades da vida social, e não algo inerente à natureza humana.

Situa-se, assim, o epicurismo, em posição intermediária, entre o racionalismo da *stoá* e o nihilismo dos céticos. Os epicuristas estão entre os primeiros voluntaristas, os primeiros contratualistas e, talvez, os primeiros positivistas fenomenólogos do direito.

3.8.3 – *Justiça cristã*

O Cristianismo foi a principal fonte do direito natural. São seus expoentes, Santo Agostinho, Isidoro de Sevilha e São Tomás de Aquino. A doutrina cristã teve influência notável sobre a política e as ciências, inclusive aproximando o direito da teologia. Trazida por Jesus, veio introduzir novas dimensões à questão da justiça. Por se tratar de uma concepção religiosa da justiça, diz-se que a justiça humana é identificada como uma justiça transitória, inclusive como um instrumento de usurpação do poder.

Ensina Eduardo C. B. Bittar[278] que não é na justiça humana que "reside necessariamente a verdade, mas na Lei de Deus, que age de modo absoluto, eterno e imutável. A lei humana, portanto, que condenou o Cristo, e isto foi feito com base na própria opinião popular dos homens de seu tempo, é de justiça cega e incapaz de penetrar nos arcanos da divindade". A justiça cristã aponta para valores que rompem com o imediato que é carnal, cumprindo com os preceitos de justiça (que seria eterna), aquele que se conduzir de com os valores cristãos.

Todo ensinamento, raciocínio, moral e comportamento baseado na lei do Cristo, portanto, devem espelhar, como reflexo, o comportamento de Deus, de donde se extrai o que é devido, o justo e o injusto.

---

[278] BITTAR, Eduarto C. B. *Teorias sobre a justiça. Apontamentos para a história da filosofia do direito*. São Paulo: Juarez de Oliveira, 2000, p. 94.

3.8.4 – *Justiça agostiniana*

Entre o fim da Antiguidade e o início da Idade Média, a nova era seria dominada pela palavra do bispo de Hipona, Santo Agostinho, já que ninguém como ele tinha conseguido, na filosofia ligada ao cristianismo, atingir tal profundidade e amplitude de pensamento. Vinculou a filosofia grega, especialmente Platão, aos dogmas cristãos, mas, quando isso não foi possível, não teve dúvidas em optar pela fé na palavra revelada. Combate vigorosamente o maniqueísmo, como teoria metafísica, embora permanecesse visceralmente impregnado de uma concepção nitidamente dualista que contrapunha o homem a Deus, o mal ao bem, as trevas à luz.

Portanto, a concepção da justiça agostiniana está centrada na dicotomia bom/mal, que estabelece a construção de um esquema de idéias (alma/corpo, divino/humano, eterno/perecível, perfeito/imperfeito e outras), inclusive aquelas dirigidas à compreensão da justiça (lei eterna//temporal, lei inscrita/escrita, divina e humana). Nesse sentido, define a justiça como humana e divina.

Há uma preocupação com o Estado. Apesar de imperfeitas, as leis humanas garantem a ordem social, devendo aproximar-se da justiça que, na concepção agostiniana, é a razão essencial do Direito (instituição transitória humana, iníqua e sem sentido). A lei humana dirige-se à realização da paz social, secular e temporal, enquanto a lei eterna busca a realização da paz eterna.

3.8.5 – *Justiça tomista*

No começo, a Igreja não se mostrou simpática ao aristotelismo, tanto mais quando ele se apresentava sob a forma de averroísmo[279] e, no princípio do século XIII, a Sorbonne de Paris condenou-o. Porém, mais tarde acreditou-se oportuno demonstrar que a ciência personificada de

---

[279] Averroísmo é a doutrina de Averróis (Ibn-Roschd), médico e filósofo árabe (1126-1198) e de seus seguidores, caracterizada pela tendência materialista e panteística (relativa a panteísmo, que é a doutrina segundo a qual só Deus é real e o mundo é um conjunto de manifestações ou emanações; só o mundo é real, sendo Deus a soma de tudo quanto existe).

Aristóteles podia conciliar-se com a fé. O encargo de estabelecer essa demonstração foi assumido por um dos maiores escritores da Idade Média, São Tomás de Aquino (1225-1274 d.C.)

As dimensões da teoria tomista sobre a justiça são amplas, abrangendo a atividade do legislador, do juiz, tanto por força da natureza, da divindade e da convenção. São Tomás de Aquino concebe o justo e o injusto com preocupação crítica e vasta da justiça, de forma completa e racional. Sua obra principal é a *Summa Theologica*, sendo que sua filosofia se encontra estruturalmente comprometida com os Sagrados Escritos e com o pensamento aristotélico.

Assim como Aristóteles, Santo Tomás de Aquino também falou em reta razão na *Summa Theologica*, pregando a reta razão como a síntese das virtudes morais: temperança, prudência, força e justiça. Da razão chegaria-se à justiça e, acima de tudo, à virtude.

A contribuição da teoria tomista reside em seu jusnaturalismo, admitindo que a mesma seja mutável (não absoluta). Transcende para a lei divina, origem de tudo, razão pela qual entende que o direito positivo deve se adequar às prescrições que lhe são superiores e fontes de inspiração: o direito natural e o direito divino (a lei da autoridade não exaure o Direito; o justo transcende à lei escrita).

O tratado da justiça de São Tomás de Aquino tem seus pontos resumidos por André Franco Montoro:[280] a) a essência da justiça consiste em dar a outrem o que lhe é devido, segundo uma igualdade; b) há uma justiça geral, cujo objeto é o bem comum, e uma justiça particular, que tem por objeto o bem dos particulares; c) a justiça particular se subdivide em justiça comutativa, que rege as relações entre particulares, e justiça distributiva, que se refere às obrigações da sociedade para com os particulares; d) o fundamento das obrigações de justiça é a própria natureza humana; e) o direito é o objeto da justiça.

O árduo problema das relações entre a Igreja e o Estado foi examinado por São Tomás de Aquino que afirmou ter a Igreja a incumbência da direção das almas, enquanto, o Estado, a de direção dos corpos, tendo cada uma dessas instituições seu domínio peculiar, não devendo invadir a área própria à outra. Mas, em caso de conflito, o Papa poderia sempre julgar se o soberano cometeu pecado.

---

[280] MONTORO, André Franco. *Introdução à ciência do direito*. vol. I. São Paulo: Revista dos Tribunais, 1980, p. 352.

A tese da propriedade como função social teve a contribuição clássica do direito natural, devida a São Tomás de Aquino, trazida até hoje pela tradição da Igreja. A doutrina social da Igreja insiste que a propriedade é uma garantia da liberdade e da dignidade humana, bem como é um instrumento importante de proteção da família. Porém, sempre insiste, também, em ter a propriedade uma função social, não se destinando apenas a satisfazer os interesses do proprietário, mas significando uma maneira de atender as necessidades de toda a sociedade.

3.8.6 – *Justiça rousseauniana*

O pensamento rousseauniano se desenvolve na discussão conjunta de problemas naturais, sociais, políticos e jurídicos. O trabalho de Rousseau é hipotético e não descritivo, portanto, sua proposta é filosófica e, por isso, desdobra-se com o fim de desenvolver os argumentos que conferem solidez às suas hipóteses e uma delas é a da formação de um contrato social.

O contrato social é um pacto, ou seja, uma deliberação conjunta para a formação da sociedade civil e do Estado. Cuida-se de um acordo que constrói um sentido de justiça que lhe é próprio; a justiça está no pacto, na deliberação conjunta, na utilizada que surge do pacto. A noção de contrato social está centrada na idéia de bem comum; esta é a sua finalidade, pois possui o respaldo da vontade geral que não se constitui na soma das vontades particulares, mas se coloca na posição de representar o interesse comum. O contrato social prega que deve haver um consenso das pessoas, evitando, assim, o exercício do poder por uma só pessoa.

Os direitos civis surgem somente após o advento do contrato social, enquanto os direitos naturais seriam anteriores aos direitos civis, preexistindo a qualquer convenção social. Então, o contrato social encontra seus limites nos direitos naturais dos pactuantes.

A teoria rousseuniana da justiça é caracterizada pela crítica aos desvios do poder e da política, ao desgoverno das leis e às instituições humanas. Prega a idéia de um pacto que originasse o convívio social e humano em bases sólidas que poderia representar um conjunto de pensamentos para solucionarem o desvio de finalidade das agremiações.

A noção de direitos naturais de Rousseau inspirou as idéias da Revolução Francesa e da Declaração de Direitos do Homem e do Cidadão.

O contrato social buscava uma ordem justa, correspondente ao estado de natureza e com respeito à vontade geral; a obra de Rousseau tinha como fim buscar não só leis, mas leis justas.

3.8.7 – *Justiça kelseniana*

A teoria kelseniana é fruto do positivismo jurídico. A respeito, assim expressa Hans Kelsen:[281] "A Teoria Pura do Direito é uma teoria do Direito positivo – do Direito positivo em geral, não de uma ordem jurídica especial".

Embora Kelsen tenha tido muitos adeptos e continuadores, como Robert Walter, na Áustria, Norberto Bobbio, na Itália, Ulrich Klug, na Alemanha, Roberto José Vernengo, na Argentina, Fuller, nos Estados Unidos, não faltaram aqueles que o cobriram de críticas, especialmente pelo caráter formalista de sua teoria.

O fenômeno jurídico, na teoria kelseniana, é compreendido como uma certeza, rigorismo e especificidade, tudo sendo feito com sacrifício dos valores. A autonomia da justiça kelseniana só se alcança isolando o jurídico do não-jurídico. A interpretação judicial é a criação de uma norma individual. Qualquer avanço para a eqüidade, para os princípios jurídicos e para a analogia, só são admitidos quando autorizados por normas jurídicas.

O grande objetivo da obra de Kelsen foi discutir e propor os princípios e métodos da teoria jurídica. Suas preocupações, nesse sentido, inseriam-se no contexto específico dos debates metodológicos oriundos do final do século XIX e que repercutiam intensamente no começo do século XX. A presença avassaladora do positivismo jurídico de várias tendências, somada à reação dos teóricos da livre interpretação do direito, punha em questão a própria autonomia da ciência jurídica. Para alguns, o caminho dessa metodologia indicava um acoplamento com outras ciências humanas, como a sociologia, a psicologia e até com princípios das ciências naturais. Para outros, a liberação da ciência jurídica deveria desembocar em critérios de livre valoração, não faltando os que recomendavam uma volta aos parâmetros do direito natural. Nessa discussão, o pensa-

---

[281] KELSEN, Hans. *Teoria pura do direito*. São Paulo: Martins Fontes, 1987, p. 1.

mento de Kelsen seria marcado pela tentativa de conferir à ciência jurídica um método e um objeto próprios, capazes de superarem as confusões metodológicas e de dar ao jurista uma autonomia científica.

Foi com esse propósito que Kelsen propôs o que denominou princípio da pureza, cujo método e objeto da ciência jurídica deveriam ter, como premissa básica, o enfoque normativo. Quando designa a si própria como teoria pura do Direito, para Kelsen,[282] isto não significa que ela se proponha a garantir um conhecimento apenas dirigido ao Direito e excluir deste conhecimento tudo quanto não pertença a seu objeto, tudo quanto não se possa, rigorosamente, determinar como direito. Para Kelsen, o direito deveria ser encarado como norma, e não como fato social ou como valor transcendente. Isso valia tanto para o objeto quanto para o método. Daí ser acusado de reducionista, de esquecer as dimensões sociais e valorativas, de fazer do fenômeno jurídico uma mera forma normativa, despida de seus caracteres humanos. Sua idéias, entretanto, eram de que uma ciência que se ocupasse de tudo corria o risco de se perder em debates estéreis e, pior, de não se impor conforme os critérios de rigor inerentes a qualquer pensamento que se pretendesse científico.

A noção de norma de Kelsen tem como premissa a distinção entre as categorias do ser e do dever ser que ele vai buscar no neokantismo de sua época. A consciência humana, diz ele, ou vê as coisas como elas são (a mesa é redonda) ou como elas devem ser (a mesa deve ser redonda). Normas, nesses termos, são prescrições de dever ser. Enquanto prescrição, a norma é um comando, o produto de um ato de vontade que proíbe, obriga ou permite um comportamento.

A ciência jurídica é transformada por Kelsen em uma ciência pura de normas que as investiga como entidades no seu encadeamento hierárquico. Cada norma vale não porque seja justa ou eficaz a vontade que a institui, mas porque está ligada a normas superiores por laços de validade, em uma série finita que culmina na norma fundamental. Diz Kelsen[283] que "uma lei somente pode ser válida com fundamento na Constituição. Quando se tem fundamento para aceitar a validade de uma lei, o fundamento da sua validade tem de residir na constituição. De uma lei inválida não se pode, porém, afirmar que ela é contrária à Constituição, pois uma lei inválida

---

[282] Idem, p. 1.
[283] Idem, p. 287.

não é sequer uma lei, porque não é juridicamente existente e, portanto, não é possível qualquer afirmação jurídica sobre ela".

A teoria da norma fundamental de Kelsen sempre provocou muita celeuma. Ela constitui, para ele, o fundamento mesmo da ordem jurídica. Qualquer norma só será considerada jurídica e legítima se for estabelecida em conformidade com as prescrições contidas na norma fundamental. Fonte da jurisdicidade e da legitimidade, a norma fundamental é valorativamente neutra. Todo o universo normativo vale e é legítimo em função dela, mas dela não se pode exigir que seja justa. Mesmo uma norma fundamental injusta valida e legitima o direito que dela decorre.

Essa posição de Kelsen custou-lhe a crítica não merecida de ter servido, ainda que indiretamente, ao regime nazista. Embora tenha fugido da Alemanha, com sua norma fundamental neutra era obrigado a reconhecer, como de fato o fez, que o direito nazista, ainda que injusto e imoral, era direito válido e legítimo.

Kelsen foi um ardoroso defensor da neutralidade científica aplicada à ciência jurídica. Sempre insistiu na separação entre o ponto de vista jurídico e o moral e o político. A ciência do direito não caberia fazer julgamentos morais nem avaliações políticas sobre o direito vigente.

Para Kelsen, do ponto de vista da ciência jurídica, direito e Estado se confundem. Direito é um conjunto de normas, uma ordem coativa; as normas, pela sua estrutura, estabelecem sanções. Quando uma norma prescreve uma sanção a um comportamento, este comportamento será considerado um delito. O seu oposto, o comportamento que evita a sanção, será um dever jurídico. Nesse sentido, o Estado nada mais é que o conjunto das normas que prescrevem sanções de uma forma organizada. Cuida-se, portanto, do complexo das normas que comandam punições e das que estabelecem as competências respectivas. Sem esta ordem normativa, o Estado deixaria de existir.

A obra de Kelsen ainda o mantém vivo, embora seu sistema cerrado não esteja isento de objeções. Deve se ressaltar o seu compromisso com a verdade científica, o único que não desmereceu nem quebrou, levando-o a rever posições quando necessário.

3.8.8 – Justiça rawlsiana

A idéia norteadora da teoria da justiça de John Rawls[284] é que os princípios da justiça para a estrutura básica da sociedade são o objeto do consenso original. Segundo John Rawls, "são esses princípios que pessoas livres e racionais, preocupadas em promover seus próprios interesses, aceitariam numa posição inicial de igualdade como definidores dos termos fundamentais de sua associação. Esses princípios devem regular todos os acordos subsequentes. Especificam os tipos de cooperação social que se podem assumir e as formas de governo que se podem estabelecer". A essa maneira de considerar os princípios da justiça, John Rawls chama de justiça como eqüidade.

A justiça rawlsiana é caracterizada pela identificação com a eqüidade que reside num estado inicial do contrato social. A teoria está fundada em dois grandes princípios abstratos, baseado no modelo de estado democrático de direito: o princípio da garantia de liberdades e o princípio da distribuição para todos; em outras palavras: princípio da igualdade e o princípio da diferença. A aplicação desses princípios é suficiente para a produção da estabilidade, termo ligado às idéias de legitimidade de observância da lei.

Para John Rawls, justiça é justiça política aplicada às instituições; é a forma como as instituições distribuem os encargos e os benefícios. Justiça tem a ver com as instituições; é aquilo que patrocina a vida social. A prioridade do justo com relação ao bem reflete o conflito do justo x bom. Na ótica do cristianismo, ser bom é mais importante do que ser justo ("o pai não foi justo, mas foi bom").

Pensa John Rawls numa posição fictícia original de igualdade entre as pessoas, como se caísse o véu da ignorância sobre todos e os fizesse esquecer tudo para trás. Assim, estariam todos em posição original de igualdade. Pelo princípio da igualdade, cada um, temendo ser ameaçado ou aniquilado pelo outro, escolheria a igualdade. Cada pessoa tem o maior conjunto possível de liberdades básicas. Direitos clássicos da sociedade liberal garantiriam uma isonomia diante das instituições (política), ou seja, direitos fundamentais.

---

[284] RAWLS, John. Uma teoria da justiça. São Paulo: Martins Fontes, 2000, p. 12.

Sobre tal aspecto da teoria rawlsiana, Otfried Höffe[285] assim analisa a justiça concebida como eqüidade em John Rawls: "Já por se tratar de princípios e, ademais, de bens sociais básicos necessários a cada pessoa, chega-se assim a uma justiça subsidiária, ao tratamento igual: todos os casos são decididos consoante as mesmas regras de segundo grau, e todas as pessoas podem seguir os seus próprios planos de vida. Por fim, um ´véu de ignorância´ (*veil of ignorance*) assegura uma escolha na qual ninguém é influenciado por circunstâncias ou acasos da natureza. Como os princípios de justiça escolhidos sob essas condições conferem a cada indivíduo a maior vantagem possível, Rawls fala de ´justiça enquanto eqüidade´".

Entretanto, somos todos desiguais. Factualmente, somos desiguais. A igualdade é em direitos. Se é impossível ser obtida a igualdade fática, o que fazer? Estabelece-se, então, um segundo princípio: o princípio da diferença.

Pelo princípio da diferença, as desigualdades sociais e econômicas poderiam ser toleradas, desde que ela beneficiasse os menos favorecidos, ou trouxesse compensação a eles. A relação é lexicográfica, segundo Rawls, ou seja, política compensatória das minorias do *Welfare State*.

Após uma "hecatombe", por exemplo, as pessoas que a ela sobrevivessem, ao se organizarem politicamente, não poderiam distribuir os cargos com base nas diferenças existentes entre eles, anteriores à nova situação em que se encontravam. Todos deveriam ter acesso a esses cargos, de forma eqüitativa.

Defende John Ralws uma ação social que patrocine essa eqüidade, por meio de ações e programas estatais, como o patrocínio de bolsas de estudo aos menos favorecidos. A concepção de Rawls é uma defesa da social democracia européia. Foi atacado pelos marxistas que diziam ser ele um liberal e, por outro lado, os liberais chamavam-no comunista-marxista.

Todavia, para os críticos da teoria de Rawls (como os liberais Hasany e Hayeck), o princípio da liberdade (igualdade) seria mais importante do que o princípio da diferença. Segundo a posição comunitarista, o "comunitarismo" não é uma escola fechada, ao contrário, são vários autores. O ponto de referência é o valor que se atribui às comunidades.

---

[285] HÖFFE, Otfried. *O que é justiça?* Tradução de Peter Naumann. Porto Alegre: EDIPUCRS, 2003, p. 78-79.

O canadense Charles Taylor critica a teoria de Rawls, por entender que ela é uma concepção anti-social do indivíduo. É o indivíduo sem valores e sem cultura (o véu da ignorância). Cada cultura fabrica um tipo de indivíduo incompatível com a ocidental, como os chineses. O modelo ocidental não serve para todos.

Já M. Sandel entende que o justo não é prioritário quanto ao bem. Cada comunidade tem a sua concepção do bem que define ou dá a sua concepção de Justiça. É a valorização dos valores da comunidade.

Por sua vez, Makintyre defende a tradição. Cada cultura tem o direito de ter uma concepção particular do Bem e da Justiça. Não dá para propor conceito universal de Justiça. Muitas culturas não adotam os princípios fundamentais da ONU porque é ocidental. Os direitos humanos do Oriente, como, por exemplo, para os islâmicos, são contrárias aos do Ocidente (Declaração da ONU).

O "liberalismo político" de Rawls dá origem ao Rawls 2. Sua teoria da justiça só é válida para as culturas ocidentais. Rawls é um liberal no sentido político e não no sentido econômico. Ele incorporou algumas críticas que lhe foram feitas, escrevendo, em 1992, o livro "O Liberalismo Político".

Discute em sua nova obra, como fazer com que conceitos diferentes do Bem possam conviver dentro de uma Constituição. Sociedade justa é aquela em que as diversas concepções do Bem têm o seu lugar. Um estado teocrático foge à concepção de justiça de Rawls, porque é intolerante com concepções do Bem, diferentes daquela preconizada pelo Estado.

O conceito de tradição não é algo homogêneo e fechado. A cultura não tem esse caráter fechado, principalmente a nossa, que é pluralista. Sofre várias influências. Há cultura fechada, homogênea? A cultura é estática ou dinâmica? Não pode evoluir? Há ou não progresso moral? Exemplo: a prática da circuncisão feminina, em alguns países, tem que ser mantida? Por outro lado, a diversidade é um bem e não um mal. Ninguém tem o direito de manter uma cultura ensimesmada, fechada e concentrada. A convivência de culturas diferentes em um mesmo espaço é algo diverso.

A contribuição de Rawls é, para Serge-Christophe Kolm,[286] "semelhante à dos animais comestíveis: é nutritiva por sua carne, não

---

[286] KOLM, Serge-Christophe. *Teorias modernas da justiça*. São Paulo: Martins Fontes, 2000, p. 260.

por sua espinha dorsal, ainda que esta tenha sido necessária para sustentar a carne".

3.9 – O devido processo legal em sua acepção justa

A garantia do devido processo legal está intimamente ligada à noção de justiça, razão pela qual alguns juristas vinculam expressamente esta relação, como é o caso de José Augusto Delgado,[287] que utiliza a denominação "princípio do devido processo legal ou do justo processo".

Embora o *dues process* se traduza na idéia de justiça, de razoabilidade, especialmente, na sua concepção substancial, expressando o sentimento comum do justo em uma dada época e situação, não se trata de cláusula de fácil compreensão conceitual.

Os direitos derivados do *dues process of law* não se limitam aos que se encontram expressamente previstos nos textos legais, pois também incluem outros, fundados nos princípios gerais de justiça, liberdade e cidadania.

A humanidade trilhou uma trajetória de reconhecimento e valorização humana, marcando essa luta a existência e o respeito ao Estado de Direito. Tido como um dos fundamentos do devido processo legal ou, ainda, razão de sua existência, o Estado de Direito, de forte influência kantiana, reconhecia valores que visava atender, ou seja, a realização do bem geral que, por sua vez, era alcançado pela sua forma racional de ser.

Sem dúvida, a garantia fundamental do *due process of law* é, por si só, um sistema de tutela aos litigantes para que o processo ofereça o acesso efetivo à ordem jurídica justa, que só é alcançada com o respeito e conformidade ao devido processo legal. Tudo isso leva à noção de processo justo (eqüitativo), de bom senso, equilíbrio, ponderação, eqüidade, razoabilidade e proporcionalidade.

Para a civilização ocidental e democrática, o devido processo legal tem por objetivo, ao menos originalmente, a tutela dos direitos fundamentais do homem. A qualificação de um processo como justo é estabelecido

---

[287] DELGADO, José Augusto. A tutela do processo na Constituição Federal de 1988. *Revista Forense*. n. 305. Rio de Janeiro: Forense, 1989, p. 100.

por Canotilho, através de alguns critérios orientadores.[288] Esses critérios, adotados, principalmente, pela doutrina americana, conduzem a duas concepções do processo devido: a) concepção processual; b) concepção material ou substantiva.

A teoria processual (*process oriented theory*), também denominada por Canotilho de teoria do processo devido por qualificação legal,[289] "limita-se a dizer que uma pessoa "privada" dos seus direitos fundamentais da vida, liberdade e propriedade tem direito a exigir que essa privação seja feita segundo um processo especificado na lei. Consequentemente, o acento tônico deve colocar-se na observância ou não do processo criado por lei para a aplicação de medidas privativas da vida, liberdade ou propriedade".

E a teoria substantiva, na lição de Canotilho,[290] "pretende justificar a idéia material de um processo justo, pois uma pessoa tem direito não apenas a um processo legal mas sobretudo a um processo legal, justo e adequado, quando se trate de legitimar o sacrifício da vida, liberdade e propriedade dos particulares. Esta última teoria é, como salienta a doutrina norte-americana, uma *value-oriented theory*, pois o processo devido deve ser materialmente informado pelos princípios da justiça. Mais do que isso: o "processo devido" começa por ser um processo justo logo no momento da criação normativo-legislativa. Os objectivos da exigência do processo devido não poderiam ser conseguidos se o legislador pudesse livre e voluntariamente converter qualquer processo em processo eqüitativo". Diz-se que esta é a razão pela qual se passou a reclamar da necessidade de critérios materiais informadores do processo devido expressa ou implicitamente revelados pelas normas constitucionais, bem como pelos usos e procedimentos estabelecidos no direito comum. Daí falar-se em devido processo legal substantivo.[291]

---

[288] CANOTILHO, José Joaquim Gomes. *Direito constitucional e teoria da Constituição*. Coimbra: Almedina, 2001, p. 481.
[289] Idem, p. 482.
[290] Idem, p. 482.
[291] Acrescenta, ainda, Canotilho: "O problema nuclear da exigência de um *due process* não estaria tanto – ou pelo menos não estaria exclusivamente – no procedimento legal mediante o qual alguém é declarado culpado e castigado ("privado da vida, da liberdade e da propriedade") por haver violado a lei, mas sim no facto de a lei poder ela própria transportar a "injustiça" privando uma pessoa de direitos fundamentais. Às auto-

Então, a proteção alargada pela exigência de um processo eqüitativo, de que fala Canotilho,[292] significa também o controle dos tribunais em relação ao caráter justo ou eqüitativo do processo que deve se estender, de acordo com as condições do caso particular, às dimensões materiais e processuais do processo, em sua globalidade. O critério ou parâmetro deve ser o conjunto de liberdades e garantias constitucionalmente asseguradas, assim como os direitos de natureza análoga constantes de leis ou convenções internacionais.

Daí se falar no direito ao processo eqüitativo, como o direito à tutela jurisdicional, direito a uma decisão fundada no direito, direito a pressupostos constitucionais materialmente adequados, proteção jurídica eficaz e temporalmente adequada, direito à execução das decisões dos tribunais, o direito a processos céleres e prioritários, entre outras acepções da cláusula do devido processo legal.

A garantia fundamental de que o cidadão, ao postular a entrega da prestação jurisdicional, seja protegido por um processo justo, tem fundamento na Declaração Universal dos Direitos do Homem, formulada pela ONU, que em seu art. 8.º, assim dispôs: *"Toda pessoa tem recurso perante os tribunais nacionais competentes, que a ampare contra atos que violem seus direitos fundamentais, reconhecidos pela Constituição ou pela lei. Toda pessoa tem direito, em condições de plena igualdade, a ser ouvida publicamente e com justiça por um tribunal independente e imparcial, para determinação de seus direitos e obrigações ou para exame de qualquer acusação contra ela em matéria penal"*.

Nesse sentido, o devido processo legal é um verdadeiro direito a serviço do direito, à medida que se constitui em um instrumento garantidor de direitos, pois, se impedido o exercício destes, permite o direito subje-

---

ridades legiferantes deve ser vedado o direito de disporem arbitrariamente da vida, da liberdade e da propriedade das pessoas, isto é, sem razões materialmente fundadas para o fazerem. Radica aqui também um dos argumentos invocados para, posteriormente, se defender a *judicial review of legislation*. Os juízes, baseados em princípios constitucionais de justiça, poderiam e deveriam analisar os requisitos intrínsecos da lei. Mais um passo era dado para a evolução do processo devido. Este passará a ser considerado como protecção alargada de direitos fundamentais quer nas dimensões processuais quer nas dimensões substantivas".

[292] CANOTILHO, José Joaquim Gomes. *Direito constitucional e teoria da Constituição*. Coimbra: Almedina, 2001, p. 483.

tivo de ação para torná-los efetivos. É o que ensina Calmon de Passos.[293] Por essa razão, pode ser inserido como princípio processual constitucional, como elemento inerente ao Estado de Direito e como direito fundamental do cidadão, como bem anotado por Luiz Rodrigues Wambier.[294]

Em relação ao conteúdo do devido processo legal, afirma Carlos Roberto Siqueira Castro,[295] invocando o pensamento de Felix Frankfurter: "*Due process* não pode ser aprisionado dentro dos traiçoeiros lindes de uma fórmula ... *due process* é produto da história, da razão, do fluxo das decisões passadas e da inabalável confiança na formação da fé democrática que processamos. *Due process* não é um instrumento mecânico. É um delicado processo de adaptação que, inevitavelmente, envolve o exercício de julgamento por aqueles a quem a Constituição confiou o desdobramento desse processo (*Anti-Facist Committee vs. McGrath*, 1951)".

Preciso é o ensinamento de José Rogério Cruz e Tucci,[296] para quem "a garantia constitucional do devido processo legal deve ser uma realidade durante as múltiplas etapas do processo judicial, de sorte que ninguém seja privado de seus direitos, a não ser que no procedimento em que este se materializa se constatem todas as formalidades e exigências previstas em lei".

No direito moderno, merecem destaque os princípios e garantias consagrados na Constituição Federal, especialmente o devido processo legal, que é aquele que mais se aproxima da noção de justiça, especialmente na sua abordagem substancial, inibindo o exagero e o abuso. Quanto ao aspecto procedimental do devido processo legal, temos que a tutela constitucional do processo realiza-se pela sua observância, estabelecendo padrões éticos e políticos, consagrados universalmente, para traçar o seu modo de ser.

---

[293] PASSOS, José Joaquim Calmon de. Advocacia. O direito de recorrer à justiça. *Revista dos Tribunais*. n. 10. São Paulo: Revista dos Tribunais, 1978, p. 38.

[294] WAMBIER, Luiz Rodrigues. Anotações sobre o princípio do devido processo legal. *Revista de Processo*. n. 63. São Paulo: Revista dos Tribunais, 1991, p. 55.

[295] CASTRO, Carlos Roberto de Siqueira. *O devido processo legal e a razoabilidade das leis na nova Constituição do Brasil*. Rio de Janeiro: Forense, 1989, p. 56.

[296] TUCCI, José Rogério Cruz e. *Tempo e processo*. São Paulo: Revista dos Tribunais, 1997, p. 88.

As categorias fundamentais enunciadas na Constituição do Brasil e que, nas palavras de José Cretella Neto,[297] permitem chegar ao processo justo, são as garantias do juiz natural (art. 5.º, XXXVII) e do juiz competente (art. 5.º, LIII), a da ampla defesa e do contraditório (art. 5.º, LV), motivação das deciões judiciais (art. 93, IX), acrescendo, ainda, a garantia do duplo grau de jurisdição (esta não expressa, mas implícita como garantia).

Assume papel relevante a garantia constitucional do devido processo legal que exige, entre outras garantias, que seja dada às partes a tutela jurisdicional adequada, justa, em tempo e de forma razoável, sem abusos ou exageros. Essa garantia objetiva, também, a limitação política do poder estatal como um todo. E é dela que deriva quase todos os princípios a nível constitucional.

A cada instante, a sociedade reclama o direito para a normalidade de sua vida. Enquanto o direito pode ajustar-se às transformações sociais, à emergência de novas classes que assumem um maior poder no choque dos interesses em disputa, o juiz, se continuar aprisionado à lei, sem sensibilidade para descobrir o direito, serve apenas às forças conservadoras e não às progressistas, da renovação.

Uma ordem jurídica justa deve acompanhar a evolução da sociedade, o surgimento de novos direitos, a necessidade de supressão de antigos que serviam aos interesses da classe dominante, fazendo surgir, com essa evolução, um novo, dinâmico e eficiente ordenamento jurídico, capaz de perseguir e alcançar com êxito a tão almejada justiça.

A realidade social e a justiça estão presentes em todos os momentos da vida do Direito. Aceitar as normas jurídicas, como inexorável imposição dos detentores do poder e negar ao jurista outra tarefa que não seja a de simples instrumento para a sua aplicação, significa desnaturar o Direito e, mais do que isso, traí-lo.

Forças poderosas atuam continuamente, com habilidade e competência, com a finalidade de impor à sociedade normas que atendam a seus interesses e objetivos. É certo que vivemos em uma sociedade injusta, pois somos um dos primeiros países do mundo em produto nacional bruto, mas um dos últimos em distribuição de renda. Essa situação, em vez de diminuir, só aumenta a importância e responsabilidade dos cultores do Direito,

---

[297] CRETELLA NETO, José. *Fundamentos principiológicos do processo civil*. Rio de Janeiro: Forense, 2002, p. 45.

pois obriga a rejeitar o papel que se pretende impor ao jurista, no sentido de ser um instrumento neutro, destinado à defesa de um sistema de interesses estabelecidos, reafirmando a missão e o sentido fundamental do Direito, como instrumento a serviço da pessoa humana.

Basicamente, a noção de justiça em relação à cláusula do devido processo legal tem a ver com a justiça no processo, ou seja, o procedimento adequado e justo, isto no sentido processual da garantia. Por sua vez, no sentido material, o devido processo legal está ligado à justiça no caso concreto (sentença justa), que resulta numa decisão razoável e proporcional, sem abusividade ou exagero.

Finalizando, o cidadão não terá acesso à ordem jurídica justa quando o processo não chegar até o jurisdicionado. Como este não pode ficar privado da tutela jurisdicional integral, deve o processo servir de instrumento para a realização do direito subjetivo do cidadão, razão pela qual as decisões devem ser justas, livres e úteis (efetivas), sob pena de afronta ao princípio do devido processo legal.

CAPÍTULO 4
Devido Processo Legal Formal

4.1 – Noções

Como é sabido, o antecedente histórico do devido processo legal é o art. 39 da Magna Carta, outorgada em 1215 por João Sem-Terra a seus barões: *"nenhum homem livre será preso ou privado de sua propriedade, de sua liberdade ou de seus hábitos, declarado fora da lei ou exilado ou de qualquer forma destruído, nem o castigaremos nem mandaremos forças contra ele, salvo julgamento legal feito por seus pares ou pela lei do país"*. Cláusula semelhante, já empregando a expressão *due process of law* foi jurada por Eduardo III; do direito inglês passou para o norte--americano, chegando à Constituição como Emenda n.° V.

A Constituição brasileira aponta vários dispositivos a caracterizar a tutela constitucional da ação e do processo. A própria Constituição incumbe-se de configurar o direito processual não mais como mero conjunto de regras acessórias de aplicação do direito material, mas, cientificamente, como instrumento público de realização da justiça. Reconhecendo a relevância da ciência processual, a Constituição brasileira atribui à União a competência para legislar sobre o direito processual, unitariamente conceituado (art. 22, inciso I, da CF de 1988); quanto a "procedimentos em matéria processual", a Carta Política dá competência concorrente à União, aos Estados e ao Distrito Federal (art. 24, XI, da CF de 1988).

A competência constitucional é uma das atuais distinções entre processo e procedimento. A doutrina tradicional, a seu modo, define processo e procedimento, ensinando Odete Novais Carneiro Queiroz que:[298]

---

[298] QUEIROZ, Odete Novais Carneiro. O devido processo legal. *Revista dos Tribunais*, n. 748. São Paulo: Revista dos Tribunais, 1998, p. 51.

"Processo é uma direção no movimento enquanto procedimento é o modo de mover e a forma em que é movido o ato, repetiu-se inúmeras vezes. O processo é essencialmente dinâmico. Lições pertinentes nos passam os estudiosos da lei adjetiva, ao assegurar que os atos processuais, embora tenham de ser praticados em determinado momento, compreendem várias etapas, não se exaurindo com sua prática, o que faz por tornar impossível uma tutela imediata do direito.

Mas não se pode procrastinar em demasia a solução da lide, pois daí adviriam danos irreparáveis às partes, sobretudo as mais vulneráveis. Tem-se notícia que a Corte Européia dos Direitos Humanos já condenava por danos morais inúmeros países, em conseqüência dessa demora que provocava angustiante espera pelo êxito da lide. Com fundamento no art. 6.º, 1, da Convenção Européia para a Salvaguarda dos Direitos do Homem e das Liberdades Fundamentais,[299] o direito subjetivo à prestação jurisdicional dentro de um prazo razoável foi estendido a todos, tendo por parâmetro: a) complexidade do assunto; b) o comportamento dos litigantes; e c) a atuação do órgão jurisdicional ao verificar a indevida dilação, conforme leciona José Rogério Cruz e Tucci".

Tradicionalmente, dividem-se os princípios do direito processual civil em informativos e fundamentais. Os princípios informativos (lógicos; jurídicos; políticos e econômicos) são aqueles que não sofrem de influência ideológica, sendo, eminentemente, técnicos e universais. Já os princípios fundamentais, ao contrário dos informativos, são diretrizes nitidamente inspiradas por características políticas, trazendo em si carga ideológica significativa e, por isso, válidos para o sistema, ideologicamente, afeiçoado a esses princípios fundamentais que existem e devem ser preservados.

Os princípios, na lição de Nélson Nery Júnior,[300] não precisam estar explicitamente previstos no sistema jurídico: "Os princípios são, normalmente, regras de ordem geral que, muitas vezes, decorrem do próprio

---

[299] Art. 6.º – "Toda pessoa tem direito a que sua causa seja examinada eqüitativa e publicamente num prazo razoável, por um tribunal independente e imparcial instituído por lei, que decidirá sobre os seus direitos e obrigações civis ou sobre o fundamento de qualquer acusação em matéria penal dirigida contra ela".

[300] NERY JUNIOR, Nélson. *Recursos no processo civil. Princípios fundamentais. Teoria geral dos recursos*. São Paulo: Revista dos Tribunais, 1993, p. 244.

sistema jurídico e não necessitam estar previstos expressamente em normas legais, para que se lhes empreste validade e eficácia".

Dessa forma, o princípio constitucional do devido processo legal é a fonte mediata ou imediata dos princípios judiciais existentes dentro de um sistema jurídico como um todo. Diz Nelson Nery Junior[301] que "o princípio fundamental do processo civil, que entendemos como a base sobre a qual todos os outros se sustentam, é o do devido processo legal, expressão oriunda da inglesa *due process of law*".

Como ensina Eduardo J. Couture,[302] "a garantia de ordem estritamente processual acabou por transformar-se, com o andar do tempo, no símbolo da própria garantia jurisdicional. Ter assegurada a defesa em juízo consiste, em última análise, em não ser privado da vida, liberdade ou propriedade sem a garantia que pressupõe a tramitação de um processo a forma estabelecida em lei". E complementa o jurista: "Uma *procedural limitation* veio a converter-se, pela evolução do tempo, em uma *general limitation*, no sentido que este conceito tem na doutrina do direito político".

Em que pesem opiniões contrárias, entendemos que o princípio do devido processo legal se constitui na fonte primária dos princípios do direito processual civil, apesar de não estar atrelado apenas às normas de direito processual. Esse princípio está bipartido, de modo que tanto se esgalha para aspectos processuais como também para aspectos materiais.

A Constituição Federal consagra o princípio do devido processo legal, cláusula insculpida nas garantias fundamentais previstas no seu art. 5.º, inciso LIV, que diz: *"ninguém será privado da liberdade ou de seus bens sem o devido processo legal"*. Entende-se que este princípio é, por si só, bastante para legitimar e legalizar a existência dos demais princípios processuais arrolados na Constituição Federal.

As conseqüências resultantes da vigência do princípio do devido processo legal são apontadas por José Augusto Delgado[303] e estão baseadas em três postulados: "a) ninguém pode ser afetado no âmbito de seu círculo jurídico sem ser ouvido, pelo que, sem essa condição, não pode receber

---

[301] Idem, p. 25.
[302] COUTURE, Eduardo J. *Fundamentos do direito processual civil*. Campinas: Red Livros, 1999, p. 74.
[303] DELGADO, José Augusto. A tutela do processo na Constituição Federal de 1988. *Revista Forense*. n. 305. Rio de Janeiro: Forense, 1989, p. 100.

sentença condenatória mesmo prolatada por juiz natural; b) o contraditório processual é comportamento de natureza essencialmente democrática, por simbolizar a eficácia do direito fundamental da igualdade de todos perante a lei; c) além do devido processo legal compreender a proteção judiciária (o denominado direito ao processo), ele abrange o direito à completa proteção jurídica, ou melhor explicando, a uma proteção processual razoável e adequada à situação do jurisdicionado, todas as vezes que necessitar ser ouvido em juízo".

Portanto, a garantia constitucional de direito ao processo (direito à tutela jurisdicional) só será efetiva à medida que se assegurar o recurso ao devido processo legal, ou seja, aqueles meios e recursos traçados previamente pelas leis processuais, sem discriminação de parte, e com garantia de defesa, instrução contraditória, duplo grau de jurisdição, publicidade dos atos e outras garantias.

O grande equívoco de parte da doutrina que tratou do princípio do devido processo legal foi a insistência em se mantê-lo atrelado apenas ao aspecto processual (*procedural due process*), não lhe dando a amplitude e extensão que o princípio exige com relação aos aspectos substanciais (*substantive due process*).

O devido processo legal, que remonta às suas origens no sistema da *common law*, está genericamente caracterizado pelo trinômio vida-liberdade-propriedade e, de modo mais elástico possível, este princípio deve ser interpretado, tal qual o faz a Suprema Corte americana. A este propósito, deve ser acentuado que a própria Constituição americana cria, especialmente, como direito positivo, certos princípios amplos de justiça moral. Assim, a Constituição estabelece que nenhuma pessoa pode ser privada de vida, liberdade ou propriedade sem o devido processo de lei, uma frase que significa para um americano o que a frase direito natural tem significado, tradicionalmente, no sentido de igualdade, consistência, imparcialidade, justiça e bondade. Significa, ainda, certas liberdades amplas, tais como liberdade da palavra e de religião, e certos direitos como o de julgamento imparcial, igualdade de proteção das leis.

Entende Canotilho[304] que a leitura das Emendas americanas relacionadas com o *due process of law* é assim sintetizada: "processo devido em

---

[304] CANOTILHO, José Joaquim Gomes. *Direito constitucional e teoria da Constituição*. Coimbra: Almedina, 2001, p. 481.

direito significa a obrigatoriedade da observância de um tipo de processo legalmente previsto antes de alguém ser privado da vida, da liberdade e da propriedade. Dito ainda por outras palavras: *due process* equivale ao processo justo definido por lei para se dizer o direito no momento jurisdicional de aplicação de sanções criminais particularmente graves".[305]

Em sentido processual, a expressão alcança outro significado mais restrito. No direito processual americano, a cláusula (*procedural due process*) significa o dever de propiciar-se ao litigante: a) comunicação adequada sobre a recomendação ou base da ação governamental; b) um juiz imparcial; c) a oportunidade de deduzir defesa oral perante o juiz; d) a oportunidade de apresentar provas ao juiz; e) a chance de repergunter às testemunhas e de contrariar provas que forem utilizadas contra o litigante; f) o direito de ter um defensor no processo perante o juiz ou tribunal; g) uma decisão fundamenta, com base no que consta dos autos. Além desses elementos essenciais, o princípio do devido processo legal no direito americano possui ainda: a) o direito a processo com a necessidade de haver provas: b) o direito de publicar-se e estabelecer-se conferência preliminar sobre as provas que serão produzidas; c) o direito a uma audiência pública; d) o direito à transcrição dos atos processuais: e) julgamento pelo tribunal do júri; f) o ônus da prova, que o governo deve suportar mais acentuadamente do que o litigante individual.

É nesse sentido processual que a doutrina brasileira tem empregado a locução "devido processo legal". Quanto ao processo civil, é manifestação do *"due process of law"*: a igualdade das partes; garantia do *jus actionis*; respeito ao direito de defesa; e contraditório.[306] Mas, como ensina

---

[305] E prossegue Canotilho, a respeito do devido processo legal: "Esta leitura básica abre a porta para um outra idéia já através acentuada. É ela a do processo devido como processo justo de criação legal de normas jurídicas, designadamente das normas restritivas das liberdades dos cidadãos. Por outras palavras porventura mais expressivas: o *due process of law* pressupõe que o processo legalmente previsto para aplicação de penas seja ele próprio um "processo devido" obedecendo aos trâmites procedimentais formalmente estabelecidos na constituição ou plasmados em regras regimentais das assembléias legislativas. Procedimentos justos e adequados moldam a actividade legiferante. Dizer o direito segundo um processo justo pressupõe que justo seja o procedimento de criação legal dos mesmos processos".

[306] MELLO FILHO, José Celso. A tutela judicial da liberdade. *Revista dos Tribunais*. n. 526. São Paulo: Revista dos Tribunais, 1979, p. 299.

Iñaki Esparza Leibar,[307] a doutrina e a jurisprudência tem flexibilizado e estendido, progressivamente, a polifacética cláusula, definindo e configurando o devido processo legal ao redor de uma idéia central percebida como uma ampla e indefinida proteção.

Em suma, a finalidade do devido processo legal processual constitui-se na garantia de um julgamento limpo e justo para as partes em qualquer processo. As outras garantias específicas contidas ou superpostas no devido processo legal destinam-se a assegurar a realização da justiça nos processos. É direito fundamental assegurado a qualquer cidadão o acesso a um processo público com todas as garantias.

4.2 – O princípio da garantia do acesso à Justiça

4.2.1 – *Denominações*

O princípio da garantia do acesso à justiça também é denominado ou conhecido como o princípio da ampla garantia de acesso ao judiciário, direito de ação, da garantia da via judicial, da judicialidade, da inafastabilidade do controle jurisdicional ou controle jurisdicional, simplesmente ou, ainda, princípio da universalidade da jurisdição. Mas o sentido é sempre o mesmo, ou seja, da plenitude do exercício de postulação judicial, mas não só de ir a juízo, mas também de se defender, sendo um direito fundamental do cidadão a entrega integral da jurisdição.

4.2.2 – *Acesso à Justiça e cidadania*

Esse princípio, insculpido no art. 5.º, XXXV, da Constituição Federal de 1988, garante a todos o acesso ao Poder Judiciário, que não pode deixar de atender quem venha a juízo deduzir uma pretensão fundada no direito e pedir solução para ela. Diz o texto constitucional que "a lei não

---

[307] LEIBAR, Iñaki Esparza. *El principio del proceso debido*. Barcelona: J. M. Bosch Editor, 1995, p. 73.

excluirá da apreciação do Poder Judiciário qualquer lesão ou ameaça a direito", não podendo o juiz, a pretexto de lacuna ou obscuridade da lei, escusar-se de proferir decisão (art. 126, do Código de Processo Civil brasileiro).[308]

É o princípio do acesso amplo à justiça, que é um direito público subjetivo exercitável até mesmo contra o Estado que, por sua vez, não pode recusar-se a prestar a tutela jurisdicional. O Estado-juiz não está obrigado a decidir em favor do autor, mas sim aplicar o direito ao caso concreto. Embora o destinatário principal desse princípio seja o legislador, o comando constitucional atinge a todos indistintamente. Vale dizer, ninguém pode impedir que o jurisdicionado compareça a juízo e deduza sua pretensão.

Acesso à Justiça é uma expressão que significa o direito de buscar proteção judiciária, ou seja, é o direito de recorrer ao Poder Judiciário em busca da solução de um conflito de interesses. Nessa acepção, a expressão acesso à Justiça tem um sentido institucional. Essa é a significação que se acha no inciso XXXV, do art. 5.º, da Constituição Federal de 1988, quando diz que "a lei não poderá excluir da apreciação do Poder Judiciário lesão ou ameaça a direito". Mas, se o acesso à Justiça se resumisse apenas nessa acepção institucional, seu significado seria de enorme pobreza valorativa. Essa norma constitucional do inciso XXXV não se resume nessa fórmula de pouca expressividade normativa. É que, na verdade, quem recorre ao Poder Judiciário confia que ele é uma instituição que tem como finalidade ministrar Justiça com valor, uma instituição que, numa concepção moderna, não deve nem pode satisfazer-se com a pura solução das lides. Os fundamentos constitucionais da atividade jurisdicional querem mais, porque exigem que se vá a fundo na apreciação da lesão ou ameaça a direito para efetivar um julgamento justo do conflito. Só, assim, se realizará a Justiça concreta que se coloca quando surgem os litígios, pois somente onde existem os conflitos de interesses a justiça se torna um problema. Parasafreando Kelsen, onde não há conflitos de interesses, não há necessidade de justiça.

---

[308] Art. 126 do CPC: "O juiz não se exime de sentenciar ou despachar alegando lacuna ou obscuridade da lei. No julgamento da lide caber-lhe-á aplicar as normas legais; não as havendo, recorrerá à analogia, aos costumes e aos princípios gerais de direito".

Como o Poder Judiciário é um dos Poderes do Estado, como enuncia o art. 2.°, da Constituição Federal de 1988, e como o Estado, República Federativa do Brasil, tem como um de seus primeiros fundamentos construir uma sociedade livre, justa e solidária (art. 3.°, inciso I, da CF de 1988), então, não pode mais ele se contentar com a mera solução processual dos conflitos. Cada sentença há que constituir numa parte da construção da sociedade justa. E a Justiça há de ser aquele valor supremo de uma sociedade fraterna, pluralista e sem preconceito que nos promete o Preâmbulo da Constituição. Já dizia Montesquieu que não haveria liberdade se o poder de julgar não fosse separado dos outros poderes. Hoje, quer-se muito mais da pessoa humana, sem o que a Justiça não se realizará.

Daí o surgimento da cidadania. Uma idéia essencial do conceito de cidadania consiste na sua vinculação com o princípio democrático. Pode-se afirmar que, sendo a democracia um conceito histórico que evolui e se enriquece com o passar dos tempos, assim também a cidadania ganha novos contornos com a evolução democrática. É por essa razão que se pode dizer que a cidadania é o foco, para onde converge a soberania popular.

O primeiro aspecto importante no conceito de cidadania é o da cisão que o discurso jurídico burguês fez entre o homem e o cidadão, inclusive, refletindo na famosa Declaração de Direitos de 1789, que se chamou Declaração dos Direitos do Homem e do Cidadão, na qual a expressão Direitos do Homem denota o conjunto dos direitos individuais, pois ela é profundamente individualista, assinalando à sociedade um fim que é o de servir aos indivíduos, enquanto a expressão Direitos do Cidadão significa o conjunto dos direitos políticos de votar e ser votado, como institutos essenciais à democracia representativa. E esta foi a primeira manifestação da cidadania que qualifica os participantes da vida do Estado, ou seja, o cidadão, indivíduo dotado do direito de votar e ser votado, oposta à idéia de vassalagem tanto quanto a de soberania aparece em oposição à de suserania. Surge, porém, uma nova dimensão da cidadania que decorre da idéia de Constituição dirigente, que não é apenas um repositório de programas vagos a serem cumpridos, mas constitui um sistema de previsão de direitos sociais, mais ou menos eficazes, em torno dos quais se vem construindo a nova idéia de cidadania.

E essa nova idéia de cidadania se constrói, pois, sob o influxo do progressivo enriquecimento dos direitos fundamentais do homem. A Constituição brasileira de 1988, que assume as feições de constituição dirigente, incorporou essa nova dimensão da cidadania (art. 1.°, inciso II, da CF de

1988), quando a menciona como um dos fundamentos do Estado Democrático de Direito em que é constituída a República Federativa do Brasil, dando--lhe um sentido mais amplo do que o de titular de direitos políticos. Qualifica os participantes da vida do Estado o reconhecimento dos indivíduos como pessoas integradas na sociedade estatal (art. 5.º, LXXVII, da CF de 1988). Significa, também, que o funcionamento do Estado estará submetido à vontade popular, vinculando aí o termo com o conceito de soberania popular (art. 1.º, § único, da CF de 1988) e com o conceito de dignidade da pessoa humana (art. 1.º, III, da CF de 1988), com os objetivos da educação (art. 205 da CF de 1988), como base e meta essenciais do regime democrático.

Assim considerada, a cidadania consiste na consciência de pertinência à sociedade estatal como titular dos direitos fundamentais, da dignidade como pessoa humana, da integração participativa no processo do poder com a igual consciência de que essa situação subjetiva envolve também deveres de respeito à dignidade do outro, de contribuir para o aperfeiçoamento de todos. Enfim, a cidadania corresponde ao *status civitatis* em que o cidadão tem direito a direitos (na concepção de Hannah Arendt), abrangendo tanto os previstos na Constituição como os dela decorrentes.

O direito fundamental de acesso à Justiça está no campo jurídico--constitucional. É lamentável constatar, porém, que o nosso direito ainda não foi capaz de revogar a frase que Ovídio, poeta latino dos *Tristes* e das *Metamorfoses*, lançou há mais de dois mil anos: *Curia pauperibus clausa est* (o tribunal, ou seja, a Justiça está fechada para os pobres). É que o acesso à justiça não é só uma questão jurídico-formal, mas é, especialmente, um problema econômico-social, de sorte que sua aplicação real depende da remoção de vários obstáculos de caráter material, para que os pobres possam gozar do princípio de uma Justiça igual para todos. Ter acesso ao Judiciário sem a garantia de um tratamento igualitário não é participar de um processo justo. A igualdade é um elemento comum a toda concepção de justiça, mormente na sua manifestação mais característica e mais relevante que é a igualdade perante o juiz. É nesse momento, pois, que a igualdade ou a desigualdade se efetivam concretamente, como coisa julgada. O princípio da igualdade da Justiça só será respeitado, no sentido atual, se o juiz perquirir a idéia de igualdade real, que busca realizar a igualização das condições dos desiguais em consonância com o postulado da justiça concreta, não simplesmente da justiça formal.

A cidadania não se realizará com a simples igualdade perante a lei, pois, como lembra Mauro Cappelletti, tratar como iguais sujeitos que econômica e socialmente estão em desvantagem não é outra coisa senão uma ulterior forma de desigualdade e de injustiça. Convém ressaltar a insuficiência dos velhos princípios sobre os quais se apóia o processo judicial, tais como *ne procedat iudex ex officio* (princípio da inércia; o juiz não procede de ofício ou por conta própria) ou *audiatur et altera pars* (a parte contrária também deve ser ouvida), que respondem a um processo liberal, mas não a um processo justo, para cuja efetivação não basta que ante a um juiz imparcial haja duas partes em contraditório, de modo que o juiz possa ouvir as razões de ambas. É necessário, além disso, que essas duas partes se encontrem, entre si, em condição de paridade não, meramente, jurídica e teórica, mas que exista entre elas uma efetiva paridade prática, o que quer dizer paridade técnica e também econômica. Diante da administração da justiça existe o perigo de que gravite sobre o pobre aquela maldição que pesa sobre ele cada vez que os ordenamentos democráticos se limitem a assegurar-lhe e aos outros cidadãos, as liberdades políticas e civis, as quais, em demasiadas ocasiões, quando lhes faltam os meios econômicos indispensáveis para se valerem, praticamente, daquelas liberdades, resolvem-se para o pobre em coisa irrisória. Nessa concepção de um processo justo, o clássico direito de ação se transforma em um direito de projeção social, não apenas como meio de recorrer ao Poder Judiciário para a defesa dos direitos individuais, mas para o estabelecimento de um verdadeiro direito material da justiça, que requer a remoção dos obstáculos econômicos e sociais que impedem o efetivo acesso à jurisdição.

Em suma, a questão dramática do acesso ao princípio da justiça igual para todos consiste na desigualdade de condições materiais entre litigantes, que condicionam profunda injustiça àqueles que, defrontando-se com litigantes afortunados e poderosos, ficam na impossibilidade de exercer seu direito de ação e de defesa. Isso se torna, ainda, mais dramático com as conseqüências processuais da revelia consubstanciada nas leis processuais, em virtude das dificuldades que o pobre tem de acesso, até mesmo, às fontes de informação que o alerte para os efeitos de sua inércia. É que um dos obstáculos sociais que impedem o acesso à justiça é também a desinformação da população a respeito de seus direitos. Isso é uma questão de educação que promova o pleno desenvolvimento da pessoa e a prepare para o exercício da cidadania e sua qualificação para o trabalho, como determina formalmente o art. 205, da Constituição brasileira de 1988, mas que a prática não consegue efetivar. A situação de miséria, despreparo e carência de milhões de brasileiros torna injusta e antidemocrática a norma do art. 3.º da

Lei de Introdução ao Código Civil brasileiro (Decreto-Lei n.º 4.657/42), que precisa ser revista, segundo o qual *ninguém se escusa de cumprir a lei, alegando que não a conhece* (princípio da obrigatoriedade da lei ou erro de direito). Essa regra é a legalização de um velho aforismo: *ignorantia iuris non excusat,* que Mauro Cappelletti increpa de ser uma fórmula clássica de um sistema não democrático, porque, diz ele, a realidade é que o rico pode eliminar a sua ignorância, assegurando-se de serviços de consultores jurídicos, enquanto paralisa o pobre no exercício de seus direitos, que pode ficar à mercê de baixas especulações profissionais. Dá ele exemplo para a Itália, que calha bem ao nosso meio, onde, em certas regiões, é manifesto que o fenômeno de uma multissecular ignorância está na base de formas tradicionais e difundidas de bandidagem e de justiça pela própria mão feita fora e contra a justiça estatal (regime de escravidão, de exploração de menores, etc.) e, ainda acrescenta, que, tal como acontece aqui, é freqüente que os mais pobres nem sequer saibam da existência de certos direitos seus e da possibilidade de fazê-los valer em juízo, servindo-se do patrocínio gratuito, de defensores públicos.

A assistência jurídica integral e gratuita aos que comprovarem insuficiência de recursos configura um dos direitos individuais inscritos na Constituição brasileira de 1988 (art. 5.º, LXXIV). Como outras prestações positivas do Estado, procura realizar o princípio da igualização das condições dos desiguais perante a justiça, mas ainda está longe de ser atingido o seu ideal, pois a sua insuficiência deixa o beneficiado em razoável desamparo,embora o sistema de defensorias públicas tenda ao aperfeiçoamento com a profissionalização específica e missioneira para o exercício desse mister. O patrocínio gratuito como dever honorífico de defender o pobre é uma mistificação, não prosperando numa economia de mercado na qual uma prestação não retribuída está destinada a ser, na maior parte dos casos, de deficiente qualidade, quando não possa ser, como de fato o é, freqüentemente, recusada.

Não basta, porém, o poder público oferecer serviços de assistência jurídica aos necessitados para que se efetive, na prática, o direito de acesso à justiça. Enquanto não se criarem as condições econômicas e sociais indispensáveis ao gozo dos direitos fundamentais, sempre haverá dificuldades para a implementação do princípio da Justiça igual para todos, porque a relação de injustiça está na própria configuração da ordem social. Uma ordem social injusta não pode produzir um processo justo nem, por certo, um sistema judicial de solução justa dos conflitos de interesse.

A tomada de consciência pela cidadania dos seus direitos tende a buscar no Judiciário a sua satisfação, busca que é legítima e que não pode ser tolhida. Qualquer reforma do Judiciário, para ser legítima, há de estar fundamentada na ampliação do acesso da cidadania à Justiça, da melhoria dos serviços judiciários, da realização do processo justo. Do contrário, será um engodo ao povo.

A cidadania requer providências estatais para a satisfação de todos os direitos fundamentais em igualdade de condições. Se é certo que a promoção dos direitos sociais encontram, no plano das disponibilidades financeiras, notáveis limites, menos verdade não há de ser que, inclusive em épocas de recessão econômica, o princípio da isonomia continua sendo um imperativo constitucional que obriga a repartir também os efeitos negativos de todo período de crise.

Não se pode ignorar o fato de que a Constituição brasileira de 1988 também menciona a cidadania no sentido estrito e tradicional de titular de direitos políticos. Assim é quando diz que compete à União legislar sobre nacionalidade, cidadania e naturalização (art. 22, XIII, da CF de 1988). Nesse contexto, quer-se dizer que compete à União legislar sobre os direitos políticos. A idéia, contudo, já fica mais confusa com o emprego do termo no inciso II, do § 1.º, do art. 68, quando exclui do âmbito da delegação legislativa a legislação sobre "nacionalidade, cidadania, direitos individuais, políticos e eleitorais", já que aí se excluem, separadamente, cidadania e direitos políticos, dando a entender que aquela é diversa destes. A impropriedade se agrava quando também fala em "direitos políticos e eleitorais", como se estes não fossem partes daqueles. Também a palavra cidadão, indicativa da legitimidade para propor a ação popular (art. 5.º, LXXIII, da CF),[309] sempre foi tomada no sentido estrito de nacional no gozo dos direitos políticos.

Sendo assim, entre os direitos fundamentais da pessoa humana sobreleva o direito que todos tem à jurisdição. Bem o diz o art. 10 da Declaração Universal dos Direitos Humanos: *"Toda pessoa tem direito, em*

---

[309] Art. 5.º, LXXIII, da Constituição brasileira: "qualquer cidadão é parte legítima para propor ação popular que vise a anular ato lesivo ao patrimônio público ou de entidade de que o Estado participe, à moralidade administrativa, ao meio ambiente e ao patrimônio histórico e cultural, ficando o autor, salvo comprovada má-fé, isento de custas judiciais e do ônus da sucumbência;"

plena igualdade, a uma audiência justa e pública por parte de um tribunal independente e imparcial, para decidir de seus direitos e deveres ou do fundamento de qualquer acusação criminal contra ela". Essa norma integra o ordenamento constitucional brasileiro por força do § 2.° do art. 5.° da Constituição Federal, quando estabelece que os direitos e garantias expressos nela não excluem outros decorrentes do regime e dos princípios por ela adotados ou dos tratados internacionais em que a República Federativa do Brasil seja parte. Com isso, ganha nova dimensão o art. 5.°, inciso XXXV, da Constituição Federal, quando reconhece esse direito, ao declarar que a lei não excluirá da apreciação do Poder Judiciário lesão ou ameaça a direito.

O acesso à Justiça, como já referido, é uma garantia constitucional consubstanciada no inciso XXXV, do art. 5.°, da Carta Política do Brasil. Mas o acesso à Justiça não se resume na mera faculdade de recorrer ao Poder Judiciário, pois desse mesmo dispositivo emana o princípio da proteção judiciária, mais rico de conteúdo valorativo, porque constitui a principal garantia dos direitos subjetivos. Mas ele, por seu turno, fundamenta-se no princípio da separação de poderes, reconhecido pela doutrina como garantia das garantias constitucionais, enquanto poder que detém o monopólio da jurisdição. Aí se junta uma constelação de garantias: as de independência e imparcialidade do juiz, a do juiz natural ou constitucional, a do direito de ação e de defesa, manifestação do direito fundamental à jurisdição. Tudo ínsito nas regras do art. 5.°, incisos XXXV, LIV e LV, da Constituição brasileira.

A fórmula abstrata e indireta da regra do art. 5.°, XXXV, da Carta Maior, confere o direito à jurisdição pela via indireta da proibição de competência ao legislador infraconstitucional de dispor em sentido contrário, quando poderia ser assegurado o direito na formulação positiva e direta, como fazem as Constituições da Itália, da Alemanha, de Portugal e da Espanha e, também, a Declaração Universal dos Direitos Humanos. A doutrina censura a solução adotada pela Lei Maior.

Historicamente, justifica-se o tratamento normativo constitucional oferecido ao tema, mas não o faz melhor dentre as possibilidades experimentadas no constitucionalismo contemporâneo. Quanto mais direta a norma, especialmente a constitucional, mais possibilidade tem ela de ter eficácia jurídica e social. Principalmente, em um país como o Brasil, em que a jurisdição não é vista como o exercício regular e normal de um direito subjetivo mas, sim, como uma afronta contra aquele que é convocado ao litígio judicial, a expressão constitucional que a consagra tem valor especial. Quanto mais invocado no texto da norma o titular do direito assegurado, tanto mais facilitado será o seu exercício e maior efetividade terá a norma, com as conseqüentes e implícitas limitações de competências que lhe neguem a amplitude, diluam ou embaracem a sua aplicação.

Acrescenta-se ao texto constitucional, também, a ameaça a direito, o que não é sem conseqüência, pois possibilita o ingresso em juízo para assegurar direitos simplesmente ameaçados. Isso já se admitia, nas leis processuais, em alguns casos. A Constituição Federal ampliou o direito de acesso ao Judiciário, antes da concretização da lesão. Esse é o fundamento constitucional do processo cautelar, que é uma das espécies da tutela de urgência.

4.2.3 – *Direitos de ação, defesa e petição*

A ordem constitucional brasileira assegurou o direito de petição como direito e garantia fundamental (art. 5.º, XXXIV, da CF de 1988).[310]

Ensina Eduardo J. Couture[311] que o direito constitucional de petição "não é outra coisa que o direito de comparecer perante a autoridade. A sua origem, essencialmente privada, atribui-lhe tão-sòmente o caráter de uma prerrogativa individual (*Private bill*). Sòmente ao adquirir maior transcendência é que passa a ser encarado como um direito de interêsse público (*Right of petition*)". A lei processual constitui a norma regulamentar do direito de petição e, além disso, diz Eduardo J. Couture[312] que "a ação constitui um forma típica do direito constitucional de petição. Êsse é o gênero: a ação é a espécie". O mencionado jurista vincula a ação civil ao gênero dos direitos de petição.

---

[310] Diz o inciso XXXIV, do art. 5.º, da Carta Política: "são a todos assegurados, independentemente do pagamento de taxas: a) o direito de petição aos poderes públicos em defesa de direitos ou contra ilegalidade ou abuso de poder; b) a obtenção de certidões em repartições públicas, para defesa de direitos e esclarecimentos de situações de interesse pessoal;".

[311] COUTURE, Eduardo J. *Fundamentos do direito processual civil*. Campinas: Red Livros, 1999, p. 48.

[312] Idem, p. 53.

No entanto, a característica que diferencia o direito de petição do direito de ação é a necessidade, deste, de vir a juízo pleitear a tutela jurisdicional, porque se trata de direito pessoal, ou seja, é preciso ter interesse pessoal. Já para legitimar-se ao direito de petição, não é preciso que o peticionário tenha sofrido gravame pessoal ou lesão em seu direito, pois o direito de petição é um direito político, no qual está presente o interesse geral no cumprimento da ordem jurídica. Outra diferença entre direito de ação e de petição é que, este é mais informal, não estando, portanto, sujeito às condições da ação. Talvez por ser o direito de petição o mais livre dos direitos dos cidadãos, seja um dos menos garantidos quanto aos resultados. Daí ser correto dizer-se que a contrapartida do direito constitucional de petição é a obrigatoriedade da resposta que a autoridade destinatária deve dar ao pedido.

Os meios de defesa não jurisdicionais, que são citados por Canotilho,[313] incluem o direito de petição, ao lado do direito de resistência, do direito a um procedimento justo, do direito à autodeterminação informativa, do direito ao arquivo aberto e das garantias impugnatórias no procedimento administrativo. Entende o constitucionalista português que o direito de petição "é a faculdade reconhecida a indivíduo ou grupo de indivíduos de se dirigir a quaisquer autoridades públicas apresentando petições, representações, reclamações ou queixas destinadas à defesa dos seus direitos, da constituição, das leis ou do interesse geral". Também estaria no âmbito normativo do direito de petição, o direito de ser informado, em prazo razoável, sobre o resultado da respectiva apreciação.

Apesar de serem diferentes na essência e no objetivo, o direito de petição e o direito de ação são, por vezes, equiparados pela doutrina. Ou melhor, há quem identifique, como Couture,[314] o direito de ação como forma típica do direito de petição, que define a ação "como um puro poder jurídico de provocar, mediante petições (pretensões) a atividade da jurisdição. A ação é, portanto, um poder jurídico distinto do direito material e da demanda em sentido formal, destinado a obter a atividade estatal,

---

[313] CANOTILHO, José Joaquim Gomes. *Direito constitucional e teoria da Constituição*. Coimbra: Almedina, 2001, p. 498.

[314] COUTURE, Eduardo J. *Fundamentos do direito processual civil*. Campinas: Red Livros, 1999, p. 56.

por intermédio de seus órgãos competentes, para a declaração coativa de um direito".

A primeira garantia que o texto constitucional revela é a de que cabe ao Poder Judiciário o monopólio da jurisdição. A segunda garantia consiste no direito de invocar a atividade jurisdicional sempre que se tenha como lesado ou, simplesmente, ameaçado um direito, individual ou não, pois a Constituição já não mais o qualifica de individual, no que andou bem, porquanto a interpretação sempre fora a de outras instituições ou entidades não individuais, e agora hão de levar-se em conta os direitos coletivos também.

O art. 5.º, XXXV, da Constituição do Brasil, consagra o direito de invocar a atividade jurisdicional, como direito público subjetivo. Não se assegura aí apenas o direito de agir, o direito de ação. Invocar a jurisdição para a tutela de direito é também direito daquele contra quem se age, contra quem se propõe a ação. Garante-se plenitude da defesa, agora mais incisivamente assegurada no inciso LV do mesmo artigo 5.º: *"aos litigantes, em processo judicial e administrativo, e aos acusados em geral são assegurados o contraditório e ampla defesa, com os meios e recursos a ela inerentes"*. Na lição de Liebman, o poder de agir em juízo e o de defender-se de qualquer pretensão de outrem representam a garantia fundamental da pessoa para a defesa de seus direitos e competem a todos, indistintamente, pessoa física e jurídica, brasileiros e estrangeiros, como atributo imediato da personalidade, e pertencem, por isso, à categoria dos denominados direitos cívicos.

A apreciação da lesão ou ameaça de direito revela o conteúdo jurídico da norma do art. 5.º, XXXV, da Lei Maior brasileira. O Poder Judiciário aprecia emitindo juízo de valor. Apreciar significa definir o valor que é tida alguma coisa. Quando isso é feito pelo Judiciário, o que se tem é um julgamento, pelo qual se decide o sentido do objeto sob apreciação. Logo, a apreciação da lesão ou ameaça de direito, pelo Poder Judiciário, traduz-se em uma decisão que define se houve ou não a lesão do direito, se há ou não a ameaça a direito alegado pela pessoa ou coletividade que recorreu ao Poder Judiciário. A apreciação não é mera referência constitucional, pois é direito fundamental individual e coletivo. Por isso, a apreciação da lesão ou ameaça a direito alegado pela pessoa, encaminhado ao Poder Judiciário, não se aperfeiçoa pela única repetição de uma decisão, independentemente, do exame e do julgamento de razões e fundamentos alegados pela parte.

Ao tratar da exceção (defesa) como forma de exercício do direito ao devido processo, Eduardo J. Couture[315] entende que a exceção é um direito abstrato e não concreto; para poder contestar uma demanda não é preciso ter direito. Entretanto, esclarece Couture[316] que "o que se dá ao réu é a eventualidade da defesa. A defesa poderá, quando ao seu mérito, ser fundada ou infundada; poderá ser exercida ou não; poderá ser acolhida ou repelida pela sentença. A ordem jurídica não investiga se o réu tem ou não boas razões para se defender. Apenas quer dar, aos que são chamados a juízo, a oportunidade de fazerem valer as razões que porventura tiverem".

O direito fundamental de defesa foi bem ilustrado por Couture,[317] ao expressar que "o direito de defesa em juízo não é o direito substantivo contido na contestação, mas simplesmente o direito processual de defender". Diante disso, deve se lembrar de que o direito de acesso à justiça, consubstanciado na norma constitucional, aí incluído o direito de defesa, não pode e nem deve significar apenas o direito formal de invocar a jurisdição, mas o direito a uma decisão justa. Caso não fosse assim aquela apreciação seria vazia de conteúdo valorativo.

4.2.4 – *Acesso a uma ordem jurídica justa*

A visão dogmática de que o Direito se insere apenas no contexto da lei não encontra mais aceitação absoluta. A dignidade da lei, tão eloqüentemente sustentada pelo positivismo, necessita de eficácia social. Suas regras devem ser emanadas do consenso.

Partindo da necessidade de que a exegese jurídica abandone as fórmulas e dogmas criados para uma realidade diferente e se volte para a atualidade, o Direito deve ser visto não apenas com os olhos da lei, mas com os da satisfação social, que é a função natural do Direito.

Não se deve negar à lei o elemento primordial, mas, ocorrendo o conflito da lei com a realidade social, cabe ao intérprete buscar no substrato social os elementos para bem decidir. Já sustentavam Dworkin e Hart

---

[315] Idem, p. 70.
[316] Idem., p. 71.
[317] Idem, p. 72.

que os fundamentos da sociedade devem ser os vetores do Direito, como ciência empírica e não meramente racional, porque os princípios gerais do Direito devem ser tidos como normas imperativas, extraídas do elemento social e não da crença de um ideal imaginário modelado no jus--naturalismo.

Mas a análise crítica e independente do profissional do Direito é ampla, pois vai desde a tarefa de orientar a criação de novas normas, através de contratos, acordos, convenções, estatutos e outras formas, até a participação nos movimentos de transformação de leis, decretos, portarias, passando pela formulação de pareceres, prolação de sentenças e o trabalho de interpretação das normas. Mas o jurista não deve estar aprisionado ao texto da lei e à vontade do legislador. Deve interpretar as normas procurando a finalidade objetiva da lei que, por sua natureza, deve estar orientada para a justiça, os fins sociais e o bem comum, nos termos do art. 5.º, da Lei de Introdução ao Código Civil.

A respeito do tema, o Supremo Tribunal Federal "não tem admitido mandado de segurança contra atos do Presidente das Casas Legislativas, com base em regimento interno delas, na condução do processo de feitura de leis" (RTJ 144/488). Mas: "O princípio *"due process of law"* estende--se à gênese da lei. Uma lei mal formada, vítima de defeitos no processo que a gerou, é ineficaz; a ninguém pode obrigar. Qualquer ato praticado à sombra dela expor-se-á ao controle judicial" (RSTJ 98/79).

Nessa luta pela vigência concreta e viva da justiça é que se realiza a razão de ser ou, como diz Roberto Lyra Filho, "a ontoteleologia do Direito". Não se pode, portanto, limitar o Direito ao conhecimento pretensamente neutro, puro e objeto do direito positivo, aplicando-o cegamente.

As dificuldades para uma possibilidade efetiva de acesso à ordem jurídica são identificadas pelos juristas. São enumerados por Luiz Guilherme Marinoni os seguintes obstáculos:[318] a) o custo do processo; b) a duração do processo; c) o procedimento comum como clássico e a classificação trinária das sentenças como obstáculos à efetividade da tutela dos direitos; d) o problema cultural: o reconhecimento dos direitos; d) a questão psicológica; e) os litigantes eventuais diante dos litigantes habituais; f) a necessidade de reestruturação das categorias do processo civil indivi-

---

[318] MARINONI, Luiz Guilherme. *Novas linhas do processo civil*. São Paulo: Malheiros Editores, 2000, p. 29.

dual para a efetividade da tutela dos conflitos de massa. Por sua vez, Mauro Cappelletti identifica as seguintes dificuldades para um acesso efetivo à Justiça:[319] a) custas judiciais (alto custo do processo); b) pequenas causas (causas pequenas são mais prejudicadas pela barreira dos custos); c) tempo do processo (a demora do processo torna a Justiça inacessível para muitas pessoas, aumentando os custos e pressionando os economicamente fracos a abandonar as causas); d) possibilidades das partes (alguns litigantes gozam de uma gama de vantagens e desvantagens estratégicas); e) recursos financeiros (os litigantes com recursos financeiros podem pagar para litigar e suportar as delongas do litígio); f) aptidão para reconhecer um direito e propor uma ação ou sua defesa (conhecimento jurídico básico para perceber os direitos; g) litigantes eventuais e habituais (planejamento do litígio, economia de escala, relações informais com membros da instância decisora, diluição dos riscos da demanda e estabelecimento de estratégias); h) problemas especiais dos interesses difusos.

Já as perspectivas de superação dos obtáculos para o acesso a uma ordem jurídica justa também são enumeradas por Luiz Guilherme Marinoni:[320] a) os Juizados Especiais, as vias de conciliação e a participação popular na administração da Justiça; b) os juízos universitários; c) a incrementação da assistência judiciária gratuita; d) a informação e a orientação acerca dos direitos; e) o aperfeiçoamento da organização judiciária; f) a efetividade da tutela dos direitos difusos, coletivos e individuais homogêneos; g) o princípio da oralidade; h) a instrumentalidade do processo no sentido negativo; i) a participação efetiva do juiz no processo; j) a importância da participação do Ministério Público; k) a justiça nas decisões; l) tutela inibitória; m) tutela antecipatória; n) a questão da tempestividade da tutela jurisdicional diante da necessidade de dois juízos sobre o mérito: o problema do duplo grau de jurisdição; o) a execução imediata e completa da sentença como regra: uma alternativa diante do tempo necessário ao duplo grau; p) o procedimento monitório como forma processual destinada a propiciar uma maior efetividade à tutela dos direitos; q) a expedição do mandado e as possíveis condutas do devedor; r) os embargos ao mandado;

---

[319] CAPPELLETTI, Mauro, GARTH, Bryant. *Acesso à justiça*. Porto Alegre: Sergio Antonio Fabris Editor, 1988, p. 15.
[320] MARINONI, Luiz Guilherme. *Novas linhas do processo civil*. São Paulo: Malheiros Editores, 2000, p. 69.

s) a questão da execução; u) o conteúdo dos embargos à execução; v) a tutela antecipatória no procedimento monitório. Por outro lado, as soluções práticas para os problemas de acesso à Justiça que Mauro Cappelletti identifica são elencadas em três "ondas":[321] a) assistência judiciária para os pobres; b) representação dos interesses difusos; e c) concepção mais ampla de acesso à Justiça e à representação em juízo.

Ademais, outra preocupação se nota com relação à quantidade de leis que são editadas anualmente. Atualmente, existe uma inflação legislativa, com milhares de leis vigentes, muitas delas repetitivas ou revogadas por legislação posterior. E outra preocupação é que, compreensivelmente, a maioria dessas leis não se tornam conhecidas por grande parte da população, com exceção dos profissionais do direito que, em razão da profissão, tem o dever de conhecê-las.

Não obstante o princípio da obrigatoriedade das leis (que, repita-se, deve ser revisto), disposto no art. 3.º, da Lei de Introdução ao Código Civil, somente na utopia de Tomás Morus[322] todos conhecem as leis, porquanto elas são pouco numerosas.[323] Ora, tendo a lei por objeto unica-

---

[321] CAPPELLETTI, Mauro, GARTH, Bryant. *Acesso à justiça*. Porto Alegre: Sergio Antonio Fabris Editor, 1988, p. 31.
[322] MORUS, Tomás. *A utopia*. Lisboa: Guimarães Editores, 2000, p. 123.
[323] Idem, p. 123: "São as leis em pequeníssimo número e bastam no entanto para as instituições utopianas. O que os utopianos desaprovam principalmente nos outros povos é o número interminável de volumes de leis e comentários. Consideram suprema injustiça coagir os homens com inúmeras leis, tantas que as não podem ler todas, ou então obscuras em demasia para que as possam compreender. Em consequência disso, não há advogados na Utopia; excluem-se esses habilidosos sempre empenhados em torcer as leis e em resolver astuciosamente as dificuldades. Pensam os utopianos que vale mais que cada um defenda a sua própria causa e confesse directamente ao juiz o que é costume dizer-se a um advogado. Dessa maneira há menos ambiguidade e subtiliza e a verdade descobre-se mais facilmente. As partes expõem as suas razões simplesmente, porque não há advogados que lhes ensinem as mil imposturas da chicana. O juiz examina e pondera as razões de cada um, fazendo-o com bom senso e boa-fé; defende a ingenuidade do homem simples contra as calúnias do patife. Muito difícil seria praticar tal justiça nos outros países que jazem enterrados sob um montão de leis tão embrulhadas e equívocas. Toda a gente, aliás, na Utopia, é doutor em direito; pois, repito, as leis são lá em muito pequeno número e a sua interpretação mais simples e material aceita-se como a mais razoável e a mais justa. Dizem os utopianos que as leis são promulgadas com o simples objectivo de que cada homem esteja convenientemente informado dos seus direitos e deveres. Ora, as subtilezas dos vossos comentadores são acessíveis a muito pouca gente e só esclarecem um restrito número de sábios; pelo contrário, uma lei nitidamente formulada cujo sentido não é equívoco

mente lembrar a cada um seu dever, essa é uma interpretação demasiadamente sutil que poucos são capazes de compreender, pois só poderá instruir uma minoria, enquanto sua significação, resgatada por um espírito simples, é clara para todos. Então, de que serve para a massa, isto é, para a classe mais numerosa, que tem a maior necessidade de regras, a existência de leis, se as que existem só tem sentido nas intermináveis discussões de personagens engenhosos, leis inacessíveis ao julgamento sumário do povo simples e muito menos cuja vida está inteiramente ocupada em ganhar o pão?

Na nossa realidade, portanto, os homens comuns, que devem adaptar suas condutas à lei, desconhecem-na e não a compreendem. Ademais, a pluralidade contraditória de normas pode ser identificada como uma fonte a mais do denominado efeito de desconhecimento, porque os indivíduos ou não sabem a que pauta direcionar sua conduta ou supõem que seus direitos prevalecem sobre o direito estatal, ou terminam por desconhecer ambos.

Em face não só da confusão, mas igualmente da profusão de leis, não é nenhum exagero afirmar que, mesmo em se tratando de advogados, nem mesmo estes estão aptos a conhecer o teor de todas as normas jurídicas vigentes, com exceção daquelas que mais lhe interessam em razão do seu ramo de especialização. Ninguém conhece todo o direito; somente uma insignificante minoria de homens sabe uma parte das leis vigentes em um dado momento, sendo impossível que a maioria as conheça.

Por isso, dizem alguns que pode ter por superado, na prática e por falácia que é, a ficção jurídica enunciada no princípio da obrigatoriedade das leis (art. 3.º, da Lei de Introdução ao Código Civil), ainda mais que as leis não são amplamente divulgadas pelos meios de comunicação em geral, já que a sua publicação fica restrita aos Diários Oficiais.

---

e ocorre naturalmente ao espírito, está ao alcance de todos. Que importa à massa, isto é, à classe mais numerosa e que mais precisa de regras, que lhe importa que não haja leis ou que as leis estabelecidas sejam de tal maneira embrulhadas que para obter uma significação verdadeira seja necessário um génio superior, longas discussões e estudos intermináveis? O juízo vulgar não é bastante metafísico para penetrar tais profundezas; aliás, tal não poderia pedir-se nunca ao que está ocupado constantemente em granjear o pão de cada dia!".

O problema cultural do reconhecimento dos direitos é citado por Luiz Guilherme Marinoni[324] como dificuldade para uma possibilidade efetiva de acesso à ordem jurídica justa: "Grande parte dos cidadãos não conhece e não tem condições de conhecer os seus direitos. Em um país pobre como o Brasil, não pode constituir surpresa o fato de que boa parte da população não conheça os seus direitos ou os meios que são oferecidos para a tutela dos direitos". E ressalta: "Na sociedade contemporânea, assim, torna-se muito difícil, principalmente aos pobres, a percepção da existência de um direito. Tal dificuldade poderia ser contornada se os mais humildes tivesse acesso à orientação e à informação jurídicas. Porém, se a assistência judiciária tem suas deficiências, a assistência jurídica é um sonho ainda distante. Essa situação é também geradora de injustiça, e, assim, a aplicação indiscriminada do adágio *ignorantia iuris non excusat* espelha uma sociedade não verdadeiramente democrática".

Destaca Mauro Cappelletti[325] que "mesmo consumidores bem informados, por exemplo, só raramente se dão conta de que sua assinatura num contrato não significa que precisem, obrigatoriamente, sujeitar-se a seus termos, em quaisquer circunstâncias. Falta-lhes o conhecimento jurídico básico não apenas para fazer objeção a esses contratos, mas até mesmo para perceber que sejam passíveis de objeção".

Sensível a essa situação, merece destaque o Código Civil mexicano que, no art. seu 21,[326] exime dos efeitos da lei pessoas de poucos recursos culturais e econômicos ou sem acesso aos meios de comunicação. Basicamente, o Código Civil mexicano admite, em princípio, o erro de direito, dentre os seguintes requisitos: a) ouvir o Ministério Público; b) ser pessoa de pouca cultura e, economicamente, desprotegida; c) não ser norma de ordem pública.

---

[324] MARINONI, Luiz Guilherme. *Novas linhas de processo civil*. São Paulo: Malheiros Editores, 2000, p. 65.

[325] CAPPELLETTI, Mauro, GARTH, Bryant. *Acesso à justiça*. Porto Alegre: Sergio Antonio Fabris Editor, 1988, p. 23.

[326] Diz o art. 21 do Código Civil mexicano: "A ignorância das leis não dispensa o seu cumprimento. Mas os juízes, tendo em conta o notório atraso intelectual de alguns indivíduos, seu distanciamento dos meios de comunicação ou sua miserável situação econômica, poderão, se estiver presente o MP, eximi-los das sanções em que estiver incorrido pela falta de cumprimento de lei que ignoravam, ou conceder-lhes um prazo que as cumpra, sempre que não se leis de ordem pública".

Questão relevante, ainda, é a relativa ao excesso de formalismo e da utilização da linguagem própria e técnica. Não resta dúvida de que o emprego de expressões excessivamente técnicas e rebuscadas, nos textos legais, nos atos processuais e nas decisões judiciais, constitui-se num dos principais entraves ao entendimento do teor das leis por parte do leigo. Qual é o leigo que sabe o que é repetição do indébito, carga de processo, embargos, agravo de instrumento, purgar a mora, colação, fideicomisso, excipiente, peremptório, temerário e inúmeras outras expressões jurídicas? As normas e as decisões judiciais deveriam ser redigidas com simplicidade, objetividade e clareza, evitando, assim, a dificuldade na busca do real significado jurídico.

Não bastasse isso, os meios de comunicação, ao manifestarem-se equivocadamente sobre certos atos ou temas jurídicos, não fazem mais do que confundir mais o público, ao mesmo tempo em que passam a transmitir uma imagem quase sempre distorcida das leis e da própria justiça.

O mal da desinformação jurídica atinge todas as classes e segmentos da sociedade brasileira, afetando, principalmente, a população de baixa ou nenhuma renda. A um inúmero incalculável de pessoas falta a noção de que o ordenamento jurídico lhes permite reclamar determinadas prestações das autoridades ou de particulares.

Por fim, democratizar o direito e, por conseqüência, a própria Justiça, significa também abreviar as formalidades com a simplificação da linguagem jurídica, dos atos processuais, das sentenças, dos acórdãos, porque, se é verdade que o direito tem por fim estabelecer segurança e estabilidade nas relações sociais, não é mentira que a prestação jurisdicional deva ser dada no menor tempo possível, já que Justiça tardia não é justiça.

4.3 – Princípio da isonomia

O princípio da isonomia tem outras denominações na doutrina, sendo também denominado de princípio da igualdade ou do tratamento igualitário às partes.

O regime republicano, por sua própria origem ideológica, é o regime igualitário por excelência, extremamente ligado à concepção do Estado de Direito. As partes e os procuradores devem ter tratamento igualitário, para que tenham as mesmas oportunidades de fazer valer em juízo as suas razões. É a norma inscrita no art. 5.º, *caput*, da Constituição Federal.[327]

A igualdade perante a lei também é tratada no art. 24, do Pacto de São José da Costa Rica (Decreto n.º 678/92): "Todas as pessoas são iguais perante a lei. Por conseguinte, têm direito, sem discriminação, a igual proteção da lei".

Por sua vez, a Declaração Universal dos Direitos do Homem, aprovada e proclamada pela Assembléia Geral das Nações Unidas, na sua Resolução 217-A (III), de 10 de dezembro de 1948, em seus artigos 7.º[328] e 10.º,[329] também fazem menção ao princípio da igualdade.

No processo civil, o princípio da isonomia significa que as partes devem receber tratamento igualitário por parte do juiz, conforme disposto no art. 125, I, do Código de Processo Civil brasileiro.[330]

O princípio da igualdade nem sempre correspondeu a um único sentido. Inicialmente, o princípio foi concebido como abolição de privilégios sociais, que, para San Tiago Dantas[331] vem a ser a igualdade jurídica em sentido subjetivo, pessoal; posteriormente, essa concepção perdura, mas com ela concorre a da igualdade na aplicação do direito; após, na terceira época, apresenta-se a concepção da igualdade em sentido objetivo material.

A absoluta igualdade jurídica não pode, contudo, eliminar a desigualdade econômica. Por isso, do primitivo conceito formal de igualdade,

---

[327] Art. 5.º, *caput*, da Constituição Federal: "Todos são iguais perante a lei, sem distinção de qualquer natureza, garantindo-se aos brasileiros e aos estrangeiros residentes no País, a inviolabilidade do direito à vida, à liberdade, à igualdade, à segurança e à propriedade, nos termos seguintes: ....".

[328] Art. 7.º – "Todos são iguais perante a lei e têm o direito, sem distinção, a uma igual protecção da lei. Todos têm direito a uma protecção igual contra toda a descriminação que viole a presente Declaração e contra qualquer provocação de uma tal discriminação".

[329] Art. 10.º: "Toda a pessoa tem direito, em plena igualdade, a que a sua causa seja julgada equitativa e publicamente por um tribunal independente e imparcial, que decidirá tanto sobre os seus direitos e obrigações, como sobre as razões que fundamentam qualquer acusação em matéria penal contra ela dirigida".

[330] Art. 125.º, I, do CPC: "O juiz dirigirá o processo conforme as disposições deste Código, competindo-lhe: I – assegurar às partes igualdade de tratamento; II – (.........)".

[331] DANTAS, F. C. de San Tiago. Igualdade perante a lei e "due process of law". *Revista Forense*. v. 116. Rio de Janeiro: Forense, 1948, p. 363.

de que a lei não deve estabelecer qualquer diferença entre as partes, clamou-se pela igualdade substancial, da qual já falava Aristóteles quando tratava do que é justo.[332]

Em princípio, a lei é igual para todos e, como dizia F. C. de San Tiago Dantas,[333] "o seu comando se dirige a todos os cidadãos, mas é óbvio que ela pode, sem perder o seu caráter de universalidade, estabelecer distinções, dirigir-se a grupos de pessoas, contemplar situações excepcionais em que um número indeterminado de indivíduos se pode colocar".

A isonomia interage com o devido processo legal, pois o exercício da jurisdição só é legitimado se alcançar resultados justos e conformes com o ordenamento jurídico, assegurando as oportunidades e garantias em condições igualitárias. É o direito ao processo justo (direito à efetividade das normas e garantias que as leis processuais e materiais oferecem).

Hoje, na conceituação positiva da isonomia, realça-se o conceito realista que pugna pela igualdade proporcional, significando, em síntese, tratamento igual aos substancialmente iguais. A aparente quebra do princípio da isonomia, dentro e fora do processo, obedece exatamente ao princípio da igualdade real e proporcional, que impõe tratamento desigual aos desiguais, justamente para que, supridas as diferenças, atinja-se a igualdade substancial.

---

[332] ARISTÓTELES. *Ética a Nicômaco*. São Paulo, 2002, p. 108: "(....) Ora, igualdade implica pelo menos dois elementos. Portanto, o justo deve ser ao mesmo tempo intermediário, igual e relativo (justo para certas pessoas, por exemplo); como intermediário, deve estar entre determinados extremos (o maior e o menor); como igual, envolve duas participações iguais; e, como justo, ele o é para certas pessoas. O justo, portanto, envolve no mínimo quatro termos, pois duas são as pessoas para quem ele é de fato justo, e também duas são as coisas em que se manifesta – os objetos distribuídos. E a mesma igualdade será observada entre as pessoas e entre as coisas envolvidas, pois do mesmo modo que as últimas (as coisas envolvidas) são relacionadas entre si, as primeiras também o são. Se as pessoas não são iguais, não receberão coisas iguais; mas isso é origem de disputas e queixas (como quando iguais têm e recebem partes desiguais, ou quando desiguais recebem partes iguais). Ademais, isso se torna evidente pelo fato de que as distribuições devem ser feitas "de acordo com o mérito de cada um", pois todos concordam que o é justo com relação à distribuição, também o deve ser com o mérito em um certo sentido, embora nem todos especifiquem a mesma espécie de mérito: os democratas o identificam com a condição de homem livre, os partidários da oligarquia com a riqueza (ou nobreza de nascimento), e os partidários da aristocracia com a excelência".

[333] DANTAS, F. C. de San Tiago. Igualdade perante a lei e "due process of law". *Revista Forense*. v. 116. Rio de Janeiro: Forense, 1948, p. 357.

O devido processo legal é uma cláusula aberta – uma mega-cláusula, um super-princípio – no sistema jurídico para a busca de resultados formal e substancialmente justos. Todavia, o acesso à justiça e o direito ao processo exige o respeito às normas processuais portadoras de garantias de tratamento isonômico dos sujeitos do processo.

A uniformidade de procedimentos encontra explicação, em princípio, na desnecessidade de se dar tratamento diferenciado às diferentes posições sociais e às diversas realidades de direito substancial, pois a garantia constitucional do devido processo legal exige que se dê às partes a tutela jurisdicional adequada.

No processo, a igualdade constitui princípio fundamental e revela-se no tratamento paritário das partes, tendo por fundamento o escopo social e político do direito. Portanto, não deve ser vista não apenas sob o aspecto formal, mas também pelo prisma substancial. Não basta igualdade formal, sendo relevante a igualdade técnica e econômica. A igualdade formal diz respeito à identidade de direitos e deveres estabelecidos pelo ordenamento jurídico aos cidadãos; já a igualdade material leva em consideração os casos em que os cidadãos exercitam seus direitos e cumprem seus deveres. Cabe ao julgador assegurar a paridade de tratamento às partes, distinguindo os desiguais, na medida das suas desigualdades.

Embora polêmica, a chamada ação afirmativa (*affirmative action*), importada do direito norte-americano, é exemplo de aplicação do princípio da isonomia material ou substancial, inscrevendo-se na visão clássica de justiça de Aristóteles,[334] cuja fórmula proposta por Rui Barbosa, em discurso conhecido por *Oração aos Moços*, dizia que "a regra da igualdade não consiste senão em quinhoar desigualmente os desiguais, na medida em que se desigualam". De fato, as pessoas ou situações são iguais ou desiguais de modo relativo.

Entende-se por ação afirmativa a decisão judicial ou ato legislativo que busca acabar ou minorar uma situação de desigualdade gritante sofrida por um grupo minoritário, discriminado por sexo, raça, cor, religião ou outros preconceitos. Busca a ação afirmativa acelerar o processo de equiparação, mediante ações preferenciais; busca-se a igualdade, de forma mais rápida, através da desigualdade, privilegiando os marginalizados.

---

[334] ARISTÓTELES. *Ética a Nicômaco*. São Paulo: Martin Claret, 2002, p. 108.

Nas palavras de Paulo Fernando Silveira,[335] o objetivo principal das ações afirmativas é compensar, de modo célere, a discriminação do passado, fazendo cessar, de imediato, seus efeitos funestos.

A ação afirmativa é fundada na idéia de que medidas de desigualização em favor das minorias – negros, homossexuais, mulheres, deficientes, índios, idosos e outras – são positivas, pois visariam corrigir desvantagens ou discriminações sofridas no passado.

Nunca houve unanimidade acerca das ações afirmativas, havendo posições contrárias e a favor da ação discriminatória para atingir a igualdade substancial. No direito americano, quem se manifestava contra (Richard Posner e Morris Abram), argumenta que a Constituição é cega quanto à cor (*color-blindness*) e que os direitos civis proporcionam condições iguais de oportunidade; posição contrária (Kent Greenawalt, Laurence Tribe e Randall Kennedy) ressalta que o padrão *colorblind* não é consistente com o objetivo da Emenda n.º 14, nem considera a função do Judiciário numa democracia.

A Corte Suprema americana abriu caminho para a adoção da ação afirmativa, admitindo que, num esforço para a erradicação das desigualdades – discriminação racial e outras – pessoas inocentes podem vir a ser chamadas a suportar um pouco do ônus do remédio. As orientações jurisprudenciais caminham para a verdadeira igualdade, não só como enunciado constitucional, mas também na sua concreção.

No Brasil, não só a Constituição de 1988 (art. 37, inciso VIII), como também a legislação infraconstitucional (art. 5.º, § 2.º, da Lei n.º 8.112/90), sem falar em decisões judiciais esparsas, têm buscado implementar, na prática, as ações afirmativas, tais como a obrigatoriedade da reserva de um percentual mínimo dos candidatos a cargos eleitorais para as mulheres; reserva de um mínimo de vagas oferecidas em concursos para as pessoas portadoras de deficiências; reserva de percentual de vagas em escolas para grupos discriminados e outras.

As propostas de ações governamentais brasileiras que constam do Programa Nacional de Direitos Humanos,[336] citadas por Paulo Lucena

---

[335] SILVEIRA, Paulo Fernando. *Devido processo legal*. Belo Horizonte: Del Rey, 1997, p. 208.

[336] Anexo ao Decreto 1.904, de 13 de maio de 1996.

de Menezes, são as seguintes:[337] a) população negra: desenvolver ações afirmativas para o acesso dos negros a cursos profissionalizantes, universidade e áreas de tecnologia de ponta; apoiar as ações da iniciativa privada que realizem discriminação positiva, e formular políticas compensatórias que promovam social e economicamente a comunidade negra; b) mulheres: regulamentar a norma constitucional que prevê a proteção do mercado de trabalho (art. 7.°, XX, da CF) e assegurar o cumprimento dos dispositivos da Lei 9.029/95 (proteção contra discriminação por gravidez); c) sociedades indígenas: implementar e assegurar programas de saúde e educação diferenciados; d) deficientes físicos: propor normas favorecendo o acesso ao mercado de trabalho e ao serviço público (art. 37, VIII, da CF); e) idosos: facilitar o acesso a cinemas, teatros, *shows* de música e outras formas de lazer.

Nada impede, ainda, que o Poder Judiciário, fundado na cláusula do devido processo legal, em sua dimensão substantiva, caracterizada pela decência e lisura que lhe é peculiar, bem como no princípio da isonomia, possibilite iguais possibilidades para os iguais e desiguais para os desiguais, inibindo, assim, qualquer espécie de discriminação. Não é por outra razão ser da competência do Poder Judiciário dar execução aos mandamentos constitucionais.

Antigamente, a jurisdição tinha como função garantir a tutela dos direitos violados, enquanto a ação estava totalmente vinculada ao direito material. O processo não era visto como instrumento pelo qual o direito objetivo é afirmado e a autoridade estatal é expressa, mas sim como algo à disposição das partes. Por outro lado, a autonomia do direito de ação era negada, sendo visto como faculdade ligada ao direito material.

Posteriormente, com a publicização do processo civil, decorrente da doutrina de Chiovenda, iniciada com a obra de Mortara, o processo passou a ter como finalidade não apenas a tutela dos interesses privados, mas também a realização do interesse público na distribuição da justiça. A doutrina chiovendiana buscou isolar o direito processual do direito material, construindo uma ciência processual autônoma. Daí a idéia de ação una e abstrata.

A questão é que, a consolidação da abstração do direito processual do direito material, fez com que houvesse confusão entre instrumentali-

---

[337] MENEZES, Paulo Lucena de. *A ação afirmativa (affirmative action) no direito norte-americano.* São Paulo: Revista dos Tribunais, 2001, p. 151.

dade do processo com neutralidade do processo em relação ao direito material, sob o pressuposto de que um único procedimento (indiferente ao direito material) fosse suficiente para garantir a tutela adequada às mais diversas situações concretas.

Em relação à questão, entende Paulo Henrique dos Santos Lucon[338] que "o princípio-garantia do devido processo legal não pretende apenas a observância do procedimento estatuído na lei, com a realização de todos os atos inerentes a ele: pretende também a efetividade da tutela jurisdicional, concedendo proteção àqueles que merecem e necessitam dela". Acrescenta, ainda: "O direito material somente se efetiva se lhe corresponderem instrumentos adequados de tutela, com um processo justo mediante o tratamento igualitário das partes. Nesse ponto reside a preocupação do processualista moderno com o resultado jurídico-substancial do processo, seja para o demandante como para o demandado, com a relativização do binômio direito-processo. Observado o modelo procedimental previsto em lei, com o tratamento paritário das partes, a tutela jurisdicional será concedida à parte que tiver razão em suas alegações, de acordo com o disposto no direito material. A tutela, vista como proteção, independe do processo com ou sem julgamento do mérito. A atuação jurisdicional do Estado ocorre na declaração de existência ou inexistência do direito afirmado pelo autor ou de ausência de uma das condições da ação e dos pressupostos processuais. Já a tutela jurisdicional está reservada apenas para os casos que mereçam ser amparados pelo direito material. O processo é um instrumento à disposição das partes para que o Estado cumpra uma de suas funções, mais precisamente a jurisdição, chegando a um resultado justo. Por isso, a noção de efetividade da tutela jurisdicional coincide com a de pleno acesso à justiça. Esse entendimento vai ao encontro à conhecidíssima máxima de Chiovenda de que na medida do que for praticamente possível, *o processo deve proporcionar a quem tem um direito tudo aquilo e exatamente aquilo que ele tenha o direito de receber*".

Então, como bem observado por Luiz Guilherme Marinoni,[339] "a tomada de consciência que o processo não pode ser pensado à distância

---

[338] LUCON, Paulo Henrique dos Santos. Garantia do tratamento igualitário das partes. apud *Garantias constitucionais do processo civil*. São Paulo: Revista dos Tribunais, 1999, p. 101.

[339] MARINONI, Luiz Guilherme. *Novas linhas do processo civil*. São Paulo: Malheiros Editores, 2000, p. 41.

do direito material e da sociedade a que serve reflete-se, hoje, na doutrina que raciocina em termos de "tutela dos direitos" e se preocupa em construir técnicas de tutela capazes de permitir uma efetiva – e não meramente formal – proteção do direito material". Todavia, há entendimento de que a isonomia processual deva ser absoluta, sob pena de quebra do princípio constitucional.

Embora seja uma questão polêmica, em matéria processual, crescem as contestações a alguns privilégios legais a certas pessoas. Ante isso, certa parte da doutrina classifica como inconstitucionais os benefícios concedidos à Fazenda Pública e ao Ministério Público, ao fundamento de que travam o regular andamento do processo e contribuem para a descrença da população na Justiça e nas instituições. Aliás, também contribuem para a descrença a postura conservadora daqueles que defendem que a Fazenda e o Ministério Público estão sempre defendendo legítimos e reconhecidos direitos públicos. Na verdade, desde que estejam estruturadas essas instituições, não existem mais razões para persistir o tratamento diferenciado.

Mas a questão acima mencionada não se restringe só ao direito brasileiro. A Comissão Européia e o Tribunal Europeu dos Direitos do Homem têm sido confrontados com situações de desigualdade entre o Ministério Público e as demais partes no processo, notadamente quando a lei ordinária confere poderes especiais ao Ministério Público, colocando as partes em desigualdade processual.

O princípio da isonomia se projeta, também, em sede do direito processual civil.[340] Por isso, o art. 125, inciso I, do Código de Processo Civil brasileiro, diz que é dever do juiz assegurar às partes a igualdade de trata-

---

[340] O princípio da igualdade no processo tem sido constantemente tratado na jurisprudência: "Não há maltrato ao princípio constitucional da igualdade, por ter o Tribunal determinado a realização de determinada prova, embora possa não tê-la pedido a parte contrária. Só haverá maltrato ao princípio, se tivesse sido deferido o pedido de provas a um dos contendores e negado a outro, sendo as provas requeridas por ambos os contendores igualmente necessárias ao esclarecimento dos fatos" (STF-2ª Turma – AGRAG n.° 130.583-SP – rel. Min. Aldir Passarinho – DJU, Seção I, 31.05.91, p. 7.239). Ou ainda: "O princípio do contraditório, com assento constitucional, vincula-se diretamente ao princípio maior da igualdade substancial, sendo certo que essa igualdade, tão essencial ao processo dialético, não ocorre quando uma das partes se vê cerceada em seu direito de produzir prova ou debater a que se produziu". (STJ-4ª Turma – REsp 998-PA – rel. Min. Sálvio de Figueiredo – Ementário STJ 01/378).

mento. Cuida lembrar que este princípio se baseia na isonomia real, ou seja, tratar igualmente os iguais e desigualmente os desiguais, na exata proporção das suas desigualdades. A regra prevista nos arts. 188 (benefício do prazo para resposta e recurso) e 100 (competência territorial especial), ambos do Código de Processo Civil, para Marcelo Abelha Rodrigues[341] não se afigura como ofensa ao princípio da igualdade, pelo simples fato, segundo o jurista, de que aí há a projeção do princípio da isonomia real e não simples formal.

Na lição de Paulo Henrique dos Santos Lucon,[342] "não se atinge o devido processo legal e a plenitude da igualdade jurídica sem um ordenamento jurídico igualitário e sem que as partes tenham acesso à informação plena sobre o conteúdo das normas que o compõem". Em resumo, o *due process of law* "visa a impedir que a desigualdade impere no processo, tornando-o justo na exata medida em que assegure às partes participação paritária e proporcione o resultado esperado pela sociedade".

Como se vê, não é fácil o equilíbrio processual das partes que não se encontram em igualdade de condições, pois quase sempre se chega a um inconstitucional tratamento privilegiado. O princípio da isonomia está muito próximo do devido processo legal, já que o alcance de resultados justos pressupõe assegurar oportunidades e garantias igualitárias às partes, sob pena de não se chegar a um processo justo (direito à efetividade das normas e garantias que as leis processuais e materiais oferecem).

4.4 – Princípio do juiz natural e do promotor natural

No Brasil, o princípio do juiz natural está consagrado constitucionalmente no art. 5.º, incisos XXXVII ("não haverá juízo ou tribunal de exceção) e LIII ("ninguém será processado nem sentenciado senão pela autoridade competente"), que tratam, respectivamente, da proibição dos tribunais de exceção e do juiz natural. No Brasil, o princípio do juiz

---

[341] RODRIGUES, Marcelo Abelha. *Elementos de direito processual civil.* v. 1. São Paulo: Revista dos Tribunais, 2000, p. 65.

[342] LUCON, Paulo Henrique dos Santos. Garantia do tratamento igualitário das partes. *apud Garantias constitucionais do processo civil.* São Paulo: Revista dos Tribunais, 1999, p. 101.

natural também é denominado de princípio da autoridade legal ou juiz constitucional. Significa dizer que todos têm a garantia constitucional de serem submetidos a julgamento somente por órgão do Poder Judiciário, dotado de todas as garantias institucionais e pessoais previstas constitucionalmente. Juiz natural é, portanto, aquele previamente conhecido, segundo regras objetivas de competência estabelecidas anteriormente ao fato, investido de garantias que lhe assegurem absoluta independência e imparcialidade. Do princípio, depreende-se também a proibição de criação de tribunais de exceção, com os quais, evidentemente, não se confundem as jurisdições especializadas que são meras divisões de atividade jurisdicional.

Na qualidade de garantia constitucional do cidadão, o princípio do juiz natural é adotado pela maioria dos países cultos como pressuposto do Estado Democrático de Direito. Visa assegurar a manutenção dos preceitos básicos de imparcialidade do juiz na atividade jurisdicional, prestando-se à defesa e proteção do interesse público em geral. Surgiu, com o perfil atual, pela primeira vez na Constituição francesa de 1791, sendo depois adotado por grande número de constituições de países democráticos.

Dispõe o art. 10.°, da Declaração Universal dos Direitos do Homem,[343] que "toda a pessoa tem direito, em plena igualdade, a que a sua causa seja julgada eqüitativa e publicamente por um tribunal independente e imparcial, que decidirá tanto sobre os seus direitos e obrigações, como sobre as razões que fundamentam qualquer acusação em matéria penal contra ela dirigida". No direito alemão (art. 101, I, 2, da Constituição Federal alemã – *Grundgesetz*-GG), o conteúdo e significado do princípio do juiz natural está contido em três comandos, que interagem e se completam: a) não haverá tribunal de exceção; b) tribunais de matérias especiais só poderão ser criados por expressa disposição legal; c) ninguém poderá ser subtraído de seu juiz natural.

O caráter de imparcialidade é inseparável do órgão da jurisdição, pois a incapacidade subjetiva do juiz afeta profundamente a relação processual. Para assegurar às partes o juiz imparcial, a Constituição do Brasil estipula garantias ao juiz (art. 95 da CF), prescreve-lhe vedações (art. 95,

---

[343] HAARSCHER, Guy. *A filosofia dos direitos do homem*. Lisboa: Instituto Piaget, 1993, p. 171.

§ único, da CF) e proíbe juízo ou tribunais de exceção (art. 5.º, XXXVII, da CF). O tribunal de exceção é aquele criado para julgar um caso específico, ou seja, instituído pelas contingências particulares. De acordo com Nelson Nery Júnior,[344] tribunal de exceção "é aquele designado ou criado por deliberação legislativa ou não, para julgar determinado caso, tenha ele já ocorrido ou não, irrelevante a já existência do tribunal. Diz-se que o tribunal é de exceção quando de encomenda, isto é, criado *ex post facto*, para julgar num ou noutro sentido, com parcialidade, para prejudicar ou beneficiar alguém, tudo acertado previamente. Enquanto que o juiz natural é aquele previsto abstratamente, o juízo de exceção é aquele designado para atuar no caso concreto ou individual".

Leciona-se que o princípio do juiz natural apresenta um duplo significado.[345] No primeiro, consagra a norma de que só é juiz o órgão investido de jurisdição; no segundo, impede a criação de tribunais *ad hoc* e de exceção. Portanto, a imparcialidade do juiz é uma garantia de justiça para os litigantes, tendo eles o direito de exigir um juiz independente e imparcial para as causas cíveis e criminais. Antes de caracterizar um privilégio, o referido princípio é uma garantia assegurada à independência e imparcialidade da justiça, com o fim de proteger o interesse público geral. Todavia, entende Nelson Nery Junior[346] que o princípio do juiz natural, como mandamento constitucional, "aplica-se no processo civil, somente às hipóteses de competência absoluta, que deve ser examinada *ex officio*, já que preceito de ordem pública. Assim, não se pode admitir a existência de mais de um juiz natural, como corretamente decidiu a corte constitucional italiana".

A aplicação da garantia do juiz natural não é restrita aos casos judiciais, projetando-se também no campo do direito administrativo, como, por exemplo, nos casos em que o servidor deva ser punido por ato da autoridade competente, entendida como aquela a quem o servidor deva subordinação hierárquica e funcional, embora haja prestação de serviços a outra

---

[344] NERY JUNIOR, Nelson. O juiz natural no direito processual civil comunitário europeu. *Revista de Processo*. n. 101. São Paulo: Revista dos Tribunais, 2001, p. 103.

[345] DINAMARCO, Cândido Rangel, GRINOVER, Ada Pellegrini, CINTRA, Antonio Carlos de Araújo. *Teoria geral do processo*. São Paulo: Malheiros Editores, 1998, p. 52.

[346] NERY JUNIOR, Nelson. O juiz natural no direito processual civil comunitário europeu. *Revista de Processo*. n. 101. São Paulo: Revista dos Tribunais, 2001, p. 104.

autoridade.[347] Aplica-se o princípio do juiz natural ao processo civil, ao penal e ao administrativo, indistintamente, tendo em vista que a cláusula constitucional brasileira (art. 5.º, LIII, da CF) não distingue o tipo de processo abrangido pela garantia.

Em geral, o que o princípio do juiz natural veda é a criação de órgãos judicantes para o julgamento de questões *ex post facto* ou *ad personam*. A respeito, a Constituição italiana dispõe em seu art. 25, 1ª parte, que "ninguém poderá ser subtraído de seu juiz natural, pré-constituído pela lei", ou seja, constituído primeiro do que o fato a ser julgado.

A Constituição espanhola, em seu art. 24.2, também assegura o direito do cidadão a ser julgado por um juiz pré-determinado pela lei: "*Asimismo, todos tienen derecho al Juez ordinario predeterminado por la ley, a la defensa y a la asistencia de letrado, a ser informados de la acusación formulada contra ellos, a un proceso público sin dilaciones indebidas y con todas las garantías, a utilizar los medios de prueba pertinentes para su defensa, a no declarar contra sí mismos, a no confesarse culpables y a la presunción de inocencia*". O Tribunal Constitucional espanhol já teve a oportunidade de decidir caso envolvendo o princípio do juiz imparcial.[348]

---

[347] Entendeu-se que o oficial de justiça lotado em determinada vara, somente pode ser punido pelo juiz titular da vara e não pelo juiz diretor do *forum*, titular de outra vara, a quem esteja o meirinho prestando serviços, já que a este o servidor não deve subordinação funcional (Proc. 24/83, em Bruno Affonso de André (Coord.). Decisões administrativas da Corregedoria Geral da Justiça do Estado de São Paulo – 1982/1983, São Paulo, 1983, n. 82, p. 254 *et seq.*).

[348] **MARGINAL**: RTC 2001/66. **RESOLUCION**: Sentencia de 17 marzo 2001, núm. 66/2001. Recurso de Amparo núm. 3836/1998. **PUBLICACION**: BOE 6 abril 2001, núm. 83 (suplemento). **JURISDICCION**: TRIBUNAL CONSTITUCIONAL, Pleno.
RESUMEN:
DERECHO FUNDAMENTAL A UN PROCESO PUBLICO CON TODAS LAS GARANTIAS: **Derecho a un juez imparcial**: apartamiento de un juez de un asunto: deben mediar sospechas exteriorizadas y apoyadas em datos objetivos: existencia de filtraciones sobre fallo de la Sentencia en el caso Segundo Marey: falta total de prueba sobre la procedencia de la noticia aparecida en los medios de comunicación: inexistencia.
DIPUTADOS Y SENADORES: *Condición de aforado*: no es aplicable a los demandantes de amparo que no son diputados ni senadores: enjuiciamiento derivado de las normas sobre enjuiciamiento conjunto en un único procedimiento de la LECrim: restricción del derecho a la doble instancia: proporción en atención a otros fines legítimos: doctrina del TEDH: vulneración inexistente del derecho a un proceso público con todas las garantías.
DERECHO FUNDAMENTAL A OBTENER LA TUTELA EFECTIVA DE JUECES Y

Em relação ao juízo arbitral, a escolha, pelas partes, de um juízo arbitral, não ofende o princípio do juiz natural. Lembra Nelson Nery Junior[349] que "o princípio do juiz natural aplica-se apenas aos órgãos estatais da jurisdição (Poder Judiciário, Senado Federal nos casos da CF 52, I, *e.g.*) e nãos aos juízes instituídos por compromisso arbitral". Celebrado o compromisso arbitral, as partes não estão renunciando ao direito de ação nem ao juiz natural, mas apenas deslocando a jurisdição para um julgador privado, desde que não seja caso de direitos indisponíveis. Esse compromisso arbitral é negócio jurídico celebrado entre partes capazes, que se obrigam a aceitar a sentença do juiz não togado que escolheram para dirimir a divergência. Portanto, o conflito será decidido pela justiça arbitral, que também exerce atividade jurisdicional. O compromisso arbitral, onde as partes instituem a jurisdição privada, deve ser respeitado pela jurisdição estatal, como qualquer convenção privada.

Embora a questão não seja pacífica, a instituição do juízo arbitral é uma espécie de justiça privada (jurisdição privada), exercida por juízes privados, caracterizando uma moderna e alternativa concepção de jurisdição. Daí a noção de que o processo arbitral é de ordem pública. A esse respeito, assim posiciona-se Nelson Nery Junior:[350] "(....) Não se pode confundir a natureza privatística da justiça arbitral, com a autotutela privada, o fazer justiça com as próprias mãos, prática vedada pelo ordenamento brasileiro, que constitui, inclusive, crime de exercício arbitrário das próprias razões (CP, 345). Aliás, é para obviar essa autotutela que a lei, entre outros motivos, faculta às partes a instituição da jurisdição privada por meio do compromisso arbitral. A sentença arbitral, tem, substancialmente, o mesmo valor da sentença judicial, substituindo-a, sendo verda-

---

TRIBUNALES: **Prescripción penal**: causa extintiva de responsabilidad criminal: cuestión de legalidad ordinaria: matización: institución que encuentra fundamento en valores y principios constitucionales: canon de razonabilidad y error patente: transcendencia de valores en juego exige la exteriorización de la decisión. **Jurisdiccion y proceso penal**: delitos de secuestro, detención ilegal, banda armada y malversación de caudales públicos: ausencia de prescripción del delito de secuestro: apreciación por el TS de nexo lógico entre la norma y la decisión: razonabilidad.

[349] NERY JUNIOR, Nelson. O juiz natural no direito processual civil comunitário europeu. *Revista de Processo*. n. 101. São Paulo: Revista dos Tribunais, 2001, p. 120.

[350] NERY JUNIOR, Nelson. O juiz natural no direito processual civil comunitário europeu. *Revista de Processo*. n. 101. São Paulo: Revista dos Tribunais, 2001, p. 117.

deiro julgamento, sendo acobertada pela coisa julgada material e, portanto, de executividade plena, não necessitando de homologação judicial para que adquira o atributo da executividade. A ordem jurídica estatal reconhece a autoridade do juízo arbitral e, por isso, o investiu do poder jurisdicional. O árbitro exerce verdadeira jurisdição estatal, razão por que o processo arbitral não pertence ao direito privado, mas ao processual e, pois, ao direito público. Daí a correta conclusão de que o processo arbitral é de ordem pública, não podendo, em nenhuma hipótese ser modificado por convenção das partes, salvo a autorização estrita do brasilian. SchiedsG, § 21, *caput*, relativa ao procedimento".

Todavia, a inconstitucionalidade da lei de arbitragem brasileira (Lei 9.307/96) foi suscitada no Supremo Tribunal Federal, pelo Ministro Sepúlveda Pertence, em relação aos artigos 6.º, § 1.º, 7.º e 41. A Corte Suprema brasileira firmou precedente pela constitucionalidade dos referidos normativos legais, que possibilitará a escolha da arbitragem como solução generalizada de conflitos.

Como bem colocado por Nelson Nery Junior,[351] a celebração do compromisso arbitral não significa que as partes estão renunciando ao direito de ação nem ao juiz natural, mas "apenas estão transferindo, deslocando a jurisdição que, de ordinário, é exercida por órgão estatal, para um destinatário privado. Como o compromisso só pode versar sobre matéria de direito disponível, é lícito às partes assim proceder. O que não se pode tolerar por flagrante inconstitucionalidade é a exclusão, pela lei, da apreciação da lesão a direito pelo Poder Judiciário, que não é o caso do juízo arbitral. O que se exclui pelo compromisso arbitral é o acesso à via judicial, mas não à jurisdição. Não se poderá ir à justiça estatal, mas a lide será resolvida pela justiça arbitral. Em ambas há, por óbvio, a atividade jurisdicional".

Por outro lado, a doutrina cita,[352] na mesma esteira do juiz natural, o princípio do promotor natural, originário da garantia da inamovibilidade do Promotor de Justiça, salvo por motivo de interesse público. Atualmente, o princípio está consagrado no art. 128, parágrafo 5.º, inciso I, letra "b", da Constituição brasileira,[353] no art. 38, inciso II, da Lei Orgânica

---

[351] Idem, p. 119.

[352] NERY JUNIOR, Nelson. *Princípios do processo civil na constituição federal.* São Paulo: Revista dos Tribunais, 1997, p. 83.

[353] Dispõe o art. 128, § 5.º, inciso I, letra "b", da Constituição Federal: "*Art. 128. O Ministério Público abrange: (....) § 5.º – Lei complementares da União e dos Estados,*

Nacional do Ministério Público, e nos regimes estaduais estaduais do Ministério Público, já que o art. 129, I, da Constituição do Brasil, conferiu ao Ministério Público, a titularidade exclusiva da ação penal pública. Cabe ao Ministério Público "processar" alguém (art. 5.°, LIII, da CF), e não mais o juiz e o delegado de polícia que, no regime anterior, podiam iniciar ação penal mediante portaria (procedimentos criminais *ex officio*). Ao juiz cabe, agora, apenas "sentenciar".

Assim como o cidadão tem a garantia constitucional de ser julgado por juiz imparcial, prévia e abstratamente previsto em lei, tem o mesmo direito de ser processado por um promotor de justiça imparcial, independente, previsto abstrata e previamente em lei.

O princípio do promotor natural deriva do disposto no art. 5.°, inciso LIII, da Constituição brasileira,[354] significando que ninguém será processado senão pelo órgão do Ministério Público, dotado de amplas garantias pessoais e institucionais, de absoluta independência e liberdade de convicção e com atribuições previamente fixadas e conhecidas. O Plenário do STF, por maioria de votos, vedou a designação casuística de promotor, pela chefia da instituição, para promover a acusação em caso específico, uma vez que tal procedimento chancelaria a figura do chamado "promotor de exceção" (HC 67.759-RJ, rel. Min. Celso de Mello, RTJ 150/123). Ficou, portanto, afastada a possibilidade de nomeação de um promotor para exercer as funções de outro, já regularmente investido no respectivo cargo (HC 69.599, DJU, 27.08.97, p. 17.020). Observe-se que, quando ainda não tiver sido criado o cargo por lei, evidentemente, não se poderá cogitar de promotor natural para o mesmo, podendo o Procurador-Geral designar qualquer órgão para o exercício daquela função. A designação arbitrária tanto pode servir para nomear um acusador encomendado, como também para indicar um promotor com a finalidade de arquivar inquérito policial para assegurar a impunidade de alguém.

---

cuja iniciativa é facultada aos respectivos Procuradores-Gerais, estabelecerão a organização, as atribuições e o estatuto de cada Ministério Público, observadas, relativamente a seus membros: I – as seguintes garantias: (....) b) inamovibilidade, salvo por motivo de interesse público, mediante decisão do órgão colegiado competente do Ministério Público, por voto de dois terços de seus membros, assegurada ampla defesa;"

[354] Art. 5.°, inciso LIII, da Constituição Federal: *"ninguém será processado nem sentenciado senão pela autoridade competente".*

Ficaram vedadas as designações pura e simples, arbitrárias e discricionárias feitas *ad hoc* pelo Procurador-Geral de Justiça, realizadas em nome da unidade, indivisibilidade ou chefia da instituição, salvo as hipóteses legais contidas no art. 10, inciso IX, da Lei Orgânica Nacional do Ministério Público (Lei 8.625/93), que fixa critérios rígidos.

Assegurou-se ao cidadão a garantia constitucional de ver-se processado e julgado por autoridades competentes, estabelecidas previamente por lei. Antes do acusado ser julgado por um órgão independente, deve receber a acusação também independente, de um órgão estatal legal e previamente escolhido, ficando vedados o procedimento de ofício e a acusação privada. Procurou-se eliminar a figura do acusador público de encomenda, escolhido pelo Procurador-Geral de Justiça.

No direito processual brasileiro, o princípio do promotor natural ganha mais importância, dado que a ordem jurídica atribui ao Ministério Público a legitimidade para o ajuizamento de ação coletiva na defesa dos direitos difusos, coletivos e individuais homogêneos da sociedade. Compete também ao Ministério Público o ajuizamento de ações civis na defesa dos direitos difusos dos consumidores, do meio ambiente, da concorrência, das comunidades indígenas, dos investidores no mercado de valores mobiliários e outras. Portanto, assim como no processo penal, onde a acusação deve ser feita de forma independente e imparcial, também no processo civil a ação deve ser feita por promotor de justiça imparcial, previstos prévia e abstratamente previsto em lei: o promotor natural. O princípio do promotor natural, assim como o do juiz natural, aplica-se no processo judicial ou administrativo.

A observância e respeito ao princípio do promotor natural, que é essencial para a consolidação do Estado de Direito, tem como escopo impedir que os cidadãos possam ser alvos de investidas irregulares e injustas.

Portanto, uma das grandes inovações da atual Constituição brasileira foi a introdução da regra do promotor natural, cujos fundamentos são os mesmos do juiz natural. Assegurou-se ao jurisdicionado a garantia de ser processado e julgado por autoridades competentes previamente estabelecidas em lei. Os dois princípios constitucionais – juiz e promotor natural – são derivados do Estado de Direito, sendo conseqüência da proibição a impossibilidade de subtrair-se o cidadão de seu juiz e promotor naturais.

4.5 – Princípio do contraditório e o princípio da amplitude de produção probatória (ou de ampla defesa)

O princípio do contraditório é elemento essencial ao processo, fazendo parte essencial do processo democrático, pois está implícita a participação do indivíduo na preparação do ato de poder. A idéia de contraditório expande-se para todos os termos do processo, tanto que os conceitos de ação, parte e devido processo legal, são integrados pela bilateralidade, sendo, também uma das faces da igualdade.

Ao dispor que "*a lei não excluirá da apreciação do Poder Judiciário lesão ou ameaça a direito*" (art. 5.°, XXXV, da CF), o legislador garante, de forma ampla e genérica, acesso ao meio estatal de solução de controvérsias, tanto para postular, como para se defender. Então, assegurar o direito subjetivo de ação, de forma ampla, é garantir o acesso ao devido processo legal, inclusive à defesa e à ampla produção probatória, podendo o julgador, ao tomar conhecimento da existência de uma prova, determinar sua produção, ainda que obtida por meio ilegal, segundo doutrina respeitável.

O art. 5.°, inciso LV, da Carta Política do Brasil, contempla dois princípios (contraditório e amplitude probatória ou ampla defesa), expressando que "*aos litigantes, em processo judicial ou administrativo, e aos acusados em geral são assegurados o contraditório e ampla defesa, com os meios e recursos a ela inerentes*". Tais princípios são inerentes ao Estado Democrático, onde valores como a informação, a liberdade de informação e o direito de participação são fundamentais ao exercício da cidadania. No campo infraconstitucional, o princípio do contraditório está contido no art. 125, inciso I, do Código de Processo Civil brasileiro, que impõe ao juiz o dever de "assegurar às partes igualdade de tratamento" (princípio da paridade ou igualdade de armas).

No direito espanhol, o princípio do contraditório é assegurado no art. 24.1 da Constituição espanhola: "*Todas las personas tienen derecho a obtener la tutela efectiva de los jueces y tribunales en el ejercicio de sus derechos e intereses legítimos, sin que, en ningún caso, pueda producirse indefensión*". Em outras palavra, como decorrência do princípio do contraditório, não pode haver cerceamento de defesa. Contudo, o Tribunal Constitucional da Espanha decidiu que nem sempre há vulneração do contraditório.[355]

---

[355] **MARGINAL**: RTC 2001/174. **RESOLUCION**: Sentencia de 26 julio 2001, núm. 174/2001. Recurso de Amparo núm. 2698/1997. **PUBLICACION**: BOE 14 agosto

Essa disposição constitucional permite o entendimento de que o contraditório e a ampla defesa são também garantidos nos processos administrativos, em geral, bem como nos processos judiciais (civil e penal). Processo judicial ou administrativo sem oportunidade de defesa ou com defesa cerceada é nulo, por ofensa ao princípio do devido processo legal ou, mais especificamente, da garantia de defesa. Nesse sentido, tem se posicionado a jurisprudência.[356]

2001, núm. 194 (suplemento). **JURISDICCIÓN**: TRIBUNAL CONSTITUCIONAL, Sala Primera.
RESUMEN:
DERECHO FUNDAMENTAL A UN PROCESO PÚBLICO CON TODAS LAS GARANTÍAS: **Garantías procesales**: proceso penal: delito de cohecho: instrucción de la causa: práctica de las diligencias necesarias para determinar los hechos y las personas participantes, que alcanzan a un amplio círculo de personas: "inquisición general" inexistente. Principio de contradicción procesal: declaraciones testificales ante el Juez de Instrucción durante la fase secreta del sumario no introducidas en el juicio oral como prueba preconstituida, sino a través de las declaraciones de los testigos prestadas en el mismo y, por tanto, con contradicción: vulneración inexistente. **Jurisdicción y proceso penal**: principio de publicidad: no es predicable de todas las fases del proceso, sino tan sólo del juicio oral. **Proceso penal ordinario**: sumario: declaración de secreto sumarial y prórroga del mismo: el tiempo de duración no es relevante en orden a apreciar indefensión, ya que ésta no depende del plazo en que se mantenga el secreto: sólo cuando la suspensión temporal se convierte en imposibilidad absoluta de conocimiento de lo actuado hasta el juicio oral se lesiona el derecho de defensa: declaración adoptada con una ponderacion razonable de su necesidad que, además, no genera indefensión alguna derivada del desconocimiento de la condición procesal de imputado: vulneración inexistente del derecho fundamental. Conclusiones definitivas: alcance: momento en que la pretensión penal queda definitivamente fijada y delimitada: la congruencia sólo requiere la identidad del hecho punible y la homogeneidad de las calificaciones jurídicas: sólo se lesiona el derecho fundamental cuando se advierte que hubo elementos esenciales de la calificación final que de hecho no fueron ni pudieron ser plena y frontalmente debatidos: vulneración inexistente".

[356] "O devido processo legal tem como corolários a ampla defesa e o contraditório, que deverão ser assegurados aos litigantes, em processo judicial criminal e civil ou em procedimento administrativo, inclusive nos militares". (STF-2ª Turma – Agravo regimental em agravo de instrumento n.° 142.847-SP – rel. Min. Marco Aurélio – DJU, Seção I, 05.02.93, p. 849). Ainda: "Os princípios do devido processo legal, ampla defesa e contraditório, como já ressaltado, são garantias constitucionais destinadas a todos os litigantes, inclusive nos procedimentos administrativos previstos no Estatuto da Criança e do Adolescente" (STJ-6ª Turma – REsp n.° 19.710-RS – rel. Min. Adhemar Maciel – Ementário STJ 10/674; STJ-1ª Turma – REsp n.° 24.450-3-SP – rel. Min. Milton Luiz Pereira – Ementário STJ 10/447).

O estudo histórico das garantias derivadas do devido processo legal demonstra que elas foram destinadas, originalmente, ao processo penal. Todavia, a partir do art. 39 da Carta Magna de 1215, houve uma longa evolução que reconheceu, inicialmente, a aplicação das garantias do *due process of law* ao processo civil e, após, ao processo administrativo punitivo. Como ilustrado por Ada Pellegrini Grinover,[357] a chegada do devido processo legal ao processo administrativo aconteceu "graças à generosa tendência rumo à denominada "jurisdicionalização do processo administrativo", expressão relevante do aperfeiçoamento do Estado de Direito, correspondendo ao princípio da legalidade a que está submetida a administração pública e aos princípios do contraditório e da ampla defesa, que devem preceder toda e qualquer imposição de pena".

A garantia de defesa, como princípio de eficácia, no procedimento administrativo, constitui imperativo categórico de natureza constitucional. A compreensão de Agustin A. Gordillo, citado por Oliveira Franco Sobrinho,[358] é bem clara: "*El principio constitucional de la defensa en juicio, en el debido proceso, es por supuesto aplicable en el procedimiento administrativo, y con criterio amplio, no restritivo*". Enfim, a defesa é operação de direito natural ("ninguém pode ser condenado sem ser ouvido"), condição que se assegura também no processo administrativo.

No Brasil, as garantias constitucionais de processo penal foram estendidas ao processo civil até a consagração da aplicabilidade da cláusula do devido processo legal de forma ampla. A Constituição brasileira de 1946 trouxe o princípio da proteção judiciária (art. 141, § 4.°), sendo recepcionado os princípios e regras do processo jurisdicional pelo processo administrativo punitivo, que levou ao reconhecimento do direito de defesa e da isonomia (em qualquer processo em que haja acusado, deve haver ampla defesa).

Com a consagração expressa da cláusula do devido processo legal na Constituição brasileira (art. 5.°, LIV), as garantias do contraditório e da ampla defesa, na lição de Ada Pellegrini Grinover, desdobraram-se em três

---

[357] GRINOVER, Ada Pellegrini. *O processo em evolução*. Rio de Janeiro: Forense Universitária, 1996, p. 81.
[358] SOBRINHO, Oliveira Franco. *Introdução ao direito processual administrativo*. São Paulo: Revista dos Tribunais, 1971.

planos:[359] a) no jurisdicional, em que são expressamente reconhecidas tanto para o processo penal como para o não-penal; b) no das acusações em geral, em que a garantia abrange as pessoas objeto de acusação; c) no processo administrativo, sempre que haja litigantes.

A Lei Maior brasileira assegurou o contraditório e a ampla defesa, com os seus corolários, tanto para o processo administrativo em que haja acusados, assim como para as garantias aos processos administrativos em que haja litigantes. As linhas fundamentais dos procedimentos administrativos, citados por Ada Pellegrini Grinover,[360] são os seguintes: a) publicidade dos procedimentos; b) direito de acesso aos autos administrativos; c) condenação do silêncio, com sanções aos responsáveis; d) obrigação de motivar; e) obrigatoriedade de contraditório e defesa na formação de atos puntuais restritivos de direitos e de atos compositores de conflitos de interesses.

Enfim, hoje não se nega a aplicação dos princípios do devido processo legal ao procedimento administrativo, dentro da nova concepção da processualidade no âmbito da função administrativa.

Contudo, há precedente jurisprudencial do STJ – RMS 12.516 – que entendeu que as investigações do inquérito policial podem correr de forma sigilosa, sem caracterizar cerceamento de defesa para os envolvidos. O advogado, no exercício da função, solicitou pedido de vista e extração de cópias dos autos do inquérito policial para preparar a defesa de seus cliente. Houve negativa, pelo juiz da vara criminal, do acesso do advogado ao relatório da polícia, sob o argumento do princípio da supremacia do interesse público sobre o interesse privado (princípio da proporcionalidade), uma vez as investigações podem envolver questões que põem em risco a segurança da comunidade. Não teria havido ofensa ao Estatuto da Advocacia (Lei 8.906/94), que garante ao advogado constituído o direito de vista aos autos do inquérito policial, pois a regra profissional deve ser interpretada levando em consideração a supremacia do interesse público sobre o privado, devendo ser restringida a publicidade nos casos em que o sigilo das investigações seja imprescindível para apuração do crime e sua autoria, sob pena do procedimento investigatório tornar-se inócuo.

---

[359] GRINOVER, Ada Pellegrini. *O processo em evolução*. Rio de Janeiro: Forense Universitária, 1996, p. 82.
[360] Idem, p. 83.

Da referida decisão do STJ – RMS 12.516 –, extrai-se, ainda, que o fato de o defensor nomeado não ter conhecimento dos depoimentos do investigado e das textemunhas antes do interrogatório feito pela autoridade policial não constitui cerceamento de defesa. Com base em outras decisões similares do próprio STJ, a relatora do recurso, Ministra Eliana Calmon, concluiu: "o inquérito policial é um procedimento de investigação de natureza administrativa e inquisitorial, que objetiva apurar a existência de fatos que, em tese configuram crime, bem assim a sua autoria. Dentro deste enfoque, não há agressão ao princípio do devido processo legal e da ampla defesa, o desenvolvimento das investigações em caráter sigiloso".

No entanto, por se tratar de questão polêmica, o Conselho Federal da Ordem dos Advogados do Brasil, através da Petição n.º 4411-DF,[361] formulou, perante o Supremo Tribunal Federal, proposta[362] para a edição de súmula vinculante, que restou aprovada com o seguinte enunciado: "É direito do defensor, no interesse do representado, ter acesso amplo aos elementos de prova que, já documentados em procedimento investigatório realizado por órgão com competência de polícia judiciária, digam respeito ao exercício do direito de defesa" (Súmula Vinculante n.º 14/STF). Contudo, referido entendimento jurisprudencial somente se aplica a provas já documentadas, ainda que sigilosas, não atingindo as demais diligências do inquérito, hipótese em que o advogado não teria direito a ter acesso prévio.

A produção de provas destinadas à demonstração de fatos controvertidos implica no contraditório efetivo e defesa ampla, que é o poder conferido à parte de se valer de todos os meios de prova possíveis e adequados à reconstrução dos fatos jurídicos. A garantia constitucional do contraditório significa, antes de mais nada, que as partes se hão de conceder iguais oportunidades de pleitear a produção de provas.

O princípio do contraditório tem íntima ligação com o da igualdade das partes e do direito de ação, pois a norma constitucional, ao garantir aos

---

[361] Pet 4411-DF/STF; Relator Ministro Menezes Direito.
[362] Cuida-se da primeira proposta de súmula vinculante (PSV) aprovada pelo STF, também chamada de súmula vinculante privada. A proposta de súmula vinculante era do seguinte teor: "O advogado constituído pelo investigado, ressalvadas as diligências em andamento, tem o direito de examinar os autos de inquérito policial, ainda que estes tramitem sob sigilo".

litigantes o contraditório e a ampla defesa, significa tanto o direito de ação, quanto o direito de defesa. Essas são algumas das manifestações do princípio do contraditório. Na verdade, a principal conseqüência do tratamento igualitário das partes é realizado através do contraditório, que se traduz na necessidade de ouvir as pessoas envolvidas, garantindo-lhes o pleno direito de defesa e de manifestação durante todo o processo, sem quaisquer privilégios.

A respeito do tema, em uma concepção tradicional, vislumbrada por Rui Portanova,[363] "o contraditório é visto estaticamente, em correspondência com a igualdade formal das partes. Contudo, do ponto de vista crítico, menos individualista e mais dinâmico, o princípio do contraditório postula a necessidade de ser a eqüidistância do juiz adequadamente temperada. O plano da concreta aplicabilidade da garantia do contraditório tem íntima relação com o princípio da igualdade, em sua dimensão dinâmica (princípio igualizador). Assim, o contraditório opera com vistas à eliminação (ou pelo menos diminuição) das desigualdades, jurídicas ou de fato, entre os sujeitos do processo".[364]

Por contraditório, ainda, deve entender-se a necessidade de dar-se conhecimento da existência da ação e de todos os atos processuais às partes, assim como a possibilidade das partes se defenderem daquilo que lhe forem prejudiciais. Então, constitui-se de dois elementos: informação e reação.

Em decorrência de sua natureza constitucional, o contraditório deve ser observado não apenas, formalmente, mas, sobretudo, pelo aspecto substancial, sendo consideradas inconstitucionais as normas ou atitudes que não o respeitem. O cidadão tem plena liberdade de, em defesa de seus interesses, alegar fatos e propor provas. Portanto, a defesa não é uma generosidade, mas um interesse público.

---

[363] PORTANOVA, Rui. *Princípios do processo civil.* Porto Alegre: Livraria do Advogado, 1999, p. 163.

[364] Destaca, ainda, Rui Portanova, *op. cit.*, p. 164: "A plenitude e a efetividade do contraditório, diz Ada Pellegrini Grinover (1990, p. 11) "indicam a necessidade de se utilizarem todos os meios necessários para evitar que a disparidade de posições no processo possa incidir sobre seu êxito, condicionando-o a uma distribuição desigual de forças". Depois, citando Calamandrei, a emérita professora mostra como os princípios da igualdade e do contraditório "podem colocar a parte socialmente mais fraca em condições de paridade inicial frente à mais forte, e impedir que a igualdade de direitos se transforme em desigualdade de fato por causa da inferioridade de cultura ou de meios econômicos".

Já em relação ao princípio da ampla defesa, que hoje desfruta da dignidade de estatuto constitucional, ele é uma conseqüência do contraditório, embora tenha características próprias. Como ensina Rui Portanova,[365] "além do direito de tomar conhecimento de todos os termos do processo (princípio do contraditório), a parte também tem o direito de alegar e provar o que alega e – tal como o direito de ação – tem o direito de não se defender. Optando pela defesa, o faz com plena liberdade. Ninguém pode obrigar o cidadão a responder às alegações da outra parte, mas também nada e ninguém pode impedi-lo de se defender. Ademais, nada pode limitar o teor das alegações defensivas".

O entendimento tradicional do princípio do contraditório era a impossibilidade de ser formulado um pedido ou tomada uma posição sem ser a parte contrária chamada a se pronunciar, garantindo, assim, o desenvolvimento do processo em discussão dialética, com as vantagens decorrentes da fiscalização recíproca. Embora essa concepção tradicional seja válida com restrições, hoje ela é substituída por uma noção mais lata de contraditoriedade, entendida como garantia da participação efetiva das partes no desenvolvimento de todo o litígio, mediante a possibilidade de, em plena igualdade, influírem em todos os elementos (fatos, provas, questões de direito) que se encontrem ligados ao objeto da causa e que possam aparecer em qualquer fase do processo como potencialmente relevantes para a decisão. Como bem expressa José Lebre de Freitas,[366] "o escopo principal do princípio do contraditório deixou assim de ser a defesa, no sentido negativo de oposição ou resistência à actuação alheia, para passar a ser a influência, no sentido positivo de direito de incidir activamente no desenvolvimento e no êxito do processo".

A garantia do devido processo legal abrange, além da proteção judiciária (proteção ao processo), também o direito à ampla e completa proteção jurídica, ou seja, uma adequada proteção processual de quem precisa ser ouvido em juízo. Não deve haver obstáculos injustificáveis à parte na demonstração de seu pretenso direito, pois o Estado de Direito exige que o contraditório se revele amplo, pleno e efetivo; não apenas nominal ou formal.

---

[365] PORTANOVA, Rui. *Princípios do processo civil*. Porto Alegre: Livraria do Advogado, 1999, p. 125.

[366] FREITAS, José Lebre de. *Introdução ao processo civil. Conceito e princípios gerais à luz do código revisto*. Coimbra: Coimbra Editora, 1996, p. 96.

O princípio do contraditório, em decorrência do princípio da paridade das partes, significa dar as mesmas oportunidades para as partes e os mesmos instrumentos processuais (igualdade de armas – *waffengleichheit*), tudo com o fim de fazer valer os seus direitos e pretensões. De acordo com Nélson Nery Júnior,[367] "essa igualdade de armas não significa, entretanto, paridade absoluta, mas sim na medida em que as partes estiverem diante da mesma realidade em igualdade de situações processuais".

Importante ressaltar que, embora os princípios processuais possam admitir exceções, o do contraditório é absoluto, pois deve sempre ser observado, sob pena de nulidade processual. O fato de a ordem jurídica, por interesses maiores que os específicos das partes, impor determinadas restrições ou limitações, como as decorrentes de concessão de liminares sem ouvir a parte contrária, não descaracterizam ou desrespeitam o princípio do contraditório, pois se trata apenas de uma antecipação da tutela, com oportunidade posterior de ampla defesa e pronunciamento da parte prejudicada pela decisão.

Por outro lado, o atendimento ao mandamento constitucional da ampla defesa deve ser informado pelo princípio da efetividade social do processo, exigindo-se a interpretação mais abrangente possível. Em outras palavras, não basta só o direito de defender-se; é necessário, para a defesa plena, que haja integral liberdade de produção e de meios de uma defesa efetiva para, só assim, alcançar-se a concretização do contraditório.

Por ser uma garantia processual do cidadão, de natureza essencial e fundamental, o princípio da ampla defesa merece ser cultivado com todas as suas características, mas deve-se evitar que a plenitude de sua extensão provoque a demora na prestação jurisdicional e acarrete o abuso de direito de defesa. Ora, as garantias processuais fundamentais do cidadão atuam como forma de proteção das liberdades jurídicas. Assim, a grande questão que se coloca em relação ao contraditório é pertinente à demora irrazoável na duração do processo para se obter uma prestação jurisdicional eficiente, o que exige a superação das causas materiais geradores da intrigante atraso processual.

O direito ao contraditório e à ampla defesa é direito fundamental e sagrado do cidadão, destinado a resguardar a sua individualidade e servir de instrumento para evitar eventual sucumbência diante do poder par-

---

[367] NERY JUNIOR, Nelson. *Princípios do processo civil na constituição federal*. São Paulo: Revista dos Tribunais, 1997, p. 141.

ticular ou estatal. Decorrem de um outro princípio condicionador da democracia: o do devido processo legal, que exige, sob pena de nulidade, plenitude de defesa e produção probatória.

4.6 – Princípio da proibição de prova ilícita ou da legitimidade das provas

4.6.1 – *Noções*

O princípio da proibição da prova ilícita (legitimidade das provas) também é denominado, pela doutrina, de princípio da prova imaculada; princípio da liceidade da prova; princípio da naturalidade da prova; princípio da espontaneidade da prova; princípio do respeito à pessoa humana. Em síntese, só são admitidas no processo as provas lícitas ou moralmente legítimas. Previsto no art. 5.°, LVI, da Constituição do Brasil, tal princípio se aplica a qualquer tipo de processo, seja ele judicial ou extrajudicial.

A doutrina estrangeira admite a manifestação da ilicitude da prova em três situações:[368] a) em relação às provas constituendas (é necessário distinguir entre a prova inadmissível e a irregularidade na assunção da prova); b) em relação às provas pré-constituídas (abrange as hipóteses em que a parte se apossou do meio de prova de modo ilícito, mas sem verificar irregularidades no procedimento probatório); c) em relação às provas constituendas e pré-constituídas (quando a irregularidade afeta a própria formação da prova).

O princípio da proibição de prova ilícita, por outras palavras, também é definido como a garantia da legitimidade das provas. No direito brasileiro, "*são inadmissíveis, no processo, as provas obtidas por meios ilícitos*" (art. 5.°, LVI, da Constituição Federal). A conseqüência da admissão da prova ilícita é a sua ineficácia.

Esse princípio constitucional, contudo, não é absoluto, pois a ilicitude do meio de obtenção da prova pode ser afastada quando houver

---

[368] ALEXANDRE, Isabel. *Provas ilícitas em processo civil*. Coimbra: Almedina, 1998, p. 17.

justificativa para a ofensa a outro direito por aquele que colhe a prova ilícita. Os direitos fundamentais sofrem restrição em decorrência da convivência das liberdades, não sendo permitido que qualquer delas seja exercida de modo danoso à ordem pública e às liberdades individuais. Portanto, o direito à prova, embora constitucionalmente assegurado (está inserido nas garantias da ação, da defesa e do contraditório), encontra limites. O processo só pode fazer-se dentro de rígidas regras morais que devem reger a atividade das partes e do juiz.

Havia divisão na doutrina, por algum tempo, a respeito da admissibilidade processual das provas ilícitas. Em relação à prova civil, no direito de família, vigorava a teoria da admissibilidade até a Constituição brasileira de 1988.

Porém, tem sido reconhecida a utilização, no processo penal, da prova favorável ao acusado. Cuida-se da aplicação do princípio da proporcionalidade, na ótica do direito de defesa, constitucionalmente assegurado, de forma prioritária no processo penal, informado pelo princípio do *"favor rei"*.

A doutrina alemã, citada por Nélson Nery Júnior,[369] tem se posicionado pela não aplicação, em toda a sua inteireza, do princípio da busca da verdade real, devendo ser impostas algumas restrições à obtenção da prova, a fim de que sejam respeitados os direitos personalíssimos e os direitos fundamentais. Em conseqüência, a invalidade material do meio de prova acarreta, de regra, a inadmissibilidade de sua utilização no processo. Fala-se, no entanto, na incidência do princípio da proporcionalidade (também chamado de "lei de ponderação") em matéria probatória, com a finalidade de "abrandar o princípio da proibição da prova obtida ilicitamente".[370]

Em princípio, são rejeitadas, entre outras, a prova obtida por fitas magnéticas ou, mesmo de pessoas, introduzidas, clandestinamente, no

---

[369] NERY JÚNIOR, Nelson. *Princípios do processo civil na constituição federal*. São Paulo: Revista dos Tribunais, 1997, p. 148.

[370] NERY JUNIOR, Nelson. *Princípios do processo civil na constituição federal*. São Paulo: Revista dos Tribunais, 1997, p. 149: "(.....) na interpretação de determinada norma jurídica, constitucional ou infraconstitucional, devem ser sopesados os interesses e direitos em jogo, de modo a dar-se a solução concreta mais justa. Assim, o desatendimento de um preceito não pode ser mais forte e nem ir além do que indica a finalidade da medida a ser tomada contra o preceito a ser sacrificado".

domicílio da pessoa contra quem a prova é produzida; a prova obtida por meio de interceptação clandestina de conversa telefônica e a utilização de diário íntimo, contra a vontade ou mesmo sem a autorização do seu autor.

Como não houve definição no preceito constitucional do conceito de prova ilícita, a doutrina tem debatido o seu significado, com a contribuição imprescindível da jurisprudência acerca do intricado tema. Nesse ponto vale a classificação de que a ilicitude pode ser material ou formal, e, ainda, a classificação adotada por Nelson Nery Junior e Ada Pellegrini Grinover, proposta por Pietro Nuvolone, de que ilícita seria a prova proibida materialmente (obtida ilicitamente), enquanto ilegal é a prova que viole o ordenamento jurídico como um todo.

A citação doutrinária de Rui Portanova,[371] ao tratar da prova proibida, distingue as espécies de prova proibida: "prova ilícita" é a que contraria normas de direito material; enquanto "prova ilegítima" é aquela que afronta normas de direito processual. Já Alexandre de Moraes[372] subdivide as provas ilegais em "provas ilícitas" e "provas ilegítimas", assim definindo-as: as provas ilícitas são colhidas em infringência às normas do direito material (por exemplo, por meio de tortura psíquica), enquanto as provas ilegítimas são as obtidas com desrespeito ao direito processual. Por sua vez, as provas ilegais seriam o gênero do qual as espécies são as provas ilícitas e as ilegítimas. Assevera Vicente Greco Filho, conquanto a Constituição do Brasil tenha adotado a corrente de que a origem ilícita da prova contamina a sua validade, haverá situações em que a importância do bem jurídico envolvido no processo e a ser alcançado com a obtenção irregular da prova levará os tribunais a aceitá-la. Três são as correntes acerca da validade ou invalidade da prova obtida ilicitamente. A primeira entende que a validade de sua utilização independe da origem lícita ou não da sua obtenção, devendo a ilicitude, se fosse o caso, ser punida separadamente, sem contudo, contaminar a prova. A segunda corrente entende que a ilicitude da sua obtenção pode contaminar a sua validade desde que o bem jurídico que foi ofendido pela obtenção ilícita seja de menor relevância do que aquele que será beneficiado por tal prova. E a terceira corrente, ado-

---

[371] PORTANOVA, Rui. *Princípios do processo civil*. Porto Alegre: Livraria do Advogado, 1999, p. 201.
[372] MORAES, Alexandre de. *Direito constitucional*. São Paulo: Atlas, 1998, p. 110.

tada pela Constituição brasileira, entende que a obtenção ilícita contamina a prova. Vale ressaltar, todavia, a teoria da proporcionalidade, criada pela jurisprudência alemã, onde, em casos excepcionais, acolhe-se a prova ilícita quando houver um bem jurídico relevante ameaçado e não houver outro meio lícito e legal para resguardar o bem ameaçado. Não se pode perder de vista que a licitude de uma prova tem de ser considerada dentro da complexidade e complementariedade em que se colocam os princípios. Nesse passo, não há que se esquecer o princípio da lealdade e probidade ou veracidade da prova. A prova não deve ser usada para ocultar ou deformar a realidade, para induzir o juiz em engano. Outro princípio a ser levando em conta é o da formalidade e legitimidade da prova. Este princípio implica que a prova deve estar revestida de requisitos extrínsecos e intrínsecos. Os primeiros se referem às circunstâncias de tempo, modo e lugar; os segundos contemplam, principalmente, a ausência de vícios (como dolo, erro, violência) e de imoralidade no meio de aquisição. Por razões óbvias de economia processual, deve-se procurar que os meios chegados ao processo estejam livres de vícios intrínsecos e extrínsecos que os façam ineficazes ou nulos; é o princípio da prova imaculada, tomado como sinônimo do princípio da licitude da prova.

A prova ilícita é um limite importante ao princípio da busca da verdade real. Fora disso, o juiz tem encargos probatórios tão ou mais relevantes do que as partes. Interessante é a seguinte jurisprudência: *"Apelação. Revista pessoal realizada por um guarda municipal. Excesso de função. Prova eticamente inadmissível. O artigo 144, § 8.º, da CF, limita a função do guarda municipal. Não sendo inerente à sua função, a revista pessoal realizada por guarda municipal, sem motivo legal justificador, é ilegítima, e contamina a prova obtida, assim como o que dela derivou. Assim, a invasão ao direito constitucional à intimidade torna ilegal a revista pessoal realizada por quem não tem poderes para tal, fazendo com que suas conseqüências também sejam nulas. Os direitos da personalidade são posições jurídicas fundamentais do homem. Adotado o princípio da proporcionalidade, o "excesso de função" praticado pelo guarda municipal não está justificado pela descoberta do porte ilegal de arma. A ilegalidade do ato praticado pelo policial, além de eticamente inadmissível, não se transmuda em ato ilícito, ainda que em detrimento da apuração da verdade, porque ofende um direito fundamental da pessoa humana, valor que, proporcionalmente, se sobrepõe ao interesse da sociedade no combate ao crime. "É um pequeno preço que se paga por viver-se em*

Estado Democrático de Direito" (TACRIM – 4ª Câm.; AP n.° 1.270.983-9--Santos-SP; Rel. Juiz Marco Nahum; j. 18/9/2001, v.u.; Bol. AASP 2235, pp. 2013/2015). Enfim, a regra geral é que o ordenamento jurídico veda a utilização da prova obtida por meio ilícito (art. 5.°, LVI, da CF), onde o conceito de meio ilícito deve ser obtido por exclusão, tendo em vista o disposto no art. 332 do CPC, que prevê a utilização das provas obtidas pelos meios legais (vale dizer, os previstos em lei) e os moralmente legítimos (que não repugnam ao senso ético).

Atualmente, de acordo com Luiz Rodrigues Wambier e outros, são três as correntes sobre o tema:[373] a) obstativa: considera inadmissível a prova obtida por meio ilícito, em qualquer hipótese e sob qualquer argumento, não cedendo mesmo quando o direito em debate mostra elevada relevância; derivação desse entendimento é a "teoria do fruto da árvore envenenada", que considera que o ilícito na obtenção da prova contamina o resultado havido; b) permissiva: aceita a prova assim obtida, por entender que o ilícito se refere ao meio de obtenção da prova, não a seu conteúdo; c) intermediária: admite a prova ilícita, dependendo dos valores jurídicos e morais em jogo; aplica-se o princípio da proporcionalidade. Esta última corrente parece ser a que melhor se coaduna com o aspecto publicístico do processo. Sempre que a prova for obtida por meio ilícito, deve ser tratada com reservas. Mas se o direito em debate for relevante, envolvendo questões de alga carga valorativa, é admissível reconhecer-se eficácia a tal prova. Pode-se exemplificar essas duas situações temas costumeiros em direito de família: a conversa telefônica clandestina não serve de prova na separação judicial, mas sim se a questão é sobre a guarda de filhos.

4.6.2 – *O sigilo das comunicações em geral e de dados*

É inviolável o sigilo da correspondência e das comunicações telegráficas, de dados e das comunicações telefônicas, salvo, no último caso, por ordem judicial, nas hipóteses e na forma que a lei estabelecer para fins

---

[373] WAMBIER, Luiz Rodrigues. *Curso avançado de processo civil. Teoria geral do processo e processo de conhecimento.* vol. 1. São Paulo: Revista dos Tribunais, 2002, p. 505.

de investigação criminal ou instrução processual penal. É o que dispõe o art. 5.º, inciso XII, da Constituição brasileira.[374]

Ocorre, porém, que, apesar da exceção constitucional expressa referir-se somente à interceptação telefônica, entende-se que nenhuma liberdade individual é absoluta. É possível, respeitados certos parâmetros, a interceptação das correspondências e comunicações sempre que as liberdades públicas estiverem sendo utilizadas como instrumento de salvaguarda de práticas ilícitas.

A interpretação do dispositivo constitucional garantidor do sigilo deve ser feita de modo a entender que a lei ou a decisão judicial poderão, excepcionalmente, estabelecer hipóteses de quebra das inviolabilidades da correspondência, das comunicações telegráficas e de dados, sempre visando salguardar o interesse público e impedir que a consagração de certas liberdades públicas possa servir de incentivo à prática de atividades ilícitas. No tocante, porém, à inviolabilidade das comunicações telefônicas, a própria Constituição Federal antecipou-se, trazendo os requisitos que deverão, de forma obrigatória, serem cumpridos para o afastamento dessa garantia: ordem judicial, fins de investigação criminal ou instrução processual penal e outras hipóteses e forma que a lei estabelecer.

Por isso, o preceito garantidor do sigilo de dados engloba o uso de informações decorrentes da informática. Essa nova garantia, todavia, é motivo de preocupação, pois, em virtude da existência dessa nova forma de armazenamento e transmissão de informações, é necessário que deva coadunar-se com as garantias de intimidade, honra e dignidade humanas, de forma a impedirem-se as interceptações ou divulgações por meios ilícitos.

4.6.3 – *A interceptação telefônica*

É assegurado constitucionalmente a inviolabilidade do sigilo de comunicações como regra e, excepcionalmente, admitida a interceptação para fins de investigação criminal e instrução processual penal (art. 5.º,

---

[374] Expressa o art. 5.º, inciso XII, da CF: "*é inviolável o sigilo da correspondência e das comunicações telegráficas, de dados e das comunicações telefônicas, salvo, no último caso, por ordem judicial, nas hipóteses e na forma que a lei estabelecer para fins de investigação criminal ou instrução processual penal*".

XII, da CF).³⁷⁵ Portanto, a regra é o sigilo, sendo exceção a interceptação apenas no campo penal, como ensina Paulo Rangel.³⁷⁶ No entendimento do Ministro Celso de Mello,³⁷⁷ há limitação constitucional à interceptação telefônica, pois esta constitui exceção ao direito fundamental à inviolabilidade do sigilo de comunicação. Este princípio constitucional, contudo, não é absoluto, pois a ilicitude do meio de obtenção da prova pode ser afastada, quando houver justificativa para a ofensa a outro direito por aquele que colhe a prova ilícita.

Os direitos do homem, segundo a moderna doutrina constitucional, não podem ser entendidos em sentido absoluto, diante da natural restrição resultante do princípio da convivência das liberdades, razão pela qual não se permite que qualquer delas seja exercida de modo danoso à ordem pública e às liberdades alheias. A evolução dos direitos fundamentais, após o liberalismo, acentuou a transformação dos direitos individuais em direitos do homem inserido na sociedade. De tal modo que não é mais, exclusivamente, com relação ao indivíduo, mas no enfoque de sua inserção na sociedade, que se justificam, no Estado social de direito, tanto os direitos como as suas limitações.

A doutrina moderna de processual civil tem-se pronunciado no sentido de que não mais vige, em toda a sua inteireza, o princípio da busca da verdade real, devendo serem impostas algumas restrições à obtenção da prova, a fim de que sejam respeitados os direitos personalíssimos e os

---

[375] Art. 5.º, XII, da CF: "é inviolável o sigilo da correspondência e das comunicações telegráficas, de dados e das comunicações telefônicas, salvo, no último caso, por ordem judicial, nas hipóteses e na forma que a lei estabelecer para fins de investigação criminal ou instrução processual penal".

[376] RANGEL, Paulo. "Breves considerações sobre a Lei n.º 9.296/96 – Interceptação telefônica". *Revista Forense*. n. 344. Rio de Janeiro: Forense, 1998, p. 217.

[377] Extradição 1021 – STF; Relator Ministro Celso de Mello; j. 06.03.2007; Informativo STF n.º 458, de 5 a 9 de março de 2007: "**EMENTA: EXTRADIÇÃO. PRISÃO CAUTELAR** DECRETADA. **INTERCEPTAÇÃO TELEFÔNICA** PRETENDIDA PELA AUTORIDADE POLICIAL **PARA EFEITO DE EXECUÇÃO** DO MANDADO DE PRISÃO. HIPÓTESE **QUE NÃO SE AJUSTA** ÀS EXCEÇÕES **TAXATIVAMENTE** PREVISTAS NA CONSTITUIÇÃO. O SÚDITO ESTRANGEIRO, **EMBORA SUBMETIDO** A PROCESSO EXTRADICIONAL, **NÃO SE DESPOJA** DA SUA CONDIÇÃO **DE SUJEITO** DE DIREITOS **E DE TITULAR** DE GARANTIAS CONSTITUCIONAIS **PLENAMENTE OPONÍVEIS** AO ESTADO BRASILEIRO. **PEDIDO DE INTERCEPTAÇÃO TELEFÔNICA INDEFERIDO.**

direitos fundamentais. Em conseqüência, a invalidade material do meio de prova acarreta, de regra, a inadmissibilidade de sua utilização no processo.[378]

Há necessidade de se impor limites ao direito à prova, tendo em vista que o processo deve seguir regras éticas e morais. Por isso é que Ada Pellegrini Grinover[379] diz "que o Código de Processo Civil e o Código de Processo Penal Militar, em regras consideradas de superposição e aplicáveis a todo e qualquer processo, consideram inadmissíveis meios de prova moralmente ilegítimos (art. 332, CPC) e que atentem contra a moral, a saúde e a segurança individual ou coletiva (art. 295, CPPM)".

A regra básica é que, se a prova derivar de prova obtida ilicitamente, a prova derivada, em princípio, não pode ser admitida. Assim, por exemplo, não pode ser admitida busca e apreensão (formalmente lícita) que deriva de escuta telefônica realizada clandestinamente. A idéia vem da jurisprudência das cortes norte-americanas, que há muito vêm adotando esse parâmetro nos casos que envolvem prova derivada de prova ilícita.

A categoria das provas ilícitas foi reconhecida pela Suprema Corte norte-americana, com base na teoria dos "frutos da árvore envenenada" (*fruits of the poisonous tree*), pela qual qual o vício da planta se transmite a todos os seus frutos. A partir de uma decisão proferida no caso *Siverthorne Lumber Co. vs. United States*, em 1920, as cortes americanas passaram a não admitir qualquer prova, ainda que lícita em si mesma (oriunda de práticas ilegais). Atualmente, essa tendência está se invertendo, admitindo a Suprema Corte, em algumas hipóteses extremas, até mesmo prova resultante de confissão extorquida.

Segundo o princípio "*the fruit of poisonous tree*" (os frutos da árvore venenosa), se as provas, obtidas em caráter principal, forem inconstitucionais, elas contaminam (invalidam) as provas delas decorrentes. Contudo, a contaminação somente se refere às provas que efetivamente derivarem da prova ilícita, pois as outras provas independentes da prova ilícita não se tornam ilícitas pela sua simples presença no processo em que está a prova ilícita.

---

[378] NERY JUNIOR, Nelson. *Princípios do processo civil na constituição federal*. São Paulo: Revista dos Tribunais, 1997, p. 148.

[379] GRINOVER, Ada Pellegrini. *O processo em evolução*. Rio de Janeiro: Forense Universitária, 1996, p. 46.

Deve ser levado em conta, ainda, que, quando a prova derivada for a única capaz de demonstrar uma alegação, aplica-se o princípio da proporcionalidade, balanceando-se os direitos ou valores em jogo, e permitindo-se afastar, no caso concreto, o princípio da contaminação da prova derivada da prova ilícita.

No Brasil, Grinover, Scarance e Magalhães sustentam que a ilicitude da prova se transmite a tudo o que dela advier, sendo inadmissíveis as provas ilícitas por derivação, dentro do nosso sistema constitucional: "Na posição mais sensível às garantias da pessoa humana e, consequentemente, mais intransigente com os princípios e normas constitucionais, a ilicitude da obtenção da prova transmite-se às provas derivadas, que são igualmente banidas do processo" (*As nulidades no processo penal*, 3.ª ed., Malheiros Ed., p. 116).

Ainda no Brasil, o Supremo Tribunal Federal não tinha, inicialmente, um posicionamento pacífico a respeito, onde, inicialmente, por escassa maioria, havia repelido a teoria dos frutos da árvore envenenada, admitindo as provas ilícitas por derivação como válidas no caso concreto que julgou (HC 69.912-0-RS, DJ 26.11.93). Defendeu o Ministro Sepúlveda Pertence a tese de que essa teoria é a única capaz de dar eficácia à garantia constitucional da inadmissibilidade da prova ilícita, porque de nada adiantaria vedar a própria interceptação e admitir que as informações nela colhidas pudessem ser aproveitadas. Contudo, atualmente, a orientação majoritária é no sentido de inadmitir as provas ilícitas por derivação.

Entende Fernando Capez não ser razoável a postura inflexível de se desprezar, sempre, toda e qualquer prova ilícita, ao fundamento de que, em alguns casos, o interesse que se quer defender é muito mais relevante do que a intimidade que se deseja preservar, surgindo, então, conflito de princípios fundamentais; o direito à liberdade (no caso da defesa) e o direito à segurança, à proteção da vida, do patrimônio e outros bens (no caso da acusação), não poderia, muitas vezes, serem restringidos pela prevalência do direito à intimidade (no caso das interceptações telefônicas e das gravações clandestinas) e pelo princípio da proibição das demais provas ilícitas. Sustenta, ainda, a aplicação do princípio da proporcionalidade, diante do fato de não existir propriamente um conflito entre as garantias fundamentais, pois no caso de princípios constitucionais contrastantes, o sistema faz atuar um mecanismo de harmonização que submete o princípio de menor relevância ao de maior valor social. Enfim, tem-se entendido que somente as interceptações telefônicas ("grampo") colhidas com ofensa ao art. 5.º, XII, da Constituição brasileira, é que tiveram sua regulamentação pela Lei 9.296/96. As outras formas e espécies de provas ilícitas, como as escutas e gravações colhidas com ofensa à inviolabilidade da intimidade (art. 5.º, X, da CF),[380] continuam a merecer a atenção do intérprete e do operador do direito.

Porém, a jurisprudência[381] tem decidido que a gravação de conversa feita por um dos interlocutores ou com a sua anuência exclui a ilicitude do meio de obtenção da prova, que não é considerada interceptação telefônica (RHC 9.735-SP, Rel. Min. Jorge Scartezzini, j. 3.4.2001). Precedentes citados: do STJ: 7.216-SP, DJ, 28.4.98; do STF: HC 75.338-RJ, DJ, 25.9.98.

A Lei n.º 9.296/96 veio disciplinar a utilização da interceptação do fluxo de comunicações transmitidas através dos sistemas telefônicos, de informática ou de telemática. Desde a Constituição de 1988 não se reprimiam inúmeros ilícitos penais por ter o constituinte remetido ao legislador ordinário a regulamentação das hipóteses em que a interceptação seria possível, desde que a forma seja observada.

O fundamento da escuta telefônica é a própria permissão constitucional brasileira, diante do caráter relativo da discutida inviolabilidade. O objeto da tutela é dúplice: de um lado, a liberdade de manifestação de pensamento; de outro, o segredo, como expressão do direito à intimidade.

Pode e deve o juiz, diante dos requisitos impostos pela lei, autorizar a escuta telefônica. Porém, esta não pode servir para atacar a vida privada ou a intimidade dos cidadãos. Interessa colher apenas, pela via da escuta, os elementos imprescindíveis à descoberta do cometimento ou da iminência do cometimento de uma infração penal e de seus autores ou partícipes. Seria abusivo, assim, permitir que órgãos da imprensa tenham acesso, divulgando para a opinião pública, a trechos das conversações captadas, expondo aspectos da intimidade e vida privada das pessoas.

---

[380] Art. 5.º, X, da CF: "são invioláveis a intimidade, a vida privada, a honra e a imagem das pessoas, assegurado o direito a indenização pelo dano material ou moral decorrente de sua violação". Neste sentido, o art. 11-2, do Decreto 678/92, que promulga a Convenção Americana sobre Direitos Humanos – Pacto de São José da Costa Rica.

[381] Informativo de Jurisprudência STJ n.º 0091; Período: 2 a 6 de abril de 2001; p. 4.

Abusiva e ilícita, ainda, "a prova resultante de tantos e tantos e tantos dias de interceptação das comunicações telefônicas,[381a] vez que o art. 5.º, da Lei n.º 9.296/96, estabelece que "a decisão será fundamentada, sob pena de nulidade, indicando também a forma de execução da diligência, que não poderá exceder o prazo de quinze dias, renovável por igual tempo uma vez comprovada a indispensabilidade do meio de prova".

Na doutrina, predomina a tese de que apenas é permitida a adoção da escuta telefônica para o exercício da investigação policial ou para a instrução criminal. Incabível, para Élio Wanderley de Siqueira Filho,[382] postular a escuta em análise para outras finalidades. É impertinente, por exemplo, o uso da mesma por ocasião da instrução processual civil. Note-se que a norma se refere à investigação, não se exigindo, portanto, que já tenha sido instaurado o competente inquérito policial".

Outros requisitos estão previstos na Lei n.º 9.296/96, tais como a necessidade de ordem judicial (art. 1.º, da Lei 9.296/96). O parágrafo único do art. 1.º, da Lei 9.296/96, esclarece o alcance da lei, estabelecendo que a mesma se aplica, não só para interceptações de comunicações telefônicas, como para a interceptação do fluxo de comunicações em sistemas de informática e telemática. Admite-se, ainda, a colheita dos dados obtidos por intermédio dos sistemas de informática, inclusive da rede internet.

Por outro lado, o art. 2.º, da Lei n.º 9.296/96 (Lei de Escuta), estabelece três situações nas quais é vedada a interceptação de comunicações:

a) é indispensável que estejam presentes indícios razoáveis da autoria ou participação em infração penal. É fundamental, então, que os elementos fáticos deixem transparecer uma razoável suspeita de que alguém tenha colaborado com a tentativa ou a prática delituosa, como autor ou partícipe. A escuta deve ser exigida pelas circunstâncias, a fim de elucidar a verdade material, não se exigindo a certeza, mas a simples presença de indícios;
b) a prova não pode ser obtida por outros meios disponíveis. Se há condições de descobrir a verdade material, sem precisar lançar mão da escuta, a mesma não deve ser utilizada, considerando a

---

[381a] HC n.º 76.686-PR – 6.ª Turma/STJ; Rel. Min. Nilson Naves; j. 9/9/2008.

[382] SIQUEIRA FILHO, Élio Wanderley de. Escuta telefônica. Comentários à Lei n.º 9.296/96. *Revista Forense*. n. 340. Rio de Janeiro: Forense, 1997, p. 102.

sua excepcionalidade. Em caráter complementar,[383] o parágrafo único do art. 1.º, da Lei 9.296/96 é possível quando os fatos da investigação ou da instrução criminal não esclarecem, na sua plenitude, os fatos;
c) estabelece não ser possível a interceptação quando o fato investigado não constituir, em tese, infração penal punida, no máximo, com pena de detenção.

Sendo assim, reconhece-se que a Lei n.º 9.296/96, se bem utilizada, contribuirá para a apuração de delitos. Existe o interesse público na investigação de possíveis infrações, mas deve ser respeitado, também, o direito personalíssimo das pessoas à intimidade e à vida privada. Espera-se, então, bom senso e prudência na utilização do instrumento jurídico.

A chegada de uma nova ordem constitucional, assim como os abusos perpetrados anteriormente, fez com que fossem colocados limites ao direito à prova, pois o processo só pode fazer-se dentro de uma escrupulosa regra moral que rege a atividade do juiz e das partes.

A matéria envolvida – sigilo e vida privada –, diz respeito às liberdades e garantias individuais do cidadão, buscando-se os limites e o alcance da proporcionalidade desejada entre o interesse público e o privado. Todavia, a investigação policial e o próprio direito processual não devem e não podem violar o direito constitucional aplicado, especialmente, aquelas normas e garantias fundamentais do cidadão.

Contudo, os avanços da ciência e da tecnologia podem se constituir em um meio de conduzir o cidadão ao controle do Estado, todo poderoso, vigilante e onipresente, equiparado ao "Grande Irmão" de George Orwell. Tal situação é bem demonstrada por Lenio Luiz Streck[384] que, ainda, res-

---

[383] Idem, p. 102.
[384] STRECK, Lenio Luiz. Escuta telefônica e os direitos fundamentais: o direito à interceptação e a interceptação dos direitos. *Revista Jurídica*. n. 228. Porto Alegre: Síntese, 1996, p. 13: ".... o vertiginoso desenvolvimento do progresso, com o simultâneo desequilíbrio econômico-social do capitalismo pós-industrial, a trazer a desmedida ampliação do poder do Estado de punir, encerra um interessante paradoxo, a curiosamente aproximar as formações sociais contemporâneas de seus ancestrais. A revolução científico-tecnológica convive e se identifica com antigas práticas: a interceptação de comunicações telefônicas, integrante da "grande escuta", não está muito distante da sensação de vigilância de forças sobrenaturais que sustentou provas no processo penal de outras eras. Os avanços da ciência e da tecnologia acabam por se constituir no moderno

salta: " Tudo se encaixa, pois, no contexto de um Estado que, de um lado, no plano econômico, embalado pelos ventos neoliberais, quer ser mínimo e, por outro lado, quer o máximo em termos de controle da sociedade! Daí a advertência de Hassemer, para quem o Estado investigador, com a desculpa do combate à criminalidade crescente, "invade a privacidade e a alma das pessoas". Por tudo isso e pela relevância do tema – proporcionalidade entre o direito à intimidade/privacidade e o interesse público – o assunto requer uma série de cautelas".[385]

A respeito da preocupação com a violação da intimidade das pessoas, em decorrência da utilização da tecnologia moderna, interessante reproduzir o que diz o art. 18.4, da Constituição da Espanha:[386] "A lei limitará o uso da informática a fim de garantir a honra e a intimidade pessoal e familiar dos cidadãos e o pleno exercício dos seus direitos". Na Constituição espanhola, o direito à intimidade está assegurado no art. 18.1,[387] enquanto a garantia do sigilo das comunicações consta do art. 18.3.[388]

Há casos, porém, em que contrapõem-se dois direitos dignos de tutela (público e privado), razão pela qual se fala em balanceamento dos valores em jogo. Para Luiz Guilherme Marinoni,[389] que restringe o uso da

---

meio de reconduzir o indivíduo ao controle de novos seres todo-poderosos, vigilantes e onipresentes – o Estado e seus agentes".

[385] STRECK, Lenio Luiz. Escuta telefônica e os direitos fundamentais: o direito à interceptação e a interceptação dos direitos. *Revista Jurídica*. n. 228. Porto Alegre: Síntese, 1996, p. 14.

[386] No original: "*La ley limitará el uso de la informática para garantizar el honor y la intimidad personal y familiar de los ciudadanos y el pleno ejercicio de sus derechos*".

[387] Art. 18.1 – "É garantido o direito à honra, à intimidade pessoal e familiar e à imagem".

[388] Art. 18.3 –"É garantido o segredo das comunicações, em especial das comunicações postais, telegráficas ou telefônicas, salvo decisão judicial em contrário".

[389] MARINONI, Luiz Guilherme. *Novas linhas do processo civil*. São Paulo: Malheiros Editores, 2000, p. 263: "*O uso da prova ilícita, porém, ainda que dependente dessa ponderação, somente pode ser aceito quando a prova foi obtida ilicitamente porque inexistia outra maneira para a demonstração dos fatos em juízo. A prova ilícita somente pode ser admitida quando é a única prova que pode demonstrar a alegação que é fundamental para a realização de um direito que, no caso concreto, merece ser tutelado ainda que diante do direito da personalidade lesionado. Para que o juiz possa concluir se é justificável o uso da palavra, ele necessariamente deverá estabelecer uma prevalência axiológica de um dos bens em vista do outro, de acordo com os valores do seu momento histórico. Não se trata, porém, de estabelecer uma valoração abstrata*

prova ilícita, deve ser utilizado o princípio da proporcionalidade, o qual exige uma ponderação dos direitos ou bens jurídicos em jogo, conforme o peso conferido ao bem respectivo na referida situação.

Então, o que se espera e almeja, diante da delicada e polêmica questão do sigilo e da prova obtida ilicitamente, é a observância do bom senso e da razoabilidade entre o interesse público e a tênue e devassada privacidade do cidadão.

4.7 – Princípio da publicidade

A garantia constitucional da publicidade está prevista no art. 5.°, inciso LV, ("*a lei só poderá restringir a publicidade dos atos processuais quando a defesa da intimidade ou o interesse social o exigirem*") e no art. 93, inciso IX ("*todos os julgamentos dos órgãos do Poder Judiciário serão públicos .....*"). No Brasil, em geral, o processo é público, mas a publicidade não é absoluta, pois admite exceções à regra geral.

O princípio da publicidade popular, que se manifesta-se na presença do público nas salas de audiência e de sessões, com a possibilidade do exame dos autos por qualquer pessoa, representa o mais seguro instrumento de fiscalização popular sobre os magistrados, promotores públicos e advogados. Esse princípio da publicidade popular contrapõe-se ao princípio da publicidade restrita (ou para as partes), onde os atos processuais são públicos apenas em relação às partes e seus defensores e, quando muito, a um número reduzido de outra pessoas. A regra geral da publicidade dos atos processuais encontra exceção nos casos em que o decoro ou o interesse social aconselhem que eles não sejam divulgados. É o que dispõe o art. 155, incisos I e II, do Código de Processo Civil brasileiro, bem como os arts. 483 e 792, § 1.°, do Código de Processo Penal. Nesses casos adota-se, por motivos óbvios, a publicidade restrita, em consonância com o inciso IX, do art. 93, da Constituição do Brasil.

Na lição de Iñaki Esparza Leibar,[390] o princípio da publicidade foi incorporado à ordem jurídica pela ideologia liberal, funcionando como

---

dos bens em jogo, já que os bens têm pesos que variam de acordo com as diferentes situações concretas".

[390] LEIBAR, Iñaki Esparza. *El principio del proceso debido*. Barcelona: J. M. Bosch Editor, 1995, p. 61.

meio de controle da atividade jurisdicional pela comunidade (fiscalização social).[391] No direito espanhol,[392] a publicidade goza da mais alta consideração, tanto como princípio geral informador das atuações judiciais, bem como garantia processual, enquadrada por alguns juristas dentro do direito de defesa. A razão maior da publicidade reside na transparência da atividade jurisdicional, que é uma manifestação da soberania popular. O princípio da publicidade possibilita a fiscalização social do exercício da jurisdição.

Consagrado na Declaração Universal dos Direitos do Homem, no Pacto Internacional dos Direitos Civis, no Estatuto da Corte Internacional de Justiça, na Convenção Interamericana de Direitos Humanos e em outros diplomas internacionais, o princípio da publicidade, antes de ser erigido em norma constitucional brasileira, já figurava em leis ordinárias (Código de Processo Civil, CLT, Código de Processo Civil, Lei das Pequenas Causas e outras).

O art. 10, da Declaração Universal dos Direitos do Homem, bem como o art. 6.º, da Convenção de Salvaguardas do Direito do Homem e da Liberdade Fundamental também consagram o princípio da publicidade. Da mesma forma o art. 8.5,[393] da Convenção Americana sobre Direitos Humanos – Pacto de São José da Costa Rica (Decreto n.º 678/92), estabelece que o processo penal deve ser público, salvo os interesses da justiça. A publicidade do processo é uma das conquistas da Revolução Francesa, numa reação contra os juízos secretos e de caráter inquisitivo, viabilizando, assim, o controle da justiça pela população.

A publicidade do julgamento é que coloca a sociedade em condições de julgar eficaz, direta e contemporaneamente, o magistrado. Já dizia Nicola Framarino dei Malatesta, em seu clássico livro *Logica delle*

---

[391] No original: *"En la alternativa existente entre publicidad y secreto, los procedimientos orales, en general, y los procedimientos penal y laboral españoles, se decantan (bien entendido por ser la única alternativa coherente con la oralidad), por la publicidad, la cual entendida en su correcta significación, publicidad para terceros, se incorpora por la ideología liberal como medio de control de la actividad jurisdiccional por parte de la comunidad".*

[392] LEIBAR, Iñaki Esparza. *El principio del proceso debido*. Barcelona: J. M. Bosch Editor, 1995, p. 62

[393] Ressalta o art. 8.5 – "O processo penal deve ser público, salvo no que for necessário para preservar os interesses da justiça".

Prove in Criminale:[394] "Pelas portas abertas da sala de audiência, juntamente com o público, entram muitas vezes a verdade e a justiça. Entre aquelas mil cabeças sem nome, da multidão que se espalha pela sala do juízo, o juiz temerá sempre a superioridade de um observador mais atento e de uma inteligência mais aguda, pronta a observar e a julgar melhor que ele; entre aquelas mil cabeças sem nome, o juiz temerá sempre uma consciência mais serena e lucidamente mais justa que a sua, pela qual ele, juiz, poderá, por sua vez, ser julgado e condenado. E o juiz, sob a influência salutar deste temor, pôr-se-á em guarda contra suas possíveis prevenções, defender-se das suas próprias fraquezas, será circunspecto no cumprimento dos seus deveres, e só procurará ter em vista a verdade e a justiça. Isto, quanto ao juiz". E em relação às testemunhas e ao acusado, a publicidade também exerce influência: "Só a injustiça tem necessidade de couraça temível do segredo: a justiça, ao contrário, tranqüila e segura, não tem razão de temer o olhar de ninguém; deita por terra todos os escudos e todos os véus e mostra-se no seu olímpico esplendor, *coram populo*. Não se deve esquecer que o benefício da justiça intrínseca seria perdido se ela extrinsecamente não se mostrasse como tal é, serena e inexorável. Portanto, para que a justiça, além de o ser, apareça como tal, é necessário abrir as portas ao público; este aprenderá a respeitá-la".

Nas palavras de Eduardo Couture,[395] a publicidade constitui o mais precioso instrumento de fiscalização popular sobre as obras dos magistrados e defensores: "*En último término el pueblo es el juez de los jueces*". O princípio da publicidade do processo constitui uma garantia do cidadão quanto ao exercício da jurisdição. Ao lado dessa publicidade, existe outra que garante os indivíduos contra os males dos juízos secretos, mas evitando alguns excessos.

A publicidade resulta, no Estado de Direito, do princípio democrático, pois o poder é do povo (art. 1.º, § único, da Constituição do Brasil). Então, o controle extraprocessual deve ser exercitado pelos jurisdicionados e a sua viabilidade é condição para que se fortaleça a confiança na

---

[394] MALATESTA, Nicola Framarino dei. *A lógica das provas em matéria criminal.* São Paulo: Saraiva, 1960, p. 110.
[395] COUTURE, Eduardo J. *Fundamentos do direito processual civil.* Campinas: Red Livros, 1999, p. 192.

tutela jurisdicional e, consequentemente, haja maior coesão social e solidez das instituições.

Não foram acolhidos pela nova ordem constitucional brasileira os dispositivos regimentais de tribunais que previam sessões secretas, ao contrário do art. 155, do Código de Processo Civil,[396] que foi recepcionado pela Constituição Federal, pois excetua da publicidade aqueles casos que a norma constitucional visou preservar (defesa da intimidade e o interesse social). Assim, o segredo de justiça pode ser determinado quando se tratar de matéria que humilhe, rebaixe ou ponha a parte em situação de embaraço que dificulte o prosseguimento do ato.

Ensina Sérgio Nojiri[397] que há uma conexão entre o princípio da publicidade e o que prescreve o dever de fundamentar as decisões, servindo a publicidade como "um instrumento de eficácia da regra que obriga à fundamentação das decisões". E arremata: "O princípio da publicidade dos atos estatais possibilita o exercício democrático do poder, que se caracteriza pelas exatas informações fornecidas pelos governantes, a todo aquele que tiver legítimo interesse em ter conhecimento sobre o desenvolvimento de alguma atividade pública que lhe diz respeito".

A abertura ao público dos atos processuais não é uma qualidade do processo, mas de qualquer sistema de direito que não se embase na exceção e no autoritarismo. Faz parte da essência do processo sua publicidade, evitando, assim, abusos e suspeitas, além de elevar a confiança dos cidadãos no Poder Judiciário. Como ressalta Rui Portanova,[398] "à vista dos amplos poderes que detém o juiz, a publicidade é uma contrapartida, que dá segurança e garantia contra a falibilidade humana e as arbitrariedades dos julgadores". E acrescenta: "Em verdade, é interesse da própria justiça

---

[396] Expressa o art. 155 do CPC: "Os atos processuais são públicos. Correm, todavia, em segredo de justiça os processos: I – em que o exigir o interesse público; II – que dizem respeito a casamento, filiação, separação dos cônjuges, conversão desta em divórcio, alimentos e guarda de menores. Parágrafo único: O direito de consultar os autos e de pedir certidões de seus atos é restrito às partes e seus procuradores. O terceiro, que demonstrar interesse jurídico, pode requerer ao juiz certidão do dispositivo da sentença, bem como de inventário e partilha resultante do desquite".
[397] NOJIRI, Sérgio. O dever de fundamentar as decisões judiciais. São Paulo. Revista dos Tribunais, 1999, p. 65.
[398] PORTANOVA, Rui. Princípios do processo civil. Porto Alegre: Livraria do Advogado, 1999, p. 168.

que seus trabalhos sejam públicos. A publicidade é um anteparo a qualquer investida contra a autoridade moral dos julgamentos. O ato praticado em público inspira mais confiança do que o praticado às escondidas. A publicidade dos atos processuais, portanto, interessa igualmente ao Poder Judiciário e aos cidadãos em geral. A publicidade garante mais confiança e respeito, além de viabilizar a fiscalização sobre as atividades dos juízes".

A publicidade, cuja finalidade é o controle e fiscalização da opinião pública nos serviços da justiça, não pode ser confundida com sensacionalismo afrontador da dignidade humana. Cabe à técnica legislativa encontrar o justo equilíbrio, dando ao problema a melhor solução.

A publicidade é princípio essencial ao sistema processual democrático. Em face de seu caráter público, o processo não pode ter nada a esconder. Garante às partes uma participação efetiva no processo, obrigando o poder estatal a prestar contas de seus atos à sociedade que, por sua vez, conhecerá as decisões dos juízes, fiscalizando-os, pois o povo é o juiz dos juízes. A justiça não pode temer o olhar de ninguém, já que está compromissada com a verdade.

4.8 – Princípio da motivação ou fundamentação das decisões

O princípio da motivação ou fundamentação é outro importante princípio constitucional, voltado ao controle popular sobre o exercício da função jurisdicional, assim como o da publicidade. O julgador deve motivar as suas decisões. As decisões judiciais devem ser fundamentadas, sob pena de nulidade, bem como devem também ser motivadas as decisões administrativas dos tribunais ou de outros órgãos. Enfim, a necessidade da fundamentação é ampla e genérica, pois a garantia do Estado de Direito está intimamente ligada ao problema da fundamentação das decisões. Também as pretensões das partes e os pareceres dos promotores devem conter um mínimo de motivação.

A necessidade e obrigatoriedade da motivação é uma imposição do princípio do devido processo legal na busca da exteriorização das razões de decidir, revelando o prisma pelo qual o julgador interpretou a lei e os fatos da causa. Daí a importância de que as razões de decidir sejam expostas com clareza, lógica e precisão, para que haja a perfeita compreensão de todos os pontos controvertidos, bem como do desfecho da demanda.

Constitucionalmente, a necessidade da fundamentação das decisões, ainda que de forma concisa, está prevista no art. 93, incisos IX e X, da Constituição do Brasil.[399] Diversas normas infraconstitucionais prevêem a necessidade da fundamentação (art. 832 da CLT;[400] art. 458, II, do CPC[401] combinado com o art. 165;[402] art. 381 do CPP[403]), em perfeita consonância com a regra constitucional.

A Constituição brasileira de 1988 prevê a motivação como um princípio garantidor do Estado de Direito, enquanto nos países da *common law* sequer há menção de lei a respeito, por ser considerado um princípio enraizado na própria sociedade. O *due process of law* inglês surgiu para privilegiar uma classe dominante, enquanto o devido processo legal português, por exemplo, nasceu como um direito do povo, revolucionariamente conquistado aos nobres. A respeito do tema, Maria Thereza Gonçalves Pero,[404] divergindo da doutrina tradicional, sugere que o devido processo

---

[399] Assim dispõe o art. 93 da CF: "Lei complementar, de iniciativa do Supremo Tribunal Federal, disporá sobre o Estatuto da Magistratura, observados os seguintes princípios: (.......); IX – todos os julgamentos dos órgãos do Poder Judiciário serão públicos, e fundamentadas todas as decisões, sob pena de nulidade, podendo a lei, se o interesse público o exigir, limitar a presença em determinados atos, às próprias partes e a seus advogados, ou somente a estes; X – as decisões administrativas dos tribunais serão motivadas, sendo as disciplinares tomadas pelo voto da maioria absoluta de seus membros;".

[400] Menciona o *caput* do art. 832 da CLT: "Da decisão deverão constar o nome das partes, o resumo do pedido e da defesa, a apreciação das provas, os fundamentos da decisão e a respectiva conclusão".

[401] Diz o art. 458 do CPC: "São requisitos essenciais da sentença: I – o relatório, que conterá os nomes das partes, a suma do pedido e da resposta do réu, bem como o registro das principais ocorrências havidas no andamento do processo; II – os fundamentos, em que o juiz analisará as questões de fato e de direito; III – o dispositivo, em que o juiz resolverá as questões, que as partes lhe submeteram".

[402] Dispõe o art. 165 do CPC: "As sentenças e acórdãos serão proferidos com observância do disposto no art. 458; as demais decisões serão fundamentadas, ainda que de modo conciso". E a Súmula n.º 98 do STJ é do seguinte teor: "Embargos de Declaração manifestados com notório propósito de prequestionamento não têm caráter protelatório".

[403] O art. 381 do CPP diz: "A sentença conterá: I – os nomes das partes ou, quando não possível, as indicações necessárias para identificá-las; II – a exposição sucinta da acusação e da defesa; III – a indicação dos motivos de fato e de direito em que se fundar a decisão; IV – a indicação dos artigos de lei aplicados; V – o dispositivo; VI – a data e a assinatura do juiz".

[404] PERO, Maria Thereza Gonçalves. *A motivação da sentença civil*. São Paulo: Saraiva, 2001.

legal teria surgido em Portugal, "junto com suas comunas e governos populares, não, sendo, portanto, criação do direito anglo-saxão, que timidamente vem se expandido por aqui".

Por não ser um princípio restrito, engana-se que o destinatário do princípio da motivação é somente a parte, pois trata-se de garantia para o Estado, para os cidadãos, para o próprio juiz e para a opinião pública em geral.

A noção do Estado Democrático de Direito e seus componentes fundamentais (supremacia da Constituição, separação de poderes, princípio da legalidade e direitos fundamentais da pessoa humana) auxilia a compreensão da importância do dever de fundamentar as decisões judiciais. A obrigação constitucional de motivar as decisões judiciais é uma expressão do princípio da participação popular na administração da justiça.

O dever de fundamentar as decisões, por ser parte integrante de um princípio estruturante da Constituição (do Estado Democrático de Direito), segundo entendimento de Sérgio Nojiri,[405] "não pode ser retirado, ou ter sua significação restringida, sob pena de desvirtuamento da identidade e estrutura do próprio Estado". Acrescenta que a garantia do cidadão em conhecer as razões de convencimento do juiz é tão absoluta que nem mesmo uma emenda, reforma ou revisão constitucional poderia retirá-la do sistema constitucional.

Como ensina Teresa Arruda Alvim,[406] o "Estado de Direito efetivamente caracteriza-se por ser o Estado que se justifica, tendo como pauta a ordem jurídica a que ele próprio se submete. Assim, quando o Estado intervém na vida das pessoas, deve justificar sua intromissão: materialmente, pois a intromissão tem fundamento, e formalmente, pois o fundamento é declaração, exposto, demonstrado".

Enfim, quanto maior for a liberdade de decisão, possibilitando ao julgador utilizar-se de conceitos abstratos, maior é a possibilidade de se fazer justiça, mas maior também é a possibilidade de se enveredar pelos caminhos da parcialidade e do arbítrio.

Deixar de fundamentar uma decisão é deixar de prestar a devida e necessária prestação jurisdicional, que deve ser integral e plena. O jurisdicionado tem o direito de conhecer as razões e fundamentos das decisões

---

[405] NOJIRI, Sérgio. *O dever de fundamentar as decisões judiciais*. São Paulo. Revista dos Tribunais, 1999, p. 69.

[406] ALVIM, Teresa Celina de Arruda. *Nulidades da sentença*. São Paulo: Revista dos Tribunais, 1993, p. 186.

que lhe dizem respeito, para que, assim, possa se convencer da procedência ou não da sua pretensão e, se for o caso, ensejar o conhecimento de eventual recurso à instância superior, diante da exigência constitucional do prequestionamento.

4.9 – Princípio do duplo grau de jurisdição

4.9.1 – *Duplo grau de jurisdição e devido processo legal*

O princípio do duplo grau de jurisdição é aquele relacionado ao direito subjetivo da parte em ver a sua pretensão ser julgada pelo órgão colegiado, depois de submetida à apreciação do juiz singular. Está fundado na convicção generalizada de que um processo que foi reexaminado é melhor decidido. É a decisão colegiada que, em tese, dá uma satisfação ao inconformismo do vencido.

Diz-se que o exercício do duplo grau de jurisdição é voluntário (princípio da voluntariedade). Como conseqüência direta do princípio da demanda, ninguém pode obrigar a parte a recorrer, assim como ninguém pode obrigar a parte a deixar de recorrer. O duplo grau é dependente da vontade da parte, do terceiro prejudicado ou do Ministério Público (art. 499 do CPC).

Outras denominações são dadas para o princípio ora estudado: princípio do duplo grau de jurisdição voluntário; princípio do duplo grau de jurisdição mínimo; princípio do controle hierárquico. Sua ementa pode ser assim definida: a decisão judicial é suscetível de ser revista por um grau superior de jurisdição. Ensina Nelson Luiz Pinto[407] que esse princípio decorre da regra contida no art. 5.º, LV, da CF: *"aos litigantes, em processo judicial ou administrativo, e aos acusados em geral são assegurados o contraditório e a ampla defesa, com os meios e recursos a ela inerentes"*. E complementa o mesmo jurista:[408] *"assim, por disposição*

---

[407] PINTO, Nelson Luiz. *Manual dos recursos cíveis.* São Paulo: Malheiros, 2001, p. 80.
[408] PINTO, Nelson Luiz. *Manual dos recursos cíveis.* São Paulo: Malheiros, 2001, p. 80.

constitucional, os recursos são inerentes ao princípio maior da garantia da ampla defesa, não podendo, por isto, ser subtraídos do indivíduo, sob pena de afronta à garantia constitucional. Está, pois, o princípio do duplo grau de jurisdição implicitamente contido na Constituição Federal como uma das facetas do próprio direito constitucional de ação e de defesa".

A Constituição Política do Império, de 25 de março de 1824, já continha dispositivo expresso a respeito do duplo grau de jurisdição. O art. 158 daquela Carta Política dispunha que "para julgar as causas em segunda e última instância haverá nas províncias do império as Relações, que forem necessárias para a comodidade dos povos". Apesar da existência dessa garantia constitucional, é imperioso que haja, também, uma limitação à possibilidade de se recorrer. Deve-se chegar a um momento em que a parte não mais poderá insurgir-se contra a decisão, sob pena de se eternizarem os processos, em detrimento do valor segurança e estabilidade. Chega-se, pois, a um ponto de equilíbrio entre a idéia de que as decisões podem ser revistas e, de outro lado, a necessidade de que se tenha segurança e imutabilidade das decisões judiciais, através do expediente de limitação dos recursos, a fim de que num determinado momento as decisões transitem em julgado ou se tornem preclusas (não mais sujeitas a alteração, salvo pela via processual e dentro do prazo próprio – exemplo: ação rescisória).

Por outro lado, não é razoável entender-se que o juiz não comete falhas e que ele não possa sofrer questionamento a respeito de seu julgamento, de sua fundamentação; daí a necessidade do sistema jurídico prever instrumentos para que a parte possa insurgir-se contra as decisões judiciais. Além disso, é da essência do ser humano insurgir-se contra decisões que lhe são desfavoráveis.

Ademais, sem o duplo grau de jurisdição correr-se-ia o risco de o juiz julgar-se soberano e infalível, tornando-se despótico, na medida em que suas decisões jamais seriam reexaminadas. Isto atentaria contra o próprio Estado de Direito, princípio basilar sobre o qual se assenta o Estado. Portanto, o princípio do duplo grau vem ao encontro do anseio da legalidade e de uma boa justiça, partindo-se sempre do princípio – não necessariamente verdadeiro – de que uma segunda decisão, proveniente de um colegiado de juízes hierarquicamente superiores e, assim, mais experientes, tem maior probabilidade de acerto, de corresponder à justiça do caso concreto.

Quando se fala em princípio do duplo grau de jurisdição não se está referindo somente aos recursos, ao sistema recursal processual, mas à possibilidade, em tese, de que toda decisão judicial comporte impugnação, de que os atos de poder praticados pelo Poder Judiciário possam ser controlados pelas partes. Com efeito, toda decisão é um ato de poder e, como tal, deve comportar controle por parte dos jurisdicionados, como princípio basilar do Estado de Direito. Assim, atendem ao princípio do duplo grau de jurisdição não apenas o sistema recursal ordinário e extraordinário como, também, as ações autônomas de impugnação a decisões judiciais (mandado de segurança, ação rescisória, embargos de terceiro, etc.).

Distingue-se o princípio da recursividade (a parte que se sentir prejudicada tem o poder de pedir o reexame, visando obter reforma ou modificação da decisão) e o princípio do duplo grau de jurisdição, dado que o nosso sistema jurídico admite hipóteses em que há recurso, mas não, propriamente, para um outro grau de jurisdição. Para Rui Portanova,[409] "o princípio da recursividade visa a satisfazer uma necessidade humana: ninguém se conforma com um juízo único e desfavorável. Esse inconformismo é fruto do conhecimento que se tem da imperfeição humana. Além disso, a confirmação da sentença, por outro tribunal, dá-lhe prestígio porque ela passa pelo crivo de juízos de mais antiga investidura". O princípio da recursividade estaria ligado à jurisdição, enquanto o princípio do duplo grau de jurisdição estaria ligado ao processo e não, à jurisdição.[410]

Essa garantia do duplo grau de jurisdição parte do pressuposto de que uma lide é melhor decidida quando passa por duas instâncias diferentes. Esse princípio indica a possibilidade de revisão, por via de recurso, das causas já julgadas pelo juiz de primeira instância. Garante um novo julgamento por parte dos órgãos da segunda instância, pois o princípio do duplo grau de jurisdição funda-se na possibilidade da primeira decisão ter sido errada ou injusta. Subsidiariamente, o recurso poderia suprir eventual ofensa ao princípio do juiz natural.

Historicamente, verifica-se que a Constituição do Império de 1824, em seu art. 158, dispunha expressamente sobre a garantia absoluta ao duplo grau de jurisdição, permitindo que a causa fosse apreciada, sempre que a parte o quisesse, pelo então Tribunal da Relação (depois de Apela-

---

[409] PORTANOVA, Rui. *Princípios do processo civil*. Porto Alegre: Livraria do Advogado, 1999, p. 104.
[410] Idem, p. 264.

ção e hoje de Justiça).[411] As constituições que se seguiram apenas limitaram-se a mencionar a existência de tribunais, dando-lhes a respectiva competência.

A previsão implícita para a existência de recurso não dá garantia absoluta ao duplo grau de jurisdição. Não havendo garantia constitucional do duplo grau, mas mera previsão, o legislador infraconstitucional pode limitar o direito de recurso, como nos casos do art. 34, da Lei 6.830/80 (impede apelação nas execuções fiscais de valor inferior a 50 OTNs), do art. 4.º, da Lei 6.825/80 (causas de qualquer natureza, nas mesmas condições, julgadas na Justiça Federal), e do art. 504, do Código de Processo Civil ("dos despachos não cabe recurso").

Assim, a conseqüência da ausência da garantia constitucional do duplo grau de jurisdição é a constitucionalidade das restrições legais aos recursos, com exceção daqueles casos em que a lei infraconstitucional limitar um recurso constitucionalmente previsto. Portanto, é pelo exame dos dispositivos processuais constitucionais que se verificará a existência ou não da mencionada garantia. Em outras palavras, se na Constituição constar a garantia do duplo grau de jurisdição, a lei que impedir o acesso aos meios de impugnação será inconstitucional porque desobedece a esse princípio, e não porque desatende ao devido processo legal.

Uma vez garantido o devido processo legal na Lei Maior, qualquer lei infraconstitucional será considerada inconstitucional se, embora de natureza formal ou material, impedir o exercício de direitos fundamentais ou favorecer uma das partes em detrimento da outra.[412] No conceito de devido processo legal não há o elemento de dupla instância, mas sim aquele de controle judicial das decisões.

A Constituição do Brasil não garante expressamente o duplo grau de jurisdição e, portanto, não possui nenhum dispositivo, prevendo-o. Ele só é encontrado no art. 475, do Código de Processo Civil brasileiro,[413] no

---

[411] NERY JUNIOR, Nélson. *Recursos no processo civil. Princípios fundamentais. Teoria geral dos recursos.* São Paulo: Revista dos Tribunais, 1993, p. 245.

[412] THEODORO JÚNIOR, Humberto. A garantia fundamental do devido processo legal e o exercício do poder de cautela no direito processual civil. *Revista dos Tribunais.* n. 665. São Paulo: Revista dos Tribunais, 1991, p. 12.

[413] Art. 475 do CPC: "Está sujeita ao duplo grau de jurisdição, não produzindo efeito senão depois de confirmada pelo tribunal, a sentença: I – proferida contra a União, o Estado, o Distrito Federal, o Município, e as respectivas autarquias e fundações de

Código de Processo Penal e em outras leis extravagantes. Esse princípio, como visto, só de forma implícita está inserido na Carta Política.

Para este fim, dois tipos de normas processuais constitucionais devem ser analisadas: os princípios e a regulamentação dos recursos. Quanto aos princípios, o único a poder englobar o duplo grau de jurisdição seria o devido processo legal, à medida que os demais princípios não guardam relação. Já em relação ao sistema recursal, a Carta Política brasileira não garante, expressamente, a apelação, mas apenas os recursos extraordinário, especial e ordinário.

O único princípio que poderia englobar o duplo grau de jurisdição é o devido processo legal, que é um dos institutos jurídicos mais amplos e, ao mesmo tempo, mais complexos, que se conhece. Engloba não só as garantias processuais como também as substanciais. Aplica-se o princípio do devido processo legal também no processo administrativo e, por conseqüência, os princípios que dele derivam. Nesse sentido: MS n.º 7.225-DF/STJ.[414]

---

direito público; III – que julgar procedentes, no todo ou em parte, os embargos à execução de dívida ativa da Fazenda Pública (art. 585, VI)".

[414] MS N.º 7.225-DF do STJ, DJ 25/06/2001: "Direito Constitucional e Administrativo. Devido Processo Legal. Direito, no campo do processo administrativo, que as instâncias recursais sejam garantidas. Lei n.º 9.131/95. Recurso para o Pleno do Conselho Nacional de Educação. 1. A Administração Pública, no aplicar as regras impostas para a tramitação dos processos administrativos, está, também, obrigada a obedecer ao devido processo legal. 2. No âmbito dessa garantia está o direito das partes utilizarem-se de recursos para todas as instâncias administrativas, assegurando-se-lhes, assim, ampla defesa, contraditório e segurança do julgamento. 3. Hely Lopes Meirelles, em sua obriga Direito Administrativo Brasileiro, 14ª ed., pg. 571, preleciona que os recursos administrativos *"são um corolário do Estado de Direito e uma prerrogativa de todo administrado ou servidor atingido por qualquer ato administrativo. Inconcebível é a decisão administrativa única e irrecorrível, porque isso contraria a índole democrática de todo julgamento que possa ferir direitos individuais, e afronta o princípio constitucional da ampla defesa que pressupõe mais de um grau de jurisdição. Decisão única e irrecorrível é a consagração do arbítrio, intolerado pelo nosso direito"*. 4. A Lei n.º 9.131, de 24 de 11 de 1995, em seu art. 9.º, ao tratar do processo administrativo apreciado e julgado no âmbito do Conselho Nacional de Educação, aduz que "As Câmaras emitirão pareceres e decidirão, privativa e autonomamente, os assuntos a elas pertinentes, cabendo, quando for o caso, recurso ao Conselho Pleno". 5. É ilegal a homologação por parte do Ministro da Educação de parecer emitido pela Câmara de Ensino Superior, sem que tenha sido aberta oportunidade à parte interessada e atingida pelo ato, para que utilizasse recurso para o Pleno do Conselho

Como bem lembra Oreste Nestor de Souza Laspro,[415] os princípios do devido processo legal e do duplo grau de jurisdição têm maior conotação política do que, propriamente, jurídica. E ressalta que a inclusão, no texto constitucional, do duplo grau de jurisdição, "depende muito mais de uma escolha legislativa, que pondere os princípios da alegada certeza jurídica e da brevidade processual".

De acordo, ainda, com Oreste Nestor de Souza Laspro,[416] "os princípios do devido processo legal e do duplo grau de jurisdição, apesar de ligados entre si, não traduzem relação de dependência ou continência. Isto porque é possível assegurar o devido processo legal sem o duplo grau de jurisdição e vice-versa". Conclui, ainda, que "poderemos ter um processo obediente ao princípio do devido processo legal sem que haja, necessariamente, previsão do duplo grau de jurisdição. Permite-se, portanto, o estabelecimento de um sistema de reexame restrito sem qualquer ofensa às garantias constitucionais processuais".

Deve se ressaltar, por oportuno, que a Convenção Americana Sobre os Direitos Humanos garante o direito de recorrer contra toda sentença para juiz ou tribunal superior (letra *h*, do parágrafo 2.°, do art. 8.°), garantia que foi elevada ao nível constitucional, consoante o disposto no parágrafo 2.°, do art. 5.°, da Constituição brasileira.

Questão polêmica é a que diz respeito à natureza constitucional ou não do referido princípio. Parte considerável da doutrina sustenta não ter base constitucional o princípio do duplo grau de jurisdição, que decorreria do sistema processual infraconstitucional (dentre outros, Ada Grinover, Magalhães e Scarance, Barbosa Moreira e Nelson Nery Junior). O princípio do duplo grau de jurisdição não teria índole constitucional, senão em matéria penal, por força da Convenção Inter-Americana de Direitos Humanos (Pacto de San José da Costa Rica, de 22.11.1969), da qual o Brasil é signatário, que elenca, dentre as garantias mínimas do processo penal,

---

Nacional da Educação, conforme está assegurado pelo art. 9.°, da Lei n.° 9.131, de 24.11.95. 6. A Lei 9.784, de janeiro de 1999, em seus art. 2.°, X, c/c o art. 56, ao regular o Processo Administrativo, assegura ao administrado o direito de esgotar as instâncias administrativas, pelas vias recursais. 7. Mandado de segurança conhecido".

[415] LASPRO, Oreste Nestor de Souza. *Duplo grau de jurisdição no direito processual civil*. São Paulo: Revista dos Tribunais, 1995, p. 93.

[416] Idem, p. 94.

o direito de recorrer da sentença a juiz ou tribunal superior. Contudo, a garantia expressa no tratado não alcança o direito processual como um todo, ensinando Nelson Nery Junior que "o duplo grau de jurisdição, como garantia constitucional absoluta, existe no âmbito do direito processual penal, mas não no direito processual civil ou do trabalho".

O princípio do duplo grau de jurisdição tem íntima relação com a preocupação dos ordenamentos jurídicos em evitar a possibilidade de haver abuso de poder pelo juiz, o que poderia ocorrer se não estivesse a decisão sujeita à revisão por outro órgão judicial. Como o ser humano é falível, não seria razoável pretender-se que o juiz ficasse imune de falhas, capaz de decidir de modo definitivo sem que ninguém pudesse questioná-lo pelo julgamento. Por outro lado, o subjetivismo nos coloca, de uma forma natural, contra decisão desfavorável, de sorte que o sentimento psicológico da pessoa faz com que haja reação imediata à sentença desfavorável, pretendendo um novo julgamento. Além disso, há ainda o fato de que o juiz único poderia tornar-se autoritário, já que sobre as decisões não haveria controle algum, conforme já advertia Montesquieu (*O Espírito das Leis*).

Portanto, o princípio do duplo grau é garantia fundamental de boa justiça, devendo ter lugar de destaque em toda a ordem jurídica. Por isso, os ordenamentos jurídicos ocidentais têm previsto referido princípio em suas Constituições. E, no Brasil, é a própria Constituição Federal que dá a tônica, os contornos e os limites do duplo grau de jurisdição. Assim, ensina Nelson Nery Junior[417] que para a efetivação do *"binômio segurança-justiça, os litígios não poderiam perpetuar-se no tempo, a pretexto de conferirem maior segurança àqueles que estão em juízo buscando a atividade jurisdicional substituidora de suas vontades. O objetivo do duplo grau de jurisdição é, portanto, fazer adequação entre a realidade no contexto social de cada país e o direito à segurança e à justiça das decisões judiciais, que todos têm de acordo com a Constituição Federal. Essa é a razão porque a nossa Constituição não garante o duplo grau de jurisdição ilimitadamente, como fez a do Império, de 1824, regra que não foi seguida pelas demais Constituições brasileiras"*.

Muito embora o princípio do duplo grau de jurisdição esteja previsto na Lei Maior, não tem incidência ilimitada, como ocorria no sistema da

---

[417] NERY JUNIOR, Nelson. *Princípios fundamentais – Teoria geral dos recursos*. São Paulo: Revista dos Tribunais, 2000, p. 40.

Constituição Imperial. A lei ordinária não poderá suprimir recursos pura e simplesmente. Entretanto, compete ao legislador infraconstitucional tornar efetiva aquela regra maior, de sorte a imprimir operatividade ao princípio do duplo grau. Aí a razão pela qual algumas leis restringirem o cabimento de recursos, não devendo, contudo, ser consideradas inconstitucionais.

O CPC brasileiro não faz restrições ao cabimento da apelação, pois admite esse recurso contra qualquer sentença, sem nenhuma limitação. Poderia, entretanto, fazê-lo. Importante salientar que é exigência do *due process of law*, como conseqüência, a existência do princípio do duplo grau de jurisdição. A exigência não é desmedida, sem freios a tornar o processo mais efetivo, pois o litigante não pode retardar o curso processual com a interposição de apelação de toda e qualquer decisão de primeiro grau, em desprestígio da eficácia da justiça e em detrimento da paz social, escopo primeiro da atividade jurisdicional.

Na Itália, encontra-se a firme e decidida opinião de Mauro Cappelletti, defensor da abolição quase que radical da apelação, apontando o excesso de órgãos colegiados, a excessiva duração do recurso de cassação, a idolatria do direito à impugnação, entre outros defeitos que maculariam, por assim dizer, o princípio do duplo grau de jurisdição. Mas não há como negar que o direito à impugnação é consectário do devido processo legal. Ensina Nelson Nery Junior que,[418] "não havendo garantia constitucional ao duplo grau, mas mera previsão, o legislador infraconstitucional pode limitar o direito de recurso, dizendo, por exemplo, não caber apelação nas execuções fiscais de valor igual ou superior a 50 OTN´s (art. 34, Lei n.° 6.830/80), ou ainda não cabe recursos de despacho (art. 504, do CPC)".

Por tudo isso, no REsp 495.808-ES,[419] o Relator, Ministro José Delgado, consignou que "a inexistência da garantia constitucional ao

---

[418] NERY JUNIOR, Nelson. *Princípio do processo civil na Constituição Federal*. São Paulo: Revista dos Tribunais, p. 149.

[419] "Tributário – Recurso administrativo. Condicionante de depósito prévio. Legalidade/constitucionalidade. Precedentes do Colendo STF e desta Corte Superior. 1. Recurso Especial interposto contra v. Acórdão que considerou incompatível com o art. 151, do CTN, a exigência de depósito prévio de 30% do valor da multa para a interposição de recurso administrativo. 2. Consoante jurisprudência do colendo Supremo Tribunal Federal e desta Corte Superior, é constitucional e legal a condicionante do depósito

Duplo Grau de Jurisdição permite que sejam estabelecidas regras de admissibilidade dos recursos judiciais, limitando ou mesmo impedindo a possibilidade de recorrer, sem que isto represente violação à Carta Magna. Ora, se não constitui violação à Constituição Federal a limitação ao recurso judicial, com muito mais razão não será afrontosa a limitação imposta ao recurso administrativo, mormente porque, em atenção aos princípios da unicidade e inafastabilidade da jurisdição, a matéria apreciada na esfera administrativa poderá, a qualquer tempo, ser revista em caráter definitivo no judiciário. Destarte, não encontram respaldo jurídico as alegações arguidas pelo recorrente. De fato, o Supremo Tribunal Federal, guardião da Constituição, já decidiu pela constitucionalidade da exigência prévia do depósito de *quantum* parcial do valor do débito para interposição de recurso administrativo". Cita precedentes jurisprudenciais: RE 282.243-RN, Rel. Min. Moreira Alves, DJ de 12/12/2000; RE 210.246; RE 210.244-GO; RE 169.077-MG; REsp 163.665-SE, Rel. Min. Garcia Vieira; EDcl no REsp 114.969-MG, Rel. Min. Garcia Vieira.

4.9.2 – *Vantagens e desvantagens do duplo grau de jurisdição*

O duplo grau de jurisdição, como qualquer outro regramento de direito processual, tem como fundamento a contribuição, ou não, para a melhoria da tutela jurisdicional.

Assim, com base na doutrina, Oreste Nestor de Souza Laspro[420] cita as vantagens do duplo grau de jurisdição, enumerando-as: o fato de o juiz de segunda instância ser mais experiente e instruído; a possibilidade de erro e prevaricação do juiz de primeira instância; controle psicológico do julgador de primeira instância, sabedor de que sua decisão será examinada por outros juízes; maior exame da questão; inconformismo natural da parte que perde em primeira instância; e necessidade de controle dos atos jurisdicionais, enquanto atividade estatal.

---

prévio para a interposição de recurso administrativo, não obstante considerar-se que a Constituição Federal de 1988 não garante o Duplo Grau de Jurisdição administrativa (ADIMC n.° 1.049, ADIn´s n.os 836-6/DF, 922/DF e 1.976/DF, RREE n.os 210.244-GO e 235.833-GO). 3 – Recurso provido". (REsp 495.808-ES; STJ; 1ª Turma; Rel. Min. José Delgado; j. 8.4.2003; v.u.).

[420] Idem, p. 99.

Como desvantagens do duplo grau de jurisdição, aponta-se:[421] ofende o acesso à justiça; reflete um desprestígio da primeira instância; se é mantida a decisão em segundo grau, é inútil; se reforma, demonstra divergências; dificulta a produção de provas, além de ofender a oralidade.

Conclui Oreste N. de S. Laspro,[422] por fim, pela necessidade da modificação do duplo grau de jurisdição, entendendo que se cuida "de mecanismo adotado sem maior reflexão, com base mais em aspectos históricos-políticos que jurídicos, no mais das vezes com base em uma alegada tradição. Representa obstáculo à eficiência da organização judiciária, na medida em que não se pode demonstrar, cientificamente, que atinja de modo eficaz a única meta para ser mantido, qual seja, a de que a decisão de segundo grau é "melhor" que a de primeiro".

Percebe-se, atualmente, que o regramento do duplo grau de jurisdição é colocado em discussão, diante da tendência moderna de potencializar uma melhor distribuição da justiça e possibilitar a devida certeza jurídica. Busca-se, então, abreviar-se o fim do processo com a limitação dos tipos de recursos, sem causar tumulto.

A busca ideal deve ser a de ter um processo obediente ao princípio do devido processo legal, sem que haja, necessariamente, previsão do duplo grau de jurisdição. Em outras palavras, deve existir um sistema de reexame restrito sem ofensa às garantias constitucionais do processo. Há notícia de que somente o direito turco admite o grau único de jurisdição.

A grave crise que atinge o Judiciário corrobora para a discussão da restrição à admissibilidade de recursos. Sustentava Calmon de Passos,[423] há muito tempo, ser possível "que se conclua ser melhor restringir os meios recursais e atingir, em um menor espaço de tempo, a certeza jurídica e a efetividade do processo que proporcionar inúmeras etapas de impugnação, com o objetivo de alcançar, em tese, a verdade sobre os fatos, ainda que se congestione as vias de acesso aos tribunais com um volume gigantesco de demandas".

A questão é polêmica, chegando Marinoni, até mesmo, a afirmar que a generalização do duplo grau de jurisdição constitui óbice ao devido

---

[421] Idem, p. 114.
[422] Idem, p. 117.
[423] PASSOS, José Joaquim Calmon de. O devido processo e o duplo grau de jurisdição. *Revista Forense*. n. 277. Rio de Janeiro: Forense, 1982, p. 3.

processo legal, à medida que, "quanto maior a duração do processo, mais ele se presta a prejudicar o autor que tem razão e a premiar o réu que não a tem". O processo, assim, afasta-se do "devido processo legal" na medida de sua duração.[424]

Na verdade, desde a Revolução Francesa existem fortes opositores ao duplo grau de jurisdição. Aliás, Mauro Cappelletti, citado por Rui Portanova,[425] radicaliza, ao propor a abolição da apelação, apontando o "excesso de órgãos colegiados, a excessiva duração do recurso de cassação, a idolatria do direito à impugnação".

A doutrina, em grande parte, entende que o duplo grau de jurisdição não pode ser considerado um regramento constitucional, não estando garantido a esse nível nem pela presença inafastável do devido processo legal, nem pela previsão dos recursos especial e extraordinário. Rui Portanova[426] diz que o princípio do duplo grau de jurisdição "tem dignidade constitucional complementável por legislação ordinária", e que "o sistema recursal brasileiro permite dizer-se que o princípio vigorante é o do duplo grau mínimo", pois há possibilidade de mais de um recurso.

A Constituição só garantiria o duplo grau de jurisdição em uma única hipótese, isolada e de difícil aplicação, que é o cabimento do recurso ordinário. Mas, sua garantia, de modo aleatório, pela legislação ordinária causa a violação do princípio do devido processo legal, na medida em que acaba ocasionando o prolongamento excessivo das demandas em detrimento daquele que veio a juízo em busca da tutela jurisdicional.

Além de não ter previsão constitucional, sua aplicação indiscriminada, com base na legislação ordinária, não somente viola regramentos constitucionais, como também distancia o julgamento da efetiva aplicação da norma aos fatos que efetivamente ocorreram.

---

[424] MARINONI, Luiz Guilherme. *Tutela antecipatória, julgamento antecipado e execução imediata da sentença*. São Paulo: Revista dos Tribunais, 1997, p. 218.

[425] PORTANOVA, Rui. *Princípios do processo civil*. Porto Alegre: Livraria do Advogado, 1999, p. 264.

[426] Idem, p. 265.

4.10 – Princípio da assistência judiciária

O princípio da assistência judiciária tem por finalidade precípua isentar o necessitado das despesas do processo. O art. 5.º, inciso LXXIV, da Lei Suprema,[427] assegura, aos que provarem insuficiência de recursos, assistência jurídica integral e pessoal: "O Estado prestará assistência jurídica integral e gratuita aos que comprovarem insuficiência de recursos". É o princípio da justiça gratuita ou da gratuidade judiciária, que garante aos necessitados, o acesso gratuito ao Judiciário. O texto constitucional atual é mais avançado do que os anteriores, ao falar de assistência não apenas judiciária, mas jurídica, obrigando o Estado a prestar serviços de consultoria a quem necessite.

A Declaração Universal dos Direitos Humanos, proclamada pela Assembléia Geral das Nações Unidas, em 10.12.1948, foi o marco inicial da preocupação com a gratuidade da justiça, tudo com o fim de possibilitar acesso ao Judiciário àqueles que não têm condições financeiras de litigar, sem que isso cause prejuízo seu ou de sua família.

O art. 134, da Constituição do Brasil,[428] ao tornar a Defensoria Pública instituição essencial à função jurisdicional do Estado, incumbiu-lhe a orientação e defesa dos necessitados, na forma do art. 5.º, LXXIV, da Carta Política. A matéria também é regulamentada na Lei de Assistência Judiciária (Lei 1.060/50).

Todavia, o benefício da justiça gratuita não afasta o princípio da sucumbência. Sucumbente a parte beneficiária da justiça gratuita, a condenação em custas e honorários constará da sentença, que poderá ser executada, no prazo de 5 (cinco) anos, provada a superação da miserabilidade; decorridos 5 (cinco) anos, a obrigação estará prescrita (art. 12, da Lei 1.060/50).

Ao proibir as pessoas de resolverem os conflitos, avocando o poder de resolvê-los, o Estado adquiriu o dever de prestar o serviço público, garantindo o acesso e a defesa em Juízo, de forma ampla, justa e efetiva, pois a jurisdição é monópolio estatal.

---

[427] Art. 5.º, LXXIV, da Constituição Federal do Brasil: "o Estado prestará assistência jurídica integral e gratuita aos que comprovarem insuficiência de recursos".

[428] Art. 134 da Constituição Federal do Brasil: "A Defensoria Pública é instituição essencial à função jurisdicional do Estado, incumbindo-lhe a orientação jurídica e a defesa, em todos os graus, dos necessitados, na forma do art. 5.º, LXXIV".

A busca da justiça não deveria custar nada, devendo o acesso a ela ser o mais fácil possível para assegurar esse direito fundamental do cidadão, garantidor dos direitos individuais. Cuida-se, assim, de instrumento de acesso à ordem jurídica justa e não apenas de defesa técnico-processual ou pré-processual.

Distingue-se a assistência judiciária e o benefício da justiça gratuita. O benefício desta seria o direito à dispensa provisória de despesas processuais. Já aquela seria o serviço estatal ou paraestatal, que tem por finalidade, além da dispensa provisória das despesas, a indicação de advogado.

Porém, Rui Portanova[429] agrega um outro conceito, que é o da assistência jurídica integral, "verdadeira garantia fundamental com mais amplitude, transformada em direito constitucionalmente consagrado. Assim, além de abrir gratuitamente as portas do Judiciário, são garantidos os serviços advocatícios de organizações estatais, não-estatais e até individual do advogado que se proponha a atender o necessitado. Ademais, a assistência jurídica integral garante aos pobres também acesso gratuito a serviços extrajudiciais, como registro civil de nascimento e certidão de óbito (CF, art. 5.º, inc. LXXVI)". Ressalta Rui Portanova,[430] ainda, que o benefício da justiça gratuita é instituto pré-processual e a assistência judiciária é instituto de direito administrativo, enquanto a assistência jurídica integral "é uma garantia fundamental de aplicação geral constitucional garantida".

A gratuidade da justiça não é exclusividade dos cidadãos brasileiros. Na nova ordem comunitária européia, a assistência jurídica gratuita atinge todos os cidadãos europeus que necessitem de orientação jurídica, acompanhamento ou defesa processual.

O Convênio Europeu de Direitos Humanos, ao tratar de matéria penal, também dispôs acerca da gratuidade da justiça em seu art. 6.3.[431] Por sua vez, a Exposição de Motivos do Real Decreto Espanhol

---

[429] PORTANOVA, Rui. *Princípios do processo civil*. Porto Alegre: Livraria do Advogado, 1999, p. 86.
[430] Idem, p. 86.
[431] Expressa o art. 6.3: "Todo acusado tem, como mínimo, os seguintes direitos: (..........) C – a defender-se por si mesmo ou ser assistido por um defensor à sua escolha e, se não tem meios para remunerá-lo, pode ser assistido gratuitamente por um advogado de ofício, quando os interesses da justiça o exijam".

n.º 2.103/96, que regulamenta a Assistência Jurídica Gratuita (BOE n.º 231, de 24.09.96), assim dispôs: "*De maneira uníssona, porém em várias línguas, a assistência jurídica gratuita na União Européia, busca facilitar, a quem comprovar insuficiência de recursos para litigar com os próprios meios, a obtenção de orientação e assessoramento legal e a disposição de meios profissionais e materiais necessários para alcançar a tutela jurisdicional efetiva de seus direitos e interesses legítimos*". Em cada país-membro, são encontradas diversidades, principalmente no que tange à seleção do advogado que presta o serviço, sua forma de pagamento, que o designa, e os requisitos subjetivos e procedimentos para obtenção da gratuidade.

Por exemplo, na Grécia, a seleção do advogado é voluntária, a forma de pagamento é realizada pelo Colégio de Advogados, a designação é do Tribunal em processos penais, e do Colégio nos processos cíveis, enquanto os requisitos e procedimentos o interessado comprova perante o Colégio ou Tribunal.

Em Portugal, existe uma lista de inscritos livremente para atuarem como advogados e a forma de pagamento é realizada pelo Estado, por meio do Colégio de Advogados; a designação é através de requerimento do Colégio ao Tribunal, enquanto a utilização da assistência judiciária tem como critério a presunção de insolvência.

Na Espanha, os advogados, interessados em atender, inscrevem-se no Colégio de Advogados; a forma de pagamento é elaborada pelo Ministério da Justiça e do Interior, por subvenção orçamentária dos Colégios de Advogados e de Procuradores; a designação pode ser de ofício pelo Colégio ou à escolha do interessado, enquanto os critérios de assistência judiciária, para pessoas físicas, é se a remuneração da unidade familiar não atingir o dobro do salário mínimo interprofissional.

Na França, a seleção dos advogados é feita pelo *Bureau* de Ajuda Judicial, o pagamento é feito pelo Estado, à base de uma lista de preços, a designação é à escolha do interessado ou pelo Presidente do Colégio, enquanto o requisito, para obter a ajuda total, é não ter remuneração superior a 4.400 francos e 6.600 para a ajuda parcial.

Já na Alemanha, participam todos os advogados, o pagamento é por cada estado (*Land*), no qual o interessado paga até quanto pode, há liberdade de escolha pelo interessado, mas também o advogado pode ser designado pelo Colégio, enquanto a ajuda é concedida se o custo do processo é superior a quatro salários mínimos mensais.

Na Itália, por sua vez, participam todos os advogados que estejam inscritos no Colégio, o serviço prestado é gratuito, cobrando-se somente os honorários sucumbenciais; no cível, a designação é pela Comissão de Patrocínio Gratuito (CPG), enquanto no penal, a indicação é do juiz da causa; a solicitação é feita à CPG, por comprovação do estado de pobreza na Municipalidade.

Por outro lado, no Reino Unido, todos os advogados devem aceitar o serviço, cujo pagamento é feito pelo Estado, por intermédio de Escritórios de Ajuda Legal, sendo os honorários pagos de acordo com o tempo gasto; a designação é feita pelos Escritórios de Ajuda Legal, que decidem, ainda, se a quantia pedida é razoável.

Então, para buscar o Judiciário e resolver o litígio, os titulares do direito à Justiça devem avaliar, além das perspectivas de êxito da causa, o custo do processo, pois o Estado cobra para a utilização dos serviços judiciários. Daí porque a disponibilidade financeira constitui pressuposto da possibilidade de pleitear direitos ou defendê-los em Juízo.

Dada a dificuldade do Judiciário obter recursos materiais e humanos, verifica-se que o problema capital continua a ser o econômico, como observado por José Carlos Barbosa Moreira,[432] ao defender um processo socialmente efetivo. Será socialmente efetivo o processo que se mostrar capaz de veicular aspirações da sociedade, permitindo-lhes a satisfação por meio da Justiça. Seria também efetivo, sob o aspecto social, na lição de Barbosa Moreira,[433] "o processo que consinta aos membros menos aquinhoados da comunidade a persecução judicial de seus interesses em pé de igualdade com os dotados de maiores forças – não só econômicas, senão também política e culturais".

Resta, então, a letra da lei para evitar tornar a garantia ao judiciário inútil à maioria da população (os desprovidos de fortuna e recursos), já que a ordem jurídica estabeleceu mecanismos de apoio e socorro aos menos favorecidos. Antes de colocar os necessitados em situação material de igualdade, no processo, urge fornecer-lhes os meios mínimos para ingresso na Justiça, sem embargo da posterior necessidade de recursos

---

[432] MOREIRA, José Carlos Barbosa. Por um processo socialmente efetivo. *Revista Síntese de Direito Civil e Processual Civil*. n. 11. Porto Alegre: Síntese, 2001, p. 9.
[433] Idem, p. 5.

e armas técnicas, promovendo o equilíbrio concreto. Neste sentido, a gratuidade é essencial à garantia do acesso à Justiça.

4.11 – Princípio da garantia do processo sem dilações indevidas ou do processo tempestivo (tutela jurisdicional dentro de um prazo razoável)

O direito de acesso efetivo à jurisdição implica também que a resposta à pretensão deduzida seja em prazo razoável e tempestivo, pois a decisão judicial tardia pode equivaler à denegação da justiça.

A garantia contra a demora do processo foi expressamente prevista no art. 5.º, inciso LXXVIII, da Constituição Federal, ao dispor que "*a todos, no âmbito judicial e administrativo, são assegurados a razoável duração do processo e os meios que garantam a celeridade de sua tramitação*".

O direito de acesso à ordem jurídica justa, consagrado no art. 5.º, inciso XXXV, da Constituição Federal, não deve exprimir apenas que todos podem ir a juízo e se defender, mas também, como bem ressalta Marinoni,[434] que todos têm direito à adequada tutela jurisdicional (efetiva, adequada e tempestiva). Assim, o direito a uma tutela judicial efetiva pressupõe o direito a obter uma decisão em prazos razoáveis, sem dilações indevidas; a tutela adequada implica em obter-se uma decisão num lapso de tempo razoável, que deve ser proporcional e adequado à complexidade do processo.

Dispõe o art. 125, II, do Código de Processo Civil brasileiro, que o juiz deve "velar pela rápida solução do litígio". Entretanto, este mandamento processual não é capaz de fazer com que, na prática, haja uma célere e eficaz prestação jurisdicional.

A alarmante lentidão verificada na justiça de vários países colaborou para a instituição do direito a um processo sem dilações indevidas, já consagrado em inúmeros textos legais, a partir da doutrina e da jurisprudência. Ora, não é de hoje que tempo é dinheiro, ainda mais quando se está em litígio. Por isso que Eduardo Couture já dizia que "*tiempo es oro*".

---

[434] MARINONI, Luiz Guilherme. *Tutela antecipatória, julgamento antecipado e execução imediata da sentença*. São Paulo: Revista dos Tribunais, 1997, p. 20.

Modernamente, toma-se consciência, cada vez mais clara, da função instrumental do processo e da necessidade de fazê-lo desempenhar, de maneira efetiva, o papel que lhe toca, de forma célere e eficaz. É preciso oferecer ao processo mecanismos que permitam o cumprimento de toda a sua missão institucional.

O processo é forma, mas, instrumental. Para Eduardo Couture,[435] sob certa ótica, pode ser visto como um conjunto de formas. Portanto, as formas do processo têm caráter instrumental e são meios para se atingirem fins. Se atingidos os fins do processo, não fazem com que a falta de atenção à forma gere nulidade.

Nas palavras de Arruda Alvim,[436] "o processo é um "mal", e, portanto, quanto menos estende-se, melhor será para todos. Assim, o quão mais rapidamente for decidida a lide, melhor. É o princípio da celeridade". Já no princípio da economia processual, "deve-se obter o máximo de rendimento com o mínimo de atividade jurisdicional"

Modernamente, entende-se que a inobservância dos princípios da celeridade, simplicidade, instrumentalidade e economia processual acarreta verdadeira barreira para o acesso eficaz a uma ordem jurídica justa, pois deixa de aproximar o sistema judiciário dos jurisdicionados.

A lentidão da justiça civil não é de fácil solução, muito embora os tempos modernos exijam, cada vez mais, soluções processuais rápidas. Na verdade, há um conflito entre a aspiração à certeza (exigindo ponderação e meditação da decisão para se evitarem injustiças) e a necessidade de rapidez na conclusão do processo.

Todavia, como ensina José Rogério Cruz e Tucci,[437] foi a partir da edição da Convenção Européia para Salvaguarda dos Direitos do Homem e das Liberdades Fundamentais (art. 6-1), subscrita em Roma, no dia 04.11.50, "que o direito ao processo sem dilações indevidas passou a ser concebido como um direito subjetivo constitucional, de caráter autônomo, de todos os membros da coletividade (incluídas as pessoas jurídicas) à

---

[435] COUTURE, Eduardo J. *Fundamentos do direito processual civil*. Campinas: Red Livros, 1999, p. 374.

[436] ALVIM NETTO, José Manoel de Arruda, ALVIM, Teresa Celina de Arruda. *Nulidades processuais*. São Paulo: Revista dos Tribunais, 1992, p. 22.

[437] TUCCI, José Rogério Cruz e. *Tempo e processo*. São Paulo: Revista dos Tribunais, 1997, p. 67.

tutela jurisdicional dentro de um prazo razoável, decorrente da proibição do *non liquet*, vale dizer, do dever que têm os agentes do Poder Judiciário de julgar as causas com estrita observância das normas de direito positivo".

O art. 6.°, n. 1, da mencionada Convenção Européia para Salvaguarda dos Direitos do Homem e das Liberdades Fundamentais, assim dispõe: "Toda pessoa tem direito a que sua causa seja examinada eqüitativa e publicamente num prazo razoável, por um tribunal independente e imparcial instituído por lei, que decidirá sobre seus direitos e obrigações civis ou sobre o fundamento de qualquer acusação em matéria penal contra ela dirigida".

É de se ressaltar que os ordenamentos jurídicos de diversos países fazem previsão expressa, nos respectivos textos constitucionais ou em legislação infra-constitucional, ao direito ao processo sem dilações indevidas ou direito ao processo tempestivo (em um tempo razoável).

Por exemplo, a Constituição portuguesa garante que a causa proposta seja examinada em prazo razoável e mediante processo equitativo (art. 20.1);[438] por sua vez, o Código de Processo Civil português, em seu art. 2.1,[439] garante a proteção jurídica em prazo razoável. Da mesma forma, a Constituição espanhola de dezembro de 1978, garante, de forma expressa, o direito ao "processo público sem dilações indevidas", conforme dispõe o seu art. 24.2:[440] "Todos têm direito ao juiz ordinário previamente determinado por lei, à defesa e à assistência de advogado, a ser informado da acusação contra si deduzida, a um processo público sem dilações indevidas e com todas as garantias, a utilizar os meios de prova pertinentes para sua defesa, a não declarar contra si mesmo, a não confessar culpa e à presunção de inocência".[441]

---

[438] Art. 20.1 da Constituição portuguesa: *"Todos têm direito a que uma causa em que intervenham seja objecto de decisão em prazo razoável e mediante processo equitativo"*.

[439] Art. 2.1 do Código de Processo Civil português: *"A protecção jurídica através dos tribunais implica o direito de obter, em prazo razoável, uma decisão judicial que aprecie, com força de caso julgado, a pretensão regularmente deduzida em juízo, bem como a possibilidade de a fazer executar"*.

[440] *Constituição do Brasil e constituições estrangeiras*. vol. I. Brasília: Senado Federal. Subsecretaria de Edições Técnicas, 1987, p. 365.

[441] No original, diz o art. 24.2: "Asimismo, todos tienen derecho al Juez ordinario predeterminado por la ley, a la defensa y a la asistencia de letrado, a ser informados de la

O Tribunal Constitucional da Espanha, em famoso julgamento de janeiro de 1985, citado por José Rogério Cruz e Tucci,[442] deixou assentado que: "O art. 24.2 não constitucionalizou o direito aos prazos, na verdade, constitucionalizou, configurado como um direito fundamental, o direito de toda pessoa a que sua causa seja resolvida dentro de um tempo razoável .... Este conceito (o do processo sem dilações indevidas, ou em um tempo razoável) é indeterminado ou aberto, que deve ser dotado de um conteúdo concreto em cada caso, atendendo a critérios objetivos congruentes com seu enunciado genérico, como já ficou deliberado na precedente sentença de 14 de março de 1984".

Diante disso, o Tribunal Europeu de Direitos Humanos (TEDH), com fundamento no art. 6.1, do Convênio Europeu de Direitos Humanos (CEDH), tem condenado o Estado quando a prestação jurisdicional não se realiza em prazo razoável.[443]

Também o projeto de revisão da lei processual portuguesa fez previsão expressa ao direito a um processo despido de inoportunas procrastina-

---

acusación formulada contra ellos, a un proceso público sin dilaciones indebidas y con todas las garantías, a utilizar los medios de prueba pertinentes para su defensa, a no declarar contra sí mismos, a no confesarse culpables y la presunción de inocencia".

[442] TUCCI, José Rogério Cruz e. *Tempo e processo*. São Paulo: Revista dos Tribunais, 1997, p. 76.

[443] **MARGINAL**: TEDH 2000/156. **RESOLUCION**: Sentencia de 26 septiembre 2000. Caso Guisset contra Francia. Demanda núm. 33933/1996. **JURISDICCION**: CONSTITUCIONAL (TRIBUNAL EUROPEO DE DERECHOS HUMANOS DE ESTRASBURGO, Sección 1.ª

RESUMEN:

"DERECHO A UN PROCESO EQUITATIVO: **Publicidade del proceso**: garantía de los justiciables contra una justicia secreta que escapa de la fiscalización del público, que constituye uno de los medios para contribuir a preservar la confianza en los tribunales; **Supuesto**: proceso penal por malversación de fondos del Estado iniciado contra diplomático francés que finalizó con sanción y afectó al desarrolo posterior de su carrera profesional: vistas celebradas a puerta cerrada sin justificación alguna: exigencia de publicidad: violación existente.

PROCEDIMIENTO ANTE EL TEDH: Legimación: consideración de "víctima": la existencia de una violación del Convenio concurre incluso cuando no existe perjuicio alguno: la sentencia absolutoria no puede considerase una reparación de la violación alegada: el demandante no há perdido su condición de víctima".

Opinión parcialmente concordante y parcialmente disidente del Juez señor Pacteau y opinión parcialmente disidente del Juez señor Zupancic.

ções. Assinala José Lebre de Freitas,[444] que a futura legislação processual deu um importante passo ao consagrar, em seu art. 2.º-2, o direito "a obter, em prazo razoável, uma decisão de mérito e a respectiva exceção". Aduz, ainda, que esse postulado fundamental consubstancia-se em "uma derivação do direito de acesso aos tribunais, que a demora desrazoável dos processos judiciais viola, constituindo uma actuação inconstitucional. A nova lei de processo civil pode (e deve) contribuir para esta violação, hoje contínua, deixe de se verificar".

No sistema da *common law*, de modo assemelhado, a doutrina e a jurisprudência também se esforçam para traçar os pressupostos de um processo sem dilações injustificadas.

O ordenamento legal do Canadá também centra o prazo da demanda entre aquelas questões que merecem particular atenção. O art. 11, letra *b*, da Carta Canadense dos Direitos e Liberdades, do ano de 1982, assim dispõe: "Toda pessoa demandada tem o direito de ser julgada dentro de um prazo razoável". A doutrina canadense entende que o direito à rápida prestação jurisdicional deve levar em conta: a) identificação do interesse que esse direito visa a proteger; b) determinação dos beneficiários do direito e da relevância da demora; c) vários fatores devem ser considerados para verificar se a demora é injustificada; d) remédios apropriados para combater a violação a tal direito.

No nosso ordenamento, a Convenção Americana sobre Direitos Humanos foi ratificada pelo Brasil no Decreto n.º 678/92, passando a ter índole constitucional os direitos e garantias processuais nele inseridos, nos termos do art. 5.º, § 2.º, da Constituição Federal,[445] inclusive, a nova garantia surgida expressamente da Convenção, que é o direito ao processo em prazo razoável.

O art. 8.º, 1, da Convenção Americana sobre Direitos Humanos, assinada em San José, Costa Rica, em 22.11.69, que foi incorporado ao direito interno através do Decreto n.º 678/92, preceitua o seguinte: "Toda pessoa tem direito de ser ouvida com as devidas garantias e

---

[444] FREITAS, José Lebre de. Em torno da revisão do direito processual civil. *Revista da Ordem dos Advogados*. Lisboa, 1995, p. 15.

[445] Diz o art. 5.º, § 2.º, da CF: "Os direitos e garantias expressos nesta Constituição não excluem outros decorrentes do regime e dos princípios por ela adotados, ou dos tratados internacionais em que a República Federativa do Brasil seja parte".

dentro de um prazo razoável por um juiz ou tribunal competente, independente e imparcial, instituído por lei anterior, na defesa de qualquer acusação penal contra ele formulada, ou para a determinação de seus direitos e obrigações de ordem civil, trabalhista, fiscal ou de qualquer outra natureza ......". E o art. 25.1, do mesmo Pacto de São José da Costa Rica (Decreto 678/92), ao tratar da proteção judicial, dispôs que: "Toda pessoa tem direito a um recurso simples e rápido ou a qualquer outro recurso efetivo, perante os juízos ou tribunais competentes, que a proteja contra atos que violem seus direitos fundamentais reconhecidos pela constituição, pela lei ou pela presente convenção, mesmo quando tal violação seja cometida por pessoas que estejam atuando no exercício de suas funções oficiais".

Diante disso, o melhor entendimento é que os países que ratificam a Convenção, assumam a obrigação de aparelhar a sua organização judiciária, de modo a permitir o cumprimento das condições acordadas, em um tempo razoável.

Então, incumbe ao ordenamento processual atender, do modo mais completo e eficiente possível, ao pleito daquele que exerceu o seu direito à jurisdição, bem como daquele que resistiu, apresentando defesa. Ao lado da efetividade do resultado que deve conotá-la, também é imperioso que a decisão seja tempestiva.

Não foi por outro motivo que, no Brasil, foi editada a Lei n.º 10.173/2001, com a introdução de três artigos no Código de Processo Civil (arts. 1.211-A, 1.211-B e 1.211-C), conferindo prioridade aos procedimentos judiciais que envolvam pessoas com, pelo menos, 65 (sessenta e cinco) anos. Busca esta lei possibilitar às pessoas idosas usufruir do direito postulado ainda em vida. A Lei n.º 10.173/2001 não delimitou com precisão o significado da preferência que institui, referindo-se, simplesmente, "à prioridade na tramitação de todos os atos e diligências em qualquer instância".

Para consagrar o princípio da eficiência processual, foi inserido no direito brasileiro, o inciso LXXVIII, do art. 5.º, da Constituição Federal, através da Emenda Constitucional n.º 45/2004, incorporando, expressamente, a garantia constitucional do processo tempestivo: *"a todos, no âmbito judicial e administrativo, são assegurados a razoável duração do processo e os meios que garantam a celeridade de sua tramitação"*.

Na verdade, a busca de novas tutelas jurisdicionais diferenciadas (monitória, tutela antecipada, etc.) é uma tentativa de mais celeridade e efetividade ao processo, em face da reconhecida incompetência estatal em prestar adequadamente a jurisdição pelos métodos e tutelas tradicionais. A garantia da tutela jurisdicional em prazo razoável integra as garantias do devido processo legal, dado que a justiça tardia não é justiça verdadeira.

A grande questão, todavia, é determinar-se qual seria o prazo razoável ou quais os critérios para se chegar a ele. Consoante posicionamento jurisprudencial da Corte Européia dos Direitos do Homem, citado por José Rogério Cruz e Tucci,[446] três critérios, segundo as circunstâncias de cada caso concreto, devem ser levados em conta para a determinação do tempo de duração razoável de um processo: a) a complexidade do assunto; b) o comportamento dos litigantes e de seus procuradores ou da acusação e da defesa no processo penal; e c) a atuação do órgão jurisdicional. Na lição de Tucci, "o reconhecimento desses critérios traz como imediata conseqüência a visualização das dilações indevidas como um conceito indeterminado e aberto, que impede de considerá-las como a simples inobservância dos prazos processuais pré-fixados. Assim, é evidente que se uma determinada questão envolve, por exemplo, a apuração de crimes de natureza fiscal ou econômica, a prova pericial a ser produzida poderá exigir muitas diligências que justificarão duração bem mais prolongada da fase instrutória".

Mas, a demora inaceitável é aquela que decorra da inércia, pura e simples, do órgão jurisdicional, não podendo ser como justificativa plausível para a lentidão da tutela, o excesso de trabalho. Os óbices à celeridade, entre outros, são o acúmulo de serviço e o pequeno número de juízes, aliado à timidez estatal em distribuir melhor a riqueza e solucionar os conflitos sociais.

O direito processual brasileiro não tem previsão expressa sobre o princípio da celeridade, optando pela disposição que diz que o juiz deverá velar pela rápida solução do litígio (art. 125, II, do CPC)[447].

O princípio da prestação jurisdicional sem dilações indevidas está ligada ao princípio da celeridade (brevidade), pelo qual o processo deve ter

---

[446] TUCCI, José Rogério Cruz e. *Tempo e processo*. São Paulo: Revista dos Tribunais, 1997, p. 67.

[447] Dispõe o art. 125, II, do Código de Processo Civil: "O juiz dirigirá o processo conforme as disposições deste Código, competindo-lhe: (...) II – velar pela rápida solução do litígio;"

andamento o mais célere possível. Deve ser perseguido o ideal de processo barato, rápido e justo. A celeridade é uma das quatro vertentes que constituem o princípio da economia processual; as outras são a economia de custo, economia de atos e eficiência da administração judiciária.

Sem dúvida, a solução judicial em prazo razoável é uma garantia constitucional e um direito fundamental do cidadão, de extrema relevância, pois toca diretamente o acesso à justiça, uma vez que a tutela pleiteada deve ser logo apreciada, sendo que o exagerado atraso na prestação jurisdicional é uma negativa da própria justiça.

A morosidade processual estrangula os direitos fundamentais do cidadão, já que o processo é um instrumento indispensável para a efetiva e concreta atuação do direito de ação e para remoção de situações que impeçam o pleno desenvolvimento da pessoa humana.

Da leitura da ordem jurídica, bem como dos princípios fundamentais do cidadão relativos ao processo, verifica-se que os princípios derivados do devido processo legal são as diretrizes que devem ser utilizadas como critério superior de interpretação das normas pertinentes, orientando sua aplicação no caso concreto, buscando sempre a justiça no seu ideal imaginário, de forma razoável, efetiva, célere e eficaz.

Os princípios que regem o direito processual, além de criativos, devem ser harmônicos com o sistema jurídico, antes de tudo, pois caso haja conflito entre eles, deve-se buscar a sua harmonização ou proporcionalidade, de modo a não eliminar um deles, porém compatibilizá-los. Esses princípios, capitaneados pelo devido processo legal, que decorre do Estado Democrático de Direito, são os vetores na busca da real intenção do sistema jurídico em que se situam.

Assume papel relevante a garantia constitucional do devido processo legal que exige seja dada às partes a tutela jurisdicional adequada, de forma justa e em tempo razoável (tempestivo).

Uma ordem jurídica justa deve acompanhar a evolução da sociedade, o surgimento de novos direitos, fazendo surgir, com essa evolução, um novo, dinâmico e eficiente ordenamento jurídico, capaz de perseguir e alcançar com êxito a tão almejada justiça. A idéia de um *due process* jurisdicional, que deu origem à justiça processual, é atualmente vislumbrada como uma conformação justa e adequada do direito à tutela jurisdicional, dando a todos os cidadãos que intervenham em uma causa, uma decisão em prazo razoável e pelo processo eqüitativo (justo).

Ora, se o Estado possui o monopólio da jurisdição, deve exercê-lo com eficiência ao consumidor da justiça (jurisdicional). Ressalte-se que prestação jurisdicional tardia é denegação da verdadeira justiça.

No entanto, a demora nos processos é uma preocupação mundial (mal universal), razão pela qual há uma necessidade de dar eficiência à jurisdição, sob pena de gerar o direito à indenização estatal.

Não é por outro motivo que a Constituição do Brasil e a Constituição de Portugal consagram, de forma expressa, o princípio do devido processo legal e o princípio do processo tempestivo, demonstrando a intenção constitucional de dar à sociedade uma eficiente e ampla garantia dos interesses individuais e coletivos.

O cidadão não pode ficar privado da tutela jurisdicional, devendo o processo servir apenas de instrumento para a realização do direito pleiteado, cujas decisões devem ser justas e úteis (efetivas), tendo o princípio do devido processo legal, por sua própria origem e natureza, papel fundamental para que se alcancem esses objetivos.

A justiça é o valor superior inerente a todo ordenamento jurídico, sendo que o direito a uma jurisdição efetiva é direito fundamental instrumental, acarretando o seu descumprimento, a inefetividade dos demais direitos fundamentais.

Não se pode negar, ainda, que uma justiça morosa acarreta um grande mal social, provocando irreversíveis danos sociais, econômicos, éticos e jurídicos, que podem aprofundar a desigualdade e a injustiça social.

Em suma, a busca da justa, adequada e eficiente solução dos conflitos dos cidadãos, garantindo, por conseqüência, a vida, a propriedade e a liberdade humana, é a razão de ser do Estado Democrático de Direito.

4.12 – Princípio da inviolabilidade do domicílio

O preceito constitucional contido no art. 5.º, inciso XI, da Constituição Federal de 1988[448], consagra a inviolabilidade do domicílio, direito fundamental enraizado, mundialmente, a partir das tradições inglesas.

---

[448] Assim expressa o art. 5.º, XI, da CF: "a casa é asilo inviolável do indivíduo, ninguém nela podendo penetrar sem consentimento do morador, salvo em caso de flagrante delito ou desastre, ou para prestar socorro, ou, durante o dia, por determinação judicial".

A casa é o lugar onde o cidadão tem integral proteção de sua intimidade e vida privada. Formulou-se no *Common Law* o princípio *man's house is his castle* ("a casa do homem é o seu castelo"), consagrado na Inglaterra no início do século XVII e, depois, nas colônias inglesas da América do Norte (até o século XIX não existia registro da tutela jurídica específica da intimidade e da vida privada, já que o tratamento jurídico, quando existente, dimanava de institutos clássicos já sedimentados, como o direito à propriedade e o direito contratual). Daí a vedação constitucional de que ninguém pode adentrá-la sem consentimento do morador, ainda que este não seja o proprietário, salvo as exceções legais.

A própria Constituição brasileira, porém, estabelece as exceções à inviolabilidade domiciliar. Assim, a casa é asilo inviolável do indivíduo, ninguém nela pode penetrar sem consentimento do morador, salvo em caso de flagrante delito ou desastre, ou para prestar socorro, ou durante o dia, por determinação judicial.

Durante o dia, a tutela constitucional é menos ampla, podendo a lei ampliar os casos de entrada na casa durante o período diurno, o que não ocorre no noturno. Por determinação judicial (que não compreende a policial ou administrativa), também chamada de permissão de penetração em domicílio por ordem judicial ou reserva jurisdicional, só é possível entrar em uma casa durante o dia. Como não há uma definição de "dia", para efeitos penais, também a sua definição jurídica é polêmica. Alguns entendem que deva ser adotada a definição com base no horário para a realização dos atos processuais (art. 172, do Código de Processo Civil brasileiro), que é das 6,00 (seis) às 20,00 (vinte) horas. Parece que essa posição possui conteúdo lógico e razoável.

Em casos excepcionais, a citação e a penhora poderão, mediante autorização expressa do juiz, realizar-se em domingos e feriados, ou nos dias úteis, fora do horário estabelecido no art. 172, do Código de Processo Civil, mas sempre observado o disposto no art. 5.º, inciso XI, da Constituição Federal de 1988. De ressaltar, por oportuno, que o horário legal é para o ingresso na casa, e não para permanência nela.

Há entendimento jurídico que entende que o conceito de dia compreende o período das seis horas da manhã até dezoito horas, ou, ainda, que deva ser observado o critério físico-astronômico (tempo entre a aurora e o crepúsculo).

A proteção constitucional é dada a quem habita a casa, que abrange qualquer tipo de moradia, de barracos até mansões, bem como locais de trabalho. No sentido constitucional, o termo domicílio tem amplitude maior do que no direito privado ou do senso comum, não sendo somente a residência ou, ainda, a habitação com intenção definitiva de estabelecimento. Considera-se, pois, domicílio todo local, delimitado e separado, que alguém ocupa com exclusividade, a qualquer título, inclusive profissionalmente (Ementário STJ n.º 1.804/11), pois nessa relação entre pessoa e espaço, preserva-se, mediatamente, a vida privada do sujeito. A garantia constitucional alcança qualquer lugar fechado, de que o indivíduo serve-se para si ou para sua família, de maneira exclusiva, em caráter definitivo ou habitual, a qualquer título. Entende-se que os estabelecimentos de trabalho, as oficinas e os escritórios também são resguardados pela proteção constitucional, desde que não abertos ao público em geral. No Brasil, o art. 7.º, da Lei n.º 8.906/1994 (Estatuto do Advogado), com a redação dada pela Lei n.º 11.767/2008,[449] garante a inviolabilidade dos escritórios de advocacia ou local de trabalho, instrumentos de trabalho do advogado e sua correspondência (escrita, eletrônica, telefônica e telemática), desde que relativas ao exercício da advocacia. Portanto, o conceito jurídico de domicílio tem caráter próprio e abrangente.

São titulares do direito à inviolabilidade domiciliar qualquer pessoa, brasileira ou estrangeira, estendendo-se, ainda, à pessoa jurídica, como forma de proteção da pessoa física.

Outra exceção à regra geral de inviolabilidade domiciliar está contida no art. 139, inciso V, da Constituição brasileira,[450] que prevê a possibilidade de busca e apreensão em domicílio no caso de estado de sítio.

O Supremo Tribunal Federal já decidiu que mesmo sendo a casa o asilo inviolável do indivíduo, não pode ser transformado em garantia de impunidade de crimes que em seu interior se praticam (RTJ 74/88 e 84/302). Portanto, violação de domicílio legal, sem consentimento do morador, é permitida, porém, somente nas hipóteses legais.

---

[449] "Art. 7.º – São direitos do advogado: ... II – a inviolabilidade de seu escritório ou local de trabalho, bem como de seus instrumentos de trabalho, de sua correspondência escrita, eletrônica, telefônica e telemática, desde que relativas ao exercício da advocacia; ...

[450] Dispõe o art. 139, V, da Constituição Federal: *"Na vigência do estado de sítio decretado com fundamento no art. 137, I, só poderão ser tomadas contras as pessoas as seguintes medidas: (......) V – busca e apreensão em domicílio;"*

Assim, excepcionalmente, uma casa pode ser penetrada a qualquer momento, durante o dia ou à noite, para prestar socorro (exemplo: acidente envolvendo o morador), em caso de desastre (incêndio, terremoto e outros) e em flagrante delito (nos casos previstos no Código Penal, tais como: quando está ou acabou de ser cometido o crime, quando houver perseguição ao criminoso, logo após o crime, ou quando o criminoso for encontrado, logo depois, com objetos ou instrumentos que façam presumir ser aquela pessoa o autor do crime). Qualquer pessoa pode prender quem estiver numa das quatro situações de flagrante delito.

Todavia, a jurisprudência tem entendido que o princípio da inviolabilidade do domicílio proíbe que os agentes policiais ingressem, sem ordem judicial, em residência particular, com o fim de realizar prisão em flagrante e fazer apreensões. Seriam desprovidos de validade jurídica a prisão em flagrante e a subsequente ação penal fundados em provas ilícitas, obtidas por meio de operação realizada com vulneração ao princípio constitucional da inviolabilidade domiciliar. Neste sentido: RSTJ--TRF 141/298.[451]

Por se tratar de um direito fundamental, a vedação constitucional é dirigida tanto ao Poder Público quanto ao particular. Caso haja a violação da garantia, haverá crime previsto no art. 150, do Código Penal brasileiro.

Então, observa-se que a proibição violação de domicílio é garantia constitucional do cidadão, que visa proteger direitos personalíssimos relacionados à intimidade, privacidade, sossego e descanso. Mais do que isso, proteger o domicílio é respeitar o princípio da dignidade da pessoa humana, também consagrado constitucionalmente.

---

[451] "Constitucional – Processual penal. *Habeas corpus*. Prisão em flagrante. Ação penal. Prova ilícita. Violação a domicílio. Trancamento. I – A Constituição da República, no capítulo relativo às franquias democráticas, inscreveu o princípio da inviolabilidade do domicílio, sendo, de conseqüência, vedado aos agentes policiais ingressarem, sem ordem judicial, em residência particular e ali realizar prisão em flagrante e fazer apreensões. II – São desprovidos de validade jurídica o auto de prisão em flagrante e a subsequente ação penal fundados em provas ilícitas, obtidas por meio de operação policial realizada com vulnerarão ao princípio constitucional da inviolabilidade do domicílio. III – Recurso ordinário provido. IV – *Habeas corpus* concedido. (STJ – 6ª Turma; RHS n.º 8.753-SP; Rel. Min. Vicente Leal; j. 5/10/1999; maioria de votos). RSTJ-TRF 141/298.

CAPÍTULO 5
Devido Processo Legal Substancial (Material)

5.1 – Noções

O conceito do devido processo legal evoluiu com o passar do tempo, onde a doutrina e a jurisprudência alargaram seu âmbito de abrangência para permitir uma interpretação mais elástica. A cláusula *due process of law* não indica somente a tutela processual (*procedural due process*), possuindo sentido genérico, aí incluído o princípio em seu aspecto substancial (*substantive due process*), inclusive abarcando os direitos fundamentais do cidadão.

Desempenha o *due process of law* a função de mega-princípio (ou super-princípio), irradiando e coordenando toda a complexa atividade jurisdicional e, nas palavras de José Cretella Neto,[452] "fazendo com que os princípios processuais atendam aos critérios da proporcionalidade e da razoabilidade, harmonizando-os entre si e garantindo a eficácia da Justiça. Permite, pois, que se chegue ao processo justo". Na verdade, a concepção do *due process of law* trilhou dois caminhos: um de caráter estritamente processual, e o outro com sentido mais material, contemplando a idéia de proporcionalidade e razoabilidade.

A doutrina do devido processo legal substantivo ou substancial (material), basicamente, teve três fases. De acordo com o ensinamento de Luís Roberto Barroso,[453] a dimensão substantiva do *due process* passou por três fases distintas e cíclicas: a) sua ascensão e consolidação, no final

---

[452] CRETELLA NETO, José. *Fundamentos principiológicos do processo civil*. Rio de Janeiro: Forense, 2002, p. 45.

[453] BARROSO, Luís Roberto. *Temas de direito constitucional*. Rio de Janeiro: Renovar, 2001, p. 201.

do século XIX até a década de 30; b) seu desprestígio e quase abandono no final da década de 30; e c) seu renascimento triunfal na década de 50, no fluxo da revolução progressista promovida pela Suprema Corte americana, sob a presidência do *Chief of Justice* Earl Warren. Posteriormente, a Suprema Corte reassumiu um perfil conservador, em que a intervenção judicial, no mérito de certas valorações legislativas e administrativas, que se manifestava pelo uso substantivo da cláusula do devido processo legal, viveu um momento de refluxo.

A primeira fase corresponde a uma reação da Suprema Corte norte-americana contra o intervencionismo estatal na ordem econômica. A Suprema Corte dos Estados Unidos fez-se intérprete do pensamento liberal, com base na idéia do *laissez-faire*, pelo qual o desenvolvimento é mais efetivo se houver menor interferência estatal nos negócios privados; a Corte Suprema foi a grande representante dos ideais do liberalismo, no melhor estilo *laissez-faire, laissez-passer*, obstaculizando a ingerência estatal na liberdade do indivíduo.

Em seguida, com a crise de 1929 e o combate a seus efeitos sob o comando de Franklin Roosevelt e seu *New Deal*, começou uma limitação da ação da Suprema Corte em relação à legislação intervencionista. Contudo, só mais tarde o controle judiciário ressurgiu com o devido processo legal substantivo, no caso *United States vs. Carolene Products*, onde o juiz Stone estabeleceu uma barreira à ação intervencionista, repetidos em outros casos.

O desenvolvimento histórico sofrido pelo princípio do devido processo legal nos Estados Unidos refletiu na ordem jurídica mundial.

Ensina Roberto Rosas[454] que "o devido processo legal tem dois princípios enformadores essenciais para sua aplicação: a proporcionalidade e razoabilidade – da lei, do ato, da atitude, da ação etc. São princípios importantes para o entendimento desse instituto, e da sua importância, passando a reserva legal: a) de natureza constitucional (ninguém é obrigado a fazer senão em virtude de lei), para a proporcionalidade dos atos em geral, não existente na Constituição, a não ser no art. 5.º, § 2.º, dentre os princípios democráticos; b) há distinção entre proporcionalidade e razoabili-

---

[454] ROSAS, Roberto. Devido processo legal: proporcionalidade e razoabilidade. *Revista dos Tribunais*. n. 783. São Paulo: Revista dos Tribunais, 2001, p. 11.

dade. Apenas, apresentam-se com mais intensidade, esta nos Estados Unidos, e aquela na Europa. Veja-se na doutrina brasileira que há distância entre os termos, ainda que possa se subsumir a proporcionalidade como elemento da razoabilidade (Celso Antônio Bandeira de Mello, *Curso de direito administrativo*, 9. ed., p. 68)".

O princípio do devido processo legal no Brasil é peculiar, pois, originalmente, o constitucionalismo brasileiro foi marcado por influência do direito constitucional norte-americano. Mas, em muitos momentos, essa fonte foi abandonada, passando o princípio a trilhar os caminhos da tradição jurídica romano-germânica.

De acordo com Nélson Nery Júnior,[455] "a origem do *substantive due process* teve lugar, justamente com o exame da questão dos limites do poder governamental, submetida à apreciação da Suprema Corte norte-americana no final do século XVIII.[456]

A procura de um equilíbrio entre o exercício do poder estatal e a preservação dos direitos fundamentais do cidadão fez brotar na jurisprudência e doutrina do que se chamou de razoabilidade, ora de proporcionalidade, não só da atuação administrativa, mas também legislativa. Enfim, tornou-se comum a busca do equilíbrio entre o exercício do poder e a preservação dos direitos do cidadão.

Fala-se no princípio do devido processo legal substantivo conectado com as idéias de razoabilidade e proporcionalidade; a idéia de se fazer o controle do Estado por meio de parâmetros como racionalidade e razoabilidade influenciou toda a ordem jurídica. O sistema jurídico norte-americano desenvolveu a tese de que o devido processo legal substantivo é um parâmetro de controle da razoabilidade das leis. Os termos proporcionalidade e razoabilidade são utilizados como expressões intercambiáveis, contidas na cláusula do devido processo legal (art. 5.º, LIV, da Constituição brasileira de 1988).

---

[455] NERY JUNIOR, Nelson. *Princípios do processo civil na constituição federal*. São Paulo: Revista dos Tribunais, 1997, p. 35.
[456] No caso Calder v. Bull (1798), antes do famoso caso Marbury v. Madison (1803), que marcou o início da doutrina do *judicial review*, a Suprema Corte americana, pelo voto de Chase, firmou o entendimento de que os atos normativos, quer legislativos, quer administrativos, que ferirem os direitos fundamentais ofendem, *ipso fato*, o devido processo legal, devendo ser nulificados pelo poder judiciário.

Originalmente, o princípio da proporcionalidade dizia respeito à questão da limitação do poder executivo, sendo considerado como medida para restrições administrativas da liberdade individual. Posteriormente, o princípio da proporcionalidade em sentido amplo, que Canotilho[457] denomina de princípio da proibição do excesso (*Ubermassverbot*), foi erigido à categoria de princípio constitucional. Todavia, discutível é o seu fundamento constitucional, pois alguns pretendem derivá-lo do princípio do estado de direito, enquanto outros acentuam que ele está intimamente ligado aos direitos fundamentais. Diz Canotilho,[458] que, hoje, "assiste-se a uma nítida europeização do princípio da proibição do excesso através do cruzamento das várias culturas jurídicas européias".

Materialmente, o conceito de devido processo foi-se modificando no tempo, sendo que doutrina e jurisprudência alargaram o âmbito de abrangência da cláusula, permitindo interpretação elástica em nome dos direitos fundamentais do cidadão. O devido processo legal se manifesta em todos os campos do direito, em seu aspecto substancial, sendo exemplos: o princípio da legalidade, no direito administrativo; o princípio da autonomia da vontade, no direito privado; o princípio da atipicidade dos negócios jurídicos privados (o que não é proibido é permitido); princípio da submissão da administração à lei (vedação da administração agir *contra legem* ou *praeter legem*, mas sempre *secundum legem*, ou seja, de conformidade com a lei e dentro dos limites dados por ela); princípio da razoabilidade das leis (toda lei que não for razoável é contrária ao direito e deve ser controlada pelo Judiciário); liberdade de contratar; garantia do direito adquirido; proibição de retroatividade da lei penal; garantia do comércio exterior e interestadual, fiscalizados e regrados exclusivamente pela União; princípios tributários da anualidade, legalidade, da incidência única-*non bis in idem*; proibição de preconceito racial; e garantia dos direitos fundamentais do cidadão, entre outros.

É comum a doutrina e a jurisprudência utilizarem os termos razoabilidade e proporcionalidade indistintamente. Embora haja certa imprecisão técnica e terminológica, nota-se que tais princípios são consoantes com

---

[457] CANOTILHO, José Joaquim Gomes. *Direito constitucional e teoria da Constituição*. Coimbra: Almedina, 2001, p. 265.

[458] Idem, p. 266.

seus objetivos e conteúdo, que, na sua essência, buscam garantir direitos dos cidadãos diante de eventual arbítrio estatal.

A doutrina alemã utiliza, sem distinção, as nomenclaturas proporcionalidade e proibição de excesso. Por sua vez, os americanos preferem o termo razoabilidade, o qual também é usado, ocasionalmente, com conteúdo diverso ao da proporcionalidade, embora se completem.

5.2 – O princípio da proporcionalidade

Ultimamente, a regra da proporcionalidade vem despertando cada vez mais o interesse dos juristas. Muitas vezes a proporcionalidade é encarada como mero sinônimo de razoabilidade, muito embora, em sentido técnico-jurídico, proporcionalidade não seja sinônimo de razoabilidade. Portanto, as imprecisões são, além de terminológicas, também conceituais.

Alguns juristas sustentam que a proporcionalidade é o princípio dos princípios (*principium* ordenador do direito), buscando, assim, uma solução de compromisso do Estado Democrático de Direito de maior atendimento possível de diversos interesses com a mínima desatenção a outros valores também consagrados na ordem jurídica. Contudo, outros não classificam proporcionalidade com princípio, ao fundamento de que este é apenas um método de resolução do conflito entre princípios.

O princípio da proporcionalidade tem, na Alemanha, as suas raízes, tanto na doutrina como na jurisprudência. Foi o primeiro país que deu importância à natureza constitucional, embora a introdução no direito constitucional tenha ocorrido inicialmente na Suíça. Teve origem no direito administrativo, vinculada ao direito de polícia e à jurisdição administrativa, com alicerce no direito natural, em que a liberdade é inata e inalienável ao homem.

Nos Estados Unidos, onde é denominado de princípio da razoabilidade, o princípio da proporcionalidade foi fruto da grande liberdade de criação que o direito norte-americano concede, até hoje, aos seus juízes. De acordo com o ensinamento de Suzana de Toledo Barros,[459] como cons-

---

[459] BARROS, Suzana de Toledo. *O princípio da proporcionalidade e o controle de constitucionalidade das leis restritivas de direitos fundamentais*. Brasília: Brasília Jurídica, 2000, p. 57.

trução dogmática dos alemães, o princípio da proporcionalidade corresponde ao princípio da razoabilidade dos norte-americanos.

É que as constituições costumam traduzir um longo elenco de propósitos e finalidades, mas, em geral, são breves na explicitação dos meios a serem utilizados. Entendeu a doutrina que se uma Constituição define um determinado fim a ser alcançado, ela também lhe defere os meios, daí a importância da interpretação extensiva para a hermenêntica constitucional. Assim, infere-se que o princípio da proporcionalidade é utilizado com crescente assiduidade para aferição da constitucionalidade dos atos do Estado, como instrumento de proteção dos direitos fundamentais.

Um conceito preliminar de proporcionalidade é dado por Luís Virgílio Afonso da Silva,[460] ao dizer que a regra da proporcionalidade é uma regra de interpretação e aplicação do direito, ou seja, "o objetivo da aplicação da regra da proporcionalidade, como o próprio nome indica, é fazer com que nenhuma restrição a direitos fundamentais tome dimensões desproporcionais. É, para usar uma expressão consagrada, uma restrição às restrições. Para alcançar esse objetivo, o ato estatal deve passar pelos exames da adequação, da necessidade e da proporcionalidade em sentido estrito. Esses três exames, são, por isso, considerados como sub-regras da regra da proporcionalidade".

Esse princípio da proporcionalidade, também denominado de lei da ponderação por Nélson Nery Júnior[461], com nítida influência do direito alemão, significa, para este jurista, que "na interpretação de determinada norma jurídica, constitucional ou infraconstitucional, devem ser sopesados os interesses e direitos em jogo, de modo a dar-se a solução concreta mais justa. Assim, o desatendimento de um preceito não pode ser mais forte e nem ir além do que indica a finalidade da medida a ser tomada contra o preceito a ser sacrificado".

A doutrina e a jurisprudência consideram a ponderação de bens (ou de interesses) como sinônimo do princípio da proporcionalidade ou da proibição do excesso e da insuficiência. Assim, o critério da ponderação

---

[460] SILVA, Luís Virgílio Afonso da. O proporcional e o razoável. *Revista dos Tribunais*. n. 798. São Paulo: Revista dos Tribunais, 2002, p. 24.

[461] NERY JUNIOR, Nelson. *Princípios do processo civil na constituição federal*. São Paulo: Revista dos Tribunais, 1997, p. 149.

de bens pode ser considerado como possível solução para o conflito entre dois princípios constitucionais.

Para Fábio Corrêa Souza de Oliveira,[461a] contudo, "a técnica da ponderação de bens é operacionalizada pelo princípio da razoabilidade. Ele é o critério de otimização entre as normas envolvidas. Estabelece uma lógica da ponderação. É a proposição de uma teoria formal-material da razão prática, fincada no contrato indissociável entre Direito, Moral e Política. A ponderação pode acarretar o predomínio de um princípio em face do outro que se mantém aplicado ao caso, assim como pode ensejar o pleno afastamento de um deles. O que não quer significar que o princípio afastado seja inválido, mas apenas que não incide na hipótese".

No Brasil, o princípio da proporcionalidade não existe como norma geral de direito escrito, mas é norma esparsa no texto constitucional. É um princípio de direito aberto. Nas palavras de Paulo Bonavides,[462] cuida-se de "princípio vivo, elástico, prestante, protege ele o cidadão contra os excessos do Estado e serve de escudo à defesa dos direitos e liberdades constitucionais. De tal sorte que urge, quanto antes, extraí-lo da doutrina, da reflexão, dos próprios fundamentos da Constituição, em ordem a introduzi-lo, com todo o vigor no uso jurisprudencial. Em verdade, trata-se daquilo que há de mais novo, abrangente e relevante em toda a teoria do constitucionalismo contemporâneo; princípio cuja vocação se move sobretudo no sentido de compatibilizar a consideração das realidades não captadas pelo formalismo jurídico, ou por este marginalizadas, com as necessidades atualizadoras de um Direito Constitucional projetado sobre a vida concreta e dotado da mais larga esfera possível de incidência – fora, portanto, das regiões teóricas, puramente formais e abstratas".

Contudo, o princípio da proporcionalidade é direito positivo no ordenamento constitucional brasileiro, pois, embora não formulado como norma jurídica global, emerge do espírito e extensão do parágrafo 2.º, do art. 5.º, da Constituição Federal brasileira, que abrange a parte não-escrita ou não expressa dos direitos e garantias constitucionais, ou seja, aqueles direitos e garantias cujo fundamento decorre da natureza do regime, do

---

[461A] OLIVEIRA, Fábio Corrêa Souza de. *Por uma teoria dos princípios. O princípio constitucional da razoabilidade*. Rio de Janeiro: Lumen Juris, 2003, p. 323

[462] BONAVIDES, Paulo. *Curso de direito constitucional*. São Paulo: Malheiros Editores, 2001, p. 394.

Estado de Direito e dos princípios por este consagrados e que fazem inviolável a unidade da Carta Política.

Ora, a lesão ao princípio é a mais grave das inconstitucionalidades, porque sem princípio não há ordem constitucional e sem ordem constitucional não há garantia para as liberdades públicas. Quem atropela um princípio constitucional, de grau hierárquico superior, atenta contra o fundamento de toda a ordem jurídica.

Em sentido amplo, o princípio da proporcionalidade é a regra fundamental a que devem obedecer os que exercem e os que padecem o poder. Numa dimensão mais restrita, o princípio da proporcionalidade se caracteriza pelo fato de presumir a existência de relação adequada entre um ou vários fins determinados e os respectivos meios.

Ensina Paulo Bonavides[463] que o princípio da proporcionalidade pretende instituir a relação entre fim e meio, confrontando o fim e o fundamento de uma intervenção para tornar possível um controle do excesso. Lembra, ainda, que "as bases do princípio da proporcionalidade contidas na junção fim e meio, Ermacora foi buscá-las entre as precursoras análises e reflexões exaradas por von Jehring em dois célebres trabalhos intitulados *O Fim do Direito (Der Zweck im Recht)* e a *Luta pelo Direito (Der Kampf ums Recht)*, ambos do século passado. Mas Braibant, examinando as bases do princípio e desvendando-lhe a importância, acrescentou um terceiro elemento, a saber, a situação de fato, estabelecendo assim a relação triangular fim, meio e situação, para corrigir insuficiências da dualidade antecedente".

Inicialmente, entendia-se que o princípio da proporcionalidade somente se aplicaria aos direitos do homem e não a todas as categorias ou gerações de direitos. Contudo, admitiu-se que a amplitude do princípio ia além dos direitos de primeira geração. Leciona Paulo Bonavides[464] que "a vinculação do princípio da proporcionalidade ao Direito Constitucional ocorre por via dos direitos fundamentais. É aí que ele ganha extrema importância e aufere um prestígio e difusão tão larga quanto outros princípios cardeais e afins, nomeadamente o princípio da igualdade".

Em relação à natureza do princípio da proporcionalidade, existem duas posições, sendo que uma atribui caráter ou natureza material, enquanto a outra outorga caráter formal.

---

[463] Idem, p. 357.
[464] Idem, p. 359.

Os defensores da natureza material sustentam que o princípio contém ou aduz questões materiais ou substanciais, pois não é um princípio vazio, mas sim um princípio de direito justo, expressando a própria noção de justiça e, portanto, um conteúdo valorativo ou axiológico, já que é determinado. Decorre diretamente da noção de justiça, da justa medida, da moderação, podendo modificar o princípio da igualdade. Enfim, como ensina Wilson Antônio Steinmetz,[465] "o princípio da proporcionalidade, é ao mesmo tempo, um princípio formal e material. Tem, portanto, dupla dimensão. O princípio não é uma cláusula neutra, que apenas manda ponderar, sem considerar os interesses e valores em jogo".

Já a tese oposta – formal –, sustenta que o princípio da proporcionalidade não é um critério material ou substantivo de decisão, mas um procedimento que conduz à decisão do caso concreto.

Inúmeros são os fundamentos normativos do princípio da proporcionalidade, tendo em vista que a maioria das constituições democráticas não contêm referência expressa ao princípio. Wilson Antônio Steinmetz aponta os caminhos para fundamentar ou justificar normativamente o princípio da proporcionalidade, que são:[466] a) o princípio do Estado de Direito; b) o conteúdo essencial dos direitos fundamentais; c) o princípio da dignidade humana; d) a cláusula do *due process of law*; e) a pluralidade de fundamentos normativos; f) a fundamentação jusfundamental.

A doutrina constitucional brasileira fundamenta o princípio da proporcionalidade como princípio material da cláusula do *dues process of law* (art. 5.º, LV, da Constituição Federal). Atualmente, há clara e nítida tendência doutrinária e jurisprudencial na consolidação do *due process of law* como justificativa principal do princípio da proporcionalidade, como demonstrado por Wilson Antônio Steinmetz[467], que destaca Gilmar Ferreira Mendes e Luís Roberto Barroso como integrantes da mencionada corrente.

Enumera Paulo Bonavides[468] três elementos, conteúdos parciais ou subprincípios que compõem o princípio da proporcionalidade:

---

[465] STEINMETZ, Wilson Antônio. *Colisão de direitos fundamentais e princípio da proporcionalidade*. Porto Alegre: Livraria do Advogado, 2001, p. 156.
[466] Idem, p. 159.
[467] Idem, p. 166.
[468] BONAVIDES, Paulo. *Curso de direito constitucional*. São Paulo: Malheiros Editores, 2001, p. 360.

a) pertinência ou aptidão: meio certo para atingir um fim baseado no interesse público; é a adequação, que se confunde com a vedação de arbítrio, utilizado com o mesmo significado do princípio geral da proporcionalidade; b) necessidade: também confundida com o princípio da proporcionalidade, significa que a medida não pode exceder os limites indispensáveis ao alcance da finalidade almejada; a admissibilidade de uma medida está condicionada à sua necessidade ou, em outras palavras, das medidas possíveis, deve se eleger a menos nociva aos interesses do cidadão; c) proporcionalidade *stricto sensu* ou própria: obrigação da utilização de meios adequados e interdição quanto ao uso dos meios desproporcionais; a proporcionalidade é caracterizada por seu duplo caráter: obrigação e interdição; na verdade, a proporção adequada é condição da legalidade, pois se a medida é excessiva ou injustificável, haverá inconstitucionalidade.

Ao mesmo tempo em que enquadra o princípio da proibição do excesso como um dos subprincípios concretizadores do princípio do Estado de Direito (os subprincípios enumerados são: princípio da legalidade da administração; os princípios da segurança jurídica e da proteção da confiança dos cidadãos; o princípio da proibição do excesso; e o princípio da proteção jurídica e das garantias processuais) Canotilho[469] ensina que três são os subprincípios constitutivos do princípio da proibição do excesso ou princípio da proporcionalidade em sentido amplo: a) princípio da conformidade ou adequação de meios (*Geeignetheit*): impõe que a medida escolhida para a realização do interesse público deve ser apropriada à prossecução do fim ou fins a ele subjacentes; b) princípio da exigibilidade ou da necessidade (*Erforderlichkeit*): também conhecido como princípio da menor ingerência possível, é fundado na idéia de que o cidadão tem direito à menor desvantagem possível, ou seja, para a obtenção de determinados fins, não era possível utilizar-se outro meio menos oneroso para o cidadão; c) princípio da proporcionalidade em sentido restrito (*Verhaltnismassigkeit*): concluída a necessidade e adequação da medida coativa do poder público para alcançar determinado fim, deve-se levar em conta se o resultado obtido com a intervenção é proporcional à carga coativa da mesma, que, em outras palavras, é o princípio da proporcionalidade

---

[469] CANOTILHO, José Joaquim Gomes. *Direito constitucional e teoria da Constituição*. Coimbra: Almedina, 2001, p. 268.

em sentido restrito, entendido como princípio da justa medida, pesando-se as desvantagens dos meios em relação às vantagens do fim.

Em suma, deve ser buscada a proporcionalidade pela ponderação entre as possibilidades jurídicas da aplicação do princípio da supremacia do interesse público ou do interesse individual, pois quanto maior é o grau de não satisfação ou de afetação de um princípio, tanto maior tem que ser a importância da satisfação do outro.

A terminologia utilizada para tratar do princípio da proporcionalidade é variada,[470] destacando-se a proporcionalidade (*Verhaltnismassigkeit*) ou vedação ou proibição de excesso (*Ubermassverbot*), locuções empregadas para denominar o conjunto de conceitos parciais ou elementos constitutivos chamados adequação (*Geeignetheit*), necessidade (*Erforderlichkeit*) e proporcionalidade em sentido estrito (*Verhaltnismassigkeit, i. e., sinn*), que compõem o princípio da proporcionalidade. O Tribunal Constitucional alemão utilizou, ainda, as seguintes expressões: excessivo (*ubermassig*), inadequado (*unangemessen*), racional (*vernunftig*), materialmente justo e legítimo (*sachgerecht und vertrebbar*), necessário (*erforderlich*), indispensável (*unerlasslich*), absolutamente necessário (*umbedingt notwendig*). Ou ainda: "vedação de arbítrio" (*Willkurverbot*), "princípio de avaliação de bens jurídicos" (*Guterabwagungsprinzip*), "princípio de avaliação de interesses" (*Grudsatz der Interessenabwagung*), "princípio de justiça" (*Gerechtigkeitsgrundsatz*), todos princípios originários do princípio da proporcionalidade. Outros princípios aparentados com o da proporcionalidade são o princípio da "concordância prática" (*das Prinzip der praktischen Konkordanz*), formulado por Konrad Hesse e o princípio da "boa fé" (*der Grundsatz von Treu und Glauben*).

Portanto, o princípio da proporcionalidade, assim como o princípio da razoabilidade, são subprincípios concretizadores do devido processo legal em seu aspecto substantivo.[471] Decorre daí a imperatividade de o legislativo produzir leis que satisfaçam o interesse público, traduzindo-se essa tarefa no princípio da razoabilidade das leis. Toda lei que não for razoável, isto é, que não seja a *law of the land*, é contrária ao direito e deve ser controlada pelo Poder Judiciário.

---

[470] BONAVIDES, Paulo. *Curso de direito constitucional*. São Paulo: Malheiros Editores, 2001, p. 366.
[471] LIMA, Maria Rosynete Oliveira. *Devido processo legal*. Porto Alegre: Sergio Antonio Fabris Editor, 1999, 287.

Diz-se que razoabilidade e proporcionalidade podem até ser magnitudes diversas, mas o princípio da proporcionalidade carrega em si a noção de razoabilidade, em uma relação inextrincável e que não pode ser dissolvida, justificando, assim, a intercambialidade dos termos proporcionalidade e razoabilidade no ordenamento jurídico brasileiro. O desarrazoado é o inaceitável, o que é inadmissível numa comunidade, em dado momento.

Diversos juristas brasileiros, entre os quais Gilmar Ferreira Mendes e Luís Roberto Barroso, consideram idênticos, fungíveis (Barroso) ou intercambiáveis (Gilmar) os princípios da razoabilidade e da proporcionalidade.

A procura de um equilíbrio entre o exercício do poder estatal e a preservação dos direitos fundamentais do homem fez brotar na jurisprudência e doutrina pátrias do que se chamou de razoabilidade, ora de proporcionalidade, não só da atuação administrativa, mas também legislativa, que se amplia de forma generalizada para outras situações caracterizadoras de excesso, abuso ou exagero.

O devido processo legal substantivo está ligado às idéias de razoabilidade e proporcionalidade. O sistema jurídico norte-americano desenvolveu a tese de que o devido processo legal substantivo é um parâmetro de controle da razoabilidade das leis. Não é por outra razão que Gilmar Ferreira Mendes utiliza proporcionalidade e razoabilidade como expressões intercambiáveis, contidas na cláusula do devido processo legal (art. 5.º, inciso LIV, da Constituição brasileira de 1988).

Na lição de Carlos Roberto de Siqueira Castro[472], "a questão da lei justa ou da lei injusta, com toda sua carga dialética e axiológica, também deságua na temática do devido processo legal em sua dimensão substantiva e superiormente desenvolvida (*substantive due process of law*)". E conclui o constitucionalista, dizendo que a problemática da razoabilidade e da racionalidade das leis, esbarra no aspecto crucial da justiça da ordem jurídica.

No direito brasileiro, o princípio da proporcionalidade, de origem aristotélica, é tido como um dos princípios derivados da cláusula *due process of law*, estando muito próximo da noção e do conceito de justiça, pois

---

[472] CASTRO, Carlos Roberto de Siqueira. *O devido processo legal e a razoabilidade das leis na nova Constituição do Brasil.* Rio de Janeiro: Forense, 1989, p. 151.

inibe o abuso e o exagero e, consequentemente, a injustiça. Para Raquel Denize Stumm,[473] a aceitação do princípio da proporcionalidade ou da proibição do excesso, pelo ordenamento jurídico brasileiro, ocorre quando estão presentes os três elementos do princípio: o questionamento sobre a necessidade da medida; a adequação entre o meio utilizado e o fim pretendido; e a ponderação entre os valores envolvidos no problema.

Na verdade, o princípio da proporcionalidade, como construção dogmática dos alemães, corresponde a nada mais do que o princípio da razoabilidade dos norte-americanos, desenvolvido por mais de meio século, sob o clima de maior liberdade dos juízes na criação do direito.[474] O conteúdo do princípio da proporcionalidade ou razoabilidade tem os seus subprincípios estruturais: necessidade, adequação e proporcionalidade em sentido estrito.

Embora tenha sido o princípio da proporcionalidade consagrado no direito norte-americano há um século, o Brasil não logrou recepcioná-lo, expressamente, mesmo adotando o sistema jurisdicional de controle de constitucionalidade similar ao americano. A dificuldade parece ter decorrido da ausência de um estudo sistemático para ampliar em nosso direito o sentido da cláusula do devido processo legal que, tradicionalmente, reportou-se a uma garantia de ordem processual do cidadão, embora haja manifestações atuais para reconhecer-se na cláusula escrita da Constituição Federal de 1988, um devido processo legal de natureza substancial.

A sintetização do princípio da proporcionalidade é dada por Luís Roberto Barroso,[475] que o vislumbra como "um mecanismo para controlar a discricionariedade legislativa e administrativa" que permite ao Judiciário invalidar atos legislativos ou administrativos, nos casos em que: a) não haja adequação entre o fim perseguido e o meio empregado; b) a medida não seja exigível ou necessária, havendo caminho alternativo para chegar ao mesmo resultado com menor ônus a um direito individual; c) não haja proporcionalidade em sentido estrito, ou seja, o que se perde

---

[473] STUMM, Raquel Denize. *Princípio da proporcionalidade no direito constitucional brasileiro*. Porto Alegre: Livraria do Advogado, 1995, p. 93.

[474] BARROS, Suzana de Toledo. *O princípio da proporcionalidade e o controle de constitucionalidade das leis restritivas de direitos fundamentais*. Brasília: Brasília Jurídica, 2000, p. 57.

[475] BARROSO, Luís Roberto. *Temas de direito constitucional*. Rio de Janeiro: Renovar, 2001, p. 163.

com a medida tem maior relevo do que aquilo que se ganha. Argumenta Luís R. Barroso que, por ausência de previsão constitucional, o positivismo enraigado na consciência jurídica nacional retardou o ingresso do princípio da razoabilidade na jurisprudência brasileira. Acrescenta que esse princípio é uma decorrência natural do Estado Democrático de Direito e do princípio do devido processo legal, mas ressalta que isso não significa que o juiz estaria livre dos limites do ordenamento, já que a razoabilidade possibilita uma estratégia construtiva para produzir o melhor resultado, ainda que não seja o único possível, ou mesmo, aquele que, obviamente, resultaria da aplicação acrítica da lei. Por fim, lembra Luís R. Barroso que o princípio da razoabilidade interage, necessariamente, com o da isonomia, tendo em vista que "legislar, em última análise, consiste em discriminar situações e pessoas por variados critérios", enquanto a "razoabilidade é o parâmetro pelo qual se vai aferir se o fundamento da diferenciação é aceitável e se o fim por ela visado é legítimo".

O Supremo Tribunal Federal, órgão máximo do Judiciário brasileiro adotou, inicialmente, a denominação clássica – princípio da proporcionalidade –, que vem sendo reiteradamente usada desde o primeiro acórdão proferido em sede de controle de constitucionalidade, que fez dele argumento jurídico (1993). Cuida-se do *leading case* brasileiro em matéria de proporcionalidade, quando a Corte Suprema considerou que uma lei obrigando a pesagem de botijões de gás à vista do consumidor no ato da compra e venda constituía "violação ao princípio de proporcionalidade e razoabilidade das leis restritivas de direitos". A Corte Maior brasileira tem utilizado, crescentemente, as duas expressões – princípios da proporcionalidade e razoabilidade – para fundamentar as suas decisões, tanto as de invalidação de atos administrativos, as de pronúncia de inconstitucionalidade de leis, bem como de outros casos que não aqueles tradicionalmente aceitos: RE 175.161-SP; 211.043-SP; ADI-1.976-DF; ADI-1.922; HC-76.060-SC.[476]

---

[476] Ementa do RE-175.161-SP, rel. Min. Marco Aurélio, DJ 14.05.99: "*COMPETÊNCIA – JUIZADOS ESPECIAIS – COMPLEXIDADE DA CAUSA. Esforços devem ser desenvolvidos de modo a ampliar-se a vitoriosa experiência brasileira retratada nos juizados especiais. A complexidade suficiente a excluir a atuação de tais órgãos há de ser perquirida com parcimônia, levando-se em conta a definição constante de norma estritamente legal. Tal aspecto inexiste, quando se discute a subsistência de cláusula de contrato*

A tendência doutrinária e jurisprudencial é generalizar o princípio da proporcionalidade e da razoabilidade para todos os casos em que estejam presentes os requisitos para a sua aplicação, tais como a decretação da carência de ação executiva quando a satisfação do credor despende gastos superiores ao montante excutido.[477] É exemplo de ofensa ao princípio do devido processo legal substantivo (ou material) a hipótese contida na Súmula 667 da Corte Suprema brasileira (STF), com o seguinte enunciado: "Viola a garantia constitucional de acesso à jurisdição a taxa judiciária calculada sem limite sobre o valor da causa". Enumera Luís R.

---

de adesão, sob o ângulo de ato jurídico perfeito e acabado, no que prevista a devolução de valores pagos por consorciado desistente e substituído, de forma nominal, ou seja, sem correção monetária.
CONSÓRCIO – DESISTÊNCIA – DEVOLUÇÃO DE VALORES – CORREÇÃO MONETÁRIA. Mostra-se consentâneo com o arcabouço normativo constitucional, ante os princípios da proporcionalidade e da razoabilidade, decisão no sentido de, ao término do grupo, do fechamento respectivo, o consorciado desistente substituído vir a receber as cotas satisfeitas devidamente corrigidas. Descabe evocar cláusula do contrato de adesão firmado consoante a qual a devolução far-se-á pelo valor nominal. Precedente: Verbete n.° 35 da Súmula do Superior Tribunal de Justiça: "Incide correção monetária sobre as prestações pagas, quando de sua restituição em virtude de retirada ou exclusão do participante de plano de consórcio".

[477] *"Administrativo – Processual Civil – Execução fiscal – Carência de ação – Interesse processual – Extinção sem julgamento do mérito – Possibilidade – Inteligência do art. 1.° da Lei n.° 9.469/97 – Princípio da razoabilidade. 1 – A Portaria n.° 289/97, alterada pela Portaria n.° 248/00, é dirigida à Administração e a autoriza a não ajuizar execuções, de acordo com critérios de custos de administração e cobrança, segundo juízos de conveniência e oportunidade, próprios do poder discricionário. 2 – Não é atribuição do Poder Judiciário decidir sobre a conveniência ou a oportunidade dos atos administrativos, sob pena de ofensa ao princípio constitucional da separação dos poderes insculpido no art. 2.° da Constituição Federal. Mas a Administração Pública não poderá eximir-se do controle jurisdicional quando exorbitar dos parâmetros norteadores de sua atuação, consubstanciados nos princípios constitucionais que a regem. 3 – Ao magistrado cabe verificar o interesse processual configurado na execução pela necessidade e utilidade do provimento jurisdicional. Como o fim da execução é a satisfação do credor, se despende gastos superiores ao montante excutido, é atente a ausência de razoabilidade em persistir nos atos executórios. 4 – Contudo, o art. 1.° da Lei n.° 9.469/97 prevê a extinção dos executivos fiscais para cobrança de créditos de valor inferior a um mil reais, o qual deve ser tomado como parâmetro objetivo para configuração do interesse processual na execução proposta. Aplicação do princípio da razoabilidade".* (TRF – 3ª Região – 6ª Turma; AC n.° 697.538-SP; Reg. n.° 1999.61.02.010622-9; Rel. Des. Federal Mairan Maia; j. 29/8/2001; v.u. – Bol. AASP n.° 2270, de 1.° a 7/7/2002, p. 566).

Barroso os seguintes casos que o Supremo Tribunal Federal tem acolhido o princípio da proporcionalidade:[478] rejeição de discriminação decorrente de idade na inscrição de concursos públicos, salvo se a restrição for razoável (a restrição subsistiria se, além de razoável, atender a um fim constitucionalmente legítimo); invalidar leis que impõem ônus exagerado a um direito (lei que exige pesagem de botijões de gás à vista do consumidor, no ato da venda), ou leis que instituam vantagens desproposidadas a servidores públicos (concessão de gratificação de férias a inativos); a Corte Suprema declarou inconstitucional, tendo a falta de razoabilidade como um de seus fundamentos, a Medida Provisória que elevava para cinco anos o prazo decadencial para as pessoas jurídicas de direito público ajuizarem ação rescisória.

Em relação ao abuso e ao exagero, por exemplo, é inegável que a Constituição Federal de 1988 deu ao cidadão brasileiro uma nova visão sobre a responsabilidade civil, iniciando um movimento crescente em direção ao Judiciário. Mas os valores milionários solicitados em ações de reparação, em muitos casos, ratificados por juízes de primeira instância, acabaram derrubados em instâncias superiores. No Brasil, ao contrário do que ocorre nos Estados Unidos, a interpretação dos magistrados tem sido a de considerar que a reparação dos danos sofridos não deve causar enriquecimento e provocar o surgimento da chamada "indústria do litígio".

Todavia, o controle das indenizações por danos morais começou no Superior Tribunal de Justiça (STJ), quando os ministros integrantes daquela Corte decidiram, em plenário, que era preciso ultrapassar sua função de julgar apenas matéria relativa à aplicação do direito federal; passaram, em processos deste tipo, a avaliar também os fatos, inobstante o contido na Súmula 7/STJ.[479] O resultado pode ser visto nas decisões que, sistematicamente, têm reduzido os valores das indenizações por dano moral. Embora até nos Estados Unidos haja exagero nas indenizações por danos morais, a reparação não pode servir para o enriquecimento ilícito. É preciso que os lesados sejam indenizados, para que a responsabilidade civil seja estabelecida e o causador do prejuízo responda por seus atos,

---

[478] BARROSO, Luís Roberto. *Temas de direito constitucional*. Rio de Janeiro: Renovar, 2001, p. 158.

[479] Súmula 7 do STJ: "*A pretensão de simples reexame de prova não enseja recurso especial*".

mas dentro de critérios razoáveis, portanto, sem exagero ou abuso. Nesse sentido tem decidido o Superior Tribunal de Justiça (STJ): REsp 173.366--SP;[480] REsp 111.562-MA; REsp 203.755-MG; REsp 216.904-DF; REsp 254.300-SP; REsp 145.358-MG[481]. Também não é justo que uma indenização seja irrisória, ou seja, não deve ser exagerada nem insuficiente para satisfazer o prejudicado.

No âmbito do direito administrativo, o Superior Tribunal de Justiça também tem aplicado o princípio da proporcionalidade. Entre outros, cite-se o REsp 79.761-DF[482] e o REsp 265.253-SP[483]. Verifica-se que a

---

[480] Ementa do REsp 173.366-SP: *"Civil. Indenização. Protesto Indevido de Título. Dano Moral. Elevação da Condenação. Critérios. Precedentes da Corte. Recurso Provido Parcialmente. I – A indenização pelo protesto indevido de título cambiariforme deve representar punição a quem indevidamente promoveu o ato e eficácia ressarcitória à parte atingida. II – O arbitramento da condenação a título de dano moral deve operar-se com moderação, proporcionalmente ao grau de culpa, ao porte empresarial das partes, suas atividades comerciais, e, ainda, ao valor do negócio, orientando-se o juiz pelos critérios sugeridos pela doutrina e pela jurisprudência, com razoabilidade, valendo-se de sua experiência e do bom sendo, atento à realidade da vida, notadamente à situação econômica atual, e às peculiaridades de cada caso. III – O arbitramento do valor indenizatório por dano moral sujeita-se ao controle do Superior Tribunal de Justiça".*

[481] Ementa do REsp 145.358-MG: *"Civil. Responsabilidade Civil. Acidente de Trânsito. Morte. Proprietário do Veículo. Legitimidade Passiva "Ad Causam". Culpa "In vigilando". Presunção "Juris Tantum". Solidariedade. Inteligência do Art. 1.518, Parágrafo Único, CC. Dano Moral. "Quantum". Controle pela Instância Especial. Possibilidade. Precedentes. Enunciado n.° 284, Súmula/STF. Inaplicação. Precedentes. Recurso Provido. (.....) III – O valor da indenização por dano moral sujeita-se ao controle do Superior Tribunal de Justiça, sendo certo que, na fixação da indenização a esse título, recomendável que o arbitramento seja feito com moderação, proporcionalmente ao grau de culpa, ao nível sócio-econômico dos autores e, ainda, ao porte econômico dos réus, orientando-se o juiz pelos critérios sugeridos pela doutrina e pela jurisprudência, com razoabilidade, valendo-se de sua experiência e do bom sendo, atento à realidade da vida e às peculiaridades de cada caso".*

[482] Ementa do REsp 79.761-DF: *"Administrativo e Constitucional – Militar – Sargento do Quadro Complementar da Aeronáutica – Ingresso e Promoção no Quadro Regular do Corpo de Pessoal Graduado – Estágio Probatório Não Convocado – Condição "Sine Qua Non" – Aplicação do art. 49 do Decreto n.° 68.951/71 – Recurso Especial – Limitação da Discricionariedade – Moralidade Pública, Razoabilidade e Proporcionalidade". 1. A discricionariedade atribuída ao Administrador deve ser usada com parcimônia e de acordo com os princípios da moralidade pública, da razoabilidade e da proporcionalidade, sob pena de desvirtuamento. 2. As razões para a não convocação do estágio*

tendência da jurisprudência é não só aplicar o referido princípio aos casos de abuso ou exagero administrativo ou legislativo, mas também ampliar a sua incidência para as relações privadas.

Inobstante a sua importância, o princípio da proporcionalidade tem sofrido algumas críticas, enumeradas por Paulo Bonavides,[484] mas, todas impotentes para impedir a difusão, o uso e o prestígio do novo princípio. Diz-se, por exemplo, que: a) a adoção do princípio significava uma restrição ao legislador no seu poder peculiar de formulação de leis, típico da organização do Estado de Direito; b) com o princípio da proporcionali-

---

probatório, que é condição indispensável ao acesso dos terceiros sargentos do quadro complementar da Aeronáutica ao quadro regular, devem ser aptas a demonstrar o interesse público. 3. Decisões desse quilate não podem ser imotivadas. Mesmo o ato decorrente do exercício do poder discricionário do administrador deve ser fundamentado, sob pena de invalidade. 4. A diferença entre atos oriundos do poder vinculado e do poder discricionário está na possibilidade de escolha, inobstante, ambos tenham de ser fundamentados. O que é discricionário é o poder do administrador. O ato administrativo é sempre vinculado, sob pena de invalidade. 5. Recurso conhecido e provido".

[483] Ementa do REsp 265.253-SP: *"Processual Civil e Administrativo. Recurso Especial. Ação de Prestação de Fato (Demolitória). Reformas em Imóvel Particular. Ausência de Prévia Expedição de Licença da Prefeitura e de Aquiescência do Vizinho Conflitante. 1. Recurso Especial interposto contra v. Acórdão que negou provimento à apelação manejada pelo recorrente, sob o pálio de que "acrescendo-se a obra com área não constante de projeto aprovado e não se logrando sua regularização deve a obra tida por clandestina ser demolida", em Ação de Prestação de Fato (Demolição) ajuizada pelo Município recorrido, para fins de condenar o recorrido a demolir obra clandestina residencial sem a prévia licença expedida pela Prefeitura. 2. No presente caso, tem-se como clandestina a construção, a qual, embora encontre-se situada inteiramente em propriedade particular, não obedece ao Código de Postura Municipal. 3. Não se pode interpretar como de boa-fé uma atividade ilícita. A construção foi erguida sem qualquer aprovação de projeto arquitetônico e iniciada sem a prévia licença de construção ou anuência do vizinho conflitante. 4. "A construção clandestina, assim considerada a obra realizada sem licença, é uma atividade ilícita, por contrária à norma editalícia que condiciona a edificação à licença prévia da Prefeitura. Quem a executa sem projeto regularmente aprovado, ou dele se afasta na execução dos trabalhos, sujeita-se à sanção administrativa correspondente" (Hely Lopes Meirelles, em sua clássica obra Direito de Construir, 7ª edição, editora Malheiros, pág. 251). 5. Sanção administrativa de demolição que está harmônica com os princípios da razoabilidade de proporcionalidade para o exercício do poder de polícia. 6. Recurso improvido".*

[484] BONAVIDES, Paulo. *Curso de direito constitucional*. São Paulo: Malheiros Editores, 2001, p. 389.

dade, corre-se o risco de ver o Direito dissolvido na justiça do caso particular, comparando-se essa situação com aquela ocorrida no século IV, que resultou na decadência e queda da cultura jurídica da baixa latinidade no Império Romano do Ocidente; c) perigo de um exagero na aplicação dos princípios gerais do direito, quando utilizado sem critério de sua compreensão e alcance, podendo ocasionar perda de substância e veracidade; d) ameaça ao princípio da separação de poderes, principalmente, na relação Legislativo-Judiciário, pois os princípios abertos de direito se tornam perigosos, quando transpõem as respectivas fronteiras ou, em outras palavras, é um princípio tão global e ilimitado que poderia gerar a dissolução do círculo normativo das regras do direito positivo, podendo os juízes, mediante apelos a princípios tão vastos, sentirem-se desobrigados de guardar fidelidade aos mandamentos do direito vigente; e) trata-se de um abuso que converte o princípio numa fórmula vazia (*Leerformel*), ao mesmo tempo que afrouxa a lei, com grave dano à sua normatividade; f) certo nivelamento dos direitos fundamentais, com o princípio da proporcionalidade servindo a cada caso concreto de decisão sobre tais direitos, dando-se o nivelamento através do uso jurisprudencial da proporcionalidade; g) a aplicação reiterada do princípio da proporcionalidade conduziria a uma redução substancial das liberdades; h) exagero do uso da proporcionalidade em todos os ramos e esferas do Direito, produzindo o chamado vício da "expansão" (*Ausdehnung*).

Em que pesem as críticas ao princípio da proporcionalidade, os seus próprios críticos reconhecem a sua importância, salientando, contudo, a necessidade de prudência em seu emprego. No direito alemão, fala-se, atualmente, no regra da reserva da medida do possível (reserva do possível): os direitos subjetivos à prestação material de serviços públicos pelo Estado está sujeita à condição de disponibilidade dos respectivos recursos. De acordo com a teoria alemã, a decisão sobre a disponibilidade dos recursos caberia aos órgãos governamentais, nos limites de sua discricionariedade, e dos parlamentos, através da composição dos orçamentos públicos.

Enfim, o princípio da proporcionalidade é, atualmente, corolário da constitucionalidade, da justiça e do Estado de Direito, servindo como regra fundamental para limitar o abuso e o exagero estatal no quadro de juridicidade de cada sistema legítimo de autoridade. Na verdade, a noção de proporcionalidade, exige um postulado de justiça para o caso concreto, no sentido de harmonização de direitos antagônicos. O que preocupa, realmente, é que o uso freqüente do princípio inovador transforme-o em um chavão rígido ou num mero apelo geral e indeterminado à justiça, questões que deverão ser superadas com o decorrer do tempo.

5.3 – O princípio da razoabilidade

A idéia do que seja razoável (conforme a razão) apresenta-se ligado às noções de direito e justiça. Não foi por outra razão que Franz Kafka, na sua obra clássica *O Processo*, utilizou-se da metáfora do absurdo e do irracional na construção de uma crítica à aplicação mecânica e insensível do ordenamento jurídico.

Na linguagem jurídica americana, o significado de *reasonable* é aquilo que é adequado, racional, plausível, considerável, imparcial, justificável, não arbitrário ou caprichoso, enquanto *reasonableness* seria o senso comum, equidade, justiça, moderação, probabilidade.

Relaciona-se o razoável com a razão (*ratio*) e com o verbo *reri* (crer, julgar, pensar); razão é bom senso e prudência, podendo ser matemática ou filosófica (nesta há faculdades orientadoras do conhecimento da verdade). Bom senso significa equilíbrio ou proporção, daí a relação intrínseca com proporcionalidade. Razoável é aquilo que não é nem excessivo nem escasso.

Desenvolveu Aristóteles,[485] em *Ética a Nicômaco,* o conceito de razão e defendeu a reta razão, ou seja, a justiça no meio termo; a reta razão desdobra-se na proporcionalidade, igualdade e equidade. O julgamento é razoável quando se empregam critérios de discernimento, equidade e inteligência.

A correlação de justo com proporcionalidade está bem clara no pensamento de Aristóteles:[486] "O justo é, por conseguinte, uma espécie de termo proporcional (a proporção não é um propriedade apenas da espécie de número que consiste em unidades abstratas, mas do número em geral). Efetivamente, a proporção é igualdade de razões, e envolve no mínimo quatro termos. (........) Temos então que a justiça distributiva é a conjunção do primeiro termo de uma proporção com o terceiro, e do segundo com o

---

[485] ARISTÓTELES. *Ética a nicômaco*. São Paulo: Martin Claret, 2002, p. 103.
[486] Idem, p. 109.

quarto, e o justo neste sentido é o meio-termo, e o injusto é o que viola a proporção, pois o proporcional é o intermediário, e o justo é o proporcional. (......) Assim, o justo é o proporcional, e o injusto é o que viola a proporção".

Já Santo Tomás de Aquino pregou a reta razão como a síntese das virtudes morais – a temperança, a prudência, a força e a justiça. Da razão chega-se à justiça, e acima de tudo à virtude (Suma teológica).

Por sua vez, mais recentemente, Chaim Perelman[487] estuda o razoável e o desarrazoado em direito, especialmente o papel relevante da idéia da razão no direito, bem como a reta razão, partindo da multiplicidade de soluções até chegar ao caso concreto, onde a melhor solução é razoável, no equilíbrio entre o absoluto e o mínimo. Além de diferenciar proporcionalidade da razoabilidade, sustenta que a razoabilidade impregna o funcionamento de todas as instituições jurídicas.

Na verdade, Chaim Perelman[488] é muito feliz ao afirmar que as noções de "razoável" e "desarrazoado" não foram muito utilizadas nas teorias do direito, com exceção da obra do jurista espanhol Luis Recaséns Siches, estabelecido no México, que desenvolveu uma lógica do razoável. Ressalta, ainda, Perelman: "Parece-me, contudo, que, na prática do direito, no raciocínio jurídico, essas noções intervêm com muito maior frequência do que as de "racional" e de "irracional", que fornecem um âmbito no qual se exerce toda atividade jurídica, que o desarrazoado não pode ser admitido em direito, o que torna fútil qualquer tentativa de reduzir o direito a um formalismo e a um positivismo jurídico". Em outras palavras, é impossível reduzir as noções de razoável e do desarrazoado a um ambiente exclusivamente positivista.

O razoável e o desarrazoado estão ligados às reações do meio social e à evolução destas. Para Perelman,[489] o desarrazoado pode resultar do ridículo ou do inadequado, e não somente do iníquo ou do inequitativo, referindo-se às idéias de justiça e proporcionalidade, respectivamente. Introduzindo a categoria do razoável numa reflexão filosófica sobre o direito, esclarece que toda a filosofia prática, há muito é dominada pelas idéias de razão e de racionalidade.

---

[487] PERELMAN, Chaim. *Ética e direito*. São Paulo: Martins Fontes, 2000, p. 427.
[488] Idem, p. 429.
[489] Idem, p. 437.

É de notar que a idéia de razoabilidade tomou conta de grande parte da produção científica de Luis Recaséns Siches[490] – *logos do razonable*, que pregava que toda a produção do Direito (do trabalho legislativo até a aplicação concreta às situações individuais) deve estar inspirada pela noção do razoável, cuja análise não se restringe aos elementos objetivos, mas inclui as circunstâncias espácio-temporais que limitam, influem e condicionam o homem, como ente possuidor de valores.[491]

A lógica dedutiva é imprópria para a solução de todas as questões jurídicas, ao contrário da lógica do razoável, que realiza operações que a lógica formal não comporta, especialmente aquelas de valorização e adap-

---

[490] SICHES, Luis Recaséns. *Experiencia jurídica, naturaleza de la cosa y lógica "razonable"*. México: Dianoia, 1971, p. 533.

[491] Assim Luis Recaséns Siches resume as características do *logos do razonable* (p. 535-536): "*Primero, está limitado, está condicionado y está influido por la realidad concreta del mundo en el que opera – en el Derecho está circunscrito, condicionado e influido por la realidad del mundo social histórico y particular, en el cual, con el cual y para el cual se elaboran las normas jurídicas, lo mismo las generales que las individualizadas. Segundo, está impregnado de valoraciones, esto es, de criterios estimativos o axiológicos. Adviértase que esa dimensión valorativa es por completo ajena a la lógica formal, a cualquier teoría de la inferencia. Ese estar impregnado de valoraciones es uno de los rasgos que decisivamente diferencia el logos de lo razonable, frente al logos de lo racional. Tercero, tales valoraciones son concretas, es decir, están referidas a una determinada situación humana real, a una cierta constelación social, y, por lo tanto, toman en cuenta las posibilidades y las limitaciones reales. Cuarto, las valoraciones constituyen la base o apoyo para la formulación de propósitos, esto es, para el establecimiento de finalidades. Quinto, pero la formulación de propósitos o establecimiento de finalidades no sólo se apoya sobre valoraciones sino que además está condicionado por las posibilidades que depare la realidad humana social concreta. El señalamiento de las finalidades o metas es el resultado de la conjugación de conocimiento sobre una realidade social particular y unas valoraciones estimadas como pertinentes respecto de esa realida. Sexto, consiguientemente, el logos de lo humano está regido por razones de congruencia o adecuación: 1) entre la realidad social y los valores (cúales son los valores apropiados para a ordenación de una determinada realidad social); 2) entre los valores y los fines (cúales son los fines valiosos); 3) entre los fines y la realidad social concreta (cúales son los fines de realización posible y razones para una escala de prioridades entre ellos); 4) entre los fines y los medios, em cuanto a la conveniencia de los medios para los fines; 5) entre los fines y los medios respecto de la corrección ética de los medios; y 6) entre los fines y los medios en lo que se refiere a la eficacia de los medios. 7) Está orientado por las enseñanzas sacadas de la experiencia vital y histórica, esto es, individual y social – actual y pretérita –, y se desenvuelve aleccionado por esa experiencia*".

tação à realidade concreta. É por isso que a concepção de razoabilidade adquire um contorno próprio e especial na ordem jurídica, sendo erigida à categoria de princípio geral informativo do sistema jurídico positivo. O princípio da razoabilidade é que dá consistência material da realização da justiça na aplicação concreta da norma.

No Estado Democrático de Direito é essencial que, quando um poder legítimo ou um direito qualquer é submetido ao controle do Judiciário, ele poderá ser censurado se for exercido de forma desarrazoada, portanto, inaceitável. Tudo o for desarrazoado, indo além dos limites permitidos, estará sujeito ao controle judicial e deve ser restringido; nenhum direito pode ser exercido de forma desarrazoada, pois o que é desarrazoado não é direito, por ser socialmente inaceitável. Há limite à tolerância.

O princípio da razoabilidade tem sua origem e evolução associado à garantia do devido processo legal, instituto ancestral do direito anglo--saxão. Os conceitos do devido processo legal e da razoabilidade expandiram-se, mundialmente, passando a repercutir sobre os ordenamentos jurídicos dos Estados democráticos, paralelamente "à eterna busca de equilíbrio entre o exercício do poder e a preservação dos direitos dos cidadãos", como bem ressalta Luís Roberto Barroso[492]. Lembra, ainda, que o princípio da razoabilidade "é um mecanismo para controlar a discricionariedade legislativa e administrativa. Trata-se de um parâmetro de avaliação dos atos do Poder Público para aferir se eles estão informados pelo valor superior inerente a todo ordenamento jurídico: a justiça".

A doutrina, especialmente a alemã, refere-se ao princípio da proporcionalidade que, em linhas gerais, é conceito fungível com a razoabilidade. Nas palavras de Maria Rosynete Oliveira Lima, o princípio da proporcionalidade, assim como o princípio da razoabilidade, são sub-princípios concretizadores do devido processo legal em seu aspecto substantivo.[493] Todavia, sustenta[494] que "no exame da proporcionalidade, avalia-se a relação entre as duas variáveis – meios e fins – de acordo com padrões de adequação, necessidade e proporcionalidade *strictu sensu*.

---

[492] BARROSO, Luís Roberto. *Temas de direito constitucional*. Rio de Janeiro: Renovar, 2001, p. 155.
[493] LIMA, Maria Rosynete Oliveira. *Devido processo legal*. Porto Alegre: Sergio Antonio Fabris Editor, 1999, p. 287.
[494] Idem, p. 282.

Estes requisitos, assegura Nicholas Emiliou, proporcionam uma avaliação objetiva entre as ferramentas utilizadas e os fins perseguidos pelo ato. Enquanto no exame da proporcionalidade se trabalha com componentes objetivas, mensuráveis, no exame da razoabilidade estas variáveis são subjetivas e englobam todas as circunstâncias do caso".

A questão, todavia, não é pacífica. Para Raphael Augusto Sofiati de Queiroz,[495] "proporcionalidade e razoabilidade não são sinônimos" e, ainda, "não é somente através do devido processo legal substantivo que se justifica a aplicação destes princípios".

O surgimento do princípio da razoabilidade está vinculado ao processo ocorrido nos Estados Unidos da América, durante a transição do *procedural due process of law* para o *substantive due process of law*, ou seja, ao abandonar o devido processo legal em seu aspecto processual, dando-lhe uma abrangência maior, com a atribuição de substância, houve um exercício criativo de jurisprudência constitucional, que ajudou a controlar o arbítrio do Legislativo e a discricionariedade do Executivo.

Embora a garantia do devido processo legal tenha surgido com índole exclusivamente processual, posteriormente passou a ter também um aspecto de direito material (devido processo legal substancial), através do qual é assegurado à sociedade a sua submissão somente a leis razoáveis e que tenham finalidade social.

Criou-se, então, com a evolução jurisprudencial americana, amplo espaço para o exame do mérito de atos estatais, construção que evoluiu e ganhou adeptos em outros países, inclusive no Brasil.

A procura de um equilíbrio entre o exercício do poder estatal e a preservação dos direitos fundamentais do homem fez brotar na jurisprudência e doutrina o que se chamou de razoabilidade, ora de proporcionalidade, não só da atuação administrativa, mas também legislativa que derivou para a sua aplicação ampla a todos os casos de abuso, exagero ou imoderação.

Para Luís Roberto Barroso,[496] o princípio da razoabilidade é mais fácil de ser sentido que conceituado, pois "habitualmente se dilui num

---

[495] QUEIROZ, Raphael Augusto Sofiati de. *Os princípios da razoabilidade e proporcionalidade das normas e sua repercussão no processo civil brasileiro*. Rio de Janeiro: Lumen Juris, 2000, p. 30.

[496] BARROSO, Luís Roberto. *Temas de direito constitucional*. Rio de Janeiro: Renovar, 2001, p. 155.

conjunto de proposições que não o libertam de uma dimensão bastante subjetiva. É razoável o que seja conforme à razão, supondo equilíbrio, moderação e harmonia; o que não seja arbitrário ou caprichoso; o que corresponda ao senso comum, aos valores vigentes em dado momento ou lugar. Há autores que recorrem até mesmo ao direito natural como fundamento para a aplicação da razoabilidade, embora possa ela radicar perfeitamente nos princípios gerais da hermenêutica". Contudo, ressalta que é preciso buscar elementos mais objetivos para a caracterização da razoabilidade dos atos do Poder Público, afim de que seja adequadamente utilizado por juízes e tribunais.

No direito brasileiro, o princípio da razoabilidade não se encontra expressamente previsto sob esta denominação na Constituição atual, mas se infere estar implícito em alguns dispositivos constitucionais, principalmente no art. 5.°, inciso LIV. Melhor seria que fosse inserido na Carta Política brasileira, a expressão "processo equitativo", tal como ocorre na Constituição da República Portuguesa (art. 20.4: *"Todos têm direito a que uma causa em que intervenham seja objecto de decisão em prazo razoável e mediante processo equitativo"*).[497]

O Tribunal Europeu de Derechos Humanos – TEDH (Sentença de 26.09.2000; Caso Guisset contra França; Demanda n.° 33933/1996) já teve a oportunidade de aplicar o princípio do direito a um processo equitativo por ocorrência de dilações fora de prazos razoáveis em processo penal, onde a imputação era a malversação de fundos contra diplomata francês.

No seu aspecto processual, enquanto princípio do devido processo legal, o princípio da razoabilidade encontra-se positivado no art. 5.°, LIV, da

---

[497] "Art. 20.° – (Acesso ao direito e tutela jurisdicional efectiva)

1. A todos é assegurado o acesso ao direito e aos tribunais para defesa dos seus direitos e interesses legalmente protegidos, não podendo a justiça ser denegada por insuficiência de meios económicos.

2. Todos têm direito, nos termos da lei, à informação e consulta jurídicas, ao patrocínio judiciário e a fazer-se acompanhar por advogado perante qualquer autoridade.

3. A lei define e assegura a adequada protecção do segredo de justiça.

4. Todos têm direito a que uma causa em que intervenham seja objecto de decisão em prazo razoável e mediante processo equitativo.

5. Para defesa dos direitos, liberdades e garantias pessoais, a lei assegura aos cidadãos procedimentos judiciais caracterizados pela celeridade e prioridade, de modo a obter tutela efectiva e em tempo útil contra ameaças ou violações desses direitos".

Constituição brasileira de 1988; no processo penal, o inciso XXXIX, do mesmo art. 5.°, expõe a idéia central do *nullum crimen, nulla poena, sine lege*. Todavia, é como princípio conformador de direito material que a ausência de disposição constitucional expressa do princípio da razoabilidade é mais sentida, muito embora tenha havido sua previsão nos trabalhos da Assembléia Constituinte de 1988, na redação original do art. 44.[498]

Porém, afirma Fábio Corrêa Souza de Oliveira[498] que "a norma constitucional da razoabilidade possui aplicação por todo o ordenamento positivo. Todas as disciplinas jurídicas estão sob o seu influxo normativo. Esta propriedade é decorrente do seu *status* de princípio geral de Direito".

Diante disso, contemplados os princípios da proporcionalidade e da razoabilidade como garantias constitucionais, manifesta-se inconstitucional a regra processual contida no art. 127 do Código de Processo Civil,[499] que impede que o juiz decida por equidade, salvo casos previstos em lei. À luz da ordem constitucional, não se justifica mais tal restrição legal.

A omissão da Carta Maior do Brasil não impede que a razoabilidade e a racionalidade integrem, de forma cabal e ampla, o ordenamento constitucional brasileiro, em decorrência de sua ligação com a idéia de direito e de justiça.

---

[498] Art. 44 da redação original da Constituição brasileira de 1988, que foi alterada na sua versão final: "A administração pública, direta ou indireta, de qualquer dos Poderes obedecerá aos princípios da legalidade, impessoalidade, moralidade e publicidade, exigindo-se, como condição de validade dos atos administrativos, a motivação suficiente e, como requisito de sua legitimidade, a razoabilidade".

[499] Art. 127 do CPC brasileiro: "O juiz só decidiá por equidade nos casos previstos em lei".

CONCLUSÃO

Da leitura da ordem jurídica, bem como dos princípios fundamentais do cidadão relativos ao processo, verifica-se que os princípios derivados do devido processo legal são as diretrizes que devem ser utilizadas como critério superior de interpretação das normas pertinentes, orientando sua aplicação no caso concreto, buscando sempre a justiça no seu ideal imaginário, de forma razoável, efetiva, célere e eficaz.

Os princípios que regem o direito processual, além de criativos, devem ser harmônicos com o sistema jurídico, antes de tudo, pois caso haja conflito entre eles, deve-se buscar a sua harmonização proporcional, de modo a não eliminar um deles, mas, sim, compatibilizá-los. Esses princípios, capitaneados pelo devido processo legal, que decorre do Estado Democrático de Direito, são os vetores na busca da real intenção do sistema jurídico em que se situam.

No direito moderno, merecem destaque os princípios e garantias consagradas na constitucionalmente, pois a tutela constitucional, especialmente a do processo, realiza-se pela sua observância, estabelecendo padrões éticos e políticos para traçar o seu modo de ser.

Assume papel relevante a garantia constitucional do devido processo legal que exige seja dada às partes a tutela jurisdicional adequada, de forma justa e em tempo razoável (processo tempestivo). Essa garantia objetiva, também, a limitação política do poder estatal como um todo. É dela que derivam quase todos os princípios em nível constitucional. O devido processo legal incorpora um considerável conjunto de garantias fundamentais destinadas a assegurarem os mais amplos direitos dos cidadãos.

Na verdade, a cláusula do devido processo legal é mais uma garantia do que propriamente um direito do cidadão, de caráter fundamental. Em essência, visa proteger a pessoa humana contra o arbítrio estatal, já que, modernamente, o processo é manifestação de um direito dos cidadãos. O princípio do *due process of law* é caracterizado por sua excessiva abrangência, quase se confundindo com a noção de direitos fundamentais e de Estado Democrático de Direito.

Portanto, não há como fugir, ao tratar de questões atinentes a princípios, de ressaltar a garantia universal do devido processo legal, que é o princípio dos princípios, o princípio équo e justo, cada vez mais abrangente com o passar dos tempos, tendo, por finalidade precípua a aplicação da justiça nos procedimentos e no mérito das decisões. Passou-se, recentemente, a reconhecer no direito fundamental do devido processo legal, além da tradicional visão processual, em que o processo serve como instrumento de exercício do direito à jurisdição, também uma acepção substancial ou material, com o escopo de inibir o abuso e o exagero e, consequentemente, a injustiça. Nesse contexto, o devido processo legal exerce função essencial para a concretização da justiça, às vezes, até se confundindo com esta (princípio justo).

Enfim, o devido processo legal substancial complementa a abstração e a fluidez principiológica de mérito, caracterizando-se como uma válvula de escape a serviço do cidadão e da jurisdição para evitar toda e qualquer forma de injustiça.

Não basta, então, que se assegure o acesso aos tribunais e o direito ao processo. Exige-se a absoluta regularidade do direito, com a verificação efetiva de todas as garantias resguardadas ao consumidor da justiça, a um custo acessível e dentro de um tempo justo ou razoável (tempestivo), para a consecução do objetivo que lhe é reservado. Merece destaque, como corolário do devido processo legal, a garantia, em qualquer processo, do direito ao processo tempestivo, assegurada constitucionalmente no art. 5.º, inciso LXXVIII, da Constituição do Brasil, inobstante razões de política judiciária não o tornem fato concreto, sem falar, ainda, no princípio da proporcionalidade ou da razoabilidade, verdadeira garantia de justiça e inibidora de abusos e exageros.

A cada instante, a sociedade reclama o direito para a normalidade de sua vida. Enquanto o direito pode ajustar-se às transformações sociais, à emergência de novas classes que assumem um maior poder no choque dos interesses em disputa, o juiz, se continuar aprisionado à lei, sem sensibilidade para descobrir o direito, serve apenas para manter as situações de injustiça.

Uma ordem jurídica justa deve acompanhar a evolução da sociedade, o surgimento de novos direitos, a necessidade de supressão de antigos que serviam aos interesses da classe dominante, fazendo surgir, com essa evolução, um novo, dinâmico e eficiente ordenamento jurídico, capaz de perseguir e alcançar com êxito a tão almejada justiça. A idéia de um *due process* jurisdicional, que deu origem à justiça processual, é atualmente vislumbrada como uma conformação justa e adequada do direito à tutela jurisdicional, dando a todos os cidadãos que intervenham em uma causa, uma decisão em prazo razoável, com a garantia de um processo eqüitativo (justo e équo).

Na verdade, a finalidade do processo, sob pena de ofensa à garantia do devido processo legal, é proporcionar às partes, igualdade na demanda e justiça na decisão, com vistas à declaração da vontade concreta da lei, evitando, assim, que o processo seja tão dispendioso a ponto de comprometer o seu objetivo ou discriminar os cidadãos na obtenção de uma decisão justa. Os meios a serem escolhidos devem ser os mais seguros e rápidos na procura e descoberta da verdade, possibilitando a máxima garantia social dos direitos da pessoa humana, com o mínimo sacrifício individual de liberdade.

Forças poderosas atuam continuamente, com habilidade e competência, com a finalidade de impor à sociedade normas que atendam a seus interesses e objetivos. A fórmula de Popper, citada por Canotilho como justificação negativa do princípio democrático,[500] é a expressão mais sugestiva deste modo de conceber o princípio democrático: *"A democracia nunca foi a soberania do povo, não o pode ser, não o deve ser"*. É certo que vivemos em uma sociedade injusta, já que o Brasil é um dos primeiros países do mundo em produto nacional bruto, mas um dos últimos em distribuição de renda. Essa situação, em vez de diminuir, só aumenta a importância e responsabilidade dos cultores do Direito, pois obriga a rejeitar o papel que se pretende impor ao jurista, no sentido de ser um instrumento neutro, destinado à defesa de um sistema de interesses estabelecidos, reafirmando a missão e o sentido fundamental do Direito, como instrumento a serviço da pessoa humana. Daí a importância do devido

---

[500] CANOTILHO, José Joaquim Gomes. *Direito constitucional e teoria da Constituição.* Coimbra: Almedina, 2001, p. 289.

processo legal, como garantia fundamental do cidadão para a realização da justiça em todas as suas acepções.

Já dizia o uruguaio Eduardo Couture, de forma clara e imperativa, posição cristalizada em um dos mandamentos do advogados que: *"Teu dever é lutar pelo Direito. Mas quando encontrares o Direito, isto é, a letra da Lei, em conflito com a Justiça, luta pela Justiça!"* Ou como adverte Stammler, *"todo direito deve ser uma tentativa do direito justo"*. Portanto, lutar pela justiça é respeitar e dar cumprimento efetivo ao devido processo legal, tanto no seu aspecto procedimental, com as garantias inerentes ao processo, como no substancial, inibindo qualquer exagero ou abuso.

A realidade social e a justiça estão presentes em todos os momentos da vida do Direito. Aceitar as normas jurídicas como inexorável imposição dos detentores do poder e negar ao jurista outra tarefa que não seja a de simples instrumento para a aplicação das mesmas, significa desnaturar o Direito e, mais do que isso, traí-lo.

Uma abordagem moderna e dinâmica do Direito deve ser progressista. Não se pode aceitar, passivamente, como direito posto, aquele que lhe é apresentado, pois o operador do Direito tem o dever de confrontar, corajosamente, todos aqueles critérios legitimadores da injustiça.

Não é por outro motivo que a Constituição Federal do Brasil de 1988 consagrou, de forma expressa, o princípio do devido processo legal, demonstrando a intenção do constituinte de dar à sociedade uma eficiente e ampla garantia – processual e substancial – dos interesses individuais e coletivos. Podemos nos valer da garantia do devido processo para, como direito fundamental do cidadão, buscar a justiça que ele oferece.

Diante disso, não terá acesso à ordem jurídica justa quando o processo não chegar até o jurisdicionado, de forma plena, livre, eficaz, justa e célere. O acesso dos cidadãos a uma ordem jurídica exige uma garantia fundamental de proteção eficaz e temporalmente adequada (processo tempestivo e sem dilações indevidas).

Não pode o cidadão ficar privado da tutela jurisdicional, devendo o processo servir apenas de instrumento para a realização do direito pleiteado, cujas decisões devem ser justas e úteis (efetivas), tendo o princípio do devido processo legal, por sua própria origem e natureza, papel fundamental para que se alcancem esses objetivos.

Vislumbra-se que a cláusula do devido processo legal, além de direito e garantia constitucional fundamental do cidadão, deve assegurar a justiça, tanto no processo (direito ao procedimento adequado e justo), como no seu aspecto substancial em cada caso concreto (decisão de mérito justa e razoável). A justiça é o valor superior inerente a todo ordenamento jurídico.

O devido processo legal é o "princípio da justiça"; não é um princípio vazio, mas uma expressão do direito justo (procedimental e material). Decorre, diretamente, do seu caráter principiológico, da noção de justiça, da equidade, da justa medida, da moderação, da observância das formas legais, do Estado de Direito e dos direitos fundamentais.

As inferências que podem ser tiradas da cláusula do devido processo legal são infinitas, principalmente por conta da abrangência extremamente lata do princípio. É uma cláusula aberta; é um super-princípio, o princípio--mor, uma mega cláusula. Além de garantia constitucional do cidadão, o devido processo legal é uma esperança, garantia e sinônimo de justiça no processo e nas decisões. Tudo isso decorre da sua origem, natureza e amplitude.

O fundamento do princípio do devido processo legal e de seus corolários – cláusula cada dia mais ampla –, é a razão de ser do Estado Democrático de Direito, tendo por finalidade buscar a justa, adequada e eficiente solução dos conflitos dos cidadãos, garantindo, por conseqüência, a vida, a propriedade e a liberdade humana.

Em suma, o devido processo legal é instrumento a serviço do cidadão para superação de toda e qualquer forma de injustiça processual ou substancial.

REFERÊNCIAS

ADEODATO, João Maurício. *Filosofia do direito*. São Paulo: Saraiva, 1996.

AFONSO DA SILVA, José. Acesso à justiça e cidadania. *Revista de Direito Administrativo*, Rio de Janeiro, p. 9-23, 1999.

ALEXANDRE, Isabel. *Provas ilícitas em processo civil*. Coimbra: Almedina, 1998.

ALEXY, Robert. *Teoria de los derechos fundamentales*. Madrid: Centro de Estudios Constitucionales, 1997.

ALVIM NETTO, José Manoel de Arruda, ALVIM, Teresa Celina de Arruda. *Nulidades processuais*. São Paulo: Revista dos Tribunais, 1992.

ALVIM, Teresa Celina de Arruda. *Nulidades da sentença*. São Paulo: Revista dos Tribunais, 1993.

ANDRADE, Vera Regina Pereira de. *Cidadania: Do direito aos direitos humanos*. São Paulo: Acadêmica, 1993.

AFONSO DA SILVA, José. *Curso de direito constitucional positivo*. São Paulo: Malheiros Editores, 1998.

_____. *Aplicabilidade das normas constitucionais*. São Paulo: Malheiros Editores, 1999.

ALVARENGA, Maria Amália de Figueiredo Pereira, ROSA, Maria Virgínia de Figueiredo Pereira do Couto. *Apontamentos de metodologia para a ciência e técnicas de redação científica*. Porto Alegre: Sergio Antonio Fabris Editor, 2001.

ARISTÓTELES. *Ética a nicômaco*. São Paulo: Martin Claret, 2002.

BANDEIRA DE MELLO, Celso Antonio. *Conteúdo jurídico do princípio da igualdade*. São Paulo: Malheiros Editores, 1999.

BAPTISTA DA SILVA, Ovídio A. *Curso de processo civil*. São Paulo: Revista dos Tribunais, 2000.

BAPTISTA DA SILVA, Ovídio A., GOMES, Fábio. *Teoria geral do processo civil*. São Paulo: Revista dos Tribunais, 2000.
BARACHO, José Alfredo de Oliveira. *Teoria geral da cidadania: A plenitude da cidadania e as garantias constitucionais e processuais*. São Paulo: Saraiva, 1995.
BARROS, Suzana de Toledo. *O Princípio da proporcionalidade e o controle de constitucionalidade das leis restritivas de direitos fundamentais*. Brasília: Brasília Jurídica, 2000.
BARROSO, Luís Roberto. *Temas de direito constitucional*. Rio de Janeiro: Renovar, 2001.
―――. *Interpretação e aplicação da constituição*. São Paulo: Saraiva, 1996.
BEDAQUE, José Roberto dos Santos. *Direito e processo*. São Paulo. Malheiros Editores, 1995.
BERNAL, Francisco Chamorro. *La tutela judicial efectiva. Derechos y garantías procesales derivados del artículo 24.1 de la Constitución*. Barcelona: Bosch, Casa Editorial, 1994.
BITTAR, Eduardo C. B. *Teorias sobre a justiça. Apontamentos para a história da filosofia do direito*. São Paulo: Juarez de Oliveira, 2000.
BITTAR, Eduardo C. B. *A justiça em Aristóteles*. Rio de Janeiro: Forense Universitária, 2005.
BOBBIO, Norberto. *Teoria do ordenamento jurídico*. Brasília: UnB, 1999.
BOBBIO, Norberto. *A era dos direitos*. Rio de Janeiro: Campus, 1992.
BONAVIDES, Paulo. *Direito constitucional*. Rio de Janeiro: Forense, 1988.
―――. *Curso de direito constitucional*. São Paulo: Malheiros Editores, 2001.
BRAGHITTONI, Rogério Ives. Devido processo legal e direito ao procedimento adequado. *Revista de Processo*, São Paulo, n. 89, p. 220-229, 1998.
BIDART, Adolfo Gelsi. Incidência constitucional sobre el proceso. *Revista de Processo*, São Paulo, n. 30, p. 193-205, 1983.
―――. El tiempo y el proceso. *Revista de Processo*, São Paulo, n. 23, p. 100-121, 1981.
BUENO FILHO, Edgard Silveira. *O direito à defesa na constituição*. São Paulo: Saraiva, 1994.

CALMON, Eliana. As gerações dos direitos. *Direito Federal. Revista da AJUFE*, Brasília, n. 64, p. 57-61, 2000.

CANOTILHO, José Joaquim Gomes. *Direito constitucional e teoria da constituição*. Coimbra: Almedina, 2001.
CAPPELLETTI, Mauro e BRYANT, Garth. *Acesso à justiça*. Porto Alegre: Sérgio Antonio Fabris Editor, 1988.
CARNELUTTI, Francesco. *Diritto e processo*. Napoli: Morano, 1958.
──────. *Instituições do processo civil*. São Paulo: Classic Book, 2000.
──────. *Sistema de direito processual civil*. São Paulo: Classic Book, 2000.
──────. *Metodologia do direito*. São Paulo: Bookseller, 2000.
CALAMANDREI, Piero. *Direito processual civil*. Campinas: Bookseller, 1999.
CASTRO, Carlos Roberto de Siqueira. *O devido processo legal e a razoabilidade das leis na nova constituição do Brasil*. Rio de Janeiro: Forense, 1989.
CASTRO, Honildo Amaral de Mello. Nulidades. Princípios constitucionais e processuais. *Revista dos Tribunais*, São Paulo, p. 45-63, 1999.
CASTRO, J. L. Cascajo, LUÑO, Antonio-Enrique Pérez, CID, B. Castro, TORRES, C. Gómes. *Los derechos humanos: significacion, estatuto jurídico Y sistema*. Sevilla: Universidad de Sevilla, 1979.
CENEVIVA, Walter. *Direito constitucional brasileiro*. São Paulo: Saraiva, 1989.
CHIOVENDA, Giuseppe. *Instituições de direito processual civil*. Campinas: Bookeseller, 2000.
Código de Processo Civil. Porto: Almeida & Leitão, LDA, 2000.
COELHO, Inocêncio Mártires. *Interpretação constitucional*. Porte Alegre: Sérgio Antonio Fabris Editor, 1997.
──────. Constitucionalidade/inconstitucionalidade: Uma questão política? *Revista de Direito Administrativo*, Rio de Janeiro, n. 221, p. 47-69, 2000.
COELHO, Luiz Fernando. *Uma introdução à crítica do direito*. Curitiba: Livros HDV, 1983.
──────. *Lógica jurídica e interpretação das leis*. Rio de Janeiro: Forense, 1981.
──────. *Teoria crítica do direito*. Curitiba: Livros HDV, 1987.
Constituição da República Popular da China. Aprovada em 4.12.1982. Rio de Janeiro: Edições Trabalhistas, 1987.
Constitución Política de Colombia. México: Fondo de Cuyltura Econômica, S. A. de C.V., 1994.

Constituição (Lei Fundamental) da União das Repúblicas Socialistas Soviéticas. Aprovada em 7.10.1977. Rio de Janeiro: Edições Trabalhistas, 1986.

Constituição da República Portuguesa. Lei Constitucional n.° 1/97, de 20 de Setembro (4ª Revisão Constitucional). Coimbra: Almeida, 2001.

Constitución Española. Sancionada em 27.12.1978. Madrid: Tecnos, 1999.

Constituição da República Italiana. Rio de Janeiro: Edições Trabalhistas, 1986.

Constitución de La Nación Argentina. Buenos Aires: Editorial Universitaria de Buenos Aires, 1997.

CORREIA, Marcus Orione Gonçalves. *Direito processual constitucional*. São Paulo: Saraiva, 1998.

COUTURE, Eduardo J. *Fundamentos do direito processual civil*. Campinas: Red Livros, 1999.

———. *Las garantías constitucionales del proceso civil. Estudios de derecho procesal civil*. Tomo I. Buenos Aires, 1979.

———. *Os mandamentos do advogado*. Porto Alegre: Sergio Antonio Fabris Editor, 1979.

CRETELLA NETO, José. *Fundamentos principiológicos do processo civil*. Rio de Janeiro: Forense, 2002.

CRUZ E TUCCI, José Rogério e TUCCI, Rogério Lauria. *Constituição de 1988 e processo*. São Paulo: Saraiva, 1989.

———. *Devido processo Legal e tutela jurisdicional*. São Paulo: Revista dos Tribunais, 1993.

CRUZ E TUCCI, José Rogério. *Tempo e processo*. São Paulo: Revista dos Tribunais, 1998.

———. *Garantias constitucionais do processo civil*. São Paulo: Revista dos Tribunais, 1999.

DALLARI, Dalmo de Abreu. *Elementos de teoria geral do Estado*. São Paulo: Saraiva, 1979.

DANTAS, F. C. de San Tiago. Igualdade perante a lei e "due process of law". *Revista Forense*. Rio de Janeiro, n. 116, p. 357-367, 1948.

DANTAS, Ivo. *Princípios constitucionais e interpretação constitucional*. Rio de Janeiro: Lumen Juris, 1995.

———. *Direito adquirido, emendas constitucionais e controle da constitucionalidade*. Rio de Janeiro: Lumen Juris, 1997.

DELGADO, José Augusto. A supremacia dos princípios nas garantias processuais do cidadão. *Revista de Processo*, São Paulo, n. 65, p. 89-103, 1992.

———. A tutela do processo na constituição federal de 1988. Princípios essenciais. *Revista Forense*, Rio de Janeiro, n. 305, p. 51-61, 1989.

———. Princípio da instrumentalidade, do contraditório, da ampla defesa e modernização do processo civil. *Revista Jurídica*, Porto Alegre, n. 285, p. 31-60, 2001.

DEL VECCHIO, Giorgio. *Princípios gerais do direito*. Belo Horizonte: Líder, 2003.

DINAMARCO, Cândido Rangel. *A instrumentalidade do processo*. São Paulo: Malheiros Editores, 1996.

———. *Fundamentos do processo civil moderno*. São Paulo: Revista dos Tribunais, 1987.

———. O futuro do direito processual civil. *Revista Forense*, Rio de Janeiro, n. 336, p. 27-45, 1996.

DINAMARCO, Cândido Rangel, GRINOVER, Ada Pellegrini, CINTRA, Antonio Carlos de. *Teoria geral do processo*. São Paulo: Malheiros Editores, 1998.

DOBROWOLSKI, Sílvio. Harmonização, no âmbito do Mercosul, das garantias constitucionais e processuais dos direitos fundamentais e o acesso à justiça. *Revista dos Tribunais*, São Paulo, p. 76-85, 1999.

DUGUIT, Léon. *Fundamentos do direito*. Trad. Márcio Pugliesi. São Paulo: Ícone, 1996.

DWORKIN, Ronald. *O império do direito*. São Paulo: Martins Fontes, 1999.

———. *Los derechos en serio*. Barcelona: Ariel, 1989.

ECO, Umberto. *Como se faz uma tese*. São Paulo: Perspectiva, 2000.

ESPÍNDOLA, Ruy Samuel. *Conceito de princípios constitucionais*. São Paulo: Revista dos Tribunais, 1999.

FACHIN, Zulmar. *Curso de direito constitucional*. 3ª ed. São Paulo: Método, 2008

FARIA, José Eduardo. *O poder judiciário no Brasil: paradoxos, desafios e alternativas*. Brasília: Ed. Centro de Estudos Judiciários da Justiça Federal, 1996.

FARIAS, Edilson Pereira de. *Colisão de direitos. A honra, a intimidade, a vida privada e a imagem versus a liberdade de expressão e informação.* Porto Alegre: Sergio Antonio Fabris Editor, 2000.

FERREIRA, Pinto. *Teoria geral do Estado.* São Paulo: Saraiva, 1975.

FERREIRA, Wolgran Junqueira. *Direitos e garantias individuais.* Bauru: Edipro, 1997.

FERREIRA FILHO, Manoel Gonçalves. *Curso de direito constitucional.* São Paulo: Saraiva, 1997.

———. *Direitos humanos fundamentais.* São Paulo: Saraiva, 1995.

FERREIRA MENDES, Gilmar. *Direitos fundamentais e controle de constitucionalidade: Estudos de direito constitucional.* São Paulo: Celso Bastos Editor, 1998.

FRANCO, Fernão Borba. A fórmula do devido processo legal. *Revista de Processo*, São Paulo, n. 94, p. 81-108, 1999.

FREITAS, José Lebre de. *Introdução ao processo civil.* Coimbra: Coimbra Editora, 1996.

———. Em torno da revisão do direito processual civil. *Revista da Ordem dos Advogados*, Lisboa, p. 55-15, 1995.

GRAU, Eros Roberto. *A ordem econômica na constituição de 1988.* São Paulo: Malheiros Editores, 1997.

GRINOVER, Ada Pellegrini. *Os princípios constitucionais e o código de processo civil.* São Paulo: José Bushatsky Editor, 1973.

———. *O processo em evolução.* Rio de Janeiro: Forense Universitária, 1996.

GUERRA FILHO, Willis Santiago. *A filosofia do direito. Aplicada ao direito processual e à teoria da constituição.* 2ª ed. São Paulo: Atlas, 2002.

Guimarães, Ylves José de Miranda. *Garantias individuais e comentários à constituição. Direitos e Coletivas.* Rio de Janeiro: Forense, 1989.

HAARSCHER, Guy. *A filosofia dos direitos do homem.* Lisboa: Instituto Piaget, 1993.

HART, H. L. A. *El concepto de derecho.* México: Nacional, 1980.

HCK, Luís Afonso. O modelo das regras e o modelo dos princípios na colisão de direitos fundamentais. *Revista dos Tribunais*, São Paulo, vol. 781, p. 71-78, 1989.

HESSE, Konrad. *A força normativa da constituição*. Porto Alegre: Sergio Antonio Fabris Editor, 1991.
HOYO, Gregorio Serrano. *La prohibición de indefensión y su incidencia en el proceso*. Granada: Comares Editorial, 1997.
HOYOS, Arturo. La garantia constitucional del debido proceso legal. *Revista de Processo*, São Paulo, vol. 47, p. 43-91, 1987.
JUNOY, Joan Picó I. Los principios del nuevo proceso civil español. *Revista de Processo*, São Paulo, vol. 103, p. 59-94, 2001.

KÖFFE, Otfried. *O que é justiça?* Tradução de Peter Naumann. Porto Alegre: EDIPUCTRS, 2003
KOLM, Serge-Christophe. *Teorias modernas da justiça*. São Paulo: Martins Fontes, 2000.

LASPRO, Oreste Nestor de Souza. *Duplo grau de jurisdição no direito processual civil*. São Paulo: Revista dos Tribunais, 1995.
LASSALLE, Ferdinand. *A essência da constituição*. Rio de Janeiro: Lumen Juris, 1998.
LEIBAR, Iñaki esparza. *El principio del proceso debido*. Barcelona: J. M. Bosch Editor, 1995.
Ley de enjuiciamiento civil. Madrid: Tecnos, 2001.
LIMA, Maria Rosynete Oliveira. *Devido processo legal*. Porto Alegre: Sergio Antonio Fabris Editor, 1999.
LUÑO, Antonio Enrique Perez. *Derechos humanos, estado de derecho y constitución*. Madrid: Editorial Tecnos, 1984.
────. *Los derechos humanos. Significación, estatuto jurídico y sistema*. Sevilla: Editorial Publ. Univ. Sevilla, 1979.
MACIEL, Adhemar Ferreira. Due process of law. *Revista de Informação Legislativa*, Brasília, n. 124, p. 95-100, 1994.
MARINONI, Luiz Guilherme. *Tutela antecipatória, julgamento antecipado e execução imediata da sentença*. São Paulo: Revista dos Tribunais, 1997.
────. *Novas linhas do processo civil*. São Paulo: Malheiros Editores, 2000.
MARTEL, Letícia de Campos Velho. *Devido processo legal substantivo: razão abstrata, função e características de aplicabilidade. A linha decisória da Suprema corte Estadunidense*. Rio de Janeiro: Lumen Juris, 2005.

MELLO FILHO, José Celso. A tutela judicial da liberdade. *Revista dos Tribunais*, São Paulo, n. 526, p. 299, 1979.

MENEZES, Paulo Lucena de. *A ação afirmativa (affirmative action) no direito norte-americano*. São Paulo: Revista dos Tribunais, 2001.

MIRANDA, Jorge. *Manual de direito constitucional*. Coimbra: Coimbra, 1985.

─────. *Perspectivas constitucionais nos 20 anos da constituição de 1976*. Jorge Miranda (Coord.). Coimbra: Coimbra, 1996.

─────. Constituição e processo civil. *Revista de Processo*, São Paulo, n. 98, p. 29-42, 2000.

MONTORO, André Franco. *Introdução à ciência do direito*. vol. I. São Paulo: Revista dos Tribunais, 1980.

─────. Uma visão crítica do Direito. *Revista de Informação Legislativa*, Brasília, n. 126, p. 5-8, 1995.

MORAES, Alexandre de. *Direitos humanos fundamentais*. São Paulo: Atlas, 1998.

─────. *Direito constitucional*. São Paulo: Atlas, 1998.

─────. *Os 10 Anos da Constituição Federal*. São Paulo: Atlas, 2000.

MORAES, Guilherme Braga Peña de. *Dos direitos fundamentais. Contribuição para uma teoria*. São Paulo: LTr, 1997.

─────. *Direitos fundamentais: conflitos & soluções*. Niterói: Frater et Labor, 2000.

MOREIRA, José Carlos Barbosa. A constituição e as provas ilicitamente obtidas. *Revista Forense*, Rio de Janeiro, n. 337, p. 125-134, 1997.

MOREIRA, José Carlos Barbosa. Por um processo socialmente efetivo. *Revista Síntese de Direito Civil e Processual Civil*. Porto Alegre, n. 11, p. 5-14, 2001.

MORUS, Tomás. *A utopia*. Lisboa: Guimarães Editores, 2000.

MOSCA, Gaetano e BOUTHOUL, Gaston. *História das doutrinas políticas desde a antigüidade*. Rio de Janeiro: Guanabara, 1987.

NEGRÃO, Theotônio. *Código Civil e Legislação Processual em Vigor*. São Paulo: Saraiva, 2001.

─────. *Código de Processo Civil e Legislação Processual em Vigor*. São Paulo: Saraiva, 2001.

NERY JÚNIOR, Nelson, NERY, Rosa Maria Andrade. *Código de Processo Civil Comentado e Legislação Processual Civil Extravagante em Vigor*. São Paulo: Revista dos Tribunais, 1999.

NERY JÚNIOR, Nelson. *Princípios do processo civil na constituição federal.* São Paulo: Revista dos Tribunais, 1998.

———. *Recursos no processo civil. Princípios fundamentais. Teoria geral dos recursos.* São Paulo: Revista dos Tribunais, 1993.

———. O juiz natural no direito processual civil comunitário europeu. *Revista de Processo*, São Paulo, n. 101, p. 101-132, 2001.

NOJIRI, Sérgio. *O dever de fundamentar as decisões judiciais.* São Paulo: Revista dos Tribunais, 1999.

OLIVEIRA, Fábio Corrêa Souza de. *Por uma teoria dos princípios. O princípio constitucional da razoabilidade.* Rio de Janeiro: Lumen Juris, 2003.

PASSOS, José Joaquim Calmon de. Advocacia. O direito de recorrer à justiça. *Revista dos Tribunais*, São Paulo, n. 10, p. 38, 1978.

———. Instrumentalidade do processo e devido processo legal. *Revista Forense*, Rio de Janeiro, n. 351, p. 107-116, 2000.

———. O devido processo e o duplo grau de jurisdição. *Revista Forense*, Rio de Janeiro, n. 277, p. 17, 1982.

PEIXINHO, Manoel Messias. *A interpretação da constituição e os princípios fundamentais.* Rio de Janeiro: Lumen Juris, 1999.

PEREIRA, Ruitemberg Nunes. *O princípio do devido processo legal substantivo.* Rio de Janeiro: Renovar, 2005.

PERELMAN, Chaim. *Ética e direito.* São Paulo: Martins Fontes, 2000.

PERO, Maria Thereza Gonçalves. *A motivação da sentença civil.* São Paulo: Saraiva, 2001.

PIOVESAN, Flávia. *Direitos humanos e o direito constitucional internacional.* São Paulo: Max Limonad, 1996.

PORTANOVA, Rui. *Princípios do processo civil.* Porto Alegre: Livraria do Advogado, 1999.

QUEIROZ, Odete Novais Carneiro. O devido processo legal. *Revista dos Tribunais*, São Paulo, p. 47-63, 1998.

QUEIROZ, Raphael Augusto Sofiati de. *Os princípios da razoabilidade e proporcionalidade das normas e sua repercussão no processo civil brasileiro.* Rio de Janeiro: Lumen Juris, 2000.

RADBRUCH, Gustav. *Filosofia do direito.* São Paulo: A. Amado, 1979.

RAMOS JÚNIOR, Galdino Luiz. *Princípios constitucionais do processo. Visão crítica*. São Paulo: Juarez de Oliveira, 2000.

RANGEL, Paulo. Breves considerações sobre a Lei n.º 9.296/96 – Interceptação telefônica. *Revista Forense*, Rio de Janeiro, n. 344, p. 217--224, 1998.

RAWLS, John. *Uma teoria da justiça*. São Paulo: Martins Fontes, 2000.

ROCHA, Fernando Luiz Ximenes. Direitos fundamentais na Constituição de 88. *Revista dos Tribunais*, São Paulo, p. 23-33, 1998.

ROCHA, Luiz Alberto G. S. Princípio da razoabilidade. *Revista Forense*, Rio de Janeiro, n. 360, p. 357-362, 2002.

RODRIGUES, Marcelo Abelha. *Elementos de direito processual civil*. São Paulo: Revista dos Tribunais, 2000.

ROSAS, Roberto. Devido processo legal: proporcionalidade e razoabilidade. *Revista dos Tribunais*, São Paulo, n. 783, p. 11-15, 2001.

———. *Direito processual constitucional*. São Paulo: Revista dos Tribunais, 1997.

SANTOS, Fernando Ferreira dos. *Princípio constitucional da dignidade da pessoa humana*. São Paulo: Celso Bastos Editor, 1999.

SENADO FEDERAL. *Constituição do Brasil e Constituições Estrangeiras*. Brasília: Senado Federal, Subsecretaria de Edições Técnicas, 1987.

SENADO FEDERAL. *Constituição da República Federativa do Brasil*. Brasília: Senado Federal, Subsecretaria de Edições Técnicas, 2001.

SILVA, Luís Virgílio Afonso da. O proporcional e o razoável. *Revista dos Tribunais*, São Paulo, n. 798, p. 23-50, 2002.

SIQUEIRA FILHO, Élio Wanderley de. Escuta telefônica – Comentários à Lei n.º 9.296/96. *Revista Forense*, Rio de Janeiro, n. 340, p. 99-106, 1997.

SOARES, Rogério Aguiar Munhoz. *Tutela jurisdicional diferenciada. Tutelas de urgência e medidas liminares em geral*. São Paulo: Malheiros, 2000.

SOROMENHO-MARQUES, Viriato. *A era da cidadania*. Portugal: Publicações Europa-América, Lda., 1996.

SOUZA, Carlos Affonso Pereira de, SAMPAIO, Patrícia Regina Pinheiro. O princípio da razoabilidade e o princípio da proporcionalidade: uma abordagem constitucional. *Revista Forense*, Rio de Janeiro, n. 349, p. 29-41, 2000.

STEINMETZ, Wilson Antônio. *Colisão de direitos fundamentais e princípio da proporcionalidade*. Porto Alegre: Livraria do Advogado, 2001.

STRECK, Lenio Luiz. Escuta telefônica e os direitos fundamentais: o direito à interceptação e a interceptação dos direitos. *Revista Jurídica*, Porto Alegre, n. 228, p. 5-14, 1996.

STUMM, Raquel Denize. *Princípio da proporcionalidade no direito constitucional brasileiro*. Porto Alegre: Livraria do Advogado, 1995.

THEODORO JÚNIOR, Humberto. Princípios gerais do direito processual civil. *Revista de Processo*, São Paulo, n. 23, p. 173-191, 1981.

——. A garantia fundamental do devido processo legal e o exercício do poder de cautela no direito processual civil. *Revista dos Tribunais*, São Paulo, n. 665, p. 11-22, 1991.

TOBEÑAS, José Castan. *Los derechos del hombre*. Madri: Editorial Reus, 1976.

WAMBIER, Luiz Rodrigues. Anotações sobre o princípio do devido processo legal. *Revista de Processo*, São Paulo, n. 63, p. 54-63, 1991.

Impressão e Acabamento:
Geográfica editora